高级财务会计

ADVANCED

FINANCIAL

ACCOUNTING

张宏亮 主编

清华大学出版社
北京

内 容 简 介

随着经济发展和金融、资本市场的日益完善，特殊的经济业务和事项大量出现，在中级财务会计的基础上，本书重点讲述企业面临的这些特殊业务和事项会计处理的原理和方法。全书内容包括五大模型，共10章，分别为：企业合并及合并财务报表模块，包括企业合并、控制权取得日合并财务报表的编制、控制权取得日后合并财务报表的编制、集团公司内部交易事项的处理；外币会计模块；衍生工具模块，包括衍生工具会计和套期会计；公允价值会计模块；重整与破产会计模块。

本书封面贴有清华大学出版社防伪标签，无标签者不得销售。

版权所有，侵权必究。举报：010-62782989，beiqinquan@tup.tsinghua.edu.cn。

图书在版编目（CIP）数据

高级财务会计/张宏亮主编. —北京：清华大学出版社，2020.11
ISBN 978-7-302-56462-1

Ⅰ. ①高⋯　Ⅱ. ①张⋯　Ⅲ. ①财务会计－教材　Ⅳ. ①F234.4

中国版本图书馆 CIP 数据核字(2020)第 178206 号

责任编辑：左玉冰
封面设计：李伯骥
责任校对：王荣静
责任印制：刘海龙

出版发行：清华大学出版社
    网　　址：http://www.tup.com.cn，http://www.wqbook.com
    地　　址：北京清华大学学研大厦 A 座　　　邮　　编：100084
    社 总 机：010-62770175　　　　　　　　　邮　　购：010-62786544
    投稿与读者服务：010-62776969，c-service@tup.tsinghua.edu.cn
    质 量 反 馈：010-62772015，zhiliang@tup.tsinghua.edu.cn
    课 件 下 载：http://www.tup.com.cn，010-83470332

印 装 者：三河市国英印务有限公司
经　　销：全国新华书店
开　　本：185mm×260mm　　　印　张：21.25　　　字　数：517 千字
版　　次：2020 年 11 月第 1 版　　　　　　　　印　次：2020 年 11 月第 1 次印刷
定　　价：59.00 元

产品编号：070720-01

总　序

人才培养是大学的本质职能，而本科教育是大学的根和本。党的十八大以来，围绕培养什么人、怎样培养人、为谁培养人这一根本问题，我国坚持把立德树人作为根本任务，积极推进教育改革，形成更高水平的人才培养体系。

教材建设是人才培养中重要的一环。根据教学需要编写高质量教材，是确保人才培养质量的重要保证。北京工商大学会计与财务学科一直提倡和鼓励学术水平高、教学经验丰富的教师积极编写教材，并根据时代变化不断更新。我们于1998年推出了北京工商大学会计系列教材（以下简称"系列教材"）第1版。结合2001年我国《企业会计制度》的实施，于2002年推出了系列教材第2版。随着2006年新会计、审计准则体系的颁布，我们于2006年推出了系列教材第3版。自2006年修订以后，我国在会计准则、审计准则和内部控制规范建设等方面发生了很多重大变化，高等教育改革对人才培养质量也提出了新的要求。根据这些法规制度的变化，以及提高人才培养质量的内在要求，我们于2013年后陆续推出了系列教材第4版。

时代总是在不断的变化之中。一方面，在培养德智体美劳全面发展的社会主义建设者和接班人这一目标指引下，要把立德树人融入思想道德教育、文化知识教育、社会实践教育各环节，贯穿高等教育各领域，并且学科体系、教学体系、教材体系、管理体系要围绕这个目标来设计；另一方面，经济的发展也不断推动会计的变革，会计准则、审计准则持续趋同、不断深化，中国特色的管理会计体系、内部控制体系逐步建立，这都迫切需要重新打造一套全新的教材。

本系列教材的特点主要体现在以下三个方面。

（1）紧跟时代步伐，反映最新理论和实践成果。通过紧密结合会计准则、审计准则、内部控制、管理会计、税法等领域的变化，吸收会计领域中新理论、新法规、新方法，使系列教材既密切联系中国实际，又反映国际发展变化；既立足于当前，又着眼于未来。

（2）重视素质教育，注重学生创新和应用能力培养。坚持将立德树人、培养社会主义核心价值观融入教材体系；注重专业理论素质的培养，在阐述现行法律、法规及实务做法的基础上，注意从理论上进行解释，通过完善"案例讨论和分析"及"小组讨论"部分，引导学生从本质上认识和理解问题，使系列教材既便于学生知识和技能的掌握，又重视学生基本素质和能力的培养。

（3）坚持需求导向，开发立体式教辅资源。通过配套更加完善的教辅资源，如教学大纲、PPT 课件、学习指导书、习题库、辅助阅读资料等，为教师教学和学生学习提供全方位服务，使系列教材既便于教师讲授，又有利于学生独立学习；既有利于学生能力的培养，也兼顾学生参加注册会计师考试的客观需要。

　　本系列教材是北京工商大学会计学一流专业和工商管理高精尖学科建设的重要成果。北京工商大学会计与财务学科师资力量雄厚、专业建设成绩显著、学科建设优势特色明显。本学科现拥有财政部会计名家 3 人，全国会计领军人才 9 人，财政部企业会计准则、管理会计、内部控制咨询专家 4 人；拥有会计学和财务管理两个国家级特色专业，会计学专业是北京市首批一流专业；学科建设方面依托会计准则研究中心、投资者保护研究中心、管理会计创新与发展研究中心、企业集团研究中心、国有资产管理协同创新中心，在会计准则、投资者保护、管理会计、企业集团财务管理、国企改革等方面取得了一系列丰硕的成果。

　　通过本系列教材的编写，我们试图充分反映北京工商大学会计系和财务系教师在教学与科研方面取得的成果，以更好地满足广大教师和学生的需求。尽管如此，还会存在许多不足，恳请大家提批评和改进意见，以使本系列教材进一步完善。

北京工商大学编写组

2019 年 1 月

前 言

本书结合我国《企业会计准则2006》和2014—2019年新发布或修订的《企业会计准则》、国际上相关会计准则体系以及近年来国内外客观经济环境的变化及相关研究成果修订而成。我们结合中国会计改革，不断将会计改革的思想和成果融汇于教材中，不断提升其科学性、应用性。本书根据北京工商大学"高级财务会计"课程组多年的教学实践和师生反馈、我国会计实务发展的需要以及与中级财务会计的衔接，以企业合并与合并财务报表为重点，围绕特殊会计对象、特殊业务和特殊事项，全书定位清晰、内容丰富、贴近实务需求，形成完整的高级财务会计学课程体系。

本书的主要特点是：

（1）以会计假设的松动和会计对象、业务与方法的特殊性为逻辑主线，构建了本书的内容框架。有的是突破四项会计假设的事项（企业合并、合并财务报表、外币会计、重整与破产会计），有的是会计处理对象特殊（合并财务报表、重整与破产会计），有的是经济业务特殊（衍生工具会计），有的是会计计量方法特殊（衍生工具会计、公允价值会计）。

（2）本书内容具有前瞻性和创新性，实现了基本理论与最新科研成果的有机结合。本书在内容设计上充分考虑会计学的发展趋势和国际惯例，不局限于现有做法，就当前财务会计领域若干新的、难度较大的、有代表性的问题进行了阐述，对于某些在我国实务中已经存在或目前尚不完善，但具有现实意义的经济业务和事项进行了系统的阐述。

（3）写作方法新颖。本书在正文中设计了"国际视野""相关案例""相关衔接"等板块，将相关国际惯例及实践中的热点问题进行介绍和分析，扩大学生视野；在每章之后设计了"小组讨论"板块，提供了一个学生讨论和分析的平台，培养其专业思维和职业判断能力。

（4）注重理论与实践的结合，具有实用性。本书对内容的阐述注重实用性和可操作性，注意发挥案例的启示作用，合并财务报表、企业合并、衍生工具等内容与当前公司会计实务联系密切，对于提高学生分析和解决实际问题的能力有重要意义。

本书由北京工商大学商学院会计系教师集体撰写，张宏亮教授担任主编，负责编写大纲和全书总纂。各章分工：张宏亮：第一、二、三、四章；王仲兵：第九章；杨克智：第

五、八、十章；粟立钟：第六、七章。

　　本书在写作过程中得到了商学院各位领导、同人的指导和帮助，谢志华教授、杨有红教授、毛新述教授、何玉润教授、胡燕教授等提出了许多有建设性的意见，在此深表谢意！

　　受作者水平限制，加之相关内容所涉及业务的复杂性及经济实务的不断变化，书中难免会有疏漏，恳请广大读者提出宝贵意见。读者意见可反馈至：zhanghl@th.btbu.edu.cn。

编　者
2020 年 6 月

目 录

第一章 绪论 ... 1
第一节 高级财务会计产生的理论基础 ... 1
第二节 高级财务会计的界定 ... 8
第三节 本书的逻辑框架与内容构成 ... 10
本章小结 ... 14
关键词汇 ... 14
小组讨论 ... 14
本章推荐阅读资料 ... 14
名词解释 ... 15
简述题 ... 15

第二章 企业合并 ... 16
第一节 企业合并概述 ... 16
第二节 权益结合法 ... 25
第三节 购买法 ... 30
第四节 权益结合法与购买法的比较 ... 38
本章小结 ... 40
关键词汇 ... 40
小组讨论 ... 40
本章推荐阅读资料 ... 40
名词解释 ... 41
简述题 ... 41
业务及计算题 ... 41

第三章 合并财务报表——控制权取得日的合并财务报表 ... 46
第一节 合并财务报表概述 ... 46

第二节　合并财务报表的范围 ... 53
第三节　编制合并财务报表的方法和一般程序 ... 66
第四节　控制权取得日合并财务报表的编制 ... 68
本章小结 ... 91
关键词汇 ... 91
小组讨论 ... 92
本章推荐阅读资料 ... 93
名词解释 ... 94
简述题 ... 94
业务及计算题 ... 94

第四章　合并财务报表——控制权取得日后的合并财务报表 ... 97
第一节　控制权取得日后首期合并财务报表的编制 ... 97
第二节　控制权取得日后连续各期合并财务报表的编制 ... 119
第三节　合并财务报表中的特殊问题 ... 130
本章小结 ... 135
关键词汇 ... 135
小组讨论 ... 135
本章推荐阅读资料 ... 135
名词解释 ... 136
简述题 ... 136
业务及计算题 ... 136

第五章　集团公司内部交易事项的处理 ... 142
第一节　集团公司内部交易事项概述 ... 142
第二节　集团公司内部存货交易 ... 144
第三节　集团公司内部往来业务 ... 152
第四节　集团公司内部固定资产交易 ... 157
第五节　集团公司内部交易相关所得税的抵销 ... 169
本章小结 ... 175
关键词汇 ... 175

小组讨论 ··· 175
　　本章推荐阅读资料 ··· 175
　　名词解释 ··· 175
　　简述题 ·· 176
　　业务及计算题 ··· 176

第六章　外币会计 ·· 178
　　第一节　外币会计概述 ·· 178
　　第二节　外币交易会计 ·· 181
　　第三节　外币财务报表折算 ·· 192
　　本章小结 ··· 200
　　关键词汇 ··· 201
　　小组讨论 ··· 201
　　本章推荐阅读资料 ··· 201
　　名词解释 ··· 202
　　简述题 ·· 202
　　业务及计算题 ··· 202

第七章　衍生工具会计 ·· 205
　　第一节　衍生工具会计概述 ·· 205
　　第二节　交易性衍生工具会计 ··· 215
　　第三节　衍生工具的列报和披露 ·· 225
　　本章小结 ··· 235
　　关键词汇 ··· 235
　　小组讨论 ··· 235
　　本章推荐阅读资料 ··· 235
　　名词解释 ··· 236
　　简述题 ·· 236
　　业务及计算题 ··· 236

第八章　套期会计 ·· 238
　　第一节　套期会计概述 ·· 238

第二节　套期的会计处理 247
　　本章小结 258
　　关键词汇 258
　　小组讨论 258
　　本章推荐阅读资料 258
　　名词解释 259
　　业务及计算题 259

第九章　公允价值会计 261
　　第一节　公允价值会计概述 262
　　第二节　公允价值估值技术 269
　　第三节　会计要素的公允价值计量 280
　　第四节　公允价值披露 286
　　本章小结 295
　　关键词汇 295
　　小组讨论 296
　　本章推荐阅读资料 297
　　名词解释 298
　　简述题 298
　　业务及计算题 298

第十章　重整与破产会计 301
　　第一节　重整与破产会计概述 301
　　第二节　重整会计 302
　　第三节　破产会计 310
　　本章小结 326
　　关键词汇 326
　　小组讨论 326
　　本章推荐阅读资料 327
　　名词解释 327

参考文献 328

第一章 绪 论

学习提要与目标

高级财务会计是财务会计的重要组成部分,是适应客观经济环境变化和满足会计信息使用者对信息的需要,在对原财务会计理论与方法体系进行修正的基础上,对企业出现的特殊交易或事项进行会计处理的理论与方法的总称。本章阐述了财务会计理论框架所面临的冲击以及高级财务会计的理论基础,分析了高级财务会计的研究范围、逻辑主线及在财务会计学科中的地位。通过本章的学习,同学们应:
- 掌握高级财务会计的概念和产生的基础
- 理解高级财务会计的研究范围和在财务会计学科中的地位
- 理解高级财务会计的逻辑主线

第一节 高级财务会计产生的理论基础

财务会计发展的动力主要源自社会经济环境的变化和会计信息使用者信息需求的变化。从以美国为代表的西方财务会计理论发展历程来看,20 世纪 70 年代之前,主要以会计假设作为会计理论研究的逻辑起点,以会计基本原则、会计假设作为构成公认会计原则的理论基础;20 世纪 70 年代以后,西方财务会计理论研究进入了新的发展阶段,美国财务会计准则委员会(FASB)直接着手研究财务会计概念框架,以会计目标为会计理论研究的逻辑起点,以 FASB 颁布的财务会计概念框架为标志,形成了以财务会计目标、会计信息质量特征、会计要素确认与计量等为主要内容的财务会计理论新体系,并成为世界各国准则制定机构的重要参考。

一、关于会计假设

在以 FASB 概念框架为代表的财务会计理论新体系中,并没有明确提到会计基本假设,那么,会计理论研究逻辑起点的改变是否意味着长期以来作为会计核算基本前提的会计基本假设的消失呢?

在财务会计理论中,会计假设处于重要的地位,被会计界认为是"自我证明的会计环境命题",在几个世纪以来都被认为是正确的推论。"会计假设是指会计人员对那些未经确切认识或无法正面论证的经济事物和会计现象,根据客观的正常情况或趋势所做出的合乎事理的推断,而且是日常会计处理的必要前提。"[①]根据西方会计学者的解释,由于会计实

---

① 葛家澍,林志军. 现代西方会计理论[M]. 厦门:厦门大学出版社,2001:68.

务中存在着不确定因素，在会计处理时难免运用估计和判断，这就需要先做一定的假设。佩顿在其著作《会计理论》中指出："现代会计不但需要在许多场合运用估计和判断，而且整个结构是建立在一系列的一般假设的基础上，换句话说，要有一些基本前提和假定支持会计人员对价值、成本、收益等等作出特定结论。否则，这些结论将难以成立。"伴随着客观环境的变化，以会计目标取代会计假设作为会计理论研究逻辑起点地位，以具有内在体系一致性的概念框架作为评估、修订、指导会计准则制定的会计理论，无疑将突破会计假设的限制，使其更具科学性和环境适应性。但是，正如葛家澍教授所分析的，"FASB不在其财务概念公告中明确列示某项客观存在的基本假设，不等于它无视这些假设的存在。只是，FASB 期望突出财务报告目标的作用而难以恰当地给予基本假设在整个财务会计理论体系中的位置，所以对基本假设这样的基本概念以默认而不明确指明更易于处理。"[1]

在我国的会计理论和实践中，会计假设处于一个十分重要的地位和作用，无论是我国财政部 1992 年制定的《企业会计准则》，还是 2006 年 2 月制定并在 2014 年 7 月修订的《企业会计准则——基本准则》，均提出了会计的基本假设——会计主体、持续经营、会计分期和货币计量。因此，会计基本假设是会计核算的基本前提，也是我们分析和解决会计理论与实务问题的基础。"财务会计的基本假设是财务会计的基础概念。它代表财务会计赖以存在发展的经济、政治、法律等环境和各行业长期的会计惯例给予财务会计的深刻影响，从而形成了财务会计的基本特征。"[2]随着市场经济的发展和完善，会计所面临的客观经济环境发生了巨大的变化，会计信息使用者的需要日益多样化、复杂化，财务会计需要适应这种变化，不断完善其理论体系和方法体系。

二、关于会计目标

20 世纪 70 年代以来，西方国家就对财务报告目标理论给予了高度关注，认为这是财务会计报告概念框架研究的逻辑起点。在此过程中，逐渐形成了受托责任观和决策有用观两个具有代表性的流派，并有收入费用观与资产负债观两种收益观。受托责任观主张会计假设是研究财务会计理论和规范会计实务的基础，会计原则是在会计假设下指导会计实务的信条，这时的会计理论体系是相对稳定的。但随着客观经济环境的变化，各种超越会计基本假定的经济业务大量涌现，既对原有理论框架产生了冲击，又需要新的理论和新的方法与之相适应。决策有用观主张以会计目标为核心，定义会计信息质量特征，进行会计要素的确认与计量，解决了会计假设无法涵盖所有财务会计事项的问题，也推动了人们对会计功能的进一步认识和理解，适应了会计在新的经济、社会环境下的定位与发展问题。

在我国，国有企业在国民经济中仍占主导地位，在这些企业，出资者与经营者实现分离，现代企业制度建立，公司治理结构日臻完善。在这一经济组织体系中，委托者是国家，由国资委行使其所有权，对国有企业进行考核评价、产权管理。受托者是国有企业，进行资本经营与资产管理。对于这些企业，会计的主要目标是评价受托者受托责任的完成情况，并给予激励与约束措施。同时，我国资本市场发展很快，至 2020 年 6 月末，我国 A 股上

---

[1] 葛家澍，杜兴强. 会计理论[M]. 上海：复旦大学出版社，2005：159.
[2] 葛家澍，杜兴强. 会计理论[M]. 上海：复旦大学出版社，2005：158.

市公司数量达到 3 987 家，总市值 83.10 万亿元，占国内生产总值（GDP）近 84%，在国民经济中具有举足轻重的地位，数量众多、类型各异的投资者需要通过会计信息进行投资决策，会计的目标体现其决策有用性。2006 年财政部颁布的《企业会计准则——基本准则》中，明确提出了我国财务会计报告的目标不仅要反映受托责任的情况，而且要有助于报告使用者作出经济决策。

无论是中级财务会计学还是高级财务会计学都属于财务会计学的范畴，从其目标来看，都是"向财务会计报告使用者提供与企业财务状况、经营成果和现金流量等有关的会计信息，反映企业管理层受托责任履行情况，有助于财务会计报告使用者作出经济决策。"另外，如何合理划分中级财务会计与高级财务会计，是一个难点问题，目前国内关于高级财务会计应涵盖的内容并未取得共识，统一的、完整的关于高级财务会计的研究体系还没有形成，以不同的标准进行划分，其内容相差很大。

我们认为，很难以单一标准界定高级财务会计学的内容，无论是会计假设松动说、特殊业务说还是特殊行业说，都很难清晰界定其内容，并实现与中级财务会计学的划分。

根据实际情况，本教材根据会计假设的遵循性、会计核算的特殊性及与同系列教材的衔接性来构造高级财务会计学的理论体系，界定高级财务会计学的内容。

 国际视野

IASB 国际财务报告概念框架（2018）中会计目标的界定

2018 年 3 月 29 日，国际会计准则理事会（International Accounting Standards Board）（以下简称理事会或 IASB）发布了经修订后的《财务报告概念框架》（*Conceptual Framework for Financial Reporting*）（以下简称新概念框架），这是自 1989 年国际会计准则理事会的前身——国际会计准则委员会（International Accounting Standards Committee）发布《财务报表编报框架》（*Framework for the Preparation and Presentation of Financial Statements*）（以下简称原概念框架）以来，国际会计准则制定机构对概念框架的最大一次全面修订和完善（国际会计准则理事会曾于 2010 年对概念框架的财务报告目标、有用财务信息的质量特征部分的内容作出修订），这次财务报告概念框架的全面修订完善对于未来财务报告的发展和国际财务报告准则的制定有着重大与深远的影响。新概念框架对财务报告的目标、财务信息的质量特征、财务报表和报告主体等八个方面进行了修订与完善。

新概念框架将通用目的财务报告的目标定位为"通用目的财务报告的目标是提供有关报告主体的、对现有和潜在的投资者、债权人以及其他信贷者作出有关向主体提供资源决策有用的财务信息"。原概念框架将财务报表的目标定位为"财务报表的目标是提供在经济决策中有助于一系列使用者的关于主体财务状况、经营业绩和财务状况变动的信息"。新概念框架相比于原概念框架，在财务报告目标方面发生了诸多变化。

1. 引入"通用目的财务报告"的概念。IASB 认为，理事会有责任拟订财务报告的目标，而不仅限于财务报表目标，尽管财务报表是财务报告的主体部分，理事会讨论的许多问题也主要是与财务报表相关的问题,但是如果概念框架的范围仅限于财务报表范畴,明显过于狭窄,如有关公司战略、风险、未来预期等相关信息,可能无法在财务报表中揭示,但可在财务报告中予以揭示,以向使用者提供决策有用的信息。理事会同时认识到,不同的使用者可能有不同的信息需要,从而要求提供不同的财务信息或者相关报告,理事会认为,国际财务报告准则应当聚焦于通用目的财务报告,如果需要向不同的使用者提供不同的财务信息及其报告,其成本将非常高昂。因此,理事会认为,新概念框架和未来国际财务报告准则的制定围绕通用目的财务报告,仍然是满足使用者需要最为有效的方式。

2. 明确通用目的财务报告的使用者为现有的和潜在的投资者、债权人以及其他信贷者这些基本使用者(primary users)。理事会认为,许多现有的和潜在的投资者、债权人以及其他信贷者通常无法要求报告主体直接向他们提供信息,因此,他们只能依赖于通用目的财务报告来获取他们所需要的大多数财务信息。基于此,理事会将现有的和潜在的投资者、债权人以及其他信贷者界定为通用目的财务报告的基本使用者,通用目的财务报告的目标是满足这些基本使用者的决策信息需要。而在原概念框架下,财务报表的使用者包括"现有的和潜在的投资者、雇员、贷款人、供应商和其他商业债权人、顾客、政府及其机构和公众",理事会认为原概念框架的使用者群体过于宽泛,作为通用目的财务报告,其基本目的应当是满足那些无法直接从报告主体中获取财务信息但又需要作出有关向主体提供资源决策的使用者的信息需要,这些使用者无疑应当是现有的和潜在的投资者、债权人以及其他信贷者,至于其他诸如监管部门、公众等,他们可能会发现通用目的财务报告对他们也是有用的,但他们不应是通用目的财务报告的基本服务对象。

3. 明确通用目的财务报告满足的基本使用者的决策主要是资源配置决策(Resource Allocation Decisions)。原概念框架在描述财务报表目标时,只强调财务报表要满足使用者的经济决策(Economic Decisions)需要,但没有对经济决策的含义和范围做出清晰界定。新概念框架认为,通用目的财务报告主要满足基本使用者的资源配置决策需要,将使用者的决策明晰化。理事会认为,使用者的这些资源配置决策主要包括三类:

(1)购买、出售或持有权益或债务工具;
(2)提供或者结清贷款或其他形式的信贷;
(3)对会影响主体经济资源使用的管理层行为行使表决权或施加影响。

理事会认为上述资源配置决策依赖于现有的和潜在的投资者、债权人以及其他信贷者所预期的投入资源的回报,而对这些回报的预期又依赖于他们对报告主体两个方面情况的评估:一是对主体未来净现金流入的金额、时间和不确定性情况的评估;二是对管理层关于主体经济资源经管责任(Stewardship)履行情况的评估。为了进行这些评估,这些使用者需要以下两个方面的信息:一是关于主体经济资源、对主体的索取权以及有关这些经济资源和索取权变动情况的信息;二是关于主体管理层如何有效率和有效果地解脱其使用主体经济资源的责任情况。而通用目的财务报告的使命便是尽可能地提供这两方面的信息,以满足使用者评估主体现金流量和管理层经管责任履行情况的需要,并进而为其资源配置决策服务。

新概念框架较好地构筑起了通用目的财务报告使用者、使用者决策、使用者决策相关的信息需要及其与财务报告之间关系的逻辑体系，澄清了经管责任在财务报告目标中所扮演的角色，使财务报告目标更加清晰一致，更加具有指导意义。

资料来源：陆建桥. 新国际财务报告概念框架的主要内容及其对会计准则制定和会计审计实务发展的影响. 中国注册会计师，2018（8）.

三、会计假设的松动

在西方会计理论中，假设通常被认为是原则赖以存在的基本假定。企业会计的原则和方法在几个世纪中能够获得较稳定的发展，是在会计假设与会计面临的经济环境基本一致、没有出现明显有别于会计假设的"特殊事项"的条件下，人们不断探索的结果。随着客观经济环境的变化，各种超越会计基本假设的经济业务大量涌现，势必迫使会计增添一些新的理论与方法。客观经济环境发生变化引起会计假设松动后，人们需要对背离会计假设的特殊会计事项进行理论和方法的研究，对这些特殊会计事项处理的原则和方法与中级财务会计对一般会计事项的处理原则和方法存在很大差别，这种差别源于特殊会计事项对会计假设的背离。

（一）会计主体假设的松动

会计主体是会计为之服务的特定单位。会计主体界定了会计服务的空间。一般而言，会计主体可以是一个独立核算的单位，也可以是独立核算单位下的一个特定部分。典型的会计主体是一个独立核算的企业，它要求本企业的经济活动应与其他企业的经济活动分开，与企业投资者的经济活动分开，而应以企业为服务对象进行会计事项的处理，并通过编制财务报告系统反映该主体的财务状况、经营成果和现金流量情况。但是，随着科技进步和竞争的加剧，企业形式日益多样化、复杂化。例如，构成母子关系的企业集团出现以后，会计主体显然突破了某一企业的概念。母公司本身是一个独立核算的企业，这一会计主体下的每一子公司及其他分支机构也是一个会计主体。在这种情况下，站在集团的角度，会计服务对象的空间范围显然是由母公司以及下属单位构成的整体。也就是说，会计不仅要以每一独立的企业为单位进行核算，编制会计报表，还要以整个企业集团为服务对象，以个别报表为基础采用专门的方法编制合并财务报表。

（二）持续经营假设的松动

持续经营假设是指会计主体的经营活动将会按照既定的目标持续不断地进行下去，在可预见的将来不会因破产等原因而清算。持续经营假设为会计工作的正常活动作出了时间上的规定，为解决会计要素的确认、计量等问题提供了基础。也正是在这一假设的前提下，会计确认和计量的原则与方法才具有稳定性与可比性。但是，实际上有很多不确定性因素会影响到企业的持续经营能力，当今，企业处于竞争日趋激烈、风险日益增大的经济环境中，企业随时都有被清算、终止的可能。一旦有迹象表明企业因某种原因而面临破产或被兼并、收购等方式的重组，持续经营假设则丧失了前提，以此为基础的会计确认、计量的原则和方法将无法采用。例如，当企业破产清算时，将采用破产清算会计程序，资产以清算价格计价，并编制清算开始日和结束日会计报表。因此，持续经营假设的松动，使得非持续经营的交易或事项构成了高级财务会计的内容，如重整与破产会计。

（三）会计分期假设的松动

会计分期假设是在持续经营假设的基础上产生的。对于一个持续经营的企业，不能在企业结束其全部业务活动后才进行财务状况和经营成果的报告，因此，需要将持续经营的生产经营过程人为地划分为若干间隔相等的时间跨度，为分期确定企业损益提供前提条件，并以此为基础编制会计报表。持续经营和会计分期假设是权责发生制的基础，是会计确认和计量的前提。但是，随着客观经济环境的变化，持续经营假设的松动必然导致会计分期假设的松动，如当企业破产时，会计上就没有分期核算的必要，而是可以将破产清算期作为一个特定的会计期间。

（四）货币计量假设的松动

货币计量的一个核心问题是计量单位的选择。《中华人民共和国会计法》（以下简称《会计法》）明确规定："会计核算以人民币为记账本位币。"这意味着我国企业的财务会计报告以人民币为报告货币。但随着跨国集团的出现，一方面，突破了原来的会计主体观念，出现了合并财务报表，且合并范围并不限于国内的子公司，跨国集团为了对遍及其他国家的子公司进行管理，为了向报表使用者提供决策所需的有关跨国集团整体财务状况和经营情况的信息，同样需要编制跨国集团合并报表；另一方面，合并财务报表编制的前提之一是个别会计报表采用相同的报告货币，这就比国内企业集团合并报表更为复杂，要求在跨国集团合并报表之前，必须将子公司按所在国外币编制的会计报表折算成以母公司报告货币表述的报表。如果各种货币之间的汇率一直是固定不变的，外币报表的折算不是一个困难的问题。只需将某一子公司按所在国家或地区的货币编制的会计报表按固定汇率折合成本国货币即可。但在汇率变动的情况下，流动项目和非流动项目、货币项目和非货币项目受汇率的影响是不同的，因此，不同类型的项目必须采用不同的汇率折算。由此而出现的折算汇率选择和折算差异的处理问题是中级财务会计中的理论与方法所无法解决的，从而使外币报表折算成为高级财务会计研究的课题之一。

 相关案例

深圳明思克航母世界被宣告破产

经中国建设银行深圳市分行申请，2005年2月28日，名噪一时的深圳市明思克航母世界实业有限公司（以下简称"明思克航母"）被深圳市中级人民法院宣告破产还债。

明思克航母是1998年12月29日经深圳市工商行政管理局注册登记，由德隆国际战略投资有限公司出资人民币2.492亿元占89.9%、唐万平出资人民币3 080万元占10.1%成立的有限责任公司。该公司成立后尽管经营正常，盈利状况较好，但被其投资方德隆作为融资平台，向银行疯狂贷款，制造了巨额债务黑洞。明思克航母的债权银行达 8 家，合计 6.77 亿元，其中中信银行广州分行 1.57 亿元、中国建设银行深圳市分行 0.5 亿元、深圳发展银行盐田支行 2.7 亿元、深圳市商业银行 0.5 亿元、广发银行宝安支行 0.5 亿元、华夏银行广州分行 0.5 亿元、担保债权银行浦发行等 0.3 亿元、招商银行 0.2 亿元。明思克航母不能清偿到期债务，致中国建设银行深圳市分行和深圳发展银行盐田支行先后向法院申请让明思克航母破产还债。深圳市中级人民法院于 2004 年 10 月 29 日依法受理此案并组成合议庭对此案进行了审理。法院认为，明思克航母不能清偿到期债务呈连续状态，且既不申请和解亦无法提供担保，符合法定破产条件，依法应当宣告其破产还债。深圳市中级人民法院依据《深圳经济特区企业破产条例》裁定：宣告明思克航母破产还债；由法院指定清算组对破产企业进行接管。深圳市中级人民法院发出公告，于 2006 年 3 月 22 日对明思克航母所属的航母船体及附属设施、设备、房屋建筑物等进行拍卖，拍卖标的价为 1.283 亿元。此次拍卖离法院裁定破产整整一年，也意味着债权银行在申请破产保护后对明思克航母债务重组努力失败。

资料来源：根据 2006 年 3 月 1 日《21 世纪经济报道》第 20 版《明思克"离奇"拍卖背后：德隆的担保游戏》、2005 年 2 月 28 日新华网《深圳明思克航母世界严重资不抵债被宣告破产》整理。

四、会计核算的特殊性

在建立高级财务会计的理论框架时，需要考虑会计处理对会计假设的遵循情况，也要考虑会计处理对象、经济业务活动及计量原则与方法的特殊性。

（一）经济对象的特殊性

在会计处理的对象群体中，有两类特殊的主体，一是上市公司群体；二是面临重整或破产清算的群体。我国上市公司的绝对数量虽然不多，但其经济地位、经济影响力、社会影响力都举足轻重，在对其经济活动的会计处理上，特别是其信息披露上有着特殊的规定，其信息披露质量关系投资者的投资决策、市场资源配置和资本市场的发展。因此，上市公司信息披露有一些特殊的要求和规定。会计上有持续经营假设，这个假设在现实中基本符合经济实际，即一般情况下，企业是处于持续经营状态之中的。但由于股东意愿、管理原因、竞争原因、法律原因等多种情况，总有一小部分企业会面临重整或破产清算情况，这部分重整或清算企业也是高级财务会计学研究的内容范畴之一。

（二）经济业务的特殊性

在市场经济的发展中，出现了大量的金融创新、经济业务创新形式，这些新的经济业务如果采用传统的确认标准、计量原则和报告内容等将不能真实、充分地反映其相关的风险和报酬，因此，需要适时对确认标准、计量原则和报告内容等进行调整，以满足会计信息使用者的信息需要。如衍生工具会计中远期合同、期货合同等并不是实际发生的交易和事项，而是尚未履行的合约，必须采用有别于传统会计的确认和计量标准。

（三）会计计量方法的特殊性

随着经济的发展及大量投资性资产或负债（如金融性资产或负债、投资性房地产、套期性资产或负债）的出现，传统会计中以谨慎性为基本原则的历史成本计量属性和减值计量方式不能满足对企业收益（或利得）费用（或损失）计量以及企业资产或负债风险特性披露的需求，需要采用公允价值计量模式以准确表达相关资产或负债的收益特性与风险特征。然而，公允价值计量是一个难点问题，也是一个存在争议、处于发展中的问题。但考虑到这个问题在会计实务中的大量出现，本教材也将其作为课程内容之一。

第二节　高级财务会计的界定

一、高级财务会计的定义

近几年，我国社会经济的发展促使了会计环境的变化，并发生了大量特殊的经济业务和事项，使得高级财务会计日益受到我国会计理论和实务界的重视。有关高级财务会计的著作也与日俱增。在所有的会计系列教材中，高级财务会计均必不可少。但基本上都没有从正面对高级财务会计作出界定。我们认为，高级财务会计是在对原财务会计理论与方法体系进行修正的基础上，对企业出现的特殊经济事项进行会计处理的理论与方法的总称。这一概念包括以下含义。

（一）高级财务会计属于财务会计范畴

企业会计由财务会计和管理会计两大领域构成。财务会计以编制对外报告为其目标；管理会计则从预算和内部管理控制两个方面提供内部管理所需的会计信息。高级财务会计解决的问题仍然是经济事项的对外报告问题。例如，物价变动会计研究物价变动达到一定程度情况下的对外会计信息问题；合并财务报表则以企业集团为会计主体研究如何在个别会计报表的基础上编制能反映集团整体财务状况、经营情况的财务报表。也就是说，高级财务会计与中级财务会计的目标是一致的，都是向企业外部投资者、债权人以及其他与企业有利害关系的使用者提供有关企业财务状况、经营成果和现金流量的信息，以满足他们进行决策时对财务会计信息的需求。

（二）高级财务会计处理的是企业面临的特殊交易或事项

构成财务会计对象的经济活动可分为一般交易或事项和特殊交易或事项。一般和特殊的划分标准之一是其发生的频率。一般交易或事项属于企业经营过程中的经常性事项，如固定资产、存货、投资、应收款项、应付款项的会计核算；特殊交易或事项是特殊对象、特殊经济业务和采用特殊核算方法的交易或事项，如公司在濒临破产状态下进行的清算或重组事项；跨国经营情况下的外币报表折算；公允价值计量模式下的公允价值计量的相关会计问题，等等。

（三）高级财务会计所依据的理论和采用的方法是对原有财务会计理论与方法的拓展与修正

在中级财务会计所论及的财务会计目标、会计信息质量特征、会计确认及计量原则等理论问题中，都需要严格遵循四项基本会计假设。当会计所处的客观经济环境发生变化而出现突破四项基本假设及出现一些特殊会计事项与会计问题时，产生了高级财务会计。会计假设的松动及会计面临的特殊事项与问题会引起以四项假设为基础的财务会计理论与方法发生相应的变化。例如，当原会计实体无法持续其经营活动时，破产会计理论与方法则应运而生。当传统的历史成本计量模式或减值模式不能满足外部相关各方对会计信息的需求时，产生了公允价值会计计量模式。

二、高级财务会计在财务会计学科中的地位

在会计学中，属于财务会计领域的有会计学原理、中级财务会计（或者称财务会计学）和高级财务会计。会计学原理主要阐述会计确认、计量、记录和报告的一般原理，属于入门课程。中级财务会计着重阐述企业的一般交易或事项的会计处理，如货币资金、应收款项、金融资产、存货、流动负债及长期负债、投资、固定资产、损益、所有者权益、资产减值、债务重组、所得税、会计调整等交易或事项的会计处理，是财务会计一般理论与方法的运用。高级财务会计着重研究企业因各种原因所面临的特殊事项与特殊问题的会计处理。高级财务会计之所以"高级"，是它对特殊事项的会计处理，无论是在假设和原则方面，还是在程序和方法方面，都是对中级财务会计的突破，属于财务会计的高级层次。只有在掌握会计学原理和中级财务会计之后，再掌握高级财务会计知识，才能对财务会计学科有一个比较系统的了解。

 相关链接

目前国内代表性《高级财务会计学》课程的内容

《高级财务会计》作为会计专业的一门必修课程，是在学习《中级财务会计》的基础上，为进一步提高学生会计理论水平和应用能力而设置的一门专业课，但目前关于高级财务会计应涵盖的内容并未取得共识，统一的、完整的关于高级财务会计的研究体系尚未形成，导致了各本科院校对该课程的教学内容相差甚大。

有学者对新准则颁布后的18部高级财务会计精品教材进行调查，其中包括5部"十一五"国家级规划教材（如阎达五、耿建新、梁莱歆、杨有红、李学峰等主编的），4部21世纪会计学（或经济管理类）精品教材（如杜兴强、陈文军、余国杰、王善平等主编的），以及上海市、北京市等不同地区，中科院、上海财大、厦门大学、东北财经大学、中央财经大学、对外经贸大学等重点规划或立项的教材。按14块内容分别统计在18部教材中出现的频率，结果见下表。

组数	教材内容	在18部教材中出现的次数	在18部教材中出现的频率/%	在全部单位总量中出现的频率/%	向上累计频率/%
1	企业合并及合并报表	18	100	11.76	11.76
2	外币业务会计	18	100	11.76	23.52
3	租赁会计	15	83.33	9.80	33.32
4	金融工具会计	14	77.77	9.15	42.47
5	分部与中期会计报告	13	72.22	8.50	50.97
6	所得税会计	11	61.11	7.19	58.16
7	公司清算与改组	11	61.11	7.19	65.35
8	物价变动会计	10	55.55	6.54	71.89
9	独资与合伙会计	9	50.00	5.88	77.77
10	分支机构会计	8	44.44	5.23	83.00
11	债务重组	4	22.22	2.61	85.61
12	非货币性资产交换	3	16.66	1.96	87.57
13	政府与非营利组织会计	3	16.66	1.96	89.53
14	其他	2次以下共16次	—	10.46	99.99
以每部教材的每块内容作为总体单位时的总体单位总量		153	—	—	约100%

资料来源：先礼琼. 高级财务会计教材改革探讨. 财会通讯（综合），2012（7）.

第三节 本书的逻辑框架与内容构成

一、本书的逻辑框架

本书以客观经济环境的变化造成会计假设的松动，以及经济业务与会计问题的特殊性产生的会计问题为主线，构建了高级财务会计的内容。

首先，企业合并及企业集团的建立背离了单一会计主体的假定，扩展了会计主体的范围，产生了企业合并会计，企业合并会计包括合并和合并财务报表两部分内容，其中合并财务报表按编制的日期包括控制权取得日的合并财务报表和控股权取得日后的合并财务报表；跨国企业集团的建立、跨国交易或事项的出现以及不同国家或地区货币计量单位的区别扩展了会计主体的范围，并带来了外币交易和外币报表的折算问题，产生了外币会计；企业破产与重整背离了持续经营假设和会计分期假设，产生了重整与破产会计；衍生工具的出现及公允价值在资产与负债计量中的大量应用，在会计确认、计量与披露方面带来新的问题，从而产生了衍生工具会计和公允价值会计；鉴于上市公司对信息披露的特殊要求，亦将上市公司信息披露纳入高级财务会计。本书的逻辑框架如图1-1所示。

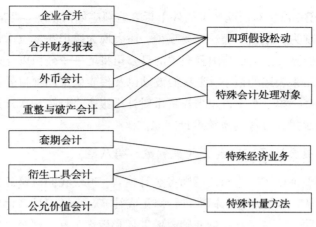

图1-1 本书的逻辑框架

二、本书的内容构成

我们将本书的内容确定为以下几个方面。

（一）企业合并会计（第二章至第五章）

企业合并按其法律形式分为吸收合并、创立合并和取得控制权合并。经吸收合并或创立合并后，仍然只有一个经济实体从事其经营活动。从会计角度而言，合并后只有一个会计主体。但取得控制权的合并，母公司和子公司仍然是单独的经济实体，从会计角度看，不仅企业集团是一个会计主体，母公司和其下属的每一个子公司也仍然是一个相对独立的会计主体。因此，合并会计主要解决两个问题：一是不同形式的合并所应采取的合并方法；二是合并财务报表的编制。围绕这两个问题，企业合并会计具体分为3章。

第二章 企业合并：本章主要阐述企业合并的形式及企业合并中的会计处理方法——购买法和权益结合法的基本原理。

第三章 合并财务报表——控制权取得日的合并财务报表：本章在介绍合并报表理论、合并报表的范围、合并报表的程序及方法等问题的基础上，着重阐述在控制权取得日购买法下合并财务报表的编制和权益结合法下合并财务报表的编制。

第四章 合并财务报表——控制权取得日后的合并财务报表：本章是第三章的延续，主要介绍控制权取得日后首期合并财务报表的编制和连续各期合并财务报表的编制，并就合并财务报表编制中的一些特殊问题进行了讨论。

第五章 集团公司内部交易事项的处理：本章是第三章和第四章的重要补充性内容，若集团公司存在内部存货交易、内部往来交易及内部长期资产交易，需要抵销，本章就这些内容进行了详细讨论。

（二）外币会计（第六章）

外币会计包括外币交易会计和外币报表折算，其核心问题是选用何种汇率对外币交易和外币报表进行折算,以及对由此产生的外币折算差额应如何处理。就外币交易会计而言,其货币计量不仅表现为以原币来表述交易事项,还表现为以记账本位币来对外币进行再一次计量。外币报表折算实际上是跨国公司中的母公司将境外子公司以外币表述的报表转换为以母公司报告货币来表述的报表,汇率的波动以及报表中不同项目的特性决定了在会计处理中不可能采用某一单一汇率,用报告货币对外币报表进行再一次计量。高级财务会计则必须研究外币报表折算方法的系统设计问题。

(三)衍生工具会计及套期会计(第七章、第八章)

金融工具的创新冲击了一直沿用的财务会计模式,迫使我们对财务会计的概念进行重新思考,对会计确认、计量基础与标准进行修正或补充,金融工具会计也由此而成为当今会计界的前沿性课题。金融工具包括基础金融工具和衍生工具。现金、票据、证券等基础金融工具已在中级财务会计中做了系统的阐述,向传统会计模式提出全方位挑战的主要是衍生工具,因此,在本书第七章中,我们对衍生工具的会计确认、计量与报告进行讲述,并阐述衍生工具列报和披露问题,第八章专门讲授运用金融工具(不限于衍生工具)套期保值业务中套期会计的核算方法。

(四)公允价值会计(第九章)

国际财务报告准则要求广泛运用公允价值计量以实现会计信息质量的相关性要求。我国企业会计准则强调适度、谨慎地引入公允价值计量。国际会计准则理事会(IASB)于2011年5月12日发布了《国际财务报告准则第13号——公允价值计量》,该准则重新定义了公允价值,制定了统一的公允价值计量框架,规范了公允价值的披露要求。2010年我国财政部发布了《中国企业会计准则与国际财务报告准则持续趋同路线图》,2014年1月27日发布了《企业会计准则第39号——公允价值计量》,以进一步规范我国企业会计准则中公允价值计量的相关会计处理规定,并保持我国企业会计准则与国际财务报告准则的持续趋同。应当说,公允价值计量既是一个发展中和争论中的话题,也是一个实务绕不开的问题。本章从会计信息质量与公允价值、会计要素公允价值计量、公允价值信息披露三个方面阐述了公允价值会计体系基本内容。主要内容包括:公允价值会计概述、公允价值估值技术、会计要素的公允价值计量、公允价值披露等内容。

(五)重整与破产会计(第十章)

重整与破产是企业面临财务困境时的两种结果,从而也产生了重整和破产会计问题。重整会计反映企业重整期这一特殊期间的重整行为及其结果,并对会计期间假设进行了局部修订;破产对持续经营、会计期间等会计假设产生冲击,其会计要素的确认、计量以及会计报表体系均与持续经营状态下的会计存在着重大的差别。破产会计以破产法及相关法律制度为依据,采用有别于持续经营状态下的会计原则与方法,向债权人、清算组、人民法院及其他信息使用者提供破产会计信息,其主要研究内容包括破产资产、破产债务、清算净资产以及清算损益的确认与计量、破产企业债务清偿顺序的确定、破产会计报告体系的构成与编制。

三、诚信价值观及其高财会计的实务处理

诚信价值观要贯穿高级财务会计学习和实务处理的全过程。随着经济发展，企业面临的经济业务日趋复杂，如企业合并、衍生工具、公允价值计量、套期等，这些复杂的经济业务的会计处理大部分是高级财务会计学需要处理的内容，要确认和披露真实、公允和有利于资本市场投资者发展及投资者保护的信息，除了遵循会计准则外，还需要贯穿诚信价值观，并渗透入学习与会计实务的处理之中。

（一）充分认识确立诚信价值观的重要性

诚信价值观表达了会计对社会的一种基本承诺，即客观公正、不偏不倚地把现实经济活动反映出来，并忠实地为会计信息使用者服务。在市场经济条件下，会计的诚信义务具有社会属性。随着经济资源配置的社会化和两权分离现象的日益扩大化，对资源使用过程及结果的有效监控，已成为市场资源配置是否有效、所有权与经营权关系是否协调的关键。对资源使用过程及结果作出如实记录并及时向资源所有者和经营者进行报告的责任，就落在了会计身上，从而使会计诚信变得更为全社会所重视。

企业是一个多方合约结合体，合约的履行效果就成为企业生死存亡的关键因素。合约履行的效果又取决于各缔约方是否诚信、相应的制度和法律安排是否完善及能否有效执行。由此可见，确立诚信价值观是企业生存发展的基础，没有诚信，各缔约方就不能忠实地履行自己的义务，并承担相应的责任；没有诚信，会计信息也不能真实地反映出来。如果会计信息失真，合约各方将无法有效履行或需要法律介入后才能得到履行，这样就会大大地增加合约履行的社会成本。在确立企业人员诚信价值观的过程中，会计高管的诚信至关重要，因为会计高管是企业的会计信息生成和披露控制者，当然会计中层管理人员和会计处理人员也非常重要，他们是企业会计诚信价值的执行者和监督者。

（二）给"诚信的道德空间"以正确的"真实规范"

在具体会计实务中，我国会计人员在执行诚信原则问题上应享有多大的"道德自由空间"呢？随着我国会计准则修订和国际持续趋同，会计实务中会计人员职业判断的空间在逐渐加大，如商誉估值和减值计量、金融工具公允价值估值、非金融资产估值等大都依赖会计人员的职业判断。统一会计准则规定得过细、过死，会严重损害会计信息的"相关性"，但是统一会计准则赋予企业会计处理较大的自由权后，会计信息的"真实性"又得不到保障。真实与相关，两者缺一不可，但现实又迫使我们不得不在两者之间作出有所倚重的选择。最为理想的选择，是找到一个两者皆有保障的好方法，一方面应给予单位以一定的"道德自由空间"，能使各单位在这样的"道德自由空间"自觉回归于会计诚信的超规范标准体系之内。

真实规范代表人们的行为倾向，伦理规范代表人们的一种价值判断，两者往往会产生冲突。会计诚信原则的理论与实务恰恰是如此。一方面，当问起人们会计造假对不对时，

没有一个人会认为是对的，伦理规范充分发挥了它的作用。但是另一方面，虚假会计信息却被不断制造，这就是真实规范与伦理规范之间存在的尖锐冲突。因此，要使我国会计实务体现出来的真实规范成为广大会计人员的行为准则，就需要贯彻会计诚信原则，从而赋予这种"道德自由空间"以正确的"真实规范"，这也是我国高级会计从业人员有责任、有能力解决的现实问题。

本章小结

高级财务会计是在对原财务会计理论与方法体系进行修正的基础上，对企业出现的特殊事项和特殊会计问题进行会计处理的理论与方法的总称。其产生的基础是客观经济环境变化造成的会计假设的松动及企业交易与事项的特殊性。从理论上说，高级财务会计研究的范围是背离会计主体、持续经营、会计分期和货币计量这四项会计假设的会计交易或事项以及会计对象、经济业务特殊及相关特殊会计计量方法的交易或事项。但在具体内容安排上，还须考虑与中级财务会计的衔接问题。基于上述考虑，本教材将高级财务会计的研究范围定为合并会计、公允价值会计、外币会计、衍生工具会计、套期会计、重整与破产会计。

关键词汇

高级财务会计（advanced financial accounting） 　　会计假设（accounting assumption）
会计目标（accounting objective） 　　概念框架（conceptual framework）
决策有用（usefulness decision） 　　受托责任（accountability）

小组讨论

企业合并、破产会产生哪些财务会计问题？应如何解决？为什么？

在我国以市场为基础性地位的经济发展模式下，采用单一的历史成本计量属性或减值计量模式会对会计信息质量带来哪些不利影响？采用公允价值计量能解决这一问题吗？

本章推荐阅读资料

1. 阎达五，耿建新，戴建明. 高级会计学[M]. 北京：中国人民大学出版社，2007.
2. 葛家澍，杜兴强. 会计理论[M]. 上海：复旦大学出版社，2005.
3. IASB，财务报告概念框架（Conceptual Framework for Financial Reporting）（http://www.ifrs.org）.
4. FASB，概念公告第 4–8 号（Concepts Statement No.4–8）（http://www.fasb.org）.

单项选择题	多项选择题	判断题
自学自测 扫描此码	自学自测 扫描此码	自学自测 扫描此码

名词解释

高级财务会计	会计目标	会计主体假设
持续经营假设	会计分期假设	货币计量假设

简述题

1. 高级财务会计的定义是什么？该定义有什么内涵？
2. 确定高级财务会计内容的基本原则有哪些？
3. 高级财务会计产生的理论基础是什么？
4. 高级财务会计在会计学科中处于什么地位？它与会计学原理、中级财务会计的关系是怎样的？
5. 简述高级财务会计的内容。

第二章

企业合并

 学习提要与目标

本章着重介绍企业合并的方式及其与企业合并会计处理方法的关系,主要内容包括相关企业合并的一些基本问题,并根据合并的不同类型,分别介绍权益结合法与购买法的基本原理与实务操作。通过本章的学习,同学们应:

- 了解企业合并的动因以及合并的基本类型
- 掌握企业合并中的会计问题
- 熟练运用权益结合法和购买法

企业扩张有两种方式:内部扩张和外部扩张。内部扩张通过扩建厂房、创办新的企业和分支机构来实现,外部扩张则通过企业合并的方式来实现。企业合并作为"外部"手段,能够为企业提供更快的成长速度。按照交易成本理论,企业合并能够内化市场交易。合并在本质上是为了节省交易费用而进行的一种合约选择。企业合并无论采取哪一种形式,都是管理上的协调代替市场机制的协调,其目的是节省交易费用。当企业涉及的合约交易通过市场协调的成本大于企业内协调的成本时,旨在使交易内在化的合并行为就会产生。国内外成功的企业合并案例表明,企业合并在产生财务协同效应的同时,能够取得新的管理资源或更好地运用现有的管理资源,产生管理协同效应。在英美等西方国家,尽管企业合并因削弱竞争、产生垄断而受到反托拉斯法(Antitrust Act)的限制,但企业合并仍然是受人青睐的企业发展方式。自20世纪80年代末以来,我国随着经济体制改革的深入而掀起了企业合并的浪潮,其目的在于优化经济资源的配置和组合,推动社会生产力的发展。跨入21世纪以后,无论是政府主导的国有企业合并还是非国有企业在资本市场上的并购都十分活跃,在资源整合和优化配置中都起着积极的作用。在世界经济一体化的今天,并购也是我国企业走向世界的重要通道。2006年发生的联想并购IBM PC事业部和2010年吉利并购沃尔沃就是很好的佐证。

第一节 企业合并概述

一、企业合并的概念

企业合并是两个或两个以上的企业合并组成一个新的经济实体。这个经济实体可能是

一个独立的法律实体,也可能是由若干个法律实体(独立的企业)组成的经济实体。会计准则通常从报告主体(财务报表编报单位)的角度定义企业合并。我国《企业会计准则第20号——企业合并》将企业合并定义为:"将两个或者两个以上单独的企业合并形成一个报告主体的交易或事项。"国际会计准则理事会《国际财务报告准则第3号——企业合并》将企业合并定义为:"各单独主体或企业组成一个报告主体。"上述概念强调了两点:一是参与合并的企业在合并前是彼此独立的,而合并后,它们的经济资源和经营活动就处于单一的管理机构控制之下,所以,企业合并的实质是取得控制权;二是强调了单一的会计主体,即企业合并是以前彼此独立的企业合并成一个会计主体。一切有关企业合并的会计处理和有关合并会计报表的问题,都是建立在这两点认识的基础之上的。

二、企业合并的动机

按照上述企业实现成长目标的两种方式,某公司为了扩大生产规模,可以:①通过筹集权益资本及信贷资本或动用盈余来进行生产设备的购置、厂房的购建、新产品研制与开发,以达到扩大其市场份额、提升竞争优势的目的;②通过收购其他企业的净资产或股权。后一种方式就是我们所说的企业合并。企业合并的动机主要有以下五个方面。

1. 在尽可能的时间内扩大生产规模,达到快速扩张的目的

假设该公司通过自行购建厂房、生产设备的方式来扩大生产规模,不仅需要大量的资金,而且需要耗费相当长的时间。通常从选址、购建到完工投产需要四五年的时间,相比之下,企业合并方式具有明显的优越性,它可以使企业得到迅速扩展。

2. 大幅度地节约企业扩展的成本,缓解现金压力

以企业合并的形式扩大企业规模不仅可以迅速获取规模经济效益,而且可以缓解资金压力,降低融资成本。例如,某公司要达到预期的生产规模目标,需要的资金总额为8 000万元。如果通过直接投资购建厂房、设备的方式,资金的需要量以及对企业的压力都很大。而采用企业合并方式,这种压力会得到明显的缓解。如果该公司以发行股票并承担债务的方式并购一个资产规模为8 000万元、净资产为4 500万元的同类厂家,不仅能够大大降低融资成本,还能够大大减少拓展规模对现金流出量的需求。尤其对资金暂时短缺的企业来说,效益更明显。

3. 企业合并可能给有关方面带来税收上的好处

对于被合并企业的所有者来说,以其在原企业的权益交换一家大公司的股份,而不是直接出售企业获取现金,可能免除税收上的负担。在被吸收合并的企业以前年度发生累计亏损的情况下,如果税法允许将这种亏损抵销合并企业以前年度或以后年度的应纳税所得,则企业合并会给合并企业带来税收上的好处。如果被合并企业长期亏损,将来不能获取足够的应纳税所得,则该企业不可能独自获取这种税收上的利益。

4. 提高管理人员的社会地位和市场价值

对于企业管理者来说,通过成功的企业合并扩大企业规模、提高企业经营效益能够在

经理人市场中提高他们自身的社会地位和市场价值。

5. 防止被兼并

在激烈的市场竞争环境和公司控制权争夺市场中,为了防止被大企业吞并,有些公司采用先下手为强的方法通过吸收合并并购其他企业,或者通过与其他公司的创立合并来组建更大的企业,达到保护自身、保存竞争优势的目的。

三、企业合并的方式

企业合并有各种不同的方式,这些方式受法律、税收、行业跨度以及其他原因的制约。企业合并可按不同的标志进行分类,通常按法律形式、所涉及的行业、支付方式合并前后的控制权等进行分类。

(一) 按照合并的法律形式分

企业合并按照法律形式可分为吸收合并、创立合并和控股合并三种。

1. 吸收合并

吸收合并也称兼并,是指一个企业通过发行股票、支付现金或发行债券等的方式取得其他一个或若干个企业。吸收合并完成后,只有合并方仍保持原来的法律地位,被合并企业失去其原来的法人资格而作为合并企业的一部分从事生产经营活动。合并后的企业除对所有被合并企业的原资产实行直接控制和管理外,还往往承担被合并企业的负债。吸收合并的基本法定程序包括如下方面。

(1) 参与合并的各相关公司董事会制定合并条款;

(2) 各相关公司的股东大会或类似机构依法作出合并决议;

(3) 存续公司向被兼并公司的股东发行股票或其他支付手段,以交换这些股东持有的被兼并公司的股权;

(4) 被兼并公司实行清算。

如果 A 公司通过吸收合并方式并购 B 公司,则 A 公司仍然以原来的法律地位继续经营,而 B 公司被注销。这种合并可用下式表示:

$$A 公司 + B 公司 = A 公司$$

2. 创立合并

创立合并是指两个或两个以上的企业联合成立一个新的企业,用新企业的股份交换原来各公司的股份。创立合并结束后,原来的各企业均失去法人资格而成为新企业内部的一部分或一个经营部门,新成立的企业统一从事生产经营活动。新企业在接受已解散的各企业的资产的同时,往往也承担其债务。新企业向原企业的股东发行股票或签发出资证明书,从而使原企业的股东成为新企业的股东。如果原企业的股东不愿成为新企业的股东,新企业应以发行债券或支付现金的方式向原企业股东支付产权转让价款。创立合并也就是《中华人民共和国公司法》(以下简称《公司法》)中所称的新设合并。创立合并的基本法定程序包括如下方面。

（1）参与合并的各相关公司董事会制订合并条款；

（2）各相关公司的股东大会或类似机构依法作出合并决议；

（3）组建新的公司并用新公司股票交换原各公司股东持有的被合并公司的股票；

（4）由新公司对参与合并的企业实施清算和解散程序。

如果 A、B、C 三个公司采用创立合并的方式，新设的公司为 D 公司，则这种合并可表示为

$$A 公司 + B 公司 + C 公司 = D 公司（或 ABC 公司）$$

3. 控股合并

控股合并也称取得控制权，是指一个企业通过支付现金、发行股票或债券的方式取得另一企业全部或部分有表决权的股份。取得控制权后，原来的企业仍然以各自独立的法律实体从事生产经营活动。当一企业取得另一企业 50% 以上有表决权的股份后，一般会取得另一企业的控制权，但是当取得 50% 以下有表决权的股份时是否拥有对方的控制权则需要根据具体情况进行判断。这里所说的控制的概念具体在本书第三章中讲述。在控股合并的情况下，控制企业被称为母公司，被控制企业称为该母公司的子公司，以母公司为中心，连同它所控制的子公司，被称为企业集团。假设 M 公司采用控股合并方式取得 N 公司的控股权，取得控制股权后关系可表述为

$$M 公司 + N 公司 = 以 M 公司为母公司的企业集团$$

（二）按照企业合并所涉及的行业分

按照企业合并所涉及的行业，合并可分为横向合并、纵向合并和混合合并。

1. 横向合并

横向合并是指一个公司与从事同类生产经营活动的其他公司合并，如 2006 年发生的联想并购 IBM PC 事业部和 2010 年吉利并购沃尔沃就属于横向合并。横向合并通常具有以下两个目的：一是拓展行业专属管理资源，使自身管理团队的管理能力得到充分有效的发挥，从而最大限度地实现管理效率提升；二是通过企业规模的扩张来达到扩大经营规模，提高该产品的市场占有率的目的，从而降低管理成本与费用、增强竞争优势、获取规模效益。值得注意的是，通过横向并购获取竞争优势和规模效益是受诸多因素限制的。首先因为横向并购将对竞争产生负面影响，减少一个行业内企业的数量并使得行业中的成员更容易以不正当的方式共谋垄断利润，因而受政府严厉的管制。例如，在英国，横向合并要受到《垄断与兼并法》《公平贸易法》的约束以及垄断与兼并委员会和公平贸易局的监管。另外，企业规模与规模效益不总是成正比的。规模经济指的是在技术水平不变的情况下，N 倍的投入产生了大于 N 倍的产出，即递增的规模收益。规模经济大致分为四种类型：生产的规模经济、交易的规模经济、储藏的规模经济和专业化分工的效益。如果随着规模的扩大，N 倍的投入产生了小于 N 倍的产出，则为规模不经济。

2. 纵向合并

纵向合并是指一个公司向处于同行业不同生产经营阶段公司的并购,即上下游环节的并购。例如,石油行业按其生产经营活动的环节可分为勘探、开采、提炼、销售,石油行业中这些处于不同经营环节的企业间的并购就属于纵向并购。纵向并购的初衷在于将市场行为内部化,即通过纵向并购将不同企业的交易转化为同一企业内部或同一企业集团内部的交易,从而减少价格资料收集、签约、收取货款、广告等方面的支出并降低生产协调成本。从交易费用经济学的角度看,纵向并购的关键问题是资产的特定性。资产特定性越高,市场交易的潜在费用越大,纵向并购的可能性就越大。当资产特定性达到一定高度,市场交易的潜在费用就会阻止企业继续依赖市场,这时纵向兼并就会出现。

3. 混合合并

混合合并是指从事不相关业务类型的企业间的合并。交易费用经济学把混合合并理解为多部门企业组织的自然发展,这种混合形组织是为了组织极其复杂的经营活动。由于多部门组织管理互不相关的经济活动可以节约交易费用,因此这种组织形式在处理不相关的经济活动中逐渐发展起来。从混合合并的历史看,英美等西方国家的混合合并缘于以下两点:一是通过混合合并来从事多元化经营以达到优化投资组合、分散投资风险的目的;二是因法律禁止寡头垄断企业在本产业部门扩大市场份额,在反垄断法的制衡下无法实现横向并购和纵向并购,从而迫使企业转为混合合并。我国企业从20世纪80年代中期开始出现混合合并,但大部分混合合并的实例表明,由于缺少被兼并企业的行业技术和管理知识,企业的混合合并并没有产生预期的经济效果,相反,混合合并后的企业因不熟悉被兼并企业的业务而不能对其实施有效的管理。

依据企业希望进入的产品市场和现有产品市场之间的关系,混合合并通常包括四种战略类型:①市场渗透型:企业在现存的市场中增加其市场份额;②市场扩张型:企业在新的区域市场出售其现有产品;③产品扩张型:企业在现存市场上出售与现有产品相关的其他产品;④多元化型:企业在新的市场上出售新产品。混合合并的战略类型如表2-1所示。

表2-1 混合合并的战略类型

市场 产品	现存的产品	新的产品
现存的市场	市场渗透型	产品扩张型
新的市场	市场扩张型	多元化型

(三)按照支付方式分

企业合并按照支付方式可以分为以下几种。

1. 支付现金式合并

合并方向被合并方的股东支付现金以取得被购买企业的股权。在这种支付方式下,对于被合并方而言，被合并方得到的现金数额是确定的，不必承担因支付方式公允价值变动而带来的风险，也不会受到合并后公司发展前景、利息率以及通货膨胀率变动的影响。被合并企业的股东一旦收到与他所拥有的股份相应的现金，就失去了对原企业的任何权益；对合并企业而言，由于是向被合并企业的股东支付现金而不是股票，不会出现自身控制权的稀释甚至转移。但是这种方法需要支付大额现金，无论企业是对外筹集资金，还是动用自有现金，都是一个较大的负担。因此，决定现金支付方式前，并购方必须谨慎考虑资产的流动性（不仅需考虑当时的流动性，还必须考虑中长期的流动性）、资本结构和融资能力。

2. 股权交易式合并

这种方式下，合并方以自身股票作为支付方式，合并方增加发行本企业的股票，支付给被合并方所有者或股东，取得被合并方的净资产或控制权，被合并方所有者或股东成为合并方的股东。与支付现金式合并相比，股权交易式合并具有以下两个特点：一是合并方不会因合并行为产生大量现金流出，不会影响并购企业的现金流动状况；二是收购完成后，被合并企业的所有者或股东会拥有合并方的股权，与合并方原有股东一起形成合并方新的所有者或股东，仍然能够在股东层面对原合并企业实施影响，并与原合并方股东共担风险，共享收益。其缺点是，被合并方的所有者或股东会稀释合并方的股权，甚至会取代原控制人，成为合并方新的控制人。

3. 承担债务式合并

在这种方式下，合并企业以新发行债券形式取得被合并方的净资产或控制权。实际运作中，通常将债券与认股权证或可转换债券结合起来。认股权证赋予持有者在指定时间内用指定价格认购发行公司一定数量新股的权利，而持有者获得该项权利的同时无须担负某项责任，权利的行使与否不受任何约束。对于并购方而言，可转换债券的利率通常低于普通债券的利率，从而降低筹资的成本；对于被并购方的股东而言，可转移债券具有普通债券的安全性和股票增值的有利性相结合的双重性质。

> **相关案例**
>
> 2018年11月1日，证监会发布了试点定向可转债并购支付来支持上市公司发展，11月2日，苏州赛腾股份（603283.SH）就发布提示性公告，论证并设计了发行定向可转债及股份购买资产并配套融资方案，首单创新试点由华泰联合进行操作。
>
> 定向可转债实是介乎于发股和现金支付之间的支付工具。简而言之，上市公司发行定向可转债购买资产时，交易对方在股价上涨时可换股来赚取交易差价，当股票下跌时可以行使债权来规避风险。可以大大增加交易方案的弹性，有助于消除交易的分歧而让并购重组更容易达成。
>
> 之前上市公司并购重组支付工具主要是现金和股份两种，不同的支付方式各有千秋，现金支付对买方现金储备和融资能力要求高，同时交易对方完全变现，也不利于后

续整合和税务筹划等。所以上市公司并购尤其是大额交易还是以发股支付为主，但是发股支付也并非完美，在交易实践中也会有各种分歧，核心在于后续股价走势上。上市公司可能认为自己股份低不愿意发股支付，卖家更担心换股后股价下跌而利益受损。

定向可转债就能很好地解决上述分歧。例如当前股价是 10 元，卖家担心后续股价会跌不愿意换股，可以接受定向可转债作为支付方式。未来三年内有权按照 10 元价格换成股份，如果股价上涨就可以赚取市场差价。如果股价走势不好低于 10 元，也可以选择持有债权而不换股，未来要求上市公司还本付息。

上述的安排对上市公司而言，可能让之前无法达成的交易形成共识，后续对方选择换股赚取的差价也是市场给的，另外股价上涨对于上市公司而言也不是坏事。若股价下跌了后续要么支付现金，因为债权上附了可转股期权也可以利息很低甚至不付利息，相当于阶段性低成本做了债务融资。另外，定向可转债也可能利于交易价格谈判，单纯发股购买可能需要 10 亿元，定向可转债购买没准 9 亿元就能拿下。

还有另外一种情形，如上市公司特别想收购某个标的，现金购买吧没钱，想发股吧感觉股价太低摊薄太大，定向可转债就可以有效地解决问题。例如当前股价 10 元可以把转股价格提高到 15 元。未来股价涨到 15 元以上对方换股解决了摊薄问题皆大欢喜，如果股价没涨到 15 元也解决了现金的延迟支付和双方阶段性绑定的问题，至少时间换空间这事能有希望做成。

4. 混合支付式合并

混合支付式合并是指合并方以现金、非现金资产、股票、认股权证、可转换证券、公司债券等方式中的两种或多种结合的方式作为支付对价物对目标公司实施合并的行为。

（四）按照合并前后的控制权分

按照参与合并的企业在合并前后是否属于同一控制，企业合并可分为同一控制下的企业合并与非同一控制下的企业合并。

1. 同一控制下的企业合并

参与合并的企业在合并前后均受同一方最终控制或相同的多方最终共同控制且该控制并非暂时性的，为同一控制下的企业合并。在上述定义中，同一方是指对参与合并企业在合并前后均实施最终控制的投资者，如企业集团的母公司等；相同的多方通常是指根据投资者之间的协议约定，在对被投资单位的生产经营决策行使表决权时发表一致意见的两个或两个以上的投资者；控制并非暂时性是指参与合并各方在合并前后较长的时间内受同一方或相同的多方最终控制。

同一控制下的企业合并，在合并日取得对其他参与合并企业控制权的一方为合并方，参与合并的其他企业为被合并方。合并日是指合并方实际取得对被合并方控制权的日期。同一控制下的企业合并多数为股权联合性的合并。

2. 非同一控制下的企业合并

参与合并的各方在合并前后不属于同一方最终控制或相同的多方最终共同控制的,为非同一控制下的企业合并。例如,甲企业控制人为 A,乙企业控制人为 B,则甲、乙两企业的合并为非同一控制下的企业合并。非同一控制下的企业合并一般为购买性质的合并。

(五) 反向合并

在某些企业合并中,发行权益性证券的一方在合并后被参与合并的另一方所控制,发行权益性证券的一方虽然为法律上的母公司,但其为会计上的被购买方,该类企业合并通常称为反向合并。

例如,A 公司股本为 10 000 万股,其控制方股东(甲股东)持有 3 000 万股,B 公司股本为 18 000 万股,其控制方股东(乙股东)持有 8 000 万股,股票面值均为 1 元。假设 A 公司以向乙股东增发普通股的方式收购乙股东所持有的 B 公司 8 000 万股(A 公司与 B 公司换股比例为 1∶1)。收购完成后 A 公司的股本总数变为 18 000 万股,乙股东持有 A 公司总股东的 44.4%,原 A 公司的大股东甲股东仅占 16.67%,A 公司的控制权转移给 B 公司的控制方股东(乙股东)。同时,A 公司代替乙股东成为 B 公司的控制方,B 公司成为 A 公司的子公司。这样 A 公司在名义上是 B 公司的母公司,但 B 公司的股东已经成为 A 公司的控股股东。在这种情况下,虽然法律上可以将发行股票的 A 公司视为母公司或与原先一样的企业,但实质上发行股票的公司(A 公司)被认为已被其他企业购买,后者被称作购买企业(B 公司),从而应将购买法应用于发行股票企业的资产和负债(图 2-1)。

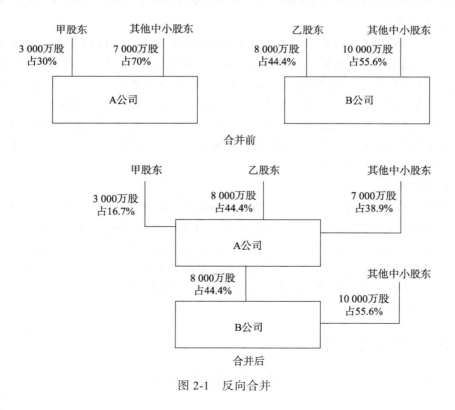

图 2-1 反向合并

相关案例

奇虎360反向并购江南嘉捷

并购方奇虎360是一家互联网安全企业，为规避国内政策法规要求，搭建VIE架构于2011年在纽交所挂牌交易，获得40倍超额认购。但在美上市的中概股频遭境外机构恶意做空，估值总体偏低，而国内投资者对互联网技术公司又非常热捧，为回归A股，奇虎360牵头财团回购全部普通股票完成私有化退市。私有化使奇虎360背负201.3亿元债务，不得不借壳迅速上市融资。壳公司江南嘉捷是一家主要从事电梯研发与产销的公司，由于近年制造业面临转型压力，中国电梯市场增速放缓，公司2015年以来业绩处于快速下滑状态。年报显示，2015年和2016年的营收与净利润双双下滑，经营现金流净额更是降幅惊人。在被奇虎360借壳上市之前，公司在资本市场上知名度较低，市值仅为34.91亿元。

1. 并购过程

从美国退市之前，奇虎360就已经着手布局国内重新上市事宜。通过一系列的资产重组，奇虎360及关联企业拆除VIE架构重组转入天津奇思，并更名为三六零股份有限公司（为便于统一名称仍沿用奇虎360旧称）。2017年11月3日，江南嘉捷披露了重组草案，拟出售全部资产及负债，并通过资产置换和发行股份的方式购买奇虎360公司100%股权。2017年11月7日，江南嘉捷复牌，随即拉出18个涨停板。2018年2月28日，公司证券代码变更为601360，证券简称变更为三六零，至此完成借壳上市征程。

2. 资产置出

资产置出按借壳主体的性质可分为借净壳和借非净壳，按置出路径不同可分为现金回购、迂回置出资产和回购并注销股份。本案例属于迂回置出资产借净壳上市。为保持净壳，江南嘉捷先进行内部资产整合，将其全部权利与义务划转至嘉捷机电，这样江南嘉捷就只有嘉捷机电这一家子公司了。江南嘉捷把嘉捷机电90.29%的股权以169 000万元现金的方式转让给金氏父子，剩余9.71%股权与奇虎360的等值股份进行置换。最后奇虎360再将嘉捷机电9.71%股权转让给金氏父子。资产置换可以最小化税负和现金的使用，但可能降低买方的资产流动性。

3. 资产置入

资产置入按形式可划分为资产换股、定向增发、资产置换和现金购买，实践中的交易要素安排取决于具体约束条件和相关利益方的博弈。案例中以定向增发置入，奇虎360资产估值超过504亿元，以等值资产置换抵消0.36%股份，差额部分江南嘉捷向奇虎360发行股份购买。使用股票支付的税收可递延，推升的股价收益被留在公司，能提升企业价值，但也存在可能摊薄每股收益和增加交易复杂性的缺点。

四、企业合并的会计问题

企业合并的会计问题涉及会计理论和会计实务两方面，从会计理论角度看，企业合并突破了传统的会计主体、持续经营、会计期间假设，并对会计确认和计量提出新的问题；从会计实务角度看，企业合并的会计问题包括合并过程的会计处理方法和合并以后的合并会计报表编制问题。

（一）合并过程的会计处理方法

按企业合并前后的控制权不同，分为同一控制下的合并和非同一控制下的合并，与之相应，通常采用的会计方法有权益结合法和购买法两种。这两种方法的选用与企业合并的性质相关：同一控制下的企业合并应采用权益结合法进行会计处理；非同一控制下的企业合并应采用购买法进行会计处理。本章的第二节与第三节将分别对这两种方法进行讨论。

（二）合并以后的合并会计报表编制

在吸收合并、创立合并和控股合并三种方式中，吸收合并结束后，被合并的企业全部解散，只有实施合并的企业在合并后仍是一个单一的法律主体和会计主体；创立合并完成后，原来的企业均不复存在，新创立的企业仍然是一个单一的法律主体和会计主体，因此，吸收合并和创立合并后的会计处理没有新的会计问题出现。

控股合并完成后，母公司本身和子公司都是一个独立核算的企业。但站在集团的角度看，会计服务对象的空间范围显然是由母公司以及下属单位构成的整体，也就是说，会计不仅要以每一独立的企业为报告主体，编制个别企业会计报表，还要以整个企业集团为服务对象，在个别企业会计报表的基础上编制合并会计报表。合并会计报表的编制，无论是从编制基础看，还是从编制程序和编制方法看，都与个别企业会计报表不同，这是控制合并完成后面临的新的会计问题。有关控股合并以后，每个会计期末的合并会计报表编制问题，将在第四章进行详细讨论。

第二节 权益结合法

对于同一控制下的企业合并而言，合并前后的最终控制人未发生变化，由最终控制人控制或共同控制其全部或实际上全部的净资产和经营权，这种合并更多的是一种控制人安排而非商业化的并购。根据我国现行会计准则，对于同一控制下的企业合并，采用权益结合法进行会计处理。

一、权益结合法的原理

同一控制下的合并，本质上是最终控制人基于自身商业目的而进行的一项安排，从实质上看并没有发生市场化的企业购买交易，合并后的企业也会继续分担和分享企业合并之前就存在的风险与利益。与此相应，权益结合法包括以下要点。

（1）被合并方采用的会计政策与合并方不一致的，合并方在合并日应当按照本企业会计政策对被合并方的会计报表相关项目进行调整。

（2）合并方在企业合并中取得的资产和负债，应当按照合并日被合并方的账面价值计量。合并方取得的净资产账面价值与支付的合并对价账面价值（或发行股份面值总额）的差额，在保留被合并方留存收益（如可能）后，剩余部分调整资本公积；资本公积不足冲减的，调整留存收益。

（3）在权益结合法下，被合并企业在合并日前的盈利作为合并方利润的一部分并入合并企业的报表。

（4）合并方为进行企业合并发生的各项直接相关费用，包括为进行企业合并而支付的审计费用、评估费用、法律服务费用等，于发生时计入当期损益。

（5）为企业合并发行的债券或承担其他债务支付的手续费、佣金等计入所发行债券及其他债务的初始计量金额；企业合并中发行权益工具（如普通股）发生的手续费、佣金等费用，应当抵减权益工具的溢价收入，溢价收入不足冲减的，冲减留存收益。

二、权益结合法应用举例

由于在权益结合法下，资产和负债等均按账面价值计价，不会产生商誉，因此，权益结合法下的账务处理相对比较简单。权益结合法下虽然有对价支付，但仅是双方通过协商确定的名义价格，并非真正的购买价格。本章主要讲授吸收合并或新设合并方式下权益结合法的应用。

例2-1 A、B企业为同一控制下的两家非上市公司。A企业对B企业进行吸收合并，经双方协商，A企业发行普通股100 000股以取得B企业的全部资产并承担B企业的全部负债，A企业每股面值1元，经调整确定的公允价值为每股7.0元。同时，A企业支付合并审计、评估、法律等相关费用共30 000元。A企业与B企业资产负债表资料如表2-2所示。

表2-2　A企业与B企业资产负债表　　　　　　　　单位：元

项　目	A企业	B企业（账面金额）	B企业（公允价值）
银行存款	310 000	50 000	50 000
交易性金额资产	130 000	120 000	130 000
应收账款	240 000	180 000	170 000
其他流动资产	370 000	360 000	380 000
长期股权投资	270 000	160 000	170 000
固定资产净值 　其中：累计折旧	540 000 300 000	400 000 240 000	420 000 260 000
无形资产	60 000	40 000	30 000
资产合计	1 920 000	1 310 000	1 350 000
应付账款	380 000	310 000	300 000
长期借款	620 000	400 000	390 000
负债合计	1 000 000	710 000	690 000
股本	600 000	400 000	—

续表

项　目	A 企业	B 企业 （账面金额）	B 企业 （公允价值）
资本公积	130 000	40 000	—
盈余公积	90 000	110 000	—
未分配利润	100 000	50 000	—
股东权益合计	920 000	600 000	660 000

A 企业应按账面价值记录取得的 B 企业的净资产。合并前 B 企业的股东权益总额为 600 000 元，合并后转入 A 企业的股东权益总额仍为 600 000 元。由于权益结合法下，被合并企业在合并日前的盈利作为合并方利润的一部分并入合并企业的报表，而不合并计入合并的账面成本中，所以 B 企业盈余公积 110 000 元和未分配利润 50 000 元直接并入 A 企业的盈余公积和未分配利润中去。在转入的 600 000 元所有者权益中，由于股本为 100 000 元（发行 100 000 股，面值为 1 元），盈余公积为 110 000 元，未分配利润为 50 000 元，则资本公积为 340 000 元。

A 企业记录合并 B 企业的会计分录为

借：银行存款　　　　　　　　　　　　　　　　　　　　50 000
　　交易性金融资产　　　　　　　　　　　　　　　　　120 000
　　应收账款　　　　　　　　　　　　　　　　　　　　180 000
　　其他流动资产　　　　　　　　　　　　　　　　　　360 000
　　长期股权投资　　　　　　　　　　　　　　　　　　160 000
　　固定资产　　　　　　　　　　　　　　　　　　　　640 000
　　无形资产　　　　　　　　　　　　　　　　　　　　 40 000
　贷：累计折旧　　　　　　　　　　　　　　　　　　　240 000
　　　应付账款　　　　　　　　　　　　　　　　　　　310 000
　　　长期借款　　　　　　　　　　　　　　　　　　　400 000
　　　股本　　　　　　　　　　　　　　　　　　　　　100 000
　　　资本公积　　　　　　　　　　　　　　　　　　　340 000
　　　盈余公积　　　　　　　　　　　　　　　　　　　110 000
　　　未分配利润　　　　　　　　　　　　　　　　　　 50 000
借：管理费用　　　　　　　　　　　　　　　　　　　　 30 000
　贷：银行存款　　　　　　　　　　　　　　　　　　　 30 000

合并完成后，A 企业资产负债表如表 2-3 所示。

上例中，A 企业发行的股票面值总额（100 000 元）低于 B 企业合并前股本与资本公积合计数额（400 000 元+40 000 元=440 000 元），差额 340 000 元应增加 A 企业的资本公积。如果合并方发行股票的面值总额高于被合并方的资本数额，差额则应冲减合并方的资本公积，资本公积不够冲减的部分，则应冲减被合并企业的留存利润。

表 2-3　A 企业资产负债表　　　　　　　　　　　单位：元

资产	余额	负债和股东权益	余额
银行存款	330 000	应付账款	690 000
交易性金融资产	250 000	长期借款	1 020 000
应收账款	420 000	**负债合计**	**1 710 000**
其他流动资产	730 000		
流动资产合计	**1 730 000**	股本	700 000
长期股权投资	430 000	资本公积	470 000
固定资产	940 000	盈余公积	200 000
无形资产	100 000	未分配利润	120 000
非流动资产合计	**1 470 000**	**股东权益合计**	**1 490 000**
资产总计	**3 200 000**	**负债和股东权益总计**	**3 200 000**

例 2-2　仍以例 2-1 资料，假设 A 企业发行 100 000 股面值为 6 元的股票以取得 B 企业的全部资产并承担 B 企业的全部负债，其他资料不变。在这种情况下，发行股票的面值总额 600 000 元高于 B 企业股本与资本公积合计数（440 000 元）的差额（160 000 元）应冲减 A 企业的资本公积。但 A 企业的资本公积数额为 130 000 元，余额应冲减留存收益。会计分录如下：

  借：银行存款　　　　　　　　　　　　　　　　　　　　　　50 000
    交易性金融资产　　　　　　　　　　　　　　　　　　120 000
    应收账款　　　　　　　　　　　　　　　　　　　　　180 000
    其他流动资产　　　　　　　　　　　　　　　　　　　360 000
    长期股权投资　　　　　　　　　　　　　　　　　　　160 000
    固定资产　　　　　　　　　　　　　　　　　　　　　640 000
    无形资产　　　　　　　　　　　　　　　　　　　　　　40 000
    资本公积　　　　　　　　　　　　　　　　　　　　　130 000
   贷：累计折旧　　　　　　　　　　　　　　　　　　　　　240 000
     流动负债　　　　　　　　　　　　　　　　　　　　　310 000
     长期负债　　　　　　　　　　　　　　　　　　　　　400 000
     股本　　　　　　　　　　　　　　　　　　　　　　　600 000
     盈余公积　　　　　　　　　　　　　　　　　　　　　　80 000
     未分配利润　　　　　　　　　　　　　　　　　　　　　50 000
  借：管理费用　　　　　　　　　　　　　　　　　　　　　　30 000
   贷：银行存款　　　　　　　　　　　　　　　　　　　　　　30 000

三、多次投资分步实现的同一控制下的企业合并

  通过多次股权投资分步实现的企业合并，合并日不必对长期股权投资账面价值进行调

整，以按持股比例计算的合并日应享有被合并方账面所有者权益份额作为该项股权投资的初始投资成本；合并日初始投资成本与其原长期股权投资账面价值加上合并日进一步取得股份而新支付对价的账面价值之和的差额，调整资本公积，资本公积不足冲减的冲减留存收益。

合并完成后还需要编制合并报表，具体的编制方法见第三章。

> **国际视野**
>
> 美国财务会计准则委员会（FASB）2001年6月颁布的《财务会计准则公告第141号——企业合并》取消了原先允许使用的"权益结合法"，要求公司合并时只能采用购买法进行核算。FASB废除权益结合法是基于以下考虑：①对投资者而言，由于忽略了公司合并交易中的交换价值，权益结合法的信息相关性低于购买法；②没有向投资者提供同其他公司业绩进行比较的信息，难以评估此项投资的后续表现；③尽管APBO16规定了使用权益结合法的严格限定条件，但公司管理当局往往千方百计地创造条件以满足APBO16的要求，从而采用权益结合法以报告较购买法高的合并后收益。
>
> 1993年12月修订的《国际会计准则第22号——企业合并》允许企业合并采用两种方法中的一种进行会计处理：归类为股权联合性质的合并采用权益结合法；归类为购买性质的合并采用购买法。但2010年开始实施的修订后的《国际财务报告准则第3号——企业合并》要求所有的企业合并都采用购买法核算，但同时又指出涉及同一控制下主体或业务的企业合并不包括在该准则的适用范围内，国际财务报告准则理事会决定将涉及同一控制下主体或业务的企业合并的会计处理推迟至该项目研究的下一阶段考虑。

四、权益结合法的表外披露

同一控制下的企业合并，合并方应在当期的报表附注中披露相关的合并信息。

（1）属于同一控制下企业合并的判断依据，以及参与合并企业的基本情况。

（2）合并日的确定依据。

（3）以支付现金、转让非现金资产以及承担负债作为合并对价的，需披露合并日的账面价值。以发行权益性证券作为对价的，需披露权益性证券的数量、定价原则和合并各方交叉持有的表决权股份的比例。

（4）被合并方上一会计年度资产负债表日以及合并日的账面价值。

（5）被合并方自合并当期期初至合并日的收入、净利润和现金流量等情况。

（6）合并合同或协议中约定的将承担的或有负债情况。

（7）被合并方采用的与合并方不一致的会计政策以及调整情况的说明。

（8）合并后已处置被合并方资产、负债的账面价值、处置价格等。

第三节 购 买 法

一、购买法的基本原理

购买法是假定企业合并是一个企业取得其他参与合并企业净资产的一项交易，与企业购置普通资产的交易原理相同。购买法的关键问题在于购买成本的确定、被购买企业可辨认净资产公允价值的确定以及购买成本与可辨认净资产公允价值差额的处理。

（一）购买成本的确定

购买成本指购买企业购买所支付的现金或现金等价物的金额或企业所放弃的其他资产和承担债务的公允价值（买价），加上很可能发生的未来事项的金额，但不包括为合并所发生的各项相关费用。

1. 买价

在现金支付方式下，买价为实际支付的款项；在购买方发行债券的情况下，买价为债券未来应付金额的现值；如果购买方通过发行股票取得资产，应对所发行股票及所取得资产的公允价值进行比较，如果股票的市价较之于资产的公允价值更客观，则按股票的公允市价计价，如果购买方为非上市公司或股票市价不具有足够的客观性，则按所收到的资产的公允价值计价；如果购买方以设备、土地使用权等非现金资产作为对价，买价则为放弃这些非现金资产的公允价值。购买方在购买日作为企业合并对价付出的资产、发生或承担的负债的公允价值与其账面价值的差额，计入当期损益。

企业合并可能是通过一次交换交易实现，也可能通过多次交换交易实现。通过一次交换交易实现的企业合并，购买成本为购买方在购买日为取得对被购买方的控制权而付出的资产、发生或承担的负债以及发行的权益性证券的公允价值；通过多次交换交易分步实现的企业合并，购买成本为合并日之前持有的被购买方的股权价值与合并日新增股权投资成本之和。

2. 很可能发生的未来事项的金额

在合并合同或协议中对可能影响合并成本的未来事项（例如作为对价的股票、债券的市价）作出约定的，购买日如果估计未来事项很可能发生并且对合并成本的影响金额能够可靠计量的，购买方应当将其计入合并成本。

3. 直接费用

合并方为进行企业合并发生的各项直接相关费用，包括为进行企业合并而支付的审计费用、评估费用、法律服务费用等，于发生时计入当期损益。

企业合并中，购买方作为合并对价发行的权益性证券或债务性证券的交易费用，应当冲减权益性证券的溢价收入或债务性证券的初始确认金额；购买方为企业合并发生的审计、法律服务、评估咨询等中介费用以及其他相关管理费用，应当于发生时计入当期损益；

一般管理费用，包括维持购买部门的费用，以及其他不能直接计入所核算的特定购买事项的费用，不应包括在购买成本中，而应在发生的当期确认为费用。

（二）被购买企业可辨认净资产公允价值的确定

可辨认净资产是可辨认资产与负债的差额。可辨认资产与负债的认定必须符合以下两个标准：一是相关的经济利益可能流入或流出购买企业；二是对于购买企业来说，其成本或公允价值可以可靠地计量。之所以要确定可辨认净资产的公允价值并作为入账的依据，是由于受到各种因素的影响，资产与负债的账面金额往往与其公允价值不一致，有时甚至差异很大。

根据我国《企业会计准则第39号——公允价值计量》，购买企业在确定所购入的可辨认资产和所承担的债务的公允价值时，可以采用市场法、收益法和成本法。确定所采用的方法时，企业应当使用与其中一种或多种估值技术相一致的方法计量公允价值。企业使用多种估值技术计量公允价值的，应当考虑各估值结果的合理性，选取在当前情况下最能代表公允价值的金额作为公允价值。可辨认资产和负债各具体项目公允价值的确定方法可以参考本书第九章公允价值会计的相关内容。

（三）购买成本与可辨认净资产公允价值差额的处理

1. 购买成本大于所取得的可辨认净资产公允价值

当购买企业的购买成本超过被购买企业可辨认资产和负债中的权益份额时，会计上将这一差额认定为商誉。从理论上讲，购买商誉的会计处理有以下两种方法。

（1）将购买商誉直接冲减所有者权益。在这种做法下，购买商誉不作为资产确认，而将其直接冲减所有者权益中的资本公积或类似的准备金。其原因在于：①只有将外购商誉直接冲减所有者权益而不将其作为一项资产而资本化，才能与会计报表中不确认自创商誉这一做法相一致。因为，自创商誉不予确认基本上是一个约定俗成的惯例，如果外购商誉作为一项无形资产入账而自创的商誉不作为一项无形资产入账，商誉的会计政策缺乏一致性。②外购商誉尽管从理论上讲是因为被购买企业具有较高的声誉和未来获取超额利润的优越条件，但实际上，许多经营状况处于劣势的企业在被购买时也以高于公允价值的价格出售。因此，外购商誉与其说是不可单独分离的无形资产，还不如说它是一项特定资本交易所引起的价值差额。这种交易价格超过被购买企业净资产公允价值所形成的差额实质上是收购企业的资本损失。既然这种外购商誉不可单独辨认，且它所代表的又是资本交易所形成的资本损失，那么，正确的会计处理方法就应当是冲减有关所有者权益账户，而不应当冲销利润表中的当期收益或将其递延并冲销未来期间的各期收益，否则，就会与资本交易一般应绕过利润表而直接调整所有者权益的惯例相矛盾。英国原来的ASC发布的《标准会计实务公告第22号——商誉会计》（SSAP22）将此种方法作为首选方法，英国后来的ASB发布的《财务报告准则第10号——商誉与无形资产》（FRS10）取消了将购买商誉直接冲减所有者权益的做法。尽管这种方法在理论上具有合理性，但目前各国会计实务中并未将此作为必须采用的会计方法。

（2）将购买商誉资本化为一项资产。这种做法是将购买的商誉作为一项单独的非流动资产在资产负债表中作为资产确认。这种处理方法的逻辑前提是：从本质上讲，商誉是无法单独认定和分别确认的资产所产生的未来经济利益，企业合并中取得的商誉代表了购买方为无法单独认定和分别确认的资产产生的预期未来经济利益所进行的支付。资产在其服务于盈利的过程中被耗用，与其相应的价值也会被折耗，商誉这种资产是否也具有类似特征呢？基于对这一点的认识不同，商誉这一资本化的资产初始确认后又存在以下两种再确认的方法：①将购买商誉资本化为一项资产，在以后一定时期按期摊销列入费用；②将购买商誉资本化为一项资产，以后时期不摊销，但每年进行减值测试。第一种做法能够使商誉的后续会计处理与固定资产和其他无形资产保持一致性，但是，摊销依赖对以下两点的可靠估计：商誉的有用寿命和商誉价值的减少方式。商誉不同于固定资产和其他无形资产，其价值主要取决于管理层对这一资源的维护，价值减少主要不取决于使用中的损耗，因此，减值测试是更合理的会计处理方法。如果企业能够设计出严格且可操作的减值测试程序，实施减值测试能够提供更可靠、更相关的会计信息。我国《企业会计准则第20号——企业合并》和《国际财务报告准则第3号——企业合并》都将减值测试作为商誉后续会计处理的唯一方法。

 相关案例

华谊兄弟并购东阳美拉

2014年以来，影视业并购在资本市场方兴未艾。由于并购标的的稀缺性、资本市场的信息不对称性，以及明星资源、IP（intellectual property，知识产权）等无形资产难以估值和定价，影视业频现高溢价并购。影视业高溢价并购既有影视制作公司间的横向并购，也有非影视制作公司跨界并购中小型的影视制作公司。整体而言，高溢价并购已成为影视业当前发展的新态势。2015年华谊兄弟并购东阳美拉成为这一轮并购中的典型代表性案例之一。

2015年11月19日，华谊兄弟传媒股份有限公司（以下简称"华谊兄弟"）发表公告，宣称将以10.5亿元人民币作为支付对价，并购浙江东阳美拉传媒有限公司（以下简称"东阳美拉"）70%的股份。并购前，东阳美拉的股东冯小刚持股99%，陆国强持股1%，并购后华谊兄弟持股70%，冯小刚持股30%。此次并购，东阳美拉老股东作出了五年期的高业绩承诺：2016年度承诺的业绩目标为目标公司当年经审计的税后净利润不低于人民币1亿元，自2017年度起，每个年度的业绩目标为在上一个年度承诺的净利润目标基础上增长15%。华谊兄弟采用收益法，以东阳美拉预期业绩承诺的净利润为估值基础，将东阳美拉估值15亿元。而公告当日，东阳美拉的净资产为-0.55万元人民币，它在成立短短两个月后即被华谊兄弟并购，且估值增幅颇大，值得探究。

从《华谊兄弟2015年年度报告》可知，此次并购形成了巨额商誉，一旦东阳美拉经营业绩完成情况与承诺业绩有较大差距时，商誉会大幅减值，主并方不得不计提大额的商誉减值准备，这在冲减资产的同时抵减净利润，商誉越大，计提的减值对利润的冲击越大,进而严重拖累公司的业绩,影响股价。商誉减值准备一旦计提,不得转回,这对公司报表的影响是不可挽回的,极有可能导致企业资信评级下调。虽然商誉减值属于一次性非经常性损益,但其传递出的负面信息很可能被市场进一步放大,引发投资者对未来经营前景的悲观预期,由此引发的经营风险和财务风险不容小觑。

2. 购买成本小于所取得的可辨认净资产公允价值

购买成本小于所取得的可辨认净资产公允价值的差额为负商誉。对于负商誉如何处理,会计学界也有不同的看法。Hendriksen 在其著作 *Accounting Theory* 中提出了如下的观点:"假使认为商誉是企业的一组不可辨认的有利属性,可以和可辨认资产分离,则很难想象会出现负商誉。因为如果整个企业的价值小于各个资产价值的总和,原业主就会个别地出售其资产,而不是把企业作为整体来出售了,从而负商誉是不可能存在的"。不过,负商誉确实有可能存在,主要原因如下:①从购买方角度看,当购买方预计到被购买方的收益低于平均收益,在谈判中就会力争使购买成本低于净资产的公允价值。②从被购买方角度看,当预期企业整体的售价低于资产分拆出售的价格时,被购买方将谋求分拆出售资产。有些企业的资产具有整体上的不可分性,不可能分开出售;对于可以分开出售资产的企业,由于要寻找多家买主并经过多次谈判,既增加了谈判的成本,也延长了全部资产脱手的时间,如分开出售则其价值可能反而会大大降低。③在被购并企业长期亏损的情况下,为了尽快将企业售出,避免更多亏损,企业业主可能将企业以低于公允市价的价格出售。关于负商誉的确认和计量,各国会计界有不同的做法,概括起来有以下几种。

(1)负商誉分摊冲减所购的有关非流动资产价值。当购进一个企业所花费的成本少于其可辨认资产的市价总和减去负债,其差额应予以冲减有关的非流动资产的价值;如果这种差额的总金额大于非流动资产的公允价值,冲减后使非流动资产减为零后还有余额,则作为非常收益计入损益。美国对负商誉的处理采用此种方法。美国《财务会计准则公告第141号——企业合并》第44段规定:负商誉应该作为现值的一个减项分摊到所购的除以下五项资产以外的资产中。这五项资产包括未按权益法核算的金融资产、将要出售的资产、递延所得税资产、与养老金或其他退休福利计划有关的资产、任何其他的流动性资产。之所以将上述五项资产除外,原因是这五项资产的公允价值比其他资产更容易确定。

(2)负商誉直接计入资本公积。购买企业的购买成本低于所取得的净资产的公允价值的差额在购买完成日一次全部贷记资本公积。

(3)负商誉全部作为递延收益处理。购买企业的购买成本低于所取得的净资产的公允价值的差额全部做递延收益处理,并在一定的年限内分摊计入收益。在《国际财务报告准则第 3 号——企业合并》发布之前,《国际会计准则第 22 号——企业合并》中曾将此法作为允许选用的处理方法,并规定摊销期不超过 5 年,如果自购买日起超过 5 年但不超过 20 年的期限更为合理时,也可按不超过 20 年的期限处理。

(4)将负商誉计入当期损益。赞成这种会计处理方法的观点认为,负商誉产生于廉价购买(bargain purchase),对其最恰当的处理方法是将其立即在损益中确认。我国《企业会计准则第 20 号——企业合并》和《国际财务报告准则第 3 号——企业合并》都采用此种处理方法。具体做法是：①如果购买成本小于合并中取得的被购买方可辨认净资产公允价值份额，购买方应该对取得的被购买方各项可辨认资产、负债及或有负债的公允价值以及合并成本的计量进行复核；②经复核后合并成本仍小于合并中取得的被购买方可辨认净资产公允价值份额的，其差额应当计入当期损益。

凡是属于购买性质企业合并，应采用购买法对企业合并业务进行核算。根据我国《企业会计准则第 20 号——企业合并》的规定，对于非同一控制的企业合并，应当采取购买法进行会计处理。

例 2-3 M 公司支付现金 470 000 万元对 N 公司进行吸收合并，同时，M 公司还支付了注册登记费用和咨询费用等与购买成本有关的支出共计 20 000 元。合并日为 2020 年 12 月 31 日，合并日 N 公司资产负债表项目中的账面价值和公允价值如表 2-4 所示。

表 2-4　合并日 N 公司资产负债表项目中的账面价值和公允价值　　　单位：元

项目	账面价值	公允价值
流动资产	240 000	260 000
建筑物	160 000	190 000
机器设备	100 000	120 000
资产总额	500 000	570 000
负债	100 000	100 000
股本	200 000	—
留存收益	200 000	—
股东权益合计	400 000	470 000

M 公司吸收合并 N 公司的购买成本为 470 000 元，恰好等于所取得的净资产的公允价值。同时 M 公司发生的评估咨询等中介费用以及其他相关管理费用，应当于发生时计入当期损益。M 公司的会计处理如下：

借：流动资产　　　　　　　　　　　　　　　　　　　　　　260 000
　　固定资产　　　　　　　　　　　　　　　　　　　　　　310 000
　　贷：银行存款　　　　　　　　　　　　　　　　　　　　470 000
　　　　负债　　　　　　　　　　　　　　　　　　　　　　100 000
借：管理费用　　　　　　　　　　　　　　　　　　　　　　 20 000
　　贷：银行存款　　　　　　　　　　　　　　　　　　　　 20 000

假设 M 公司支付的购买价为 500 000 元，另支付 20 000 元注册登记费用和咨询费用，而取得 N 公司净资产的公允价值为 470 000 元，则会出现商誉 30 000 元。M 公司应进行如下账务处理：

借：流动资产　　　　　　　　　　　　　　　　　　　　　　260 000
　　固定资产　　　　　　　　　　　　　　　　　　　　　　310 000
　　商誉　　　　　　　　　　　　　　　　　　　　　　　　 30 000

贷：银行存款		500 000
负债		100 000
借：管理费用	20 000	
贷：银行存款		20 000

例 2-4　仍以例 2-3 资料，假设 M 公司在购买时支付的现金为 410 000 元，同时支付注册登记费用和咨询费用等与购买成本有关的支出共计 20 000 元。在这种情况下，M 公司的购买成本为 410 000 元，经复核，取得 N 公司资产负债公允价值的确定是客观的、购买价格是适当的。则购买成本 410 000 元与所取得的 N 公司可辨认净资产公允价值的差额应计入当期损益。M 公司合并日的会计处理如下：

借：流动资产	260 000	
固定资产	310 000	
贷：银行存款		410 000
负债		100 000
营业外收入		60 000
借：管理费用	20 000	
贷：银行存款		20 000

例 2-5　假定 A、B 企业通过换股方式进行吸收合并（非同一控制下）。其他资料如例 2-1。

由于为非同一控制的合并，需要确认商誉（如果有）。投资成本为 700 000 元，取得被合并企业净资产公允价值为 660 000 元（1 350 000 元–690 000 元），因此产生商誉 40 000 元。取得的被合并方的资产和负债都按公允价值计量。合并对价股票的账面价值与公允价值的差额计入资本公积。合并会计分录如下：

借：银行存款	50 000	
交易性金融资产	130 000	
应收账款	170 000	
其他流动资产	380 000	
长期股权投资	170 000	
固定资产	680 000	
无形资产	30 000	
商誉	40 000	
贷：累计折旧		260 000
应付账款		300 000
长期借款		390 000
股本		100 000
资本公积		600 000

记录与合并事项有关的直接费用，相关费用计入当期损益，减少合并后报表中的银行存款和未分配利润：

借：管理费用　　　　　　　　　　　　　　　　　　　　30 000
　　贷：银行存款　　　　　　　　　　　　　　　　　　　　30 000

合并完成后，A 企业资产负债表如表 2-5 所示。

表 2-5　A 企业资产负债表　　　　　　　　　　　　单位：元

资产	余额	负债和股东权益	余额
银行存款	330 000	应付账款	680 000
交易性金融资产	260 000	长期借款	1 010 000
应收账款	410 000	负债合计	1 690 000
其他流动资产	750 000		
流动资产合计	1 750 000		
长期股权投资	440 000	股本	700 000
固定资产	960 000	资本公积	730 000
无形资产	90 000	盈余公积	90 000
商誉	40 000	未分配利润	70 000
非流动资产合计	1 530 000	股东权益合计	1 590 000
资产总计	3 280 000	负债和股东权益总计	3 280 000

从上例不难看出，购买法下，B 企业合并前的盈余公积和未分配利润被一并计入合并成本（本例中体现为股本和资本公积）中，而不将其并入合并后 A 企业的资产负债表中。

二、递延所得税处理方法

在购买法下的企业合并如果按照税法的规定作为免税合并处理，合并方需要注意以下两个递延所得税相关问题。

（1）在购买法下产生的合并商誉，由于其计税基础为零，而商誉的账面价值大于计税基础产生的应纳税性暂时差异，产生递延所得税负债，但是，按照会计准则的规定，对该暂时性差异导致的未来纳税差异不进行确认，通俗讲就是不确认与该商誉暂时性差异有关的递延所得税负债。

（2）按照企业会计准则的规定，要求对被购买方可辨认的净资产以公允价值进行初始计量，但其计税基础却是原计税基础，由此导致的暂时性差异的纳税影响要予以确认，并调整合并商誉。

三、多次投资分步实现的非同一控制下的企业合并

（一）个别财务报表的确认与计量

1. 合并日的确定

如果企业合并是通过多次股权投资交易分步实现的，交易日是各单项投资在购买方财

务报表中确认之日,合并日则是获得控制权之日。也就是每一单项交易发生之日并不一定就是合并日,合并日应是多次交易之后实现控制权转移的日期。

2. 初始投资成本的确定

购买方从其个别报表来看,需要确认初始投资成本。

初始投资成本＝购买日之前所持被购买方的股权投资的账面价值＋购买日新增投资成本

根据上述等式。通过多次交换交易分步实现的企业合并,合并日不必对长期股权投资账面价值进行调整。所以合并日长期股权投资的初始投资成本等于合并日之前持有的被购买方的股权价值与合并日新增股权投资成本之和。同时有以下三点需注意。

（1）购买日前持有的股权投资作为长期股权投资的,为至购买日应有的账面价值;购买日前持有的股权投资作为交易性金融资产或其他权益工具投资并按公允价值计量的,为至购买日的账面价值,会计上需将交易性金融资产或其他权益工具的账面价值转入长期股权投资。

（2）追加的投资,按照购买日支付对价的公允价值计量,并确认长期股权投资。

（3）购买方对于购买日之前持有的被购买方的股权投资涉及其他综合收益的,不予处理。待购买方出售被购买方股权时,再按出售股权相对应的其他综合收益部分转入出售当期损益。

（二）合并日合并财务报表的编制

控股合并完成后还需要编制合并报表,具体的编制方法见第三章。

四、反向购买的会计处理

1. 反向购买基本原则

非同一控制下的企业合并,若以发行权益工具相互交换股权的方式进行,通常发行权益性证券的一方为购买方。但某些企业合并中,发行权益工具的一方因合并致使其控制权在合并后由被参与合并的另一方所行使的,发行权益工具的一方虽然为法律上的母公司,但其为会计上的被收购方,该类企业合并通常称为"反向购买"。例如,A公司为一家规模较小的上市公司,B公司为一家规模较大的贸易公司。B公司拟通过收购A公司的方式达到上市目的,但该交易是通过A公司向B公司原股东发行普通股用以交换B公司原股东持有的对B公司股权方式实现。该项交易后,B公司原控股股东持有A公司50%以上表决权,A公司持有B公司50%以上表决权,A公司为法律上的母公司、B公司为法律上的子公司,但从会计角度,A公司为被购买方,B公司为购买方。

2. 企业合并成本

反向购买中,法律上的子公司（购买方）的企业合并成本是指其如果以发行权益性工具的方式获取在合并后报告主体的股权比例,应向法律上的母公司（被购买方）的股东发行的权益工具数量与其公允价值计算的结果。购买方的权益工具在购买日存在公开报价的,通常应以公开报价作为其公允价值;

购买方的权益性工具在购买日不存在可靠公开报价的,应参照购买方的公允价值和被购买方的公允价值二者之中有更为明显证据支持的一方的公允价值作为基础,确定购买方假定应发行权益工具的公允价值。

反向购买在控制权取得日也需要编制合并财务报表,具体方法与举例见第三章。

五、购买法的表外披露

非同一控制下的企业合并,合并方应在当期的报表附注中披露相关的合并信息。

(1)参与合并企业的基本情况,以及判断控制的依据,包括虽然拥有其他主体一半以下的表决权但仍控制该主体的判断和假设,以及虽然拥有其他主体一半以上的表决权但并不控制该主体的判断和假设等。

(2)购买日的确定依据。

(3)合并成本的构成及其账面价值、公允价值及公允价值的确定方法、披露公允价值计量所属的级次;对于第二级次的公允价值计量,披露使用的估值技术和输入值。对于第三级次的公允价值还需额外披露估值流程。

(4)合并方在企业合并中取得的被购买方无形资产的公允价值及其公允价值的确定方法需要单独披露。

(5)合并合同或协议将承担被购买或有负债的情况。

(6)商誉的金额及确定方法。

(7)因合并成本小于合并中取得的被购买方可辨认资产公允价值的份额计入当期损益的金额。

(8)被购买方自合并日起至报告期期末的收入、净利润、现金流量等情况。

(9)合并后已处置或拟处置被购买方资产、负债的账面价值,处置价格等。

第四节 权益结合法与购买法的比较

权益结合法与购买法是分别在同一控制下的合并和非同一控制下的合并下使用的两种方法。这两种方法不仅会计处理过程不同,同时也会在合并后产生不同的影响。

一、两种方法在操作过程中的差异

从本章第二节和第三节的论述不难看出,权益结合法与购买法在处理合并事项过程中的主要差异在于以下三点。

(1)在企业合并业务的会计处理中是否产生新的计价基础,即对被合并企业的资产和负债是按其账面价值入账,还是按其公允价值入账。针对同一控制下的合并,双方并不一定按照市场定价,双方更多体现的是一种安排而非交易,从最终控制人角度看,此并购并未对集团资产、负债、利润和现金流量产生本质影响。权益结合法直接按被合并企业的账面净值入账;针对购买性质的合并,购买法需要确定被合并企业资产和负债的公允价值,进而为购买成本的确定提供论据。

（2）是否确认购买成本和购买商誉。同一控制下的合并并非产生真正的购买交易，无须确定购买成本，也不存在商誉确认问题；非同一控制下的合并如同合并方购买普通资产，因此，合并方必须确定购买成本，作为支付购买价款的依据，购买成本大于所取得的净资产的公允价值的差额作为商誉，购买成本小于所取得的净资产的公允价值的差额计入当期损益。

（3）合并前收益及留存收益的处理。在权益结合法下，被合并企业的收益及留存收益要纳入合并后主体的报表中；在购买法下，合并前的收益与留存收益作为购买成本的一部分，而不纳入合并企业的收益及留存收益。

二、两种方法对报表的影响

从例 2-1 和例 2-4 的对比不难看出，权益结合法下合并后的资产总额要小于购买法下合并后的资产总额，但收益及留存收益的数额却大于权益结合法下的收益及留存收益额。其结果是权益结合法下的净资产收益率会高于购买法下的净资产收益率。原因如下。

（1）购买法下是按资产的公允价值将被合并企业的净资产并入合并企业报表中的，在通常情况下，资产的公允价值会大于其账面价值，这就使得购买法下的资产价值高于权益结合法。当然，两种方法下资产总额的差别一部分来源于资产公允价值与账面价值的差额，另一部分则由于商誉所致。公允价值大于账面价值以及商誉的存在，会引起合并后固定资产折旧费和商誉摊销费用的增加。

（2）购买法下合并前被合并企业的收益和留存收益作为购买成本的组成部分，而权益结合法则直接将这一部分收益及留存收益纳入合并企业的报表，因此，只要被合并企业合并前有收益和留存收益，合并后的收益及留存收益必然会大于购买法下报表中的收益和留存收益数额。

购买法和权益结合法是处理企业合并业务的两种不同会计方法，会对实施合并的企业产生不同的影响，所以，各国对这两种方法的应用范围一般都作出了规定。购买法是各国均采用的方法，而权益结合法则只有少数国家允许采用，同时各国对采用权益结合法的条件作出了严格限制。

> **相关案例**
>
> 2004 年 1 月 30 日，TCL 集团完成对 TCL 通讯的吸收合并，实现整体上市。TCL 集团对本次合并的会计处理采用了权益结合法。有学者计算，因为其使用权益结合法处理合并业务，没有计算合并产生的商誉，其净资产比购买法下减少 14.08 亿元，占 TCL 集团净资产比例为 22.55%。同时，净利润比购买法下多 0.63 亿元。加上其他因素的共同作用，使得权益结合法下 2003 年上半年净资产收益率较购买法高出 58.09%。如果剔除 IPO（首次公开募股）的因素，两种会计方法下净资产收益率的差异更加明显了，权益结合法下比购买法下高出 96.43%。
>
> 资料来源：《企业合并慎对主流化的权益法》，中国证券报，2005 年 7 月 26 日。

 **本章小结**

企业合并可以按法律形式、所涉及的行业、支付方式、合并前后的控制权等分类。企业合并按法律形式可分为吸收合并、创立合并和控股合并。按所涉及的行业可分为横向合并、纵向合并和混合合并；按支付方式可分为支付现金式合并、股权交易式合并、承担债务式合并；按合并前后的控制权可分为同一控制下的企业合并和非同一控制下的企业合并。

同一控制下的企业合并通常属于股权联合性质，应采用权益结合法进行会计核算；非同一控制下的企业合并属于购买性质，应采用购买法进行会计核算。

在权益结合法下，不论合并方发行新股的市价是否低于或高于被合并方净资产的账面价值，一律按被合并企业的账面净值入账，不存在购买成本和购买商誉的确认问题，被合并企业合并前的收益及留存收益直接纳入合并企业的会计报表。权益结合法在许多国家是被禁止使用的方法。购买法是假定企业合并是一个企业取得其他参与合并企业净资产的一项交易，与企业购置普通资产的交易相似。因此，购买企业应在合并日资产负债表中以公允价值确定被购买企业的可辨认资产和负债，并将购买成本高于被购买企业可辨认净资产的差额作为商誉处理；如果购买成本低于被购买企业可辨认净资产，经复核后差额计入当期损益。

 **关键词汇**

创立合并（consolidation）　　　　　吸收合并（consolidation by merger）
控股合并（acquisition of common stock）　股权联合（equity joint）
购买（purchasing）　　　　　　　　反向购买（reverse purchase）
杠杆收购（leveraged buy-out，LBO）　廉价购买（bargain purchase）
负商誉（negative goodwill）　　　　商誉（goodwill）
权益结合法（pooling of interest method）　购买法（purchase method）

 **小组讨论**

在FASB和IASB相继取消权益结合法的情况下，我国2006年2月颁布的《企业会计准则第20号——企业合并》为何将权益结合法作为企业合并的两种会计处理方法之一？

 **本章推荐阅读资料**

1. 财政部．企业会计准则第20号——企业合并、第39号——公允价值计量、第41号——在其他主体中权益的披露（http://www.casc.gov.cn/2008/0522/92942.shtml）．
2. IASB．国际财务报告准则第3号——企业合并（http://www.ifrs.org）．
3. FASB．财务会计准则公告第141号——企业合并．

4. 帕勒. 高级会计学（第8版）. 杨有红，等译. 北京：中国人民大学出版社，2006年9月第1版（第4章 企业合并绪论）.

5. 杨有红. 并购会计处理：购买法和权益结合法. 新理财，2004（2）.

6. 许家林. 商誉会计研究的八十年：扫描与思考[J]. 会计研究，2016（8）.

7. 杜兴强，杜颖洁，周泽将. 商誉的内涵及其确认问题探讨[J]. 会计研究，2011（1）.

8. 苑泽明，李萌. 并购商誉的后续计量：减值抑或摊销——基于股票市场"黑天鹅"事件的思考[J]. 财会月刊，2019（2）.

企业合并　　吸收合并　　创立合并　　控股合并　　反向购买
购买法　　　权益结合法

1. 企业合并的动机是什么？
2. 可辨认资产与负债的认定必须符合的条件是什么？为什么要确定可辨认净资产的公允价值？
3. 从理论上讲，购买商誉的会计处理方法有哪些？
4. 购买法与权益结合法在操作过程中的差异是什么？
5. 购买法与权益结合法对报表有何影响？为什么？

习题一

（一）目的：练习购买法下，企业合并的会计处理方法。

（二）资料：2020年6月30日B公司的资产负债表如下表：

单位：万元

项 目	账面价值	公允市价
流动资产	5 000	6 000
固定资产	30 000	35 000
无形资产	5 000	10 000
资产合计	40 000	51 000
负债	10 000	10 000
普通股	20 000	
留存收益	10 000	
负债与所有者权益合计	40 000	

2020年6月30日A公司以：（1）60 000万元购买B公司的全部净资产；（2）40 000万元购买B公司的全部净资产。

（三）要求：根据我国会计准则的规定，运用购买法编制上述两种情况下的会计分录。

习题二

（一）目的：练习购买法下，吸收合并的账务处理。

（二）资料：2020年2月4日，A公司吸收合并了B公司，两公司采用的会计处理原则和会计年度均相同。具体方法为：A公司定向发行每股面值为1元的普通股300 000股吸收合并B公司，在合并日A公司股票的公允价值是2.1元。有关A公司和B公司资产负债表的数据如下表所示。

项 目	A公司	B公司（账面价值）	B公司（公允价值）
货币资金	2 500 000	100 000	100 000
应收账款	3 500 000	160 000	150 000
存货	4 300 000	380 000	460 000
固定资产	9 200 000	600 000	750 000
资产总计	19 500 000	1 240 000	1 460 000
流动负债	3 500 000	80 000	80 000
应付债券	0	200 000	145 719
负债合计	3 500 000	280 000	225 719
股本	11 900 000	450 000	
资本公积	1 500 000	270 000	
留存收益	2 600 000	240 000	
股东权益合计	16 000 000	960 000	

（三）要求：根据上述资料编制A公司吸收合并B公司的会计分录及合并日A公司的资产负债表（假设A公司与B公司的合并为非同一控制下的企业合并）。

习题三

（一）目的：练习购买法下，吸收合并的账务处理。

（二）资料：仍以习题二的资料，2020年2月4日，A公司以银行存款1 500 000元吸收合并了B公司，两公司采用的会计处理原则和会计年度均相同。

（三）要求：根据上述资料编制A公司吸收合并B公司的会计分录及合并日A公司的资产负债表（假设A公司与B公司的合并为非同一控制下的企业合并）。

习题四

（一）目的：练习权益结合法下，企业合并的账务处理。

（二）资料：仍以习题三的资料，假设A公司与B公司的合并为同一控制下的企业合并。

（三）要求：根据上述资料，运用权益结合法编制A公司吸收合并B公司的会计分录及合并日A公司的资产负债表。

习题五

A公司于2020年6月30日采用吸收合并方式取得B公司100%的股权（非同一控制下的企业合并）。合并前，A公司和B公司资产负债表有关资料如下表所示。在评估确认B公司资产公允价值的基础上，双方协商的并购价为2 000 000元，由A公司以银行存款支付。同时，A公司还支付了相关交易费用30 000元（不考虑所得税的影响）。

A公司和B公司资产负债表

2020年6月30日

项目	A公司	B公司（账面）	B公司（公允）
银行存款	2 060 000	225 000	225 000
交易性金融资产	100 000	215 000	215 000
应收账款	420 000	155 000	155 000
存货	720 000	230 000	260 000
长期股权投资	600 000	150 000	200 000
固定资产	2 000 000	1 000 000	1 130 000
无形资产	200 000	300 000	280 000
资产合计	6 100 000	2 275 000	2 465 000
短期借款	334 000	130 000	130 000
应付账款	440 000	163 500	163 500
长期应付款	1 280 000	420 000	420 000
负债合计	2 054 000	713 500	713 500
股本	2 000 000	600 000	—
资本公积	1 200 000	605 000	—
盈余公积	306 000	186 500	—
未分配利润	540 000	170 000	—
所有者权益合计	4 046 000	1 561 500	1 751 500

要求：编制合并日 A 公司企业合并的会计分录及合并完成后 A 公司的资产负债表。

习题六

在作业一中，假设 A 公司以控股方式合并 B 公司，以 1 510 000 元的现金取得 B 公司 80%的股权支付了相关交易费用 30 000 元。其他资料不变，请编制合并日 A 公司企业合并的会计分录（不考虑所得税的影响）。

习题七

A 公司 2020 年 12 月 31 发行普通股 100 000 股（面值 1 元），市场 6.5 元，以交换 B 公司的全部股权（同一控制下的企业吸收合并），A 公司和 B 公司资产负债表如下表所示。

项目	A 公司	B 公司（账面）	B 公司（公允）
货币资金	310 000	250 000	250 000
交易性金融资产	130 000	120 000	130 000
应收账款	240 000	180 000	170 000
其他流动资产	370 000	260 000	280 000
长期股权投资	270 000	160 000	170 000
固定资产	540 000	300 000	320 000
无形资产	60 000	40 000	30 000
资产合计	1 920 000	1 310 000	1 350 000
流动负债	380 000	310 000	300 000
长期负债	620 000	400 000	390 000
负债合计	1 000 000	710 000	690 000
股本	600 000	400 000	—
资本公积	130 000	40 000	—
盈余公积	90 000	110 000	—
未分配利润	100 000	50 000	—
所有者权益合计	920 000	600 000	660 000

要求：根据上述资料编制 A 公司取得控制权日企业合并的会计分录。

习题八

A 公司 2020 年 12 月 31 日发行普通股 100 000 股（面值 1 元），市场 6.5 元，以交换取得 B 公司 90%股权。其他资料与作业三相同。

要求：根据上述资料编制 A 公司取得控制权日企业合并的会计分录。

习题九

以作业一为例，假定 A 公司适用的所得税税率为 25%，确定本次合并所引起的递延所得税的金额,并编制相应的会计分录。同时,计算本次合并所产生的商誉金额。

习题十

A 公司于 2020 年 3 月 31 日以现金 60 万元投资取得 B 公司 30%的股权(A 公司和 B 公司同受某一主体最终控制),并对 B 产生重大影响,投资时 B 公司净资产的账面价值为 16 万元(并与其公允价值相同)。2020 年 6 月 30 日,A 公司又投资 140 万元,取得 B 公司 70%的股东,并吸收 B 公司的全部资产和负债,B 公司注销,当日,A 公司和 B 公司资产负债表有关资料如作业一所示(不考虑所得税的影响)。

要求:根据上述资料分别编制 A 公司在投资日及合并日企业合并的会计分录。

第三章

合并财务报表——控制权取得日的合并财务报表

学习提要与目标

合并财务报表是指反映母公司和其全部子公司形成的企业集团整体财务状况、经营成果和现金流量的财务报表。合并财务报表的合并理论包括所有权理论、母公司理论和经济实体理论,不同理论指导下的合并范围确定、合并财务报表编制目的及合并财务报表实务均有所不同。合并财务报表的编制包括控制权取得日的合并财务报表和控制权取得日后的合并财务报表。控制权取得日的合并财务报表编制在购买法和权益结合法下采用不同的方法。通过本章的学习,同学们应:

- 了解合并财务报表的编制意义、目的和基本条件
- 掌握合并财务报表的合并理论、合并财务报表的合并范围
- 掌握控制权取得日合并财务报表的编制方法

第一节 合并财务报表概述

在吸收合并、创立合并和控股合并三种合并方式中,吸收合并和创立合并后,企业成为一个单一的会计主体,合并后会计报表的编制与一般企业相同。但控股合并后,母公司及其每一个子公司都是一个单独的会计主体,随之产生的问题是合并财务报表的编制问题。母公司是指控制一个或一个以上主体(含企业、被投资单位中可分割的部分,以及企业所控制的结构化主体,下同)的主体。子公司是指被母公司控制的主体。

合并财务报表是以母公司和子公司组成的企业集团为会计主体,以母公司和子公司单独编制的会计报表(以后均称其为个别会计报表或个别财务报表)为基础,由母公司编制的综合反映企业集团财务状况、经营成果和现金流量情况的财务报表。合并财务报表最早出现在美国,19世纪末,美国有的州公司法中就开始对编制合并财务报表作出了规定。随着经济的迅速发展和竞争的日益激烈,第二次世界大战后,英国、法国、德国和日本等工业发达国家相继作出了有关合并财务报表的规定。2006年2月,我国财政部发布了《企业会计准则第33号——合并财务报表》,2014年2月,财政部对此项准则进行了修订。

一、合并财务报表及其编制目的

合并财务报表是指反映母公司和其全部子公司形成的企业集团整体财务状况、经营成果和现金流量的财务报表。这里的母公司是指控制一个或一个以上主体的主体。合并财务

报表的编制者是母公司,但所对应的会计主体是由母公司及其控制的子公司所构成的合并集团。

 相关链接

编制合并报表的目的

编制合并报表的目的在于反映和报告在共同控制之下的企业集团的财务状况、经营成果和现金流量的总体情况,以及仅通过母公司报表无法掌握的集团整体的情况,防止通过集团内部交易等手段粉饰财务报表的现象,以便满足财务报表使用者对单一经济实体的会计信息需求。合并报表可以为母公司的股东,特别是控股股东提供决策有用的信息,弥补母公司报表的不足。当母公司和子公司之间存在债务交叉担保时,合并报表可以为债权人提供更有用的信息。合并报表的编制很好地切合了现代会计中的决策有用观。

事实上,合并报表的有用性还取决于其他多种因素。例如,合并报表的编制目的(服务对象)、编制合并报表的理论、母公司对子公司长期股权投资的会计处理方法以及经济政治法律制度等。就服务对象而言,由于合并报表是以控制为基础编制的,因而主要服务于母公司的控股股东。合并报表所提供的信息对母公司的非控股股东(包括优先股股东)、债权人、少数股东和政府相关监管部门而言,可能作用有限。例如,母公司和子公司的债权人对企业的债权清偿权通常是针对独立的法律实体,而不是针对经济实体。而合并报表中的数据实际上是母公司和各子公司的混合数,并不能反映每个法律实体的长、短期偿债能力,因而不能满足债权人的信息要求,特别是对子公司债权人来说可能毫无用处;在母子公司分开纳税的情况下,合并报表并不是税务机关进行税收征管的依据;合并报表也不能为股东预测以及评价母公司和所有子公司将来的股利分配提供依据。合并报表的这些缺陷决定了作为独立法律实体编制的母公司报表仍不可或缺。母公司报表在向债权人提供独立法律实体的偿债能力、向母公司的非控制股东提供投资风险和股利收入预测信息等方面可以弥补合并报表的不足。

美国会计程序委员会(CAP)第 51 号研究公报(ARB 51)中宣称,合并报表的目的主要是为母公司的股东和债权人提供母公司和其子公司的财务状况与经营成果,即将集团视为拥有一个或多个分公司或部门的单一公司(单一经济实体)。并假定,当集团中一个公司直接或间接拥有其他公司的控制财务权益时,合并报表较单独财务报表更有意义。但 ARB 51 并没有对为什么不必提供单独财务报表提供更详细的解释。并且,ARB 51 也承认,在某些情况下,除了披露合并报表外,披露母公司报表也是必要的,以充分显示母公司的债券持有人和其他债权人或母公司的优先股股东的状况。美国财务会计准则委员会(FASB)在《财务会计准则公告第 94 号——所有拥有多数股权的子公司的合并》中重申了上述观点。FASB 主张合并报表是最恰当的报告方式,但这仅仅是一项声明或者假定。《国际财务报告准则第 10 号——合并财务报表》(IFRS10)规定,除满足特定豁免条件外,母公司应编制和披露合并报表。IFRS10 没有强制规定哪些实体应当编制供公开使用的单独财务报表。我国证监会相关规定要求,编制合并会计报表的公司,除提供合并会计报表之外,还应提供母公司已审计的会计报表以及未予合并的

> 特殊行业子公司的已审计的会计报表。
>
> 　　从上述分析可以看出，通常情况下，母公司应编制合并报表，以弥补作为独立法律实体的母公司的单独财务报表在反映母公司控制下的经济实体的财务状况和经营成果等信息方面的不足。但绝大多数国家要求同时编制和披露合并报表与母公司报表，以满足不同报表使用者的信息需求。
>
> 　　资料来源：戴德明，毛新述，姚淑瑜. 合并报表与母公司报表的有用性：理论分析与经验检验[J]. 会计研究，2006（10），有改动。

　　控股合并后，母公司和其控制的每一个子公司实际上形成了一个统一的集团经济实体。仅仅为股东、债权人等利益相关者提供母公司的报表，不能反映集团的整体价值、收益与风险状况，尤其不能反映集团层面的资产、负债、收益等的结构状况。因此，为了综合、全面地反映这一统一经济实体的经营成果、财务状况以及现金流量等情况，需要由母公司编制一套会计报表。合并财务报表可以弥补母公司个别会计报表的不足，为有关方面提供对决策有用的信息，从而满足报表使用者了解集团总体财务状况和经营情况的需要。编制合并财务报表的目的在于如下方面。

（一）为企业集团所有股东提供决策有用的信息

　　以母公司及其子公司组成的企业集团为会计主体编制合并财务报表，能够从总体上反映企业集团的财务状况、经营成果和现金流动情况，为所有股东评判企业集团经营风险、预测投资回报提供全面的信息。企业集团的股东（包括母公司的股东和子公司的少数股东）最为关心的是企业集团的经营风险和投资回报，但企业集团的经营风险和投资回报仅仅通过母公司及其控制的每一个子公司的个别财务报表是无法全面反映的，还需在个别财务报表的基础上编制合并财务报表，为企业集团所有股东提供决策有用的信息。

（二）为企业集团债权人提供决策有用的信息

　　企业集团的债权人在进行债权投资安全性分析时，不仅要通过母公司及子公司的个别财务报表了解其作为法律主体的偿债能力、盈利能力和财务杠杆，还要通过合并财务报表对整个集团的短期偿债能力和长期偿债能力进行分析，并以此作为债权性投资的依据。

（三）为企业集团管理者提供有用的信息

　　除合并财务报表外，企业集团的管理者尽管可以通过行政手段取得管理所需的会计信息，但合并财务报表仍然是企业集团管理当局获取会计信息的重要来源，外界对于企业管理业绩评价往往以整个经济实体为基础，企业所能分配的红利也通常是基于合并主体的业绩来计算，因此合并财务报表对企业管理者也有重要作用。

（四）为有关政府管理机关提供有用的信息

　　企业的控股合并容易形成市场垄断或竞争的优势，从而可能对整个国民经济产生重大影响。为此，有关法规为了维护正当竞争，常常对企业的市场占有率规定一个上限。合并财务报表可以为有关政府管理机关评价企业的市场占有情况及其对国民经济的影响提供参考依据。

二、合并财务报表的构成

编制合并财务报表是为了向会计报表的使用者提供其经济决策所需的信息，包括企业财务状况、经营业绩和现金流量情况的资料。因此，合并财务报表主要包括以下几种。

（一）合并资产负债表

合并资产负债表是以母公司本身资产负债表和属于合并范围内的子公司资产负债表为基础编制的反映母公司和子公司所形成的企业集团某一特定日期财务状况的财务报表。

（二）合并利润表

合并利润表是以母公司本身利润表和属于合并范围内的子公司利润表为基础编制的反映母公司和子公司所形成的企业集团在一定期间内经营成果的财务报表。

（三）合并所有者权益变动表

合并所有者权益变动表是以母公司所有者权益变动表和属于合并范围内的子公司所有者权益变动表为基础编制的反映母公司和子公司所形成的企业集团在一定期间内所有者权益各组成部分当期增减变动表情况的财务报表。

（四）合并现金流量表

合并现金流量表是综合反映母公司和子公司所形成的企业集团在一定期间内现金及现金等价物流入流出情况的财务报表。

（五）附注

合并财务报表附注是报表使用者对合并主体进行财务分析不可缺少的资料。合并财务报表的附注除了应包括个别会计报表附注中应说明的事项外，还应当对以下事项进行说明。

（1）子公司的有关信息，包括注册资本、本企业的持股比例、本企业和享有的表决权比例等。

（2）母公司拥有被投资单位表决权不足半数但能对被投资单位形成控制的原因。

（3）母公司直接或通过其他子公司间接拥有被投资单位半数以上表决权但未能对其形成控制的原因。

（4）子公司与母公司会计政策和会计处理方法不一致时，母公司编制合并财务报表的处理方法。

（5）子公司与母公司会计期间不一致时，母公司编制合并财务报表的处理方法。

（6）本期不再纳入合并范围的原子公司的相关资料及不再成为子公司的原因。

（7）子公司向母公司转移资金的能力受到严格限制的情况。

（8）作为子公司纳入合并范围的特殊目的主体的业务性质及业务活动等。

三、合并财务报表的合并理论

在控股合并方式下，如果母公司购入子公司全部有表决权的股份，这样的子公司称为母公司的全资子公司；如果母公司购入公司不足100%有表决权的股份但又能对该公司实施控制的子公司，称为非全资子公司。这样，非全资子公司有表决权的股份就有一部分为母公司之外的股东所持有，因这部分股份较少，故被称为少数股东权益。在编制合并财务报表时，需要确认少数股东权益，即由母公司以外的股东所拥有的对子公司的净收益（或净损失）和净资产的要求权。对子公司净收益（或净损失）的要求权，即少数股东本期损益；对子公司净资产的要求权，即少数股东权益。在编制合并财务报表时，如何看待少数股权的性质，以及如何对其进行会计处理，国际会计界形成了三种编制合并财务报表的合并理论，即所有权理论、经济实体理论和母公司理论。

（一）所有权理论

所有权理论也称业主权理论，是业主权理论在合并报表中的具体运用。所有权理论认为，会计主体就是所有者的化身，会计主体的资产是终极所有者财富的一种具体表现形式，会计主体的负债是终极所有者的负财富，会计主体的资产与负债之差代表终极所有者投放在这一会计主体的净权益。会计主体的任何收益实质上是终极所有者财富的增加，同样，会计主体的任何支出都可看作终极所有者财富的减少。依据所有权理论，母子公司之间的关系是拥有与被拥有的关系，编制合并财务报表的目的，是向母公司的股东报告其所拥有的资源。合并财务报表只是为了满足母公司股东的信息需求，而不是满足子公司少数股东的信息需求，后者的信息需求应当通过子公司的个别报表予以满足。根据这一观点，母子公司之间的关系是拥有与被拥有的关系，编制合并财务报表的目的，是向母公司的股东报告其拥有的资源（这里所说的资源是一种净资源）。根据这一观点，当母公司合并全资子公司的会计报表时，应当按母公司实际拥有的股权比例，合并子公司的资产、负债、所有者权益和损益。也就是说，所有权理论主张采用比例合并法：①母子公司的交易及未实现损益，按母子公司的持股比例抵销；②因收购兼并而形成的资产、负债变动及商誉，按母公司的持股比例摊销；③合并报表上将不会出现"少数股东权益"和"少数股东损益"项目。这种财务报表编制虽然简便易行，但它并不适用于被视为一个合并财务报表整体的企业集团揭示其整个实体的经济状况。

依据所有权理论编制的合并财务报表强调的是合并后母公司所实际拥有的，而不是母公司所实际控制的资源，其合并范围相对较小。这种做法固然稳健，但显然违背了控制的实质。控制一个主体实际上是控制该主体的资产，即按照控制者的意愿和利益运用或指导被控制主体的全部资产。由于控制具有排他性（共同控制除外），当母公司控制了子公司时，它不仅有权直接统驭其所实际拥有资产的运用，而且可以统驭子公司全部资产的运用。因此，按所有权理论采用比例合并法编制合并财务报表，忽略了企业并购中的财务杠杆作用，实际上，母公司通过控制略高于50%的股权，即可控制子公司100%资产的运用并使母公司获益。另外，所有权理论编制的合并财务报表人为地将子公司的全部资产、负债、收入和费用等按母公司的持股比例分割成两部分，忽略了子公司作为一个独立的法人，其盈利能力是全部资产、资产与负债的组合等因素共同决定的这一事实，在此基础上形成的会计信息缺乏经济意义。

（二）经济实体理论

经济实体理论认为，会计主体与其终极所有者是相互分离、独立存在的个体。从产权理论的角度看，经济实体理论强调的是法人财产权，而不是终极财产权。法人有独立于其最终所有者的权利和义务，所有者投入资本后，与之相关的资产和负债的产权已经过户至法人主体，任何所有者都不能对法人主体的财产提出要求权，法人主体对财产的占用、使用、处置和分享收益的权力不是绝对的，而是受到其所有者意志的支配。一个会计主体的资产、负债、所有者权益、收入、费用以及形成这些报表要素的交易、事项或情况都独立于终极所有者，它们是会计主体所固有的，不应将会计主体与其终极所有者的法律和经济行为混为一谈。

依据经济实体理论，母子公司之间的关系是控制与被控制的关系，而不是拥有与被拥有的关系。根据控制的经济实质，母公司对子公司的控制意味着母公司有权支配子公司全部资产的运用，有权统驭子公司的经营决策和财务分配决策。由于存在控制与被控制的关系，母子公司在资产的运用、经营和财务决策上便成为独立于其终极所有者的一个统一体，这个统一体就应当是编制合并财务报表的主体。所以，经济实体理论是将合并财务报表作为企业集团各成员企业构成的经济联合体的会计报表，从经济联合体的角度来考虑合并财务报表合并的范围和合并的技术方法问题。经济实体理论强调的是企业集团中所有成员企业所构成的经济实体，按照经济实体理论编制的合并财务报表是为整个经济实体服务的。编制合并财务报表的目的在于提供由不同法律实体组成的企业集团作为一个统一的合并主体进行经营所需的信息；在运用经济实体理论的情况下，编制合并财务报表时应采用完全合并法，即合并报表中包含了子公司所有的资产、负债等，对于构成企业集团的拥有多数股权的股东和拥有少数股权的股东同等对待，通常将少数股东权益视为股东权益的一部分，合并净收益是属于企业集团全体股东的收益，应将少数股东在合并净收益中享有的份额作为净利润的一部分；对于母、子公司之间的交易产生的未实现损益，全部予以抵销；合并过程中产生的商誉，属于全体股东享有。

经济实体理论下，对商誉的计算应是子公司的整体价值减去子公司可辨认净资产的公允市价，其中，子公司的整体价值是通过母公司所付出的购买价格除以其所拥有的股权比例计算的，这一方法计算的商誉具有推定性质，缺乏可验证性，因此，其合理性受到质疑；另外，经济实体理论关于合并财务报表编制目的的看法，也存有争议。人们认为，合并财务报表不是为母公司的股东编制，而是为合并主体的所有利益当事人编制的观点有失偏颇。因为，少数股东只持有子公司小比例的股权，并没有持有母公司的股权，他既无法控制子公司的资产运用，更无权享受子公司之外的合并主体成员公司的权益，因而，合并财务报表对于少数股东并没有实际的经济意义。

（三）母公司理论

母公司理论是所有权理论和经济实体理论的折中与修正，它继承所有权理论和经济实体理论各自的优点，克服了这两种极端合并观念固有的局限性。母公司理论继承了所有权理论关于合并财务报表是为了满足母公司股东的信息需求而编制的理论，否定了经济实体理论关于合并财务报表是为合并主体的所有资源提供者编制的理论；在报表要素合并方法方面，摈弃了所有者观狭隘的"拥有观"，采纳了主体观所主张的视野更加开阔的"控制观"。母公司理论是站在母公司股东的角度来看待母公司与其子公司之间控股关系的合并理论。母公司理论是将合并财务报表作为母公司本身的会计报表反映范围的扩大来看待，从母公司角度来考虑合并财务报表合并的范围和合并的技术方法问题。母公司理论强调的是母公司的股东的利益，按照母公司理论编制的合并报表主要是为母公司的股东和债权人服务的。因此，这一理论忽视了除母公司股东以外的少数股东的利益。在运用母公司理论的情况下，通常将少数股东权益视为普通负债，认为合并净收益是母公司所有者的净收益，子公司少数股东所享有的净收益是一项费用。按照母公司理论确定合并财务报表的合并范围时，通常以法定控制为基础，以是否持有多数股权或者表决权作为确定是否将某一被投资企业纳入合并范围的依据，或者以通过一家公司处于另一家公司法定支配下的控制协议来确定合并财务报表的合并范围；对于未实现损益，在母公司销售给子公司的顺销情况下，应全部从合并净收益中抵销，而子公司销售给母公司的逆销情况下，只抵销母公司所享有的份额；合并过程中产生的商誉，属于母公司，与少数股权无关。

值得注意的是，在合并财务报表实务中，往往不是单纯运用某一种合并理论，而是将上述理论结合起来运用。目前国际会计准则和其他大多数国家的会计准则采用了经济实体理论。我国《企业会计准则第33号——合并财务报表》基本上采用的是经济实体理论。

四、编制合并财务报表的前提准备工作

由于合并财务报表的编制涉及两个或两个以上的会计主体与独立法人，所以为了保证合并财务报表能够准确、全面地反映出企业集团的真实情况，在编制合并财务报表时必须具备一些基本的前提条件。这些前提条件主要包括如下方面。

（一）统一母子公司的会计政策

会计政策是企业在进行会计核算和编制会计报表时所采用的会计原则、会计程序和会计处理方法，它们是编制财务报表的基础，是保证会计报表各项目所反映的内容保持一致的基础。只有在母公司与各子公司个别会计报表中各项目反映的内容保持一致的情况下，才能对其进行加总，编制合并财务报表。因此，在编制合并财务报表之前，应统一要求子公司采用的会计政策与母公司保持一致。对于一些境外子公司，由于受到所在国家或地区法律、会计政策等方面的影响，确实无法使其采用的会计政策与境内母公司保持一致的，则应当要求其按照母公司所采用的会计政策，重新编制财务报表，也可以由母公司根据自身所采用的会计政策对境外子公司报送的财务报表进行调整，以重编或调整编制的境外子公司的财务报表，作为编制合并财务报表的基础。

（二）统一母子公司资产负债表日及会计期间

由于会计报表是反映企业一定日期的财务状况和一定会计期间内的经营成果，所以只有在母公司与各子公司的个别会计报表反映财务状况的日期和反映经营成果的会计期间

一致的情况下，才能进行合并。因此，为了编制合并财务报表，必须统一企业集团内母公司和所有子公司的资产负债表日和会计期间，以便于统一企业集团内部各企业的会计报表决算日和会计期间，各子公司均能够提供相同资产负债表日和会计期间的会计报表。对于境外子公司，由于受到当地法律限制，确实不能与母公司的资产负债表日和会计期间保持一致的，母公司应当按照自身的资产负债表日和会计期间对子公司的财务报表进行调整，以调整后的子公司财务报表为基础编制合并财务报表，也可以要求子公司按照母公司的资产负债表日和会计期间另行编制报送其个别财务报表。

（三）对子公司以外币表示的财务报表进行折算

对母公司和子公司的财务报表进行合并，其前提必须是母子公司个别财务报表所采用的货币计量单位一致。外币业务比较多的企业应该遵循外币折算准则有关选择记账本位币的相关规定，可以确定采用一种外币作为记账本位币。在将境外经营纳入合并范围时，应该按照外币折算准则的相关规定进行处理。

（四）收集编制合并财务报表的相关资料

合并财务报表以母公司和其子公司的财务报表及其他有关资料为依据，由母公司合并有关项目的数据编制。为编制合并财务报表，母公司应当要求子公司及时提供以下有关资料。

（1）子公司相应期间的财务报表。
（2）采用的与母公司不一致的会计政策及其影响金额。
（3）与母公司不一致的会计期间的说明。
（4）母公司及与其他子公司之间发生的所有内部交易的相关资料，包括但不限于内部购销业务、债权债务、投资及其产生的现金流量和未实现内部损益的期初、期末余额及变动情况等资料。
（5）子公司所有者权益变动和利润分配的有关资料。
（6）编制合并财务报表所需的其他资料。

第二节 合并财务报表的范围

合并财务报表的范围应当以控制为基础予以确定，母公司应当将其全部子公司（包括母公司所控制的单独主体）纳入合并财务报表的合并范围，不仅包括根据表决权（或类似权利）本身或结合其他安排确定的子公司，也包括基于一项或多项合同安排决定的结构化主体。这里的母公司是指控制一个或一个以上主体的主体，子公司是指母公司控制的主体。

 相关链接

结构化主体

结构化主体也称可变利益实体（variable interest entities；VIEs），即"VIE结构"，也称"协议控制"，为企业所拥有的实际或潜在的经济来源，但是企业本身对此利益实体并无完全的控制权,此利益实体系指合法经营的公司、企业或投资。

VIEs 最早是美国财务会计准则委员会(FASB)使用的术语,指投资者对某一实体有绝对控股权,决策方面不需要依据大多数投票权,同特别目的机构(special purpose vehicle)概念密切相关。投资者投资此 VIEs 者虽拥有此利益实体部分的权利,但无权进行公司的重大决策,换言之,董事会高层人事更迭、投票等,此利益实体的投资人无权置喙。协议控制模式一般由三部分架构组成,即境外上市主体、境内外资全资子公司(wholly foreign owned enterprise,WFOE)或境内外资公司(foreign invested enterprise,FIE)和经营实体公司(外资受限业务牌照持有者)。

如图 3-1 所示,VIE 是由外国投资者和中国创始股东(自然人或法人)成立的一个融资上市平台公司,再由此上市公司直接或通过全资离岸子公司(如离岸公司 B)在中国境内设立一家外商独资企业(WFOE)从事外商投资不受限制的行业。例如最典型的技术咨询服务业,WFOE 对境内的运营实体(国内牌照公司)提供部分出资、负担其盈亏,并通过协议关系拥有控制权,最终实现外国投资者间接投资原本被限制或禁止的领域。

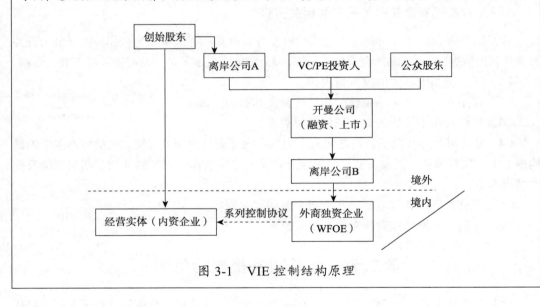

图 3-1　VIE 控制结构原理

一、投资方拥有对被投资方权力的判断

控制,是指投资方拥有对被投资方的权力,通过参与被投资方相关活动而享有可变回报,并且有能力运用对被投资方的权力影响其回报金额。控制的定义包括三项基本要素:一是投资方拥有对被投资方的权力;二是因参与被投资方的相关活动而享有可变回报;三是有能力运用对被投资方的权力影响其回报金额。在判断投资方是否能够控制被投资方时,仅当投资方同时具备上述三要素时,才能表明投资方能够控制被投资方。

投资方拥有对被投资方的权力是判断控制的第一要素,这要求投资方需要识别被投资方并评估其设立目的和设计、识别被投资方的相关活动以及对相关活动进行决策的机制、确定投资方及涉入被投资方的其他方拥有的与被投资方相关的权利等,以确定投资方当前是否有能力主导被投资方的相关活动。

（一）评估被投资方的设立目的和设计

被投资方可能是一个有限责任公司、股份有限公司、尚未进行公司制改建的国有企业，也可能是一个合伙企业、信托、专项资产管理计划等。在少数情况下，也可能包括被投资方的一个可分割部分。

在判断投资方对被投资方是否拥有权力时，通常要结合被投资方的设立目的和设计。若被投资方的设计安排表明表决权是判断控制的决定因素，当对被投资方的控制是通过持有其一定比例表决权或是潜在表决权的方式时，在不存在其他改变决策的安排的情况下，主要根据通过行使表决权来决定被投资方的财务和经营政策的情况判断控制。

而当被投资方的设计安排表明表决权不是判断控制的决定因素时，被投资方的相关活动可能由其他合同安排规定时，投资方应结合被投资方设计产生的风险和收益、被投资方转移给其他投资方的风险和收益，以及投资方面临的风险和收益等一并判断是否控制被投资方。

需要强调的是，在判断控制的各环节都需要考虑被投资方的设立目的和设计。

例 3-1 甲企业为有限合伙企业，经营期限为 3 年。甲企业将全部资金用于对非关联方乙公司的全资子公司 A 增资，增资完成后，甲企业持有 A 公司 60%有表决权的股份，乙公司持有 A 公司 40%有表决权的股份。根据协议，乙公司将在 3 年后以固定价格回购甲企业持有的 A 公司股份。A 公司是专门建造大型资产并用于租赁的项目公司，建造期为 5 年，甲企业增资时，该资产已经建造了 2 年。

本例中，被投资方 A 公司的相关活动是用 5 年时间建造某大型资产，之后以租金的方式取得回报。甲企业增资时，A 公司的资产建造已经开始，大多与建造事项有关的决策很可能已完成，当甲企业的经营期限结束并将持有的 A 公司股份以固定价格出售给乙公司时，A 公司刚刚完成建造活动，尚未开始产生回报。因此，甲企业并不能主导 A 公司的相关活动，而且甲企业也无法通过参与 A 公司的相关活动取得可变回报，甲企业是通过乙公司回购股份的方式收回其投资成本并取得收益的，因此，即使甲企业拥有半数以上的表决权，也不能控制被投资方 A 公司。

（二）识别被投资方的相关活动及其决策机制

（1）被投资方的相关活动。被投资方为经营目的而从事众多活动，但这些活动并非都是相关活动，相关活动是对被投资方的回报产生重大影响的活动。

识别被投资方相关活动的目的是确定投资方对被投资方是否拥有权力。不同企业的相关活动可能是不同的，应当根据企业的行业特征、业务特点、发展阶段、市场环境等具体情况来判断，这些活动可能包括但不限于下列活动：①商品或劳务的销售和购买；②金融资产的管理；③资产购买和处置；④研究与开发；⑤融资活动。对许多企业而言，经营和财务活动通常对其回报产生重大影响。

例 3-2 B 投资公司由 A 资产管理公司设立，A 公司持有 B 公司 30%有表决权的股份，剩余 70%的股份由与 A 公司无关联关系的公众投资者持有，这些投资者的持股比例十分分散。此外，B公司还向其他公众投资者发行债务工具。B公司使用发行债务工具和权益工具所筹集的资金进行金融资产组合投资，并均投资于债务工具，这样，B公司将可能面临投资本金和利息不能收回的信用风险。为此，双方在协议中明确，当所持金融资产组合投资出现违约事项时，B公司的权益工具持有人首先承担由违约事项带来的损失，在违约事项带来的损失超过权益工具金额之后，剩余损失由债务工具持有人承担；在违约事项带来的损失超过权益工具金额之前，A公司管理B公司的投资组合；在违约事项带来的损失超过权益工具金额之后，由债务工具持有人指定的其他方管理B公司存在违约事项的资产及剩余金融资产的投资。

本例中，在未发生违约事项或违约事项带来的损失小于权益工具金额的情况下，B公司的相关活动是金融资产投资组合的管理，而在违约事项带来的损失超过权益工具的金额后，B公司的相关活动转变为对存在违约事项的资产及剩余金融资产投资的管理。同一公司不同时间的相关活动不同，需要进一步判断哪一相关活动为最显著影响其可变回报的相关活动。

（2）被投资方相关活动的决策机制。投资方是否拥有权力，不仅取决于被投资方的相关活动，还取决于对相关活动进行决策的方式。例如，对被投资方的经营、融资等活动作出决策（包括编制预算）的方式，任命被投资方的关键管理人员、给付薪酬及终止劳动合同关系的决策方式等。

相关活动一般由企业章程、协议中约定的权力机构（例如股东会、董事会）来决策，特殊情况下，相关活动也可能根据合同协议约定等由其他主体决策，如专门设置的管理委员会等。有限合伙企业的相关活动可能由合伙人大会决策，也可能由普通合伙人或者投资管理公司等决策。

被投资方通常从事若干相关活动，并且这些活动可能不是同时进行。我国合并财务报表准则第十条规定，当两个或两个以上投资方能够分别单方面主导被投资方的不同相关活动时，能够主导对被投资方回报产生最重大影响的活动的一方拥有对被投资方的权力，此时，通常需要考虑的因素包括：①被投资方的设立目的和设计；②影响被投资方利润率、收入和企业价值的决定因素；③每一投资方有关上述因素的决策职权范围及其对被投资方汇报的影响程度；④投资方承担的可变回报风险的大小。

例3-3 A公司和B公司共同投资设立C公司。C公司的主营业务活动为药品研发和销售。根据C公司章程和合资协议的约定，在所研发药品获得相关监管部门的生产批准前，A公司可以单方面主导C公司药品研发活动，而在获得相关监管部门的生产批准后，则由B公司单方面主导该药品的生产和营销决策。

本例中，C公司的药品研发、生产和营销活动均会对C公司的回报产生重大影响。投资方在判断是否对C公司拥有权力时，除了需要结合上述四点进行综合分析以外，还需要考虑下列因素：获得监管部门批准的不确定性和难易程度、被投资方成功开发药品并获取生产批准的历史记录、产品定位、当前药品所处的开发阶段、所需开发时间、同类药品开发的难易程度、取得同类药品营销渠道的难易程度、开发完成后可实际控制该药品相关经营活动的投资方等。

（三）确定投资方拥有的与被投资方相关的权力

通常情况下，当被投资方从事一系列对其回报产生显著影响的经营及财务活动，且需要就这些活动连续地进行实质性决策时，表决权或类似权利本身或者结合其他安排，将赋予投资方拥有权力。但在一些情况下，表决权不能对被投资方的回报产生重大影响（例如，表决权可能仅与日常行政活动有关），被投资方的相关活动由一项或多项合同安排决定。

1. 投资方拥有多数表决权的权力

通常情况下，当被投资方的相关活动由持有半数以上表决权的投资方式决定，或者主导被投资方相关活动的管理层多数成员（管理层决策由多数成员表决通过）由持有半数以上表决权的投资方聘任时，无论该表决权是否行使，持有被投资方过半数表决权的投资方拥有对被投资方的权力。

投资方持有被投资方半数以上表决权的情况通常包括如下三种：一是投资方直接持有被投资方半数以上表决权；二是投资方间接持有被投资方半数以上表决权；三是投资方以直接和间接方式合计持有被投资方半数以上表决权。

2. 投资方持有被投资方半数或以下表决权，但通过与其他表决权持有人之间的协议能够控制半数以上表决权，从而拥有对被投资方的权力

3. 投资方持有被投资方半数或半数以下表决权

持有半数或半数以下表决权的投资方，应综合考虑下列事实和情况，以判断其持有的表决权与相关事实和情况相结合是否赋予投资方拥有对被投资方的权力。

（1）投资方持有的表决权份额相对于其他投资方持有的表决权份额的大小，以及其他投资方持有表决权的分散程度。投资方持有的绝对表决权比例或相对于其他投资方持有的表决权比例越高，其现时能够主导被投资方相关活动的可能性越大；为否决投资方意见而需要联合的其他投资方越多，投资方现时能够主导被投资方相关活动的可能性越大。

例 3-4 A 公司持有 B 公司 48%有表决权股份，剩余股份由分散的小股东持有，所有小股东单独持有的有表决权股份均未超过 1%，且他们之间或其中一部分股东均未达成进行集体决策的协议。

本例中，在判断 A 公司是否拥有对 B 公司的权力时，A 公司虽然持有 B 公司有表决权的股份（48%）不足 50%，但是，根据其他股东持有股份的相对规模及其分散程度，且其他股东之间未达成集体决策协议等情况，可以判断 A 公司拥有对 B 公司的权力。

（2）投资方和其他投资方持有的潜在表决权。潜在表决权是获得被投资方表决权的权利，如可转换工具、可执行认股权证、远期股权购买合同或其他期权所产生的权利。

例 3-5 A 公司与 B 公司分别持有被投资方 70%及 30%有表决权的股份。A 公司与 B 公司签订的期权合同规定，B 公司可以在当前及未来两年内以固定价格购买 A 公司持有的被投资方 50%有表决权股份，该期权在当前及预计未来两年内都是深度价外期权（即依据期权合约的条款设计，使得卖方 B 公司到期前行权的可能性极小）。历史上，A 公司一直通过表决权主导被投资方的相关活动。

本例中，B 公司当前持有购买 A 公司有表决权股份的可行使期权，如果行使该期权，将使 B 公司持有被投资方 80%有表决权的股份。但由于这些期权在当前及预计未来两年内都是深度价外期权，B 公司无法从该期权的行使中获利，因此，这些期权并不构成实质性权利，在评估 B 公司是否拥有对被投资方的权力时不应予以考虑。

例 3-6　A 公司与其他两个投资方各自持有被投资方 1/3 的表决权。除了权益工具外，A 公司同时持有被投资方发行的可转换债券，这些可转换债券可以在当前及未来两年内任何时间以固定价格转换为被投资方的普通股。按照该价格，当前该期权为价外期权，但非深度价外期权。被投资方的经营活动与 A 公司密切相关（例如，降低 A 公司的运营成本、确保稀缺产品的供应等）。如可转换债券全部转换为普通股，A 公司将持有被投资方 60%的表决权。

本例中，可转换债券到期可转换为普通股且全部转换为普通股后，A 公司将持有被投资方 60%的表决权，而其他两个投资方各持有被投资方 20%的表决权，据此可以判断 A 公司能够主导被投资方的相关活动并从中获益。A 公司拥有对被投资方的权力。

（3）其他合同安排产生的权利。投资方可能通过持有的表决权和其他决策权相结合的方式使其当前能够主导被投资方的相关活动。例如，合同安排赋予投资方能够聘任被投资方董事会或类似权力机构多数成员，这些成员能够主导董事会或类似权力机构对相关活动的决策。但是，在不存在其他权利时，仅仅是被投资方对投资方的经济依赖（如供应商和其主要客户的关系）不会导致投资方对被投资方拥有权力。

例 3-7　A 公司持有 B 公司 40%有表决权股份，其他 12 个投资方各持有 B 公司 5%有表决权股份，且他们之间或其中一部分股东之间不存在进行集体决策的协议。根据全体股东协议，A 公司有权聘任或解聘董事会多数成员，董事会主导被投资者的相关活动。

本例中，A 公司持有的 B 公司有表决权股份（40%）不足 50%，且其他 12 个投资方各持有 B 公司 5%有表决权股份，根据 A 公司自身持有股份的绝对规模和其他股东的相对规模，难以得出 A 公司对 B 公司拥有权力。但是，综合考虑全体股东协议授予 A 公司聘任或解聘董事会多数成员，以及其他股东之间不存在集体决策的协议，可以判断 A 公司对 B 公司拥有权力。

（4）其他相关事实或情况。如果根据上述第（1）至（3）项所列因素尚不足以判断投资方是否控制被投资方，应综合考虑投资方享有的权利、被投资方以往表决权行使情况及下列事实或情况进行判断。

①投资方是否能够任命或批准被投资方的关键管理人员，这些关键管理人员能够主导被投资方的相关活动；

②投资方是否能够出于自身利益决定或者否决被投资方的重大交易；

③投资方是否能够控制被投资方董事会等类似权力机构成员的任命程序，或者从其他表决权持有人手中获得代理投票权；

④投资方与被投资方的关键管理人员或董事会等类似权力机构中的多数成员是否存在关联关系（例如，被投资方首席执行官与投资方首席执行官为同一人）；

⑤投资方与被投资方之间是否存在特殊关系。在评价投资方是否拥有对被投资方的权力时，应当适当考虑这种特殊关系的影响，这种特殊关系可能为投资方享有权力提供了证

据。特殊关系通常包括：被投资方的关键管理人员是投资方的现任或前任职工，被投资方的经营活动依赖于投资方（例如，被投资方依赖于投资方提供经营活动所需的大部分资金，投资方为被投资方的大部分债务提供了担保，被投资方在关键服务、技术、供应或原材料方面依赖于投资方，投资方掌握了诸如专利权、商标等对被投资方经营而言至关重要的资产，被投资方依赖于投资方为其提供具备与被投资方经营活动相关专业知识等的关键管理人员等），被投资方活动的重大部分有投资方参与其中或者是以投资方的名义进行，投资方自被投资方承担可变回报的风险（或享有可变回报的收益）的程度远超过其持有的表决权或其他类似权利的比例（例如，投资方承担或有权获得被投资方回报的比例为70%，但仅持有不到半数的表决权）等。

投资方持有被投资方表决权比例越低，否决投资方提出的关于相关活动的议案所需一致行动的其他投资者数量越少，投资者就越需要在更大程度上运用上述证据，以判断是否拥有主导被投资方相关活动的权力。

在被投资方的相关活动是通过表决权进行决策的情况下，当投资方持有的表决权比例不超过半数时，投资方在考虑了所有相关情况和事实后仍不能确定投资方是否拥有被投资方的权力的，投资方不控制被投资方。

例3-8　A公司持有B公司45%有表决权股份，其他11个投资方各持有B公司5%有表决权股份。

本例中，根据A公司持有股份的绝对规模和与其他股东股份的相对规模难以判断A公司对B公司拥有权力。需要考虑其他事实和情况提供的证据，以判断A公司是否拥有对B公司的权力。

4. 权力来自表决权之外的其他权利

投资方对被投资方的权力通常来自表决权，但有时，投资方对一些主体的权力不是来自表决权，而是由一项或多项合同安排决定。例如，证券化产品、资产支持融资工具、部分投资基金等结构化主体。结构化主体，是指在确定其控制方时没有将表决权或类似权利作为决定因素而设计的主体。

（四）确定投资方拥有的与被投资方相关权力的例外情况

1. 投资方拥有多数表决权的权力时，以下两种情况不表明投资方拥有对被投资方的权力

一是存在其他安排情况赋予被投资方的其他投资方拥有对被投资方的权力。例如，存在赋予其他方拥有表决权或实质性潜在表决权的合同安排，且该其他方不是投资方的代理人时，投资方不拥有对被投资方的权力。

二是投资方拥有的表决权不是实质性权利。例如，有确凿证据表明，由于客观原因无法获得必要的信息或存在法律法规的障碍，投资方虽持有半数以上表决权但无法行使该表决权时，该投资方不拥有对被投资方的权力。

投资方在判断是否拥有对被投资方的权力时，应当仅考虑与被投资方相关的实质性权利，包括自身所享有的实质性权利以及其他方所享有的实质性权利。

（1）实质性权利。实质性权利是持有人在对相关活动进行决策时有实际能力行使的可执行权利。实质性权利通常是当前可执行的权利，但某些情况下当前不可行使的权利也可能是实质性权利。

例3-9 投资方持有一份将于25天后结算的远期股权购买合同，该合同赋予投资方行权后能够持有被投资方的多数表决权股份。另外，能够对被投资方相关活动进行决策的最早时间是30天后才能召开的特别股东大会。其他投资方不能对被投资方相关活动现行的政策作出任何改变。

本例中，虽然投资方持有的远期股权购买合同25天后才能结算，不是当前可执行的权利，但是由于股东大会最早召开的时间在30天后，晚于远期合同的可行权日（25天后），在投资方执行远期合同之前，没有其他任何一方可以改变与被投资方的相关活动有关的决策。因此，虽然该权利当前不可执行，但仍然为一项实质性权利。

有时，其他投资方也可能拥有可行使的实质性权利，使得投资方不能控制被投资方。其他投资方拥有的可行使的实质性权利包括提出议案的主动性权利和对议案予以批准或否定的被动性权利，当这些权利不仅仅是保护性权利时，其他方拥有的这些权利可能导致投资方不能控制被投资方。

（2）保护性权利。保护性权利仅为了保护权利持有人利益却没有赋予持有人对相关活动的决策权。通常包括应由股东大会（或股东会，下同）行使的修改公司章程，增加或减少注册资本，发行公司债券，公司合并、分立、解散或变更公司形式等事项持有的表决权。例如，少数股东批准超过正常经营范围的资本性支出或发行权益工具、债务工具的权利。再如，贷款方限制借款方从事损害贷款方权利的活动的权利，这些活动将对借款方信用风险产生不利影响从而伤害贷款方权利，以及贷款方在借款方发生违约行为时扣押其资产的权力等。

保护性权利通常只能在被投资方发生根本性改变或某些例外情况发生时才能够行使，它既没有赋予其持有人对被投资方拥有权力，也不能阻止被投资方的其他投资方对被投资方拥有的权力。仅享有保护性权利的投资方不拥有对被投资方的权力。

2. 投资方拥有多数表决权但没有权力

当其他投资方现时有权力能够主导被投资方的相关活动，且其他投资方不是投资方的代理人时，投资方就不拥有对被投资方多数表决权，也不拥有对被投资方的权力。例如，被投资方相关活动被政府、法院、管理人、接管人、清算人或监管人等其他方主导时，投资方虽然持有多数表决权，但也不可能主导被投资方的相关活动。被投资方自行清算的除外。

二、因参与被投资方的相关活动而享有可变回报的判断

判断投资方是否控制被投资方的第二项基本要素是，因参与被投资方的相关活动而享有可变回报。

可变回报是不固定的并可能随被投资方业绩而变动回报，可能是正数，也可能是负数，或者有正有负。投资方在判断其享有被投资方的回报是否变动以及如何变动时，应当根据

合同安排的实质，而不是法律形式。例如，投资方所获得股利、被投资方经济利益的其他分配（例如，被投资方发行的债务工具产生的利息）、投资方对被投资方投资的价值变动属于可变回报。又如，管理被投资方资产获得的固定管理费也属于可变回报，因为管理者是否能获得此回报依赖于被投资方是否能够产生足够的收益用于支付该固定管理费。

投资方的可变回报通常体现为从被投资方获取股利。

三、有能力运用对被投资方的权力影响其回报金额的判断

判断控制的第三项基本要素是，有能力运用对被投资方的权力影响其回报金额。只有当投资方不仅拥有对被投资方的权力、通过参与被投资方的相关活动而享有可变回报，并且有能力运用对被投资方的权力来影响其回报的金额时，投资方才控制被投资方。因此，拥有决策权的投资方在判断是否控制被投资方时，需要考虑其决策行为是以主要责任人（即实际决策人）的身份进行还是以代理人的身份进行。此外，在其他方拥有决策权时，投资方还需要考虑其他方是否是以代理人的身份代表该投资方行使决策权。

（一）投资方的代理人

代理人是相对于主要责任人而言的，代表主要责任人行动并服务于该主要责任人的利益。主要责任人可能将其对被投资方的某些或全部决策权授予代理人，但在代理人代表主要责任人行使决策权时，代理人并不对被投资方拥有控制权。主要责任人的权利有时可以通过代理人根据主要责任人的利益持有并行使，但权利行使人不会仅仅因为其他方能从其行使权中获益而成为代理人。

在判断控制时，代理人的决策权应被视为主要责任人直接持有，权利属于主要责任人而非代理人。当存在单独一方持有实质性罢免权并能无理由罢免决策者时，决策者属于代理人。除此以外，需综合考虑上述四项因素以判断决策者是否作为代理人行使决策权。

例 3-10 某主体 A 作为资产管理人发起设立一项投资计划，为多个投资者提供投资机会。主体 A 在投资授权设定范围内，以全体投资者的利益最大化为前提作出决策，并拥有较大主导投资计划相关活动的决策权，包括具体资产的配置、买入卖出时点以及投资资产出现风险时（如信用违约等）的后续管理等。主体 A 按照计划资产净值的 1%加上达到特定盈利水平后投资计划利润的 20%收取管理费，该管理费符合市场和行业惯例，与主体 A 提供的服务相称。

本例假定：参与该计划的投资者人数较多，单个投资者的投资比例均小于 0.5%且投资者之间不存在关联关系；该投资计划设有年度投资者大会，经出席该会议的投资者所持有份额的 2/3 以上一致通过，可以罢免主体 A 的资产管理人资格，不存在可以无理由罢免主体 A 的资产管理人资格的单独一方的投资者；主体 A 自身持有该投资计划 2%的份额，主体 A 没有为该计划的其他投资者提供保证其收回初始投资及最低收益率的承诺，主体 A 对超过其 2%投资以外的损失不承担任何义务。

本例中，由于没有任何一方可以无条件罢免主体 A 的资产管理人资格，因此，在确定其是投资计划的主要责任人还是代理人时需要结合其他因素进一步分析。

主体 A 对于投资计划享有较大的决策权，可以主导投资计划的相关活动。虽然投资计

划设立了年度投资者大会,但由于投资者人数较多,且单个投资者之间不存在关联关系,不大可能出现较多非关联的投资者集合在一起进行表决并否决主体A的情况。因此,结合主体A的决策权范围和其他方持有的权利,可以得出主体A拥有对该投资计划的权力。

主体A收取的管理费与其服务相称这一事实表明,主体A可能作为代理人行使权利。为进一步判断主体A是否为代理人,还需要考虑主体A持有的份额,主体A还持有该投资计划2%的份额,该投资加大了主体A面临的可变回报风险,但该风险尚未重大到表明主体A是主要责任人的程度。

根据上述分析,主体A为该投资计划的代理人。

例 3-11 见例3-10,主体假定:在主体A违反合同的情况下,其他投资者有权罢免主体A。主体A自身持有该投资计划20%的份额,主体A没有为该计划的其他投资者提供保证收回初始投资及最低收益率的承诺,主体A没有对超过该20%的投资承担任何额外损失的义务。

本例中,投资方有权在主体A违约时罢免主体A。由于该权利只有在主体A违约时才能行使,该权利属于保护性权利,但是,主体A通过与其服务相称的管理费以及20%的直接投资承担并有权获取投资计划的可变回报,且该回报的比重和可变动性均较为重大的情况表明,主体A通过对投资计划行使权利而影响其回报的金额和程度较大,主体A享有较大的实质性权利。因此,主体A为该投资计划的主要责任人。

(二)实质代理人

在判断控制时,投资方应当考虑与所有其他方之间的关系、他们是否代表投资方行动(即投资方的"实质代理人"),以及其他方之间、其他方与投资方之间如何互动。上述关系不一定在合同安排中列明。当投资方(或有能力主导投资方活动的其他方)能够主导某一方代表其行动时,被主导方为投资方的实质代理人。在这种情况下,投资方在判断是否控制被投资方时,应将其实质代理人的决策权以及通过实质代理人而间接承担(或享有)的可变回报风险(或权利)与其自身的权利一并考虑。

 相关案例

处置超额亏损子公司,*ST金顶有望借此减亏

在财产处置方案获得法院裁定通过后,为实现*ST金顶"扭亏保牌",公司管理人正在通过处置亏损子公司实现"保壳"目标。

2011年12月1日,乐山产权交易中心有限公司和四川乐山拍卖中心有限公司对*ST金顶持有的仁寿县人民特种水泥有限公司(以下简称"人民水泥")100%股权进行了公开拍卖。根据资料,人民水泥100%的股权是*ST金顶于2008年年底通过收购取得的,当时的收购金额为2.5亿元。不过,人民水泥并没有给*ST金顶带来分文盈利,相反,人民水泥2008年以来连续严重亏损,在*ST金顶原大股东华伦集团破产重整后,人民水泥还一度停产,后处于为四川省仁寿县明杨水泥有限公司委托加工状态。人民水泥拥有四条水泥生产线,但其中三条机立窑生产线因达不到环保要求已经被淘汰,仅剩一条日

产 2 500 吨熟料新型干法水泥生产线。

据公告，公司管理人聘请的中威正信（北京）资产评估有限公司出具的《资产评估报告》显示，截至评估基准日 2011 年 9 月 23 日，人民水泥总资产为 27 604.32 万元，总负债为 43 526.80 万元，净资产为 –15 922.48 万元，资产负债率为 157.68%，严重资不抵债。

虽然 2008 年前花 2.5 亿元收购的人民水泥 100% 股权如今仅拍得 10 万元，但对于正处于重整之中，且面临暂停上市风险的*ST 金顶来说，却可能是实现本年度扭亏的重要一步。

首先，成功拍卖人民水泥 100% 股权，将避免其继续亏损给上市公司带来损失。其次，记者注意到*ST 金顶已经在 2010 年度，对人民水泥按成本法核算得到 2010 年末的全部投资成本 2.13 亿元，全额计提了减值准备。这意味着，虽然本次股权拍卖仅以 10 万元成交，但不会形成*ST 金顶长期股权投资的账面损失，不会对公司 2011 年财务数据产生负面影响。

更为重要的是，由于人民水泥过去数年连续亏损，早已资不抵债，形成超额亏损。根据证监会 2009 年发布的《上市公司执行企业会计准则监管问题解答》相关会计处理规定，对于在 2007 年 1 月 1 日新会计准则实施后，上市公司已在利润表内确认的子公司超额亏损，在转让该子公司时可以将转让价款与已确认超额亏损的差额作为投资收益计入当期合并利润表。换言之，此番*ST 金顶通过拍卖程序处置人民水泥股权后，如果 2011 年内完成全部转让过户手续，那么人民水泥过去已经在上市公司合并报表中体现的超额亏损部分，再加上转让价款所得，可望作为投资收益计入*ST 金顶 2011 年的合并利润表，对*ST 金顶实现"扭亏保牌"起到重要作用。

资料来源：上海证券报，2011-12-03，有改动。

四、投资性主体的特殊规定

如果母公司是投资者主体，则只应将那些为投资性主体的投资活动提供相应服务的子公司纳入合并财务报表范围，其他子公司不应予以合并，应按照公允价值计量且其变动计入当期损益。

一个投资性主体的母公司如果其本身不是投资性主体，则应当将此投资性主体控制的全部主体，包括此投资性主体以及通过投资性主体间接控制的主体，纳入合并财务报表范围。

（一）投资性主体的定义

投资性主体需要同时满足三个条件：一是该公司以向投资方提供投资管理服务为目的，从一个或多个投资者获取资金；二是该公司的唯一经营目的，是通过资本增值、投资收益或两者兼有而让投资者获得回报；三是该公司按照公允价值对几乎所有投资的业绩进行计量和评价。

（二）投资性主体的特征

投资性主体通常应当具备下列四个特征：一是拥有一个以上的投资；二是拥有一个以

上的投资者;三是投资者不是该主体的关联方;四是该主体的所有者权益以股权或类似权益存在。当主体不完全具备上述四个特征时,需要审慎评估,判断是否有确凿证据证明虽然缺少其中一个或几个特征,但该主体仍然符合投资性主体的定义。

(1)拥有一个以上的投资。一个投资性主体通常会同时持有多项投资以分散风险、最大化回报,但是,以下三种情况下,持有一项投资也可能是投资性主体:①通过直接或间接持有对另一投资性主体(该主体持有多项投资)的一项投资的主体也可能是投资性主体;②当主体刚设立、尚未寻找到多个符合要求的投资项目,或者刚处置了部分投资、尚未进行新的投资,或者该主体正处于清算过程中时,即使主体仅持有一项投资,该主体仍可能为投资性主体;③如果某项投资要求较高的最低出资额,但各投资方很难进行如此高额的投资时,可能设立投资性主体用以募集多个投资方的资金进行集中投资。

(2)拥有一个以上的投资者。投资性主体通常拥有多个投资者,拥有多个投资者使投资性主体或其所在企业集团中的其他企业获取除资本增值、投资收益外的收益的可能性减小。但是以下情况除外:①当主体刚刚设立、正在积极识别合格投资者,或者原持有的权益已经赎回、正在寻找新的投资者,或者处于清算过程中时,即使主体仅拥有一个投资者,该主体仍可能符合投资性主体的定义;②一些特殊的投资性主体,其投资者只有一个,但其目的是代表或支持一个较大的投资者集合的利益而设立的。例如,某企业设立一个年金基金,其目的是支持该企业职工退休后福利,该基金的投资者虽然只有一个,但却代表了一个较大的投资者集合的利益,仍然属于投资性主体。

(3)投资者不是该主体的关联方。投资性主体通常拥有若干投资者,这些投资者既不是其关联方,也不是所在集团中的其他成员。但是,关联投资者的存在并非表明该主体一定不是投资性主体。例如,某基金的投资方之一可能是该基金的关键管理人员出资设立的企业,其目的是更好地激励基金的关键管理人员,这一安排并不影响该基金符合投资性主体的定义。

(4)该主体的所有者权益以股权或类似权益存在。投资性主体通常是单独的法律主体,但没有要求投资性主体必须是单独的法律主体。

例 3-12 A 有限合伙企业于 2020 年设立,合伙年限为 10 年。根据合伙协议,A 有限合伙企业的设立目的是投资于有潜力高速增长的企业以实现资本增值。H 公司作为一般合伙人拥有 A 有限合伙企业 1% 的资本,并承担识别合适投资的责任,75% 的有限合伙人向 A 有限合伙企业提供了 99% 的资本,这些有限合伙人与 H 公司不存在关联关系。

A 有限合伙企业成立当年,没有合适的投资。2021 年,A 有限合伙企业获得对 B 公司的控制权,2021 年获得对其他 5 家经营公司的权益投资。除上述情况外,A 有限合伙企业不从事其他活动。A 有限合伙企业以公允价值计量和评价其投资,并向一般合伙人 H 公司和其他外部投资者提供这些信息。A 有限合伙企业计划在合伙年限内以直接出售、推动某投资公司公开上市后出售该投资公司股份等方式处置这些投资。

本例中,A 有限合伙企业在 2020 年至 2021 年符合投资性主体的定义,主要原因如下:一是 A 有限合伙企业的资金主要由有限合伙人提供,并向有限合伙人提供投资管理服务;二是 A 有限合伙企业的唯一活动是向经营公司进行权益投资以实现资本增值,A 有限合伙企业有明确的退出战略;三是 A 有限合伙企业以公允价值计量和评价其投资,并向其投资

例3-13 A技术公司设立B高新技术基金，以投资于高新技术创业公司而获取资本增值。A技术公司持有B高新技术基金70%的权益并且控制该基金，该基金其余30%的权益由其他10个不相关投资者持有。

A技术公司同时持有以公允价值购买B高新技术基金持有投资的选择权，如果行使该选择权，A技术公司将受益于B高新技术基金被投资者开发的技术。B高新技术基金没有明确的退出投资的计划，且B高新技术基金由该基金投资者代理人作为投资顾问管理。

本例中，即使B高新技术基金的经营目的是为资本增值而进行投资，并向其投资者提供投资管理服务，B高新技术基金也不是投资性主体，主要原因如下：一是A技术公司持有购买B高新技术基金持有投资的选择权，B高新技术基金被投资方开发的资产将使A技术公司受益，这样，除资本增值外，B高新技术基金还提供了其他利益；二是B高新技术基金的投资计划不包括作为权益投资的投资退出战略，A技术公司持有的选择权并非由B高新技术基金控制，也不构成退出战略。

 相关案例

威海广泰纳入合并报表的理由

2008年7月，威海广泰空港设备股份有限公司[以下简称"威海广泰"（002111）]与威海广泰投资有限公司（以下简称"广泰投资"）、李文轩等4位自然人共同投资成立威海广泰环保科技有限公司（以下简称"广泰环保"），注册资本3 600万元，威海广泰占其总股本的36%；广泰投资出资1 188万元，占33%股份；李文轩现金出资900万元，占25%股份。另有三位自然人王金玉、朱立明和曾旭分别现金出资108万元、72万元和36万元，占比3%、2%和1%。据了解，李文轩为公司董事长和实际控制人李光太之子。

鉴于威海广泰的第一大股东地位、在董事会占多数表决权的情况，威海广泰在实际经营中对广泰环保的重大经营决策事项实施了控制，并纳入2008年合并报表的合并范围。具体理由如下。

（1）威海广泰虽未绝对控股广泰环保，但通过"一致行动人"的安排实际拥有广泰环保控制权。威海广泰为确保在未绝对控股广泰环保的情况下能对其实施控制，与广泰投资商定，双方为一致行动人，即在对广泰环保的重大经营决策事项进行表决时，广泰投资同意其表决结果并与威海广泰保持一致。2008年7月，广泰环保股东会会议通过了广泰环保《公司章程》，该章程第五章"公司的权力机构及其产生办法、职权、议事规则"第三条规定："股东会会议由股东按照出资比例行使表决权，威海广泰和广泰为一致行动人"。

尽管广泰环保另一股东李文轩与广泰投资亦存在关联关系，但其关联程度不及威海广泰与广泰投资通过公司章程明确下来的一致行动关系。威海广泰通过与广泰投资保持一致行动人关系即可实际控制广泰环保。

（2）威海广泰对广泰环保实施控制的方式。2008年7月，经广泰环保股东会会议通过，广泰环保第一届董事会成立，成员为5人，其中威海广泰委派2名。为保证且体现威海广泰对广泰环保的控制权，同月，广泰环保第二次股东会决议通过，广泰环保增选 2 名董事。所增选的 2 名董事均由威海广泰委派。至此，威海广泰在广泰环保董事会占多数表决权，在实际经营中对广泰环保的重大经营决策事项实施了控制。

（3）广泰环保自设立起历次股东会表决情况。广泰环保自 2008 年 7 月成立后至 2008 年末的所有股东会会议表决中，广泰投资对各审议事项的表决结果均与威海广泰保持一致，不存在产生分歧的情况。

（4）根据公司法等相关规定，非经威海广泰同意，广泰环保受威海广泰实际控制的状况无法改变。若广泰环保其余股东试图通过修改公司章程来改变威海广泰和广泰投资的一致行动人现状，从而更改威海广泰委派董事会多数席位的事实，必须召开股东会且须经代表 2/3 以上表决权的股东通过方可实现。而威海广泰直接持有广泰环保 36%的股权，持股比例超过 1/3，也就是说未经威海广泰同意，广泰环保受威海广泰实际控制的状况无法改变。

资料来源：http://blog.sina.com.cn/s/blog_4ae7d4ff0102dubo.html，以及威海广泰（002111）公告等，有改动。

第三节 编制合并财务报表的方法和一般程序

编制合并财务报表的方法和一般程序与编制个别会计报表有很大的不同。企业在编制个别会计报表时，从会计凭证开始，到设置账簿、运用复式记账方法、登记账簿，再到调整账项、结账、对账，直至编制会计报表，运用一套完整的会计核算方法体系。编制合并财务报表则不同，它是以纳入合并财务报表合并范围的企业的个别会计报表为基础，再根据其他有关资料，编制抵销分录，抵销有关会计事项对个别会计报表的影响后编制出来的。也就是说，编制合并财务报表的直接依据不是账簿记录，而是纳入合并财务报表范围内的子公司的个别会计报表。编制合并财务报表时，一般运用编制抵销分录、编制合并工作底稿等一些特殊的方法。有关的抵销分录，不需要登记账簿，直接在工作底稿中编制。合并资产负债表、合并利润表、合并所有者权益变动表和合并现金流量表的工作底稿均在一张工作底稿中完成。

编制合并财务报表的一般程序可分为两步：第一步是编制合并工作底稿；第二步是根据合并工作底稿编制合并财务报表。其中，编制合并工作底稿是最关键的一步。合并工作底稿的基本格式如表 3-1 所示。

合并财务报表工作底稿的编制程序如下。

（1）将母公司和子公司个别会计报表的数据过入合并工作底稿。

（2）在工作底稿中将母公司和子公司会计报表各项目的数据加总，计算得出个别会计报表各项目加总数额，并将其填入"合计数"栏中。

（3）编制抵销分录，抵销母公司与子公司、子公司相互之间发生的购销业务、债权债务和投资事项对个别会计报表的影响。因为合计数中包括了合并财务报表范围内的各公司之间发生的经济事项，但如果站在企业集团这一会计主体看，这类事项中有些并未对外发

表 3-1　合并财务报表工作底稿的基本格式

项目	母公司	子公司			合计数	抵销分录		少数股东权益	合并数
		A公司	B公司	…		借方	贷方		
（利润表项目）									
营业收入									
营业成本									
…									
净利润									
（所有者权益变动表项目）									
年初未分配利润									
…									
（资产负债表项目）									
货币资金									
…									
短期借款									
…									
股本（实收资本）									
…									
少数股东权益									
（现金流量表项目）									
经营活动产生的现金流量									
…									

生，有些存在重复计算，只有将这类事项抵销后，合并财务报表中的数字才能客观反映企业集团这一会计主体的财务状况。

（4）计算合并财务报表各项目的数额。

对于资产负债表，根据加总的资产类各项目的数额，加上抵销分录的借方发生额，减去抵销分录的贷方发生额，计算得出资产类各项目的合并数额；根据加总的负债类各项目的数额，加上抵销分录的贷方发生额，减去抵销分录的借方发生额，计算得出负债类各项目的合并数额；根据加总的所有者权益类各项目的数额，加上抵销分录的贷方发生额，减去抵销分录的借方发生额，计算得出所有者权益类各项目的合并数额。

对于利润表，根据母公司和子公司个别利润表收入各项目加总数额，加上抵销分录的贷方发生额，减去抵销分录的借方发生额，计算得出合并利润表有关收入和利润项目的合并数；根据个别利润表成本费用各项目加总的数额，加上抵销分录的借方发生额，减去抵销分录的贷方发生额，计算得出合并利润表有关成本与费用各项目的合并数额；根据合并利润表收入、成本和费用的数额，计算得出净利润合并数额。

对于所有者权益变动表，根据期初未分配利润项目的加总数额，减去抵销分录的借方发生额，加上抵销分录的贷方发生额，计算得出期初未分配利润的合并数额；根据利润分配项目的加总数额，加上抵销分录的借方发生额，减去抵销分录的贷方发生额，计算得出利润分配项目的合并数额；根据未分配利润项目的加总数额，加上合并工作底稿中利润表和所有者权益变动表部分项目抵销分录栏的贷方发生额的合计数，减去合并工作底稿中利润表和所有者权益变动表部分抵销分录栏的借方发生额合计数，计算得出未分配利润项目的合并数。

合并工作底稿编制完成后，将合并工作底稿计算得出的各项目的合并数额，过入各合并财务报表，即可得出整个企业集团的合并资产负债表、合并利润表和合并所有者权益变动表（表3-2）。

表3-2 合并报务报表中各项目的抵销规则

项　　目	借方	贷方
资产、费用项目	＋	－
负债、股东权益与收入项目	－	＋
利润分配项目	＋	－
现金流量表中现金流入项目	＋	－
现金流量表中现金流出项目	－	＋

合并现金流量表可以在合并资产负债表和合并利润表的基础上编制，也可以在个别现金流量表的基础上编制，其编制方法和程序不包括在此，将另外进行讨论。

第四节　控制权取得日合并财务报表的编制

合并财务报表按其编制时间，可以分为控制权取得日的合并财务报表和控制权取得日后的合并财务报表。前者是指在母公司取得对子公司控制权之日编制的合并财务报表，后者是指母公司取得对子公司的控制权之后的各个会计期末所编制的合并财务报表。母公司常常在会计年度中间取得对子公司的控制权，企业在控制权取得日的会计处理对以后各期的合并财务报表有很大影响，因此在讨论合并财务报表时，不可避免地要涉及控制权取得日的合并财务报表问题。当然，控制权取得日的合并财务报表和控制权取得日后的合并财务报表是有区别的，在购买法下，由于在控制权取得日之前子公司发生的各项收入、费用与合并主体无关，因而只需编制合并资产负债表，而不必编制合并利润表；在权益结合法下，则不仅需要编制合并资产负债表，而且应编制合并利润表和合并现金流量表。在控制权取得日以后的各个会计期末编制的合并财务报表，包括合并资产负债表、合并利润表、合并现金流量表等。

第二章说明企业合并的会计处理时，介绍了两种方法：购买法和权益结合法，两种方法下控制权取得日合并财务报表的编制方法有所不同。

一、购买法

购买法将母公司取得对子公司的控制权视同母公司购买子公司的净资产，因而要求和购买其他资产一样，子公司的净资产应在合并资产负债表中按控制权取得日的公允价值计价。

根据我国会计准则的规定，非同一控制下的企业合并应采用购买法核算，当采用控股合并方式时，购买方在购买日应当按照确定的企业合并成本作为形成的对被购买方长期股权投资的初始投资成本。企业合并成本包括购买方付出的资产、发生或承担的负债、发行的权益性证券的公允价值以及为很可能发生的未来事项的金额之和。合并企业在合并日应编制合并财务报表，以反映股权取得日开始能够控制的经济资源情况。在合并资产负债表中，合并中取得的被购买方各项可辨认资产、负债应以其在购买日的公允价值计量，长期股权投资成本大于合并中取得的被购买方可辨认净资产公允价值份额的差额，应确认为合并财务报表中的商誉。商誉确认后，以后各期不摊销，但每年年末进行减值测试，按照账面价值与可收回金额孰低的原则计量；长期股权投资成本小于合并中取得的被购买方可辨认净资产公允价值份额的差额，计入合并当期损益，调整合并资产负债表的盈余公积和未分配利润。需要注意的是，合并方应单独设置备查簿，记录其长期股权投资成本与合并中取得的被购买方可辨认净资产公允价值份额的差额，作为合并当期及以后期间编制合并财务报表的基础。

由于参与合并的各个企业组成的企业集团成为一个会计主体，所以，企业集团内部各企业之间的交易事项必须予以抵销。在编制股权取得日合并财务报表时，需要抵销的是合并企业的长期股权投资与被合并企业的所有者权益。其他内部交易事项的抵销详见第四章的说明。

（一）母公司持有子公司全部股份

1. 母公司投资成本等于子公司净资产的公允价值

在母公司的投资成本等于子公司净资产的情况下，在合并财务报表工作底稿中，只需将母公司的长期股权投资与子公司的全部所有者权益抵销。

例 3-14 A 公司于 2020 年 1 月 1 日采用控股合并方式取得 B 公司 100%的股权。合并前，A 公司和 B 公司资产负债表有关资料如表 3-3 所示。在评估确认 B 公司资产公允价值的基础上，双方协商的并购价为 1 485 000 元，由 A 公司以银行存款支付。

表 3-3 A 公司和 B 公司资产负债表

2020 年 1 月 1 日　　　　　　　　　　　　　　　　　　　　单位：元

项　　目	A 公司	B 公司 账面价值	B 公司 公允价值
银行存款	2 015 000.00	115 500.00	115 500.00
交易性金融资产	155 000.00	82 500.00	82 500.00
应收账款	279 000.00	330 000.00	330 000.00
存货	1 116 000.00	297 000.00	297 000.00
债权投资	186 000.00		
其他债权投资	348 750.00		
长期股权投资	930 000.00	561 000.00	561 000.00
其他权益工具投资			
固定资产	4 650 000.00	759 000.00	759 000.00

续表

项　目	A公司	B公司 账面价值	B公司 公允价值
无形资产	310 000.00	165 000.00	165 000.00
其他非流动资产		165 000.00	165 000.00
资产合计	9 989 750.00	2 475 000.00	2 475 000.00
短期借款	496 000.00	330 000.00	330 000.00
应付账款	703 700.00	165 000.00	165 000.00
长期借款	1 984 000.00	495 000.00	495 000.00
负债合计	3 183 700.00	990 000.00	990 000.00
股本	3 410 000.00	1 320 000.00	
资本公积	1 550 000.00	82 500.00	
其他综合收益	38 750.00		
盈余公积	536 300.00	33 000.00	
未分配利润	1 271 000.00	49 500.00	
股东权益合计	6 806 050.00	1 485 000.00	1 485 000.00
负债和股东权益合计	9 989 750.00	2 475 000.00	2 475 000.00

对于上述控股合并业务，A公司的投资成本等于B公司可辨认净资产公允价值，应编制以下会计分录：

借：长期股权投资　　　　　　　　　　　　　　　　　　　1 485 000
　　贷：银行存款　　　　　　　　　　　　　　　　　　　　　　1 485 000

记录合并业务后，A公司资产负债表如表3-4所示。

表3-4　A公司资产负债表
2020年1月1日　　　　　　　　　　　　　　　　　单位：元

资产	余额	负债和股东权益	余额
银行存款	530 000.00	短期借款	496 000.00
交易性金融资产	155 000.00	应付账款	703 700.00
应收账款	279 000.00	长期借款	1 984 000.00
存货	1 116 000.00	负债合计	3 183 700.00
债权投资	186 000.00		
其他债权投资	348 750.00		
长期股权投资	2 415 000.00	股本	3 410 000.00
其他权益工具投资		资本公积	1 550 000.00
固定资产	4 650 000.00	其他综合收益	38 750.00
无形资产	310 000.00	盈余公积	536 300.00
其他非流动资产		未分配利润	1 271 000.00
		股东权益合计	6 806 050.00
资产合计	9 989 750.00	负债和股东权益合计	9 989 750.00

A公司在编制控制权取得日合并资产负债表时,需要将A公司的长期股权投资项目与B公司的所有者权益项目相抵销。应编制的抵销分录如下:

借:股本 1 320 000
　　资本公积 82 500
　　盈余公积 33 000
　　未分配利润 49 500
　　贷:长期股权投资 1 485 000

A公司编制合并财务报表的工作底稿如表3-5所示。

表3-5　A公司合并财务报表的工作底稿　　　　单位:元

项目	A公司	B公司账面价值	合计数	抵销分录 借方	抵销分录 贷方	少数股东权益	合并数
银行存款	530 000	115 500	645 500				645 500
交易性金融资产	155 000	82 500	237 500				237 500
应收账款	279 000	330 000	609 000				609 000
存货	1 116 000	297 000	1 413 000				1 413 000
债权投资	186 000		186 000				186 000
其他债权投资	348 750		348 750				348 750
长期股权投资	2 415 000	561 000	2 976 000		1 485 000		1 491 000
其他权益工具投资			0				
固定资产	4 650 000	759 000	5 409 000				5 409 000
无形资产	310 000	165 000	475 000				475 000
其他非流动资产		165 000	165 000				165 000
资产合计	9 989 750	2 475 000	12 464 750				10 979 750
短期借款	496 000	330 000	826 000				826 000
应付账款	703 700	165 000	868 700				868 700
长期借款	1 984 000	495 000	2 479 000				2 479 000
负债合计	3 183 700	990 000	4 173 700				4 173 700
股本	3 410 000	1 320 000	4 730 000	1 320 000			3 410 000
资本公积	1 550 000	82 500	1 632 500	82 500			1 550 000
其他综合收益	38 750		38 750				38 750
盈余公积	536 300	33 000	569 300	33 000			536 300
未分配利润	1 271 000	49 500	1 320 500	49 500			1 271 000
股东权益合计	6 806 050	1 485 000	8 291 050				6 806 050
负债和股东权益合计	9 989 750	2 475 000	12 464 750	1 485 000	1 485 000		10 979 750

根据表3-5即可编制合并资产负债表,A公司合并资产负债表如表3-6所示。

表 3-6 A 公司合并资产负债表

2020 年 1 月 1 日　　　　　　　　　　　　　　　　　单位：元

资产	余额	负债和股东权益	余额
银行存款	645 500	短期借款	826 000
交易性金融资产	237 500	应付账款	868 700
应收账款	609 000	长期借款	2 479 000
存货	1 413 000	负债合计	4 173 700
债权投资	186 000		
其他债权投资	348 750		
长期股权投资	1 491 000	股本	3 410 000
其他权益工具投资		资本公积	1 550 000
固定资产	5 409 000	其他综合收益	38 750
无形资产	475 000	盈余公积	536 300
其他非流动资产	165 000	未分配利润	1 271 000
		股东权益合计	6 806 050
资产合计	10 979 750	负债和股东权益合计	10 979 750

2. 母公司的投资成本大于子公司净资产的公允价值

在母公司的投资成本大于合并中取得的子公司净资产公允价值的情况下，应按确定的合并成本作为长期股权投资的初始投资成本，编制控制权取得日合并资产负债表时，将母公司的长期股权投资与子公司的净资产公允价值抵销后的差额，以"商誉"项目反映。

例 3-15　根据例 3-14 有关资料，假设双方协商的并购价为 1 800 000 元，由 A 公司以银行存款支付。合并前，A 公司和 B 公司的资产负债表如表 3-7 所示。

表 3-7 A 公司和 B 公司的资产负债表

2020 年 1 月 1 日　　　　　　　　　　　　　　　　　单位：元

项目	A 公司	B 公司 账面价值	B 公司 公允价值
银行存款	2 015 000	115 500	115 500
交易性金融资产	155 000	82 500	82 500
应收账款	279 000	330 000	330 000
存货	1 116 000	297 000	297 000
债权投资	186 000		
其他债权投资	348 750		
长期股权投资	930 000	561 000	561 000
其他权益工具投资			
固定资产	4 650 000	759 000	879 000
无形资产	310 000	165 000	245 000
其他非流动资产		165 000	165 000
资产合计	**9 989 750**	**2 475 000**	**2 675 000**

续表

项　目	A公司	B公司 账面价值	B公司 公允价值
短期借款	496 000	330 000	330 000
应付账款	703 700	165 000	165 000
长期借款	1 984 000	495 000	495 000
负债合计	**3 183 700**	**990 000**	**990 000**
股本	3 410 000	1 320 000	
资本公积	1 550 000	82 500	
其他综合收益	38 750		
盈余公积	536 300	33 000	
未分配利润	1 271 000	49 500	
股东权益合计	**6 806 050**	**1 485 000**	**1 685 000**
负债和股东权益合计	**9 989 750**	**2 475 000**	**2 675 000**

对于上述控股合并业务，A公司的投资成本大于B公司可辨认净资产公允价值，应编制以下会计分录：

借：长期股权投资　　　　　　　　　　　　　　　　　　　　　1 800 000
　　贷：银行存款　　　　　　　　　　　　　　　　　　　　　　　　　1 800 000

记录合并业务后，A公司资产负债表如表3-8所示。

表3-8　A公司资产负债表
2020年1月1日　　　　　　　　　　　　　　　　　　　　　　单位：元

资产	余额	负债和股东权益	余额
银行存款	215 000	短期借款	496 000
交易性金融资产	155 000	应付账款	703 700
应收账款	279 000	长期借款	1 984 000
存货	1 116 000	**负债合计**	**3 183 700**
债权投资	186 000		
其他债权投资	348 750		
长期股权投资	2 730 000	股本	3 410 000
其他权益工具投资		资本公积	1 550 000
固定资产	4 650 000	其他综合收益	38 750
无形资产	215 000	盈余公积	536 300
其他非流动资产		未分配利润	1 271 000
		股东权益合计	**6 806 050**
资产合计	**9 989 750**	**负债和股东权益合计**	**9 989 750**

由于合并日B公司的公允价值与账面价值不等，需要在底稿中把B公司的资产负债表中各项目的账面价值调整为公允价值，并相应调整资本公积。

借：固定资产　　　　　　　　　　　　　　　　　　　　　　　120 000
　　无形资产　　　　　　　　　　　　　　　　　　　　　　　　80 000
　　贷：资本公积　　　　　　　　　　　　　　　　　　　　　　　　200 000

A 公司在编制控制权取得日合并资产负债表时,需要将 A 公司的长期股权投资项目与 B 公司的所有者权益项目相抵销。由于 A 公司对 B 公司的长期股权投资为 1 800 000 元, B 公司可辨认净资产公允价值为 1 685 000 元,两者差额 115 000 元为商誉;应编制的抵销分录如下:

  借:股本   1 320 000
    资本公积   282 500
    盈余公积   33 000
    未分配利润   49 500
    商誉   115 000
    贷:长期股权投资   1 800 000

A 公司合并财务报表工作底稿如表 3-9 所示。

表 3-9 A 公司合并财务报表工作底稿   单位:元

项目	A 公司	B 公司公允价值	合计数	抵销分录 借方	抵销分录 贷方	少数股东权益	合并数
银行存款	215 000	115 500	330 500				330 500
交易性金融资产	155 000	82 500	237 500				237 500
应收账款	279 000	330 000	609 000				609 000
存货	1 116 000	297 000	1 413 000				1 413 000
债权投资	186 000		186 000				186 000
其他债权投资	348 750		348 750				348 750
长期股权投资	2 730 000	561 000	3 291 000		1 800 000		1 491 000
其他权益工具投资			0				
固定资产	4 650 000	879 000	5 529 000				5 529 000
无形资产	310 000	245 000	555 000				555 000
商誉				115 000			115 000
其他非流动资产		165 000	165 000				165 000
资产合计	**9 989 750**	**2 675 000**	**12 664 750**				**10 979 750**
短期借款	496 000	330 000	826 000				826 000
应付账款	703 700	165 000	868 700				868 700
长期借款	1 984 000	495 000	2 479 000				2 479 000
负债合计	**3 183 700**	**990 000**	**4 173 700**				**4 173 700**
股本	3 410 000	1 320 000	4 730 000	1 320 000			3 410 000
资本公积	1 550 000	282 500	1 832 500	282 500			1 550 000
其他综合收益	38 750		38 750				38 750
盈余公积	536 300	33 000	569 300	33 000			536 300
未分配利润	1 271 000	49 500	1 320 500	49 500			1 271 000
股东权益合计	**6 806 050**	**1 685 000**	**8 491 050**				**6 806 050**
负债和股东权益合计	**9 989 750**	**2 675 000**	**12 664 750**	**1 800 000**	**1 800 000**		**10 979 750**

3. 母公司的投资成本小于子公司净资产的公允价值

如果母公司的投资成本小于合并中取得的子公司可辨认净资产公允价值份额，应按确定的合并成本作为长期股权投资的初始投资成本，将长期股权投资与子公司可辨认净资产公允价值份额的差额计入合并当期损益，由于购买日不需编制合并利润表，该差额体现在合并资产负债表中，应调整合并资产负债表的盈余公积和未分配利润项目。

例 3-16 以例 3-15 为例。假设 A 公司于 2020 年 1 月 1 日采用控股合并方式取得 B 公司 100%的股权。在评估确认 B 公司资产公允价值的基础上，双方协商的并购价为 1 500 000 元，由 A 公司以银行存款支付。B 公司可辨认净资产的公允价值为 1 685 000 元。该公司按净利润的 10%计提盈余公积。合并前，A 公司和 B 公司的资产负债表如表 3-7 所示。

对于上述控股合并业务，A 公司的投资成本小于 B 公司可辨认净资产公允价值，应编制以下会计分录：

借：长期股权投资　　　　　　　　　　　　　　　　　　　　　　1 500 000
　　贷：银行存款　　　　　　　　　　　　　　　　　　　　　　　　1 500 000

记录合并业务后，A 公司资产负债表如表 3-10 所示。

表 3-10 A 公司资产负债表
2020 年 1 月 1 日　　　　　　　　　　　　　　　　　　　　　　单位：元

资产	余额	负债和股东权益	余额
银行存款	515 000	短期借款	496 000
交易性金融资产	155 000	应付账款	703 700
应收账款	279 000	长期借款	1 984 000
存货	1 116 000	**负债合计**	**3 183 700**
债权投资	186 000		
其他债权投资	348 750		
长期股权投资	2 430 000	股本	3 410 000
其他权益工具投资		资本公积	1 550 000
固定资产	4 650 000	其他综合收益	38 750
无形资产	215 000	盈余公积	536 300
其他非流动资产		未分配利润	1 271 000
		股东权益合计	**6 806 050**
资产合计	**9 989 750**	**负债和股东权益合计**	**9 989 750**

A 公司在编制控制权取得日合并资产负债表时，需要将 A 公司的长期股权投资项目与 B 公司的所有者权益项目相抵销。由于 A 公司对 B 公司的长期股权投资为 1 500 000 元，B 公司可辨认净资产公允价值为 1 685 000 元，两者差额 185 000 元调整盈余公积和未分配利润，其中盈余公积调增 18 500 元，未分配利润调增 166 500 元。应编制的抵销分录如下：

借：固定资产　　　　　　　　　　　　　　　　　　　　　　　　　120 000
　　无形资产　　　　　　　　　　　　　　　　　　　　　　　　　　80 000
　　贷：资本公积　　　　　　　　　　　　　　　　　　　　　　　　200 000

借：股本	1 320 000
资本公积	282 500
盈余公积	33 000
未分配利润	49 500
贷：长期股权投资	1 500 000
盈余公积	18 500
未分配利润	166 500

A 公司的合并财务报表工作底稿以及根据合并财务报表工作底稿合并数编制的合并资产负债表略。

（二）母公司持有子公司部分股份

如果母公司只持有子公司部分股权，控制权取得日合并会计报表编制中，仍分为母公司投资成本等于、大于和小于子公司可辨认净资产公允价值三种情况，处理原则与母公司持有子公司全部股份基本相同，区别在于在合并资产负债表中应单独反映"少数股东权益"项目。少数股东权益是指除母公司以外的其他投资者所享有的子公司的净资产（所有者权益）公允价值的份额。在我国，"少数股东权益"项目在"所有者权益"项目下单独列示。

例 3-17 根据例 3-15 有关资料，假设 A 公司以银行存款 1 800 000 元取得 B 公司 80%的股权，B 公司可辨认净资产的公允价值为 1 685 000 元。

对于上述控股合并业务，A 公司投资成本大于 B 公司可辨认净资产公允价值的份额，应编制以下会计分录：

借：长期股权投资	1 800 000
贷：银行存款	1 800 000

记录合并业务后，A 公司资产负债表如表 3-8 所示。

A 公司在编制控制权取得日合并资产负债表时，应将 A 公司的长期股权投资项目与 B 公司的所有者权益项目相抵销。其中：

合并商誉 = 企业合并成本 − 合并中取得的被合并方可辨认净资产公允价值份额
　　　　= 1 800 000 −（1 685 000 × 80%）= 452 000 元

少数股东权益 = 1 685 000 × 20% = 337 000 元

应编制的抵销分录如下：

借：股本	1 320 000
资本公积	282 500
盈余公积	33 000
未分配利润	49 500
商誉	452 000
贷：长期股权投资	1 800 000
少数股东权益	337 000

A 公司编制合并财务报表工作底稿如表 3-11 所示。

表 3-11 合并财务报表工作底稿 单位：元

项目	A 公司	B 公司公允价值	合计数	抵销分录 借方	抵销分录 贷方	少数股东权益	合并数
银行存款	515 000	115 500	630 500				630 500
交易性金融资产	155 000	82 500	237 500				237 500
应收账款	279 000	330 000	609 000				609 000
存货	1 116 000	297 000	1 413 000				1 413 000
债权投资	186 000		186 000				186 000
其他债权投资	348 750		348 750				348 750
长期股权投资	2 430 000	561 000	2 991 000		1 800 000		1 191 000
其他权益工具投资			0				
固定资产	4 650 000	879 000	5 529 000				5 529 000
无形资产	310 000	245 000	555 000				555 000
商誉				452 000			452 000
其他非流动资产		165 000	165 000				165 000
资产合计	9 989 750	2 675 000	12 664 750				11 316 750
短期借款	496 000	330 000	826 000				826 000
应付账款	703 700	165 000	868 700				868 700
长期借款	1 984 000	495 000	2 479 000				2 479 000
负债合计	3 183 700	990 000	4 173 700				4 173 700
股本	3 410 000	1 320 000	4 730 000	1 320 000			3 410 000
资本公积	1 550 000	282 500	1 832 500	282 500			1 550 000
其他综合收益	38 750		38 750				38 750
盈余公积	536 300	33 000	569 300	33 000			536 300
未分配利润	1 271 000	49 500	1 320 500	49 500			1 271 000
股东权益（归属母公司股东）							6 806 050
少数股东权益						337 000	337 000
股东权益合计	6 806 050	1 685 000	8 491 050				7 143 050
负债与股东权益合计	9 989 750	2 675 000	12 664 750	2 137 000	1 800 000	337 000	11 316 750

根据合并财务报表工作底稿中的合并数即可编制合并资产负债表，如表 3-12 所示。

表 3-12 A 公司合并资产负债表
2020 年 1 月 1 日 单位：元

资产	余额	负债和股东权益	余额
银行存款	630 500	短期借款	826 000
交易性金融资产	237 500	应付账款	868 700
应收账款	609 000	长期借款	2 479 000
存货	1 413 000	负债合计	4 173 700

续表

资产	余额	负债和股东权益	余额
债权投资	186 000	股本	3 410 000
其他债权投资	348 750	资本公积	1 550 000
长期股权投资	1 191 000	其他综合收益	38 750
其他权益工具投资	0	盈余公积	536 300
固定资产	5 529 000	未分配利润	1 271 000
无形资产	555 000	归属母公司股东权益	6 806 050
商誉	452 000	少数股东权益	337 000
其他非流动资产	165 000	股东权益合计	7 143 050
资产合计	11 316 750	负债和股东权益合计	11 316 750

（三）多次投资分步实现非同一控制下的合并财务报表的编制

通过多次投资分步实现非同一控制下，在合并日需要编制合并财务报表。首先，需要判断该分步交易是否属于"一揽子交易"，属于"一揽子交易"，应当将各项交易作为一项取得子公司控制权的交易进行处理。

如果不属于"一揽子交易"，则：

（1）购买方对于购买日之前持有的被购买方的股权，按照该股权在购买日的公允价值进行重新计量，公允价值与账面价值的差额计入当期投资收益。

（2）购买方对于购买日之前持有的被购买方的股权涉及其他综合收益（被投资方重新设定受益计划产生的除外）或利润分配之外的其他所有者权益变动的，与其相关的其他综合收益应当转为购买日所属当期投资收益。

（3）比较购买日合并成本与被购买方可辨认净资产公允价值的份额，确定购买日应予确认的商誉，或者应计入发生当期损益的金额，其中，

合并成本＝购买日之前持有的被购买方的股权于购买日的公允价值＋购买日新购入股权所支付对价的公允价值。

例3-18 甲公司于2020年1月1日以货币资金3 100万元取得了A公司30%的所有者权益，对A公司能够施加重大影响，A公司在该日的可辨认净资产的公允价值是11 000万元，假设与账面价值相同。A公司2020年度实现净利润1 000万元，没有支付股利，因其他权益工具投资公允价值变动增加其他综合收益200万元。2021年1月1日，甲公司以货币资金5 220万元进一步取得A公司40%的所有者权益，因此取得了控制权。A公司在该日所有者权益的账面价值为12 200万元，其中：股本5 000万元，资本公积2 000万元，其他综合收益200万元，盈余公积480万元，未分配利润4 520万元；可辨认净资产的公允价值是12 500万元（假定公允价值比账面价值高出的300万元为一项使用寿命不确定的无形资产引起）。

甲公司和A公司属于非同一控制下的公司，假定不考虑所得税和内部交易的影响。

要求：

（1）编制2020年1月1日至2020年12月31日甲公司对B公司长期股权投资的会

计分录。

（2）计算 2021 年 1 月 1 日甲公司追加投资后个别财务报表中长期股权投资的账面价值。

（3）计算甲公司对 A 公司投资形成的商誉（或当期损益）的金额。

（4）在购买日合并财务报表工作底稿中编制调整长期股权投资的会计分录。

（5）在合并财务报表工作底稿中编制购买日与投资有关的抵销分录。（单位：万元）

（1）在甲公司的个别报表中。

2020 年 1 月 1 日

借：长期股权投资　　　　　　　　　　　3 100
　　贷：银行存款　　　　　　　　　　　　　　3 100

借：长期股权投资　　　　　　　　　　　200（11 000 × 30% − 3 100）
　　贷：营业外收入　　　　　　　　　　　　　200

2020 年 12 月 31 日

借：长期股权投资　　　　　　　　　　　300
　　贷：投资收益　　　　　　　　　　　　　　300

借：长期股权投资　　　　　　　　　　　60
　　贷：其他综合收益　　　　　　　　　　　　60

2021 年 1 月 1 日

借：长期股权投资　　　　　　　　　　　5 220
　　贷：银行存款　　　　　　　　　　　　　　5 220

至 2021 年 1 月 1 日，长期股权投资账面价值 = 3 100 + 200 + 300 + 60 + 5 220 = 8 880（万元）。

（2）在合并报表中。

合并成本 = 购买日之前所持有被购买方股权于购买日的公允价值 + 购买日新购入股权所支付对价的公允价值 = 12 500 × 30% + 5 220 = 8 970（万元）。

甲公司对 A 公司投资形成的商誉 = 合并成本 − 被购买方可辨认净资产公允价值 × 持股比例 = 8 970 − 12 500 × 70% = 220（万元）。

将原 30%持股比例长期股权投资账面价值调整到购买日公允价值，调整金额 = 3 750 − 3 660 = 90（万元）。

借：长期股权投资　　　　　　　　　　　　　　　　　　　　　　90
　　贷：投资收益　　　　　　　　　　　　　　　　　　　　　　　　90

将原30%持股比例长期股权投资权益法核算形成的其他综合收益转入投资收益

借：其他综合收益　　　　　　　　　　　　　　　　　　　　　　60
　　贷：投资收益　　　　　　　　　　　　　　　　　　　　　　　　60

合并报表抵销分录

借：股本　　　　　　　　　　　　　　　5 000
　　资本公积　　　　　　　　　　　　　2 300（2 000 + 300）
　　其他综合收益　　　　　　　　　　　200

盈余公积	480
未分配利润	4 520
商誉	220
贷：长期股权投资	8 970（12 500×30%＋5 220）
少数股东权益	3 750（12 500×30%）

（四）反向购买在控制权取得日合并财务报表的编制

反向购买主要表现在购买日合并财务报表的操作中，其总的原则是应体现"反向"。例如，反向购买的合并财务报表要以子公司（实质上的购买方）为主体，保留子公司的股东权益各项目，抵销母公司（实质上的被购买方）的股东权益各项目。根据上述举例，反向购买下合并财务报表编制要点如表3-13所示。

表3-13　反向购买下合并财务报表编制要点

项目	合并金额
流动资产	A公司公允价值＋B公司账面价值
非流动资产	A公司公允价值（不含反向购买时产生的长期股权投资）＋B公司账面价值
商誉	合并成本－A公司可辨认净资产公允价值（如为负数应反映在留存收益中）
资产总额	合计
流动负债	A公司公允价值＋B公司账面价值
非流动负债	A公司公允价值＋B公司账面价值
负债总额	合计
股本（股票数量为A公司股票股数）	B公司合并前发行在外的股份面值×A公司持股比例＋假定B公司在确定该项企业合并成本过程中新发行的权益性工具的面值
资本公积	差额
盈余公积	B公司合并前盈余公积×A公司持股比例
未分配利润	B公司合并前未分配利润×A公司持股比例
少数股东权益	少数股东按持股比例计算享有B公司合并前净资产账面价值的份额
股东权益总额	资产总额－负债总额

注：上表中A公司为法律上的母公司（会计上的被购买方）；B公司为法律上的子公司（会计上的购买方）。

例3-19　A上市公司于2020年9月30日通过定向增发本企业普通股对B企业（非上市）进行合并，取得B企业100%股权。假定不考虑所得税影响。A公司及B企业在进行合并前简化资产负债表如表3-14所示。

其他资料：

（1）2020年9月30日，A公司通过定向增发本企业普通股，以2股换1股的比例自B企业原股东处取得了B企业全部股权。A公司共发行了1 800万股普通股以取得B企业全部900万股普通股。

（2）A公司普通股在2020年9月30日的公允价值为20元，B企业每股普通股当日的公允价值为40元。A公司、B企业每股普通股的面值为1元。

表 3-14　A 公司及 B 企业在合并前简化资产负债表　　　　　　　　单位：万元

项　目	A 公司	B 企业	项　目	A 公司	B 企业
流动资产	3 000	4 500	股东权益：		
非流动资产	21 000	60 000	股本	1 500	900
资产总额	24 000	64 500	资本公积		
流动负债	1 200	1 500	盈余公积	6 000	17 100
非流动负债	300	3 000	未分配利润	15 000	42 000
负债总额	1 500	4 500	股东权益总额	22 500	60 000

（3）2020 年 9 月 30 日，A 公司除非流动资产公允价值较账面价值高 4 500 万元以外，其他资产、负债项目的公允价值与其账面价值相同。

（4）假定 A 公司与 B 企业在合并前不存在任何关联方关系。

对于该项企业合并，虽然在合并中发行权益性证券的一方为 A 公司，但因其生产经营决策的控制权在合并后由 B 企业原股东控制，B 企业应为购买方，A 公司为被购买方。

（1）确定该项合并中 B 企业的合并成本。

A 公司在该项合并中向 B 企业原股东增发了 1 800 万股普通股，合并后 B 企业原股东持有 A 公司的股权比例为 54.55%（1 800/3 300），如果假定 B 企业发行本企业普通股在合并后主体享有同样的股权比例，则 B 企业应当发行的普通股股数为 750 万股（900÷54.55% − 900），其公允价值为 30 000 万元（750×40），企业合并成本为 30 000 万元，商誉为 3 000 万元（30 000 − 22 500 − 4 500）。

（2）企业合并成本在可辨认资产、负债的分配。

企业合并成本	30 000
A 公司可辨认资产、负债：	
流动资产	3 000
非流动资产	25 500（21 000 + 4 500）
流动负债	（1 200）
非流动负债	（300）
商誉	3 000

A 公司 2020 年 9 月 30 日合并资产负债表如表 3-15 所示。

表 3-15　A 公司 2020 年 9 月 30 日合并资产负债表　　　　　　　　单位：万元

项　目	金额	项　目	金额
流动资产	7 500	所有者权益：	
非流动资产	85 500	股本（3 300 万股普通股）	1 650
商誉	3 000	资本公积	29 250
资产总额	96 000	盈余公积	17 100
流动负债	2 700	未分配利润	42 000
非流动负债	3 300	所有者权益总额	90 000
负债总额	6 000		

（五）企业合并中递延所得税的处理

本章在购买法下对企业合并的会计处理中，没有考虑税收的影响。实际操作中，要考虑递延所得税的影响，并进行相应处理。

按照企业会计准则的规定，要求对被购买方可辨认的净资产以公允价值进行初始计量，但按税法规定其计税基础却是原计税基础，由此导致的暂时性差异的纳税影响要予以确认，并调整合并商誉。

例 3-20 假设 A 公司 2020 年 1 月 1 日以银行存款 1 200 000 元购得 B 公司 100%的股权（该合并属于非同一控制下的企业合并），A 公司备查簿中记录的 B 公司 2020 年 1 月 1 日某项管理用固定资产的账面价值为 460 000 元，公允价值为 520 000 元；某项无形资产的账面价值为 100 000 元，公允价值为 140 000 元。B 公司其他资产的账面价值与公允价值相同。2020 年 1 月 1 日，B 公司账面净资产为 900 000 元，其中：实收资本为 800 000 元，资本公积为 50 000 元，盈余公积为 20 000 元，未分配利润为 30 000 元。假设 A 公司与 B 公司的会计期间与会计政策一致，A 公司、B 公司所得税税率为 25%。

对于上述控股合并业务，A 公司的投资成本大于 B 公司可辨认净资产公允价值，应编制以下会计分录（个别财务报表）：

借：长期股权投资　　　　　　　　　　　　　　　　　1 200 000
　　贷：银行存款　　　　　　　　　　　　　　　　　　1 200 000

在以 A 公司为母公司的合并财务报表中，需要把 B 公司的各项资产负债由账面价值调整为公允价值，在合并财务报表中 B 公司固定资产和无形资产新的账面价值（以公允价值列示）为 660 000 元，计税基础仍然为原账面价值 560 000 元，形成应纳税暂时性差异，增加递延所得税负债 25 000 元（100 000×25%），应编制如下会计分录：

借：固定资产　　　　　　　　　　　　　　　　　　　　60 000
　　无形资产　　　　　　　　　　　　　　　　　　　　40 000
　　贷：资本公积　　　　　　　　　　　　　　　　　　75 000
　　　　递延所得税负债　　　　　　　　　　　　　　　25 000

A 公司在编制控制权取得日合并资产负债表时，需要将 A 公司的长期股权投资项目与 B 公司的所有者权益项目相抵销。由于 A 公司对 B 公司的长期股权投资为 1 200 000 元，经递延所得税调整后，B 公司可辨认净资产公允价值为 975 000 元，二者差额形成商誉 225 000 元，抵销分录如下：

借：实收资本　　　　　　　　　　　　　　　　　　　800 000
　　资本公积　　　　　　　　　　　　　　　　　　　125 000
　　盈余公积　　　　　　　　　　　　　　　　　　　　20 000
　　未分配利润　　　　　　　　　　　　　　　　　　　30 000
　　商誉　　　　　　　　　　　　　　　　　　　　　 225 000
　　贷：长期股权投资　　　　　　　　　　　　　　　1 200 000

二、权益结合法

权益结合法的原理已在第二章中论述，这里直接举例说明权益结合法在控股合并情况下控制权取得日合并财务报表的编制。根据我国会计准则的规定,同一控制下的企业合并应采用权益结合法核算,在控股合并的情况下,合并方应以合并日应享有被合并方所有者权益的账面价值的份额作为形成的长期股权投资的初始投资成本,初始投资成本与支付的合并对价账面价值(或发行股份面值总额)的差额,应当调整资本公积;资本公积不足冲减的,调整留存收益;同时,应编制控制权取得日合并资产负债表、年初至控制权取得日合并利润表和年初至控制权取得日合并现金流量表。其中合并现金流量表的编制在第四章介绍。

(一)母公司持有子公司全部股权

在权益结合法下,合并中取得的被合并方各项可辨认资产、负债应以其账面价值计量,合并方与被合并方在合并日及以前期间发生的交易,作为内部交易进行抵销;被合并方在合并前实现的留存收益中归属于合并方的部分,应自合并方的资本公积转入留存收益。如果合并方账面资本公积(资本溢价或股本溢价)贷方余额小于被合并方在合并前实现的留存收益中归属于合并方的部分,应以合并方账面资本公积的贷方余额为限,将被合并方在合并前实现的留存收益中归属于合并方的部分转入留存收益,并在会计报表附注中进行说明;根据权益结合法的基本原理,合并日前被合并企业实现的净利润应作为合并方利润的一部分反映在合并利润表中。可在合并利润表中的"净利润"项目下单列"其中:被合并方在合并前实现的净利润"项目,反映该项合并在合并当期自被合并方带入的净利润。

母公司持有子公司全部股权时,被合并方可辨认净资产全部属于母公司,应将合并方的长期股权投资与被合并方所有者权益的账面价值抵销。

例 3-21 S 公司和 T 公司同属于 Y 公司控制。2020 年 6 月 30 日,S 公司发行 100 万股普通股(每股面值为 1 元)自 Y 公司处取得 T 公司 100% 的股权。假定 S 公司和 T 公司采用相同的会计政策。合并前,S 公司和 T 公司资产负债表如表 3-16 所示、利润表(简表)如表 3-17 所示。

表 3-16　S 公司和 T 公司资产负债表　　　　　　　　　单位:元

项　目	S 公司	T 公司
资产负债表项目		
银行存款	1 060 000	50 000
交易性金融资产	100 000	30 000
应收账款	420 000	210 000
存货	720 000	360 000
长期股权投资	600 000	300 000
固定资产	3 000 000	1 500 000
无形资产	200 000	100 000
资产合计	6 100 000	2 550 000
短期借款	320 000	160 000
应付账款	454 000	227 000

续表

项 目	S公司	T公司
长期借款	1 280 000	640 000
负债合计	2 054 000	1 027 000
股本	2 200 000	600 000
资本公积（股本溢价）	1 000 000	610 000
盈余公积	346 000	173 000
未分配利润	500 000	140 000
股东权益合计	4 046 000	1 523 000

表3-17　S公司和T公司利润表（简表）

2020年1月1日至6月30日　　　　　　　　　　　　单位：元

项 目	S公司	T公司
一、营业收入	3 050 000	1 230 000
减：营业成本	1 200 000	700 000
税金及附加	100 000	100 000
销售费用	200 000	80 000
管理费用	160 000	50 000
研发费用	50 000	30 000
财务费用	140 000	70 000
资产减值损失	50 000	20 000
信用减值损失		
加：其他收益		
投资收益	200 000	100 000
汇兑收益		
净敞口套期收益		
公允价值变动收益		
资产处置收益		
二、营业利润	1 350 000	280 000
加：营业外收入	260 000	100 000
减：营业外支出	100 000	20 000
三、利润总额	1 510 000	360 000
减：所得税费用	400 000	70 000
四、净利润	1 110 000	290 000
（一）持续经营净利润		
（二）终止经营净利润		
五、其他综合收益的税后净额		
六、综合收益总额	1 110 000	290 000
归属于母公司股东的综合收益总额		
归属于少数股东的综合收益总额		

S公司合并日应编制如下会计分录：
借：长期股权投资　　　　　　　　　　　　　　　　　　1 523 000
　　贷：股本　　　　　　　　　　　　　　　　　　　　　　1 000 000
　　　　资本公积　　　　　　　　　　　　　　　　　　　　　523 000

在上述会计分录中，长期股权投资为T公司所有者权益的账面价值，股本为S公司发行1 000 000股股票的面值总额。

记录合并业务后，S公司的资产负债表如表3-18所示。

表3-18　S公司资产负债表
2020年6月30日　　　　　　　　　　　　　　　　　　　　　　单位：元

资产项目	金额	负债和股东权益项目	金额
银行存款	1 060 000	短期借款	320 000
交易性金融资产	100 000	应付账款	454 000
应收账款	420 000	长期借款	1 280 000
存货	720 000	负债合计	2 054 000
长期股权投资	2 123 000	股本	3 200 000
固定资产	3 000 000	资本公积	1 523 000
无形资产	200 000	盈余公积	346 000
		未分配利润	500 000
		股东权益合计	5 569 000
资产合计	7 623 000	负债和股东权益合计	7 623 000

本例中，S公司的股本、资本公积、盈余公积和未分配利润都因发行股票取得T公司股权而增加。由于S公司的长期股权投资是按T公司净资产账面价值入账的，因此不存在商誉。在编制合并财务报表时，只需将S公司的长期股权投资与T公司的所有者权益项目相抵销。为此编制抵销分录如下：

借：股本　　　　　　　　　　　　　　　　　　　　　　　600 000
　　资本公积　　　　　　　　　　　　　　　　　　　　　　610 000
　　盈余公积　　　　　　　　　　　　　　　　　　　　　　173 000
　　未分配利润　　　　　　　　　　　　　　　　　　　　　140 000
　　贷：长期股权投资　　　　　　　　　　　　　　　　　1 523 000

需要恢复子公司合并前实现的留存收益。

借：资本公积　　　　　　　　　　　　　　　　　　　　　313 000
　　贷：盈余公积　　　　　　　　　　　　　　　　　　　　173 000
　　　　未分配利润　　　　　　　　　　　　　　　　　　　140 000

在上述会计分录中，盈余公积和未分配利润为T公司合并前形成的盈余公积和未分配利润的账面价值。

S公司编制合并财务报表工作底稿如表3-19所示。

根据上述工作底稿编制S公司控制权取得日的合并资产负债表、合并利润表（略）。

表3-19　S公司合并财务报表工作底稿　　　　　　　　　　单位：元

项目	S公司	T公司	合计数	抵销分录 借方	抵销分录 贷方	少数股东权益	合并数
资产负债表							
银行存款	1 060 000	50 000	1 110 000				1 110 000
交易性金融资产	100 000	30 000	130 000				130 000
应收账款	420 000	210 000	630 000				630 000
存货	720 000	360 000	1 080 000				1 080 000
长期股权投资	2 123 000	300 000	2 423 000		1 523 000		900 000
固定资产	3 000 000	1 500 000	4 500 000				4 500 000
无形资产	200 000	100 000	300 000				300 000
资产合计	**7 623 000**	**2 550 000**	**10 173 000**				**8 650 000**
短期借款	320 000	160 000	480 000				480 000
应付账款	454 000	227 000	681 000				681 000
长期借款	1 280 000	640 000	1 920 000				1 920 000
负债合计	**2 054 000**	**1 027 000**	**3 081 000**				**3 081 000**
股本	3 200 000	600 000	3 800 000	600 000			3 200 000
资本公积	1 523 000	610 000	1 820 000	923 000			897 000
盈余公积	346 000	173 000	692 000	173 000	173 000		692 000
未分配利润	500 000	140 000	780 000	140 000	140 000		780 000
股东权益合计	**5 569 000**	**1 523 000**	**7 092 000**				**5 569 000**
负债和股东权益合计	**7 623 000**	**2 550 000**	**10 173 000**				**8 650 000**
利润表							
一、营业收入	3 050 000	1 230 000	4 280 000				4 280 000
减：营业成本	1 200 000	700 000	1 900 000				1 900 000
税金及附加	100 000	100 000	200 000				200 000
销售费用	200 000	80 000	280 000				280 000
管理费用	160 000	50 000	210 000				210 000
研发费用	50 000	30 000	80 000				80 000
财务费用	140 000	70 000	210 000				210 000
加：其他收益							
投资收益	200 000	100 000	300 000				300 000
净敞口套期收益							
公允价值变动收益							
信用减值损失							
资产减值损失	−50 000	−20 000	−70 000				−70 000
资产处置收益							
二、营业利润	**1 350 000**	**280 000**	**1 630 000**				**1 630 000**
加：营业外收入	260 000	100 000	360 000				360 000
减：营业外支出	100 000	20 000	120 000				120 000
三、利润总额	**1 510 000**	**360 000**	**1 870 000**				**1 870 000**
减：所得税费用	400 000	70 000	470 000				470 000
四、净利润	**1 110 000**	**290 000**	**1 400 000**				**1 400 000**

（二）母公司持有子公司部分股权

在母公司持有子公司部分股权的情况下，控制权取得日合并资产负债表的编制原理与母公司持有子公司全部股权基本相同，所不同的是，少数股东持有的股权在合并财务报表中需以少数股东权益项目反映。

例 3-22 假设 S 公司发行 90 万股普通股（每股面值为 1 元）自 Y 公司处取得 T 公司 90%的股权，其他资料不变。在这种情况下，S 公司对 T 公司投资的价值、应增加的股本、资本公积、盈余公积和未分配利润计算如下。

  对 T 公司的投资价值 = 1 523 000 元 × 90% = 1 370 700（元）

  应增加的股本 = 900 000（元）

  应增加的资本公积 = 1 370 700 − 900 000 = 4 707 700（元）

S 公司在 T 公司合并前形成的留存收益中享有的份额：

  盈余公积 = T 公司盈余公积 173 000 元 × 90% = 155 700（元）

  未分配利润 = T 公司未分配利润 140 000 元 × 90% = 126 000（元）

S 公司上述投资的会计分录为

借：长期股权投资	1 370 700
贷：股本	900 000
资本公积	470 700

记录合并业务后，S 公司资产负债表如表 3-20 所示。

表 3-20　S 公司资产负债表

2020 年 6 月 30 日　　　　　　　　　　　　　　　　单位：元

资产项目	金额	负债和股东权益项目	金额
银行存款	1 060 000	短期借款	320 000
交易性金融资产	100 000	应付账款	454 000
应收账款	420 000	长期借款	1 280 000
存货	720 000	负债合计	2 054 000
长期股权投资	1 970 700	股本	3 100 000
固定资产	3 000 000	资本公积	1 470 700
无形资产	200 000	盈余公积	346 000
		未分配利润	500 000
		股东权益合计	5 416 700
资产合计	7 470 700	负债和股东权益合计	7 470 700

在编制合并财务报表中，应将 S 公司对 T 公司的股权投资与 T 公司所有者权益中 S 公司享有的份额抵销，少数股东在 T 公司所有者权益中享有的份额作为少数股东权益列示。

抵销分录如下：

借：股本	600 000
资本公积	610 000

		盈余公积				173 000		
		未分配利润				140 000		
		贷：长期股权投资				1 370 700		
		少数股东权益				152 300		

结转 S 公司在 T 公司合并前形成的留存收益中享有的份额：

	借：资本公积					281 700		
		贷：盈余公积				155 700		
		未分配利润				126 000		

S 公司合并财务报表工作底稿如表 3-21 所示。

表 3-21　S 公司合并财务报表工作底稿　　　　　单位：元

项目	S 公司	T 公司	合计数	抵销分录		少数股东权益	合并数
				借方	贷方		
资产负债表							
银行存款	1 060 000	50 000	1 110 000				1 110 000
交易性金融资产	100 000	30 000	130 000				130 000
应收账款	420 000	210 000	630 000				630 000
存货	720 000	360 000	1 080 000				1 080 000
长期股权投资	1 970 700	300 000	2 270 700		1 370 700		900 000
固定资产	3 000 000	1 500 000	4 500 000				4 500 000
无形资产	200 000	100 000	300 000				300 000
资产合计	7 470 700	2 550 000	10 020 700				8 650 000
短期借款	320 000	160 000	480 000				480 000
应付账款	454 000	227 000	681 000				681 000
长期借款	1 280 000	640 000	1 920 000				1 920 000
负债合计	2 054 000	1 027 000	3 081 000				3 081 000
股本	3 100 000	600 000	3 700 000	600 000			3 100 000
资本公积	1 470 700	610 000	2 080 700	891 700			1 189 000
其他综合收益							
盈余公积	346 000	173 000	519 000	173 000	155 700		501 700
未分配利润	500 000	140 000	640 000	140 000	126 000		626 000
股东权益合计	5 416 700	1 523 000	6 939 700				5 416 700
少数股东权益						152 300	152 300
负债和股东权益合计	7 470 700	2 550 000	10 020 700				8 650 000
利润表							
一、营业收入	3 050 000	1 230 000	4 280 000				4 280 000
减：营业成本	1 200 000	700 000	1 900 000				1 900 000
税金及附加	100 000	100 000	200 000				200 000
销售费用	200 000	80 000	280 000				280 000
管理费用	160 000	50 000	210 000				210 000

续表

项目	S公司	T公司	合计数	抵销分录 借方	抵销分录 贷方	少数股东权益	合并数
研发费用	50 000	30 000	80 000				80 000
财务费用	140 000	70 000	210 000				210 000
加：其他收益							
投资收益	200 000	100 000	300 000				300 000
净敞口套期收益							
公允价值变动收益							
信用减值损失							
资产减值损失	−50 000	−20 000	−70 000				−70 000
资产处置收益							
二、营业利润	1 350 000	280 000	1 630 000				1 630 000
加：营业外收入	260 000	100 000	360 000				360 000
减：营业外支出	100 000	20 000	120 000				120 000
三、利润总额	1 510 000	360 000	1 870 000				1 870 000
减：所得税费用	400 000	70 000	470 000				470 000
四、净利润	1 110 000	290 000	1 400 000				1 400 000

根据上述工作底稿编制 S 公司取得控制权日的合并资产负债表如表 3-22 所示，合并利润表（略）。

表3-22　S公司合并资产负债表

2020 年 6 月 30 日　　　　　　　　　　　　　　　　　　　　　　单位：元

资产项目	金额	负债和股东权益项目	金额
银行存款	1 110 000	短期借款	480 000
交易性金融资产	130 000	应付账款	681 000
应收账款	630 000	长期借款	1 920 000
存货	1 080 000	**负债合计**	**3 081 000**
债权投资		股本	3 100 000
其他债权投资		资本公积	1 189 000
长期股权投资	900 000	其他综合收益	0
其他权益工具投资		盈余公积	501 700
固定资产	4 500 000	未分配利润	626 000
无形资产	300 000	**股东权益（归属母公司股东）**	**5 416 700**
其他非流动资产		少数股东权益	152 300
		股东权益合计	**5 569 000**
资产合计	**8 650 000**	**负债和股东权益合计**	**8 650 000**

（三）多次投资分步实现同一控制下的合并财务报表的编制

合并财务报表工作的抵消分录与前述通常情况下的非同一控制下企业合并抵消处理类似。合并方在取得被合并方控制权之前持有的股权投资，在取得原股权之日与合并方及被合并方同处于同一方最终控制之日孰晚日起至合并日之间已确认的有关损益、其他综合收益或其他净资产变动,应分别冲减比较报表期间的期初留存收益或当期损益。

例 3-23 甲公司于 2020 年 1 月 1 日以货币资金 3 100 万元取得了 A 公司 30%的所有者权益,对 A 公司能够施加重大影响,A 公司在该日的可辨认净资产的公允价值是 11 000 万元,假设与账面价值相同。A 公司 2020 年度实现净利润 1 000 万元,没有支付股利,因债权投资变动增加其他综合收益 200 万元。2021 年 1 月 1 日,甲公司以货币资金 5 220 万元进一步取得 A 公司 40%的所有者权益,因此取得了控制权。A 公司在该日所有者权益的账面价值为 12 200 万元,其中:股本 5 000 万元,资本公积 2 000 万元,其他综合收益 200 万元,盈余公积 480 万元,未分配利润 4 520 万元;可辨认净资产的公允价值是 12 500 万元。

已知:甲公司和 A 公司属于同受到甲公司最终控制的公司,同时受甲公司最终控制时间为 2019 年 6 月 1 日。假定不考虑所得税和内部交易的影响。

(1)个别报表有关的会计处理。

2020 年 1 月 1 日

借:长期股权投资　　　　　　　　　　　　　　　　　　　　　3 300
　　贷:银行存款　　　　　　　　　　　　　　　　　　　　　　3 100
　　　　营业外收入　　　　　　　　　　　　　　　　　　　　　　200

2020 年 12 月 31 日

借:长期股权投资　　　　　　　　　　　　　　　　　　　　　　300
　　贷:投资收益　　　　　　　　　　　　　　　　　　　　　　　300

借:长期股权投资　　　　　　　　　　　　　　　　　　　　　　60
　　贷:其他综合收益　　　　　　　　　　　　　　　　　　　　　60

2021 年 1 月 1 日

借:长期股权投资　　　　　　　　　　　　　　　　　　　　　5 220
　　贷:银行存款　　　　　　　　　　　　　　　　　　　　　　5 220

长期股权投资账面价值 = 3 300 + 300 + 60 + 5 220 = 8 880(万元)。

A 公司合并日净资产账面价值为 12 200 万元,甲公司持有的份额为 8 540 万元(12 200 万元 × 0.7)。

甲公司持有 A 公司所有者权益的份额与原长期股权投资账面价值加上合并日进一步取得股份而新支付对价的公允价值之和的差额,调整资本公积。

本例中应调减资本公积,金额为 340 万元(8 880 万元 − 8 540 万元)

借:资本公积　　　　　　　　　　　　　　　　　　　　　　　　340
　　贷:长期股权投资　　　　　　　　　　　　　　　　　　　　　340

至此,合并日甲公司对作为子公司的乙公司的长期股权投资账面余额为 8 540 万元。

(2)与合并日合并报表有关的会计处理。

借:股本　　　　　　　　　　　　　　　　　　　　　　　　　5 000
　　资本公积　　　　　　　　　　　　　　　　　　　　　　　2 000
　　其他综合收益　　　　　　　　　　　　　　　　　　　　　　200
　　盈余公积　　　　　　　　　　　　　　　　　　　　　　　　480

未分配利润	4 520
贷：长期股权投资	8 540
少数股东权益	3 660

（3）同时在编制 2020 年 12 月 31 日合并财务报表时，需要提供 2020 年 1 月 1 日追溯后的比较合并财务报表。

调整资本公积，甲公司持有的 A 公司的所有者权益的份额 3 300 万元（11 000 万元×0.3），与长期股权投资的账面价值 3 100 万元之间的差额调增资本公积（原计入营业外收入，现冲减）。

借：营业外收入	200
贷：资本公积	200

同时编制抵销分录：

借：股本	5 000
资本公积	2 000
盈余公积	380
未分配利润	3 620
贷：长期股权投资	3 300
少数股东权益	7 700

本章小结

在吸收合并、创立合并和控股合并三种合并方式中，吸收合并和创立合并后，企业成为一个单一的会计主体，合并后会计报表的编制与一般企业相同。但控股合并后，母公司及其每一个子公司都是一个单独的会计主体，随之产生的问题是合并财务报表的编制问题。在编制合并财务报表时，如何看待少数股权的性质，以及如何对其进行会计处理，国际会计界形成了三种编制合并财务报表的合并理论，即母公司理论、经济实体理论和所有权理论。我国基本采用经济实体理论，并以控制为基础确定合并范围。

编制合并财务报表必须具备以下基本前提条件：统一母公司与子公司的会计报表决算日和会计期间；统一母公司与子公司采用的会计政策；统一母公司与子公司的编报货币；母公司对子公司的权益性投资采用权益法进行核算。编制合并财务报表的一般程序可分为两步：第一步是编制合并工作底稿；第二步是根据合并工作底稿编制合并财务报表。其中，编制合并工作底稿是最关键的一步。控制权取得日合并财务报表编制方法在购买法和权益结合法两种方法下有所不同，其主要区别在于购买法以被合并企业净资产的公允价值为计价基础，在合并资产表中应确认商誉；权益结合法以被合并企业净资产的账面价值为计价基础，在合并资产表中不确认商誉。

合并财务报表（consolidated financial statement）　　　　集团（group company）

合并资产负债表（consolidated balance sheet） 　　母公司（parent）
合并现金流量表（consolidated cash flow statement） 　　子公司（subsidiary）
合并利润表（consolidated income statement）
所有权理论（ownership theory）
经济实体理论（economic entity theory）
母公司理论（parent company theory'）
少数股东权益（minority stockholder's interest）

小组讨论

之一：广东梅雁吉祥水电股份有限公司（600868.SH）为上市公司，2018 年末，其前十大股东及持股比例如图 3-2 所示，剩余流通股东人数 347 459 人，持股比例都比较低。

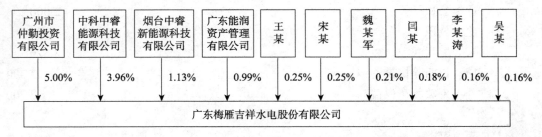

图 3-2　广东梅雁吉祥水电股份有限公司前十大股东及持股比例

注：烟台中睿新能源科技有限公司及中科中睿能源科技有限公司为一致行动人

另外根据公司《章程》规定：

（1）董事会、独立董事、单独或合并持有公司 1%以上股份的公司股东和符合相关规定条件的股东可以征集股东投票权。

（2）连续 180 天以上单独或者合并持有公司有表决权股份总数 1%以上的股东可以提名董事、监事候选人，每一提案可提名董事候选人不超过 1 人、监事候选人不超过 1 人，且不得多于拟选人数。

（3）董事会提名的人选亦可做董事、监事候选人；由上届监事会提名的监事人选亦可作监事候选人。

（4）公司董事会、监事会、持有或者合并持有公司已发行股份 1%以上的股东可以提出独立董事候选人。

2018 年年末，广东梅雁吉祥水电股份有限公司董事会有成员 9 人，其中独立董事 3 人、职工董事 1 人（由职工代表选举，直接进入董事会）、执行董事 5 人。

请分析广东梅雁吉祥水电股份有限公司的控制人。

之二：中国工商银行股份有限公司为上海（601398.SH）、香港（1398.HK）同时上市的公司，2018 年末其股东人数为 579 040 户（表 3-23）。

工商银行 2018 年末董事会人数为 13 人，其中执行董事 1 名，非执行董事 6 名（其中中央汇金公司和财政部各派出 3 名），独立非执行董事 6 名。

表 3-23 中国工商银行股份有限公司股东及其占股情况

机构或基金名称	持有数量/万股	占总股本比例/%
中央汇金投资有限责任公司	12 371 785.30	34.71
中华人民共和国财政部	12 331 645.19	34.60
香港中央结算有限公司（含 H 股和 A 股）	8 702 481.46	24.41
中国平安人寿保险股份有限公司-传统-普通保险产品	368 733.07	1.03
中国证券金融股份有限公司	241 613.16	0.68
梧桐树投资平台有限责任公司	142 078.10	0.40
中央汇金资产管理有限责任公司	101 392.17	0.28
中国人寿保险股份有限公司-分红-个人分红-005L-FH002 沪	100 084.53	0.28
中国人寿保险股份有限公司-传统-普通保险产品-005L-CT001 沪	74 571.52	0.21
工银瑞信上证 50 交易型开放式指数证券投资基金	36 621.47	0.10

注：中央汇金投资有限责任公司是中央汇金投资有限责任公司的全资子公司"中国人寿保险股份有限公司-分红-个人分红-005L-FH002 沪"和"中国人寿保险股份有限公司-传统-普通保险产品-005L-CT001 沪"同属中国人寿保险股份有限公司管理。

公司《章程》规定：

（1）本行的控股股东不得直接或间接干预本行的决策及依法开展的经营管理活动，损害本行及本行其他股东的权益。

（2）股东大会人事选举决议和董事会人事聘任决议无须任何股东的批准手续。任何股东越过股东大会、董事会任免本行高级管理人员的行为无效。

（3）董事候选人由董事会或者单独或合计持有本行有表决权股份 5%以上的股东提名。董事由本行股东大会选举产生。

请分析中国工商银行股份有限公司的控制人。

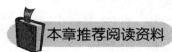

本章推荐阅读资料

1. 财政部，企业会计准则第 33 号——合并财务报表（http://kjs.mof.gov.cn/zhengwuxinxi/zhengcefabu/201402/t20140220_1045206.html）.

2. IASB，国际财务报告准则第 10 号（IFRS10）——合并财务报表（consolidated financial statements）（http://www.ifrs.org）.

3. 财政部，企业会计准则第 20 号——企业合并（http://www.casc.gov.cn/2008/0522/92942.shtml）.

4. IASB，国际财务报告准则第 3 号（IFRS3）——企业合并（business combinations）（http://www.ifrs.org）.

5. 帕勒. 高级会计学[M]. 杨有红，等译. 北京：中国人民大学出版社，2006（第 5 章 购买法：并购日—100%所有权，第 6 章 购买法：合并后的会计期间和部分所有权）.

合并财务报表　　合并资产负债表　　合并利润表　　合并所有者权益变动表
合并现金流量表　　所有权理论　　　经济实体理论　　母公司理论
控制　　　　　　　代理人

1. 简述编制合并财务报表的目的。
2. 合并财务报表附注应包括哪些内容？
3. 合并财务报表的合并理论有哪几种？它们各自的特点是什么？
4. 编制合并财务报表应具备哪些前提条件？
5. 如何确定合并财务报表的合并范围？
6. 合并报表工作底稿的编制包括哪些程序？

业务及计算题

习题一

（一）目的：练习购买法下，母公司持有子公司全部股份的情况下，控制权取得日合并财务报表的编制。

（二）资料：A公司于2020年6月30日采用控股合并方式取得B公司的控制权（非同一控制下的企业合并），B公司的股份全部被A公司购买。合并前，A公司和B公司资产负债表有关资料如下表所示。在评估确认B公司资产公允价值的基础上，双方协商的并购价为2 000 000元，由A公司以银行存款支付，同时，A公司还支付了注册登记费用和其他直接相关费用共计30 000元。

A公司和B公司资产负债表

2020年6月30日　　　　　　　　　　　　　　　　　　　　　单位：元

项目	A公司	B公司（账面金额）	B公司（公允价值）
货币资金	2 060 000	225 000	225 000
交易性金融资产	100 000	215 000	215 000
应收账款	420 000	155 000	155 000
存货	720 000	230 000	260 000
长期股权投资	600 000	150 000	200 000
固定资产	2 000 000	1 000 000	1 130 000
无形资产	200 000	300 000	280 000
资产合计	6 100 000	2 275 000	2 465 000
短期借款	334 000	130 000	130 000
应付账款	440 000	163 500	163 500
长期应付款	1 280 000	420 000	420 000
负债合计	2 054 000	713 500	713 500
股本	2 000 000	600 000	—
资本公积	1 200 000	605 000	—
盈余公积	306 000	186 500	—
未分配利润	540 000	170 000	—
所有者权益合计	4 046 000	1 561 500	1 751 500

（三）要求：编制合并日A公司的会计分录、抵消分录、合并资产负债表和合并工作底稿（假定不考虑所得税的影响）。

习题二

（一）目的：练习购买法下，母公司持有子公司部分股份的情况下，控制权取得日合并财务报表的编制。

（二）资料：在1题中，假设A公司以1 510 000元取得B公司80%的股权，其他资料不变。

（三）要求：编制合并日A公司的会计分录、抵销分录、合并资产负债表和合并工作底稿（假定没有发生相关费用，不考虑所得税的影响）。

习题三

（一）目的：练习权益结合法下，母公司持有子公司全部股份的情况下，控制权取得日合并财务报表的编制。

（二）资料：A公司2020年12月31日发行普通股100 000股，每股面值1元，市价为6.5元，以交换B公司全部股权（同一控制下的企业合并），A公司与B公司资产负债表资料如下表所示。

项目	A 公司	B 公司（账面金额）	B 公司（公允价值）
货币资金	310 000	250 000	250 000
交易性金融资产	130 000	120 000	130 000
应收账款	240 000	180 000	170 000
其他流动资产	370 000	260 000	280 000
长期股权投资	270 000	160 000	170 000
固定资产	540 000	300 000	320 000
无形资产	60 000	40 000	30 000
资产合计	1 920 000	1 310 000	1 350 000
流动负债	380 000	310 000	600 000
长期负债	620 000	400 000	90 000
负债合计	1 000 000	710 000	690 000
股本	600 000	400 000	—
资本公积	130 000	40 000	—
盈余公积	90 000	110 000	—
未分配利润	100 000	50 000	—
所有者权益合计	920 000	600 000	660 000

（三）要求：根据上述资料编制 A 公司取得控制权日的资产负债表以及合并财务报表工作底稿。

习题四

（一）目的：练习权益结合法下，母公司持有子公司部分股份的情况下，控制权取得日合并财务报表的编制。

（二）资料：A 公司 2020 年 12 月 31 日采用以发行股票方式获取 B 公司的控制权，为同一控制下的合并，A 公司发行普通股 100 000 股，每股面值 1 元，市价为 6.5 元，以交换 B 公司 90%的股权。其他资料与习题三相同。

（三）要求：根据上述资料编制 A 公司取得控制权日的资产负债表、合并财务报表工作底稿和合并财务报表。

第四章

合并财务报表——控制权取得日后的合并财务报表

合并财务报表是以应纳入合并范围的企业个别财务报表为基础,根据其他有关资料,利用合并财务报表工作底稿,编制抵销分录,将集团内部往来业务对个别财务报表的影响予以抵销后编制的。本章将控制权取得日后的合并财务报表分首期和连续各期两种情况介绍了其编制方法,并对交叉持股、多层控股等特殊问题进行了讨论。通过本章的学习,同学们应:

- 掌握首期合并财务报表编制的程序和方法
- 掌握连续各期合并财务报表编制的程序和方法
- 理解合并财务报表编制中特殊问题的处理原则和方法

第一节 控制权取得日后首期合并财务报表的编制

母公司在取得了子公司控制权之后的各期期末,也要编制合并财务报表,以抵销母公司的长期股权投资与子公司的所有者(股东)权益、母公司的投资收益与子公司的利润分配等事项。同时,控制权取得日后,母公司与子公司之间也可能会发生各种内部交易和事项,这种内部交易和事项必然会反映在各自的账簿记录中,并体现在其个别财务报表中,但从集团的角度,上述交易和事项则属于"内部事务"。因此,控制权取得日后合并财务报表的编制,应该建立在对母公司和子公司有关报表项目抵销的基础上。本章将重点讲授控制权取得日后各期母子公司之间股权投资和投资收益等相关事项的抵销,第五章将讲授母子公司内部交易的抵销。

一、控制权取得日后合并财务报表的编制程序

在控制权取得日后合并财务报表的编制中,无论是直接出资形成的母子公司,还是通过合并形成的母子公司,无论是同一控制下的控股合并形成的母子公司,还是非同一控制下的控股合并形成的母子公司,其合并财务报表的编制方法和程序是相同的。控制权取得日后的合并财务报表包括合并资产负债表、合并利润表、合并所有者(股东)权益变动表和合并现金流量表。与此相适应,合并财务报表工作底稿(以下简称"工作底稿")应反映上述报表中的内容,一般有两种格式:一种是分别为利润表、所有者(股东)权益变动表和资产负债表设置专栏,在子公司为非全资子公司的情况下,还应设置少数股权专栏;另一种是将利润表、所有者权益变动表和资产负债表的内容分别列示在工作底稿中,其特

点在于合并后的金额栏与合并财务报表各项目的金额相同。本书采用第二种工作底稿的格式。

控制权取得日后合并财务报表的编制应遵循如下基本程序。

（1）将母公司及各个纳入合并范围的子公司的利润表、所有者（股东）权益变动表、资产负债表及现金流量表依次登入工作底稿，并在工作底稿中结出各项目的合计数。

（2）编制抵销分录，抵销母公司与子公司、子公司相互之间发生的经济业务对个别财务报表的影响。一般情况下，抵销分录的类型包括以下三种。

①将年度内各子公司的所有者权益项目与母公司长期股权投资抵销。

②将利润分配表中各子公司对当年利润的分配与母公司当年投资收益抵销。

③将母公司与子公司以及子公司之间的内部往来和内部交易事项予以抵销。

（3）将抵销分录分别过入合并财务报表工作底稿的相关项目，并计算各项目的合并数。

（4）将合并财务报表工作底稿的合并数分别过入合并资产负债表、合并利润表和合并所有者（股东）权益变动表、合并现金流量表。

二、按权益法调整对子公司的长期股权投资

母公司对子公司的长期股权投资采用成本法还是权益法，取决于会计准则的规定。如果母公司对子公司的长期股权投资采用成本法，其控制权取得日后合并财务报表的编制有两种思路，一种是成本法下直接抵销，即在母公司合并财务报表工作底稿中对其个别财务报表不做调整，直接抵销相关项目。母公司对子公司的长期股权投资采用成本法时，其个别财务报表中"长期股权投资"项目反映的是母公司对子公司长期股权投资的投资成本，"投资收益"项目反映的是当期从子公司所分配的现金股利。在编制合并财务报表时，可在合并财务报表工作底稿中直接编制抵销分录，抵销内容包括：母公司的长期股权投资项目与子公司的股本及资本公积项目的抵销；母公司的投资收益与子公司利润分配中对所有者（或股东）的分配项目的抵销；将母公司的应收股利项目与子公司的应付股利项目的抵销；另一种是在母公司合并财务报表工作底稿中对子公司的长期股权投资先按权益法进行追溯调整，再进行相关项目的抵销。下面重点介绍第二种方法。

合并财务报表应以母公司和子公司的个别财务报表及有关资料为基础，由母公司编制。日常核算中，母公司对子公司的长期股权投资采用成本法进行核算，其个别报表中长期股权投资、投资收益等报表项目的金额是建立在成本法基础上形成的。在编制合并财务报表时，应由母公司按权益法调整对子公司的长期股权投资，并将调整结果反映在合并财务报表工作底稿中，作为合并财务报表编制的基础。

如前所述，无论母公司对子公司的控制是源于直接出资还是合并方式，其控制权取得日后合并财务报表的编制方法都是相同的。但需要注意的是，在通过合并方式取得对子公司股权的情况下，在权益法调整中应注意两个问题，其一，如果母公司与子公司会计政策和会计期间不一致，应按照母公司的会计政策及会计期间对子公司的财务报表进行调整；其二，由于在合并日对同一控制下的企业合并和非同一控制下的企业合并采用不同的会计处理方法，前者以被合并企业净资产的账面价值为基础，后者以被合并企业净资产的公允价值为基础。因此，对非同一控制下的企业合并取得的子公司，应当根据母公司为该类子

公司设置的备查簿记录，以购买日子公司的各项可辨认资产、负债及或有负债的公允价值为基础，通过编制调整分录，在合并财务报表工作底稿中将子公司的个别财务报表调整为在购买日公允价值基础上确定的可辨认资产、负债的金额。

例 4-1 A 公司 2020 年 1 月 1 日以货币资金 100 000 元投资设立全资子公司 B 公司。B 公司的实收资本为 100 000 元，2020 年 B 公司实现净利润 20 000 元，按净利润的 10% 提取法定盈余公积，按净利润的 30% 向股东分派现金股利，年末盈余公积为 2 000 元，未分配利润为 12 000 元。

在成本法下，A 公司个别财务报表中"长期股权投资"和"投资收益"项目的余额情况如下：

	长期股权投资——B 公司	投资收益
2020 年 1 月 1 日余额	100 000	0
2020 年 B 公司分派股利	0	6 000
2020 年 12 月 31 日余额	100 000	6 000

成本法下，A 公司对 B 公司分派的股利应编制的会计分录为（个别报表）

借：其他应收款——应收股利　　　　　　　　　　　　　　　　6 000
　　贷：投资收益　　　　　　　　　　　　　　　　　　　　　　　　6 000

A 公司在编制 2020 年度合并财务报表时，应在其合并财务报表工作底稿中，将对 B 公司的长期股权投资从成本法调整为权益法。应编制的调整分录如下（合并报表）：

按权益法确认投资收益 20 000 元并增加长期股权投资的账面价值：

借：长期股权投资　　　　　　　　　　　　　　　　　　　　　20 000
　　贷：投资收益　　　　　　　　　　　　　　　　　　　　　　　20 000

对 B 公司分派的股利调减长期股权投资 6 000 元：

借：其他应收款——应收股利　　　　　　　　　　　　　　　　6 000
　　贷：长期股权投资　　　　　　　　　　　　　　　　　　　　　6 000

抵销原成本法下确认的投资收益及应收股利 6 000 元：

借：投资收益　　　　　　　　　　　　　　　　　　　　　　　6 000
　　贷：其他应收款——应收股利　　　　　　　　　　　　　　　6 000

经过上述调整后，A 公司编制 2020 年度合并财务报表前，"长期股权投资"项目的金额为 114 000 元，"投资收益"项目的金额为 20 000 元。

例 4-2 假设 A 公司 2020 年 1 月 1 日以银行存款 1 200 000 元购得 B 公司 80% 的股权（该合并属于非同一控制下的企业合并），A 公司备查簿中记录的 B 公司 2020 年 1 月 1 日某项管理用固定资产的账面价值为 460 000 元，公允价值为 520 000 元；某项无形资产的账面价值为 100 000 元，公允价值为 140 000 元。除表 4-1 所列项目外，B 公司其他资产的账面价值与公允价值相同。2020 年 1 月 1 日，B 公司账面净资产为 900 000 元，其中：实收资本为 800 000 元，资本公积为 50 000 元，盈余公积为 20 000 元，未分配利润为 30 000 元。2020 年 B 公司实现净利润 200 000 元，按净利润的 10% 提取法定盈余公积，按净利润的 30% 向投资者分派现金股利，当年形成的盈余公积为 20 000 元，未分配利润为 120 000 元。假设 A 公司与 B 公司的会计期间与会计政策一致，A 公司、B 公司所得税税率为 25%。

表 4-1　A 公司备查簿　　　　　　　　　　　　　　　　　　　单位：元

项目	账面价值	公允价值	公允价值与账面价值的差额	每年调整额	调整后余额	备注
B 公司：						
流动资产	500 000	500 000				
非流动资产	1 000 000	1 100 000				
其中：固定资产	460 000	520 000	60 000	6 000	54 000	该固定资产为管理用固定资产，剩余摊销年限为10年，采用年限平均法计提折旧
无形资产	100 000	140 000	40 000	4 000	36 000	该无形资产剩余摊销年限为10年
资产总计	1 500 000	1 600 000				
负债总计	600 000	600 000				
股本	800 000	800 000				
资本公积	50 000					
盈余公积	20 000	20 000				
未分配利润	30 000	30 000				
股东权益合计	900 000	1 000 000				
负债与股东权益总计	1 500 000	1 600 000	100 000			

2020 年 1 月 1 日 B 公司可辨认净资产账面价值为 900 000 元，公允价值为 1 000 000 元，其差额 100 000 元，应将 B 公司固定资产和无形资产项目金额分别调增 60 000 元和 40 000 元。根据税法规定，控制权取得日 B 公司资产或负债的计税基础是原账面价值，其公允价值与其计税基础之间的差异，形成暂时性差异，因此，需要对该暂时性差异确认相应的递延所得税资产或递延所得税负债，B 公司可辨认净资产公允价值（新的账面价值）高于原账面价值（计税基础）的差额在考虑了递延所得税资产或递延所得税负债影响额后，表现为资本公积的增加额。本例中应纳税暂时性差异为 100 000 元，应确认的递延所得税负债为 25 000 元（100 000 × 25%）。

对于可辨认净资产公允价值大于账面价值的差额一般有两种处理方法，一种是在合并财务报表工作底稿中直接调整固定资产、无形资产和资本公积的金额，另一种是在合并财物报表工作底稿中编制调整分录进行调整，调整分录为

　　借：固定资产　　　　　　　　　　　　　　　　　　　　　　　　60 000
　　　　无形资产　　　　　　　　　　　　　　　　　　　　　　　　40 000
　　　　贷：递延所得税负债　　　　　　　　　　　　　　　　　　　25 000
　　　　　　资本公积　　　　　　　　　　　　　　　　　　　　　　75 000

2020 年 1 月 1 日，A 公司购得 B 公司 80% 的股权时，由于初始投资成本大于 B 公司可辨认净资产公允价值的份额，所以不调整初始投资成本：

　　借：长期股权投资　　　　　　　　　　　　　　　　　　　　　1 200 000
　　　　贷：银行存款　　　　　　　　　　　　　　　　　　　　　1 200 000

2020 年 12 月 31 日，A 公司应将 B 公司以账面价值为基础的净利润调整为以公允价值为基础的净利润，在调整过程中，应考虑两个因素，其一是由于 B 公司固定资产、无形资产的公允价值大于账面价值而补提的固定资产折旧和无形资产摊销对以账面价值为基础的净利润的影响；其二是递延所得税资产的暂时性差异的转回对以账面价值为基础的净利润的影响。在此基础上，按权益法确认长期股权投资和投资收益。本例中应补提的固定资产折旧额为 6 000 元，应补提的无形资产摊销为 4 000 元；由于 B 公司合并日发生增值的固定资产应纳税暂时性差异为 54 000 元（60 000 − 6 000），应确认的递延所得税负债 13 500 元（54 000 × 25%），合并日发生增值的无形资产应纳税暂时性差异为 36 000 元（40 000 − 4 000），应确认的递延所得税负债为 9 000 元（36 000 × 25%），2020 年因递延所得税负债的转回而减少当期所得税费用为 2 500 元（25 000 − 13 500 − 9 000，或者 10 000 × 25%）。

2020 年 12 月 31 日，A 公司应将 B 公司以账面价值为基础的净利润调整为以公允价值为基础的净利润，在此基础上，按权益法确认长期股权投资和投资收益。调整过程如下：

以账面价值为基础的净利润		200 000
− 应补提的固定资产折旧额	（60 000 ÷ 10）	6 000
− 应补提的无形资产摊销	（40 000 ÷ 10）	4 000
+ 递延所得税负债转回		2 500
以公允价值为基础的净利润		192 500
A 公司权益法下应确认的长期股权投资	（192 500 × 80%）	154 000
A 公司权益法下应确认的投资收益	（192 500 × 80%）	154 000

在成本法下，A 公司个别财务报表中"长期股权投资"的余额为 1 200 000 元，"投资收益"的余额为 48 000 元。根据上述计算，在合并财务报表工作底稿中应编制的调整分录如下：

补提固定资产折旧和无形资产摊销：

借：管理费用　　　　　　　　　　　　　　　　　　　　　　10 000
　　贷：固定资产——累计折旧　　　　　　　　　　　　　　　6 000
　　　　无形资产——累计摊销　　　　　　　　　　　　　　　4 000

确认递延所得税负债的转回：

借：递延所得税负债　　　　　　　　　　　　　　　　　　　2 500
　　贷：所得税费用　　　　　　　　　　　　　　　　　　　　2 500

按权益法确认投资收益 154 000 元并增加长期股权投资的账面价值：

借：长期股权投资　　　　　　　　　　　　　　　　　　　154 000
　　贷：投资收益　　　　　　　　　　　　　　　　　　　　154 000

对 B 公司分派的股利调减长期股权投资 48 000 元：

借：其他应收款——应收股利　　　　　　　　　　　　　　48 000
　　贷：长期股权投资　　　　　　　　　　　　　　　　　　48 000

抵销原成本法下确认的投资收益 48 000 元：

借：投资收益　　　　　　　　　　　　　　　　　　　　　48 000
　　贷：其他应收款——应收股利　　　　　　　　　　　　　48 000

经过上述调整后，A 公司编制 2020 年度合并财务报表前，"长期股权投资"项目的金额为 1 306 000 元，"投资收益"项目的金额为 154 000 元；B 公司调整后的年末未分配利润为 142 500（30 000 + 200 000 − 200 000 × 10% − 200 000 × 30% − 10 000+2 500）元；并以此作为编制抵销分录的基础。

> **国际视野**
>
> 关于"下推会计"
>
> 美国注册会计师协会（AICPA）曾于 1979 年 10 月发布了"下推会计"（push-down accounting）文献，建议在购买法下运用"下推会计"编制合并财务报表。"下推会计"是指"一个会计主体在其单独的财务报表中，根据购买该主体有表决权股份的交易将导致该主体发行在外有表决权股份的所有权发生重大变更，重新确立会计报表的基础，即将原来由收购公司在合并时对所获得净资产增值，调整下移到被收购公司的会计报表中"。采用下推会计，实际上是将合并方购买法下确认的被合并方的公允价值和商誉在购买日直接计入被合并方的账户中，使合并后被合并方的资产和负债的价值不再是合并前的账面价值，而是公允价值。这一方法在美国得到证券交易委员会的支持。

三、合并资产负债表、合并利润表、合并所有者权益变动表的编制

由于合并财务报表是将由母公司和子公司组成的企业集团作为一个会计主体，反映其财务状况、经营成果、现金流量及所有者权益变动情况，所以，应将母公司与子公司和子公司相互之间股权投资和投资收益事项，从企业集团这一整体的角度进行考虑，将它们视为同一会计主体的内部业务处理。母公司或子公司作为独立的会计主体，已将所有事项在其个别财务报表中进行了反映。因此，在编制合并财务报表时，要将这些企业集团内部的事项抵销，以消除它们对个别财务报表的影响，保证以个别财务报表为基础编制的合并财务报表能够正确反映企业集团的财务状况和经营成果。需要抵销的内部事项包括以下内容：母公司对子公司长期股权投资项目与子公司所有者权益项目的抵销、母公司投资收益和子公司期初未分配利润与子公司本期利润分配和期末未分配利润的抵销、母子公司及子公司之间内部存货交易的抵销、母子公司及子公司之间内部往来业务的抵销、母子公司及子公司之间内部固定资产交易的抵销等。其中，内部存货交易、内部往来业务以及内部固定资产交易的抵销在第五章介绍。

（一）母公司对子公司长期股权投资项目与子公司所有者权益项目的抵销

母公司对子公司的长期股权投资，一方面反映为长期股权投资以外的其他资产的减少；另一方面反映为长期股权投资的增加，在直接出资的前提下，母公司的个别资产负债表中表现为成本法下的长期股权投资项目；而在子公司的个别资产负债表上则表现为实收资本等所有者权益项目。但是，从企业集团整体的角度出发，母公司对子公司的长期股权

投资，实际上相当于母公司将资金拨付给下属核算单位使用，并不会由此引起整个企业集团的资产、负债和所有者权益项目的增减变动。因此，在编制合并财务报表时，首先应在合并财务报表工作底稿中将成本法下的长期股权投资按权益法进行调整；其次将母公司对子公司的长期股权投资项目与母公司在子公司的所有者权益中所享有的份额相互抵销。

1. 对子公司拥有全部股权

如果母公司对子公司拥有全部股权，则子公司的净利润在权益法下已同时全部记录在了母公司的"长期股权投资"和"投资收益"项目中，子公司的所有者权益项目全额对应于母公司的"长期股权投资"项目。在合并财务报表工作底稿中编制的抵销分录为，借记"股本""资本公积""其他综合收益""盈余公积"和"未分配利润"项目，贷记"长期股权投资"项目。

例 4-3 根据例 4-1 的有关资料，2020 年 12 月 31 日 A 公司在合并财务报表工作底稿中编制的抵销分录为

  借：股本   100 000

    盈余公积——本年   2 000

    未分配利润——年末   12 000

   贷：长期股权投资   114 000

由于 A 公司的"应收股利"项目余额 6 000 元为应向 B 公司收取的，即 B 公司的"应付股利"项目余额 6 000 元，站在企业集团的角度应予以抵销，编制的抵销分录如下：

  借：其他应付款——应付股利   6 000

   贷：其他应收款——应收股利   6 000

如果母公司对子公司长期股权投资数额与子公司所有者权益数额不一致，其差额作为商誉处理。在编制合并财务报表时，列示在合并资产负债表非流动资产项目中。

企业合并形成的商誉，每年年末应进行减值测试。由于商誉难以独立产生现金流量，因此，应结合与其相关的资产组或资产组组合进行减值测试。即在对包含商誉的相关资产组或者资产组组合进行减值测试时，如与商誉相关的资产组或者资产组组合存在减值迹象的，应当先对不包含商誉的资产组或者资产组组合进行减值测试，计算可收回金额，并与相关账面价值相比较，确认相应的减值损失。再对包含商誉的资产组或者资产组组合进行减值测试，比较这些相关资产组或者资产组组合的账面价值（包括所分摊的商誉的账面价值部分）与其可收回金额，如相关资产组或者资产组组合的可收回金额低于其账面价值的，应当确认商誉的减值损失。减值损失金额应当先抵减分摊至资产组或者资产组组合中商誉的账面价值，再根据资产组或者资产组组合中除商誉之外的其他各项资产的账面价值所占比重，按比例抵减其他各项资产的账面价值。

例 4-4 假设 A 公司 2020 年 1 月 1 日以银行存款 1 200 000 元购得 B 公司 100%的股权（该合并属于非同一控制下的企业合并）（除此之外，其他资料与例 4-2 相同），A 公司备查簿中记录的 B 公司 2020 年 1 月 1 日某项管理用固定资产的账面价值为 460 000 元，公允价值为 520 000 元；某项无形资产的账面价值为 100 000 元，公允价值为 140 000 元。

除表 4-1 所列项目外，B 公司其他资产的账面价值与公允价值相同。2020 年 1 月 1 日，B 公司账面净资产为 900 000 元，其中：实收资本为 800 000 元，资本公积为 50 000 元，盈余公积为 20 000 元，未分配利润为 30 000 元。2020 年 B 公司实现净利润 200 000 元，按净利润的 10%提取法定盈余公积，按净利润的 30%向投资者分派现金股利，当年形成的盈余公积为 20 000 元，未分配利润为 120 000 元。假设 A 公司与 B 公司的会计期间与会计政策一致，A 公司、B 公司所得税税率为 25%。

2020 年初并购时产生商誉 225 000 元（1 200 000 − 1 000 000 + 25 000）

按权益法调整，2020 年末 A 公司个别报表中长期股权投资的账面价值为
1 200 000 + 192 500 − 200 000 × 30% = 1 332 500（元）

根据例 4-2 的调整，B 公司 2020 年末资本公积为 125 000 元，盈余公积为 40 000 元，未分配利润为 142 500，股本不变。

借：实收资本　　　　　　　　　　　　　　　800 000
　　资本公积　　　　　　　　　　　　　　　125 000
　　盈余公积　　　　　　　　　　　　　　　 40 000
　　未分配利润　　　　　　　　　　　　　　142 500
　　商誉　　　　　　　　　　　　　　　　　225 000
　　贷：长期股权投资　　　　　　　　　　　　　　　1 332 500

2. 对子公司拥有部分股权

当纳入合并范围的子公司为非全资子公司时，应当将母公司对子公司的长期股权投资的数额与子公司所有者权益中属于母公司的数额抵销，将子公司所有者权益中属于少数股东的份额，作为"少数股东权益"项目处理。"少数股东权益"项目反映除母公司以外的其他投资者在子公司所有者权益中拥有的份额，应在合并资产负债表中所有者权益项目下单独列示。在合并财务报表工作底稿中编制的抵销分录为，借记"股本（或实收资本）""资本公积""盈余公积"和"未分配利润"项目，贷记"长期股权投资"和"少数股东权益"项目。

例 4-5　根据例 4-1 的有关资料，假定 A 公司 2020 年 1 月 1 日以 80 000 元投资设立非全资子公司 B 公司，拥有 B 公司 80%的权益性资本，B 公司 2020 年实现净利润 20 000 元，按净利润的 10%提取法定盈余公积，按净利润的 30%分配股利。

根据上例的资料，A 公司（母公司）"长期股权投资"和"投资收益"项目的余额变化情况如下（成本法核算）：

	长期股权投资——B 公司	投资收益
2020 年 1 月 1 日余额	80 000	0
加：2020 年 B 公司分派利润	0	4 800
2020 年 12 月 31 日余额	80 000	4 800

A 公司在编制 2020 年度合并财务报表时，应在其合并财务报表工作底稿中，将对 B 公司的长期股权投资从成本法调整为权益法。应编制的调整分录如下：

按权益法确认投资收益 16 000 元并增加长期股权投资的账面价值：

①借：长期股权投资 16 000
　　贷：投资收益 16 000

对B公司分派的股利调减长期股权投资4 800元：
②借：其他应收款——应收股利 4 800
　　贷：长期股权投资 4 800

抵销原成本法下确认的投资收益4 800元：
③借：投资收益 4 800
　　贷：其他应收款——应收股利 4 800

经过上述调整后，A公司编制2020年度合并财务报表前，"长期股权投资"项目的金额为91 200元（80 000 + 16 000 – 4 800），"投资收益"项目的金额为16 000元。少数股东权益为B公司少数股东所有的2020年末的股东权益总额，即114 000 × 20% = 22 800元。

在合并财务报表工作底稿中编制的抵销分录为

④借：股本 100 000
　　盈余公积 2 000
　　未分配利润 12 000
　　贷：长期股权投资 91 200
　　　　少数股东权益 22 800

⑤借：其他应付款——应付股利 4 800
　　贷：其他应收款——应收股利 4 800

当母公司对子公司长期股权投资数额与子公司所有者（股东）权益中母公司所拥有的数额不一致时，其差额作为商誉处理。

例4-6 根据例4-2有关资料 A公司编制2020年度合并财务报表前按权益法调整之后，"长期股权投资"项目的金额为1 306 000元，"投资收益"项目的金额为142 500元。2020年12月31日，B公司个别资产负债表中股东权益总额为1 107 500元，其中：实收资本为800 000元，资本公积为125 000元，盈余公积为40 000元，未分配利润为142 500元。并购时产生的商誉为420 000元，仍然不变。

在合并财务报表工作底稿中编制抵销分录为

借：股本 800 000
　　资本公积 125 000
　　盈余公积 40 000
　　未分配利润——年初 142 500
　　商誉 420 000
　　贷：长期股权投资 1 306 000
　　　　少数股东权益 221 500

对于子公司之间的相互投资，母公司应当比照上述做法，将长期股权投资项目的数额与相对应另一子公司所有者权益各有关项目中相应的数额相互抵销。

国际视野

非控制权益

国际会计准则理事会在 2011 年 5 月发布的《国际财务报告准则第 10 号——合并财务报表》中提出了非控制权益的概念,认为非控制权益是子公司的权益中没有直接或间接地归属于母公司的部分。该准则规定,母公司应在合并财务状况表的权益部分中列示非控制权益,并与母公司所有者的权益分开列示。当母公司在子公司中的所有者权益发生变化,但并不导致母公司丧失对子公司的控制时,母公司所有者权益的变动为权益交易(即以所有者身份与其他所有者发生的交易)。

国际会计准则理事会在《国际财务报告准则第 10 号——合并财务报表》应用指南中指出,主体应当将损益和其他综合收益的各个部分分配至母公司的所有者和非控制权益所有者。主体还应当将综合收益总额分配至母公司的所有者与非控制权益所有者,即使这将导致非控制权益出现账面赤字。如果非控制权益方持有的权益份额发生变动,主体应调整控制权益方与非控制权益方的账面价值,以反映它们在子公司中相对权益的变动。主体应在权益中直接确认予以调整的非控制权益金额与支付或收取的对价的公允价值之间的差额,并将这一差额分配至母公司的所有者。

(二)母公司投资收益和子公司期初未分配利润与子公司本期利润分配和期末未分配利润的抵销

母公司投资收益是指母公司对子公司或子公司对母公司或子公司相互之间的长期股权投资所取得的投资收益,在权益法下也就是子公司的净利润中母公司持所拥有的份额。

1. 对子公司拥有全部股权

在全资子公司的情况下,子公司本期的净利润就是母公司本期按权益法调整后的投资收益并已计入净利润之中。编制合并利润表时,实际上是将母公司的营业收入、营业成本及期间费用等利润表项目与子公司相应项目进行合并,即将子公司的净利润还原为合并利润表中的营业收入、营业成本及期间费用等。为了消除重复计入母公司净利润的子公司净利润,编制合并财务报表时,必须将母公司对子公司的投资收益予以抵销;子公司个别所有者权益变动表中的"年初未分配利润"项目是以前会计期间净利润的一部分,已经全额包含在母公司以前会计期间按权益法调整后的投资收益中,从而包括在本期的期初未分配利润中,因而,应将子公司"年初未分配利润"项目予以抵销。这样,母公司本期投资收益(即子公司净利润)和子公司期初未分配利润,构成了子公司本期全部可供分配的利润,构成了其利润分配的来源,而子公司对利润分配的结果表现为提取盈余公积、向所有者(股东)分配利润和形成年末未分配利润。因此,应将母公司对子公司按权益法调整后的投资收益和子公司期初未分配利润之和与子公司本年利润分配项目和年末未分配利润相抵销。应编制的抵销分录为:借记"投资收益""年初未分配利润"项目,贷记"提取盈余公积""向所有者(股东)分配利润"和"年末未分配利润"项目。

例 4-7 根据例 4-1 的有关资料，本期 A 公司从 B 公司获得的按权益法调整后的投资收益为 20 000 元，B 公司年初未分配利润为零，B 公司本年提取盈余公积为 2 000 元，向股东分配利润为 6 000 元，期末未分配利润为 12 000 元。

A 公司在合并财务报表工作底稿中编制的抵销分录为

借：投资收益　　　　　　　　　　　　　　　　　　　　　　　　20 000
　贷：提取盈余公积　　　　　　　　　　　　　　　　　　　　　　 2 000
　　　向股东分配利润　　　　　　　　　　　　　　　　　　　　　 6 000
　　　年末未分配利润　　　　　　　　　　　　　　　　　　　　　12 000

如果本例中 B 公司的年初未分配利润为 20 000 元，则子公司年末未分配利润为 32 000 元，应在合并财务报表工作底稿中编制的抵销分录为

借：投资收益　　　　　　　　　　　　　　　　　　　　　　　　20 000
　　年初未分配利润　　　　　　　　　　　　　　　　　　　　　 20 000
　贷：提取盈余公积　　　　　　　　　　　　　　　　　　　　　　 2 000
　　　向股东分配利润　　　　　　　　　　　　　　　　　　　　　 6 000
　　　年末未分配利润　　　　　　　　　　　　　　　　　　　　　32 000

2. 对子公司拥有部分股权

在子公司为非全资子公司的情况下，子公司本期的净利润分别属于母公司和少数股东所有。属于母公司的部分表现为母公司本期按权益法调整后的投资收益，并已计入净利润之中；属于少数股东的部分，则称为"少数股东损益"。母公司本期投资收益、少数股东损益和子公司年初未分配利润，构成了子公司本期可供分配的利润，子公司对可供分配利润的分配，表现为提取盈余公积、向所有者（或股东）分配利润和形成年末未分配利润。因此，需要抵销的母公司投资收益、少数股东损益、子公司年初未分配利润，与子公司本期利润分配的各项目和期末未分配利润的数额是相对应并相等的。应编制的抵销分录为：借记"投资收益""少数股东损益""年初未分配利润"项目，贷记"提取盈余公积""向所有者（或股东）分配利润"和"年末未分配利润"项目；"少数股东损益"项目应当在合并利润表中"净利润"项目之后单独列示。

例 4-8 根据例 4-5 的有关资料，在合并财务报表工作底稿中编制的抵销分录为

⑥借：投资收益　　　　　　　　　　　　　　　　　　　　　　　 16 000
　　　少数股东损益　　　　　　　　　　　　　　　　　　　　　　 4 000
　　贷：提取盈余公积　　　　　　　　　　　　　　　　　　　　　 2 000
　　　　向股东分配利润　　　　　　　　　　　　　　　　　　　　 6 000
　　　　年末未分配利润　　　　　　　　　　　　　　　　　　　　12 000

如果本例中 B 公司的期初未分配利润为 20 000 元，则子公司年末未分配利润为 32 000 元，应在合并财务报表工作底稿中编制的抵销分录为

借：投资收益　　　　　　　　　　　　　　　　　　　　　　　　16 000
　　年初未分配利润　　　　　　　　　　　　　　　　　　　　　 20 000
　　少数股东损益　　　　　　　　　　　　　　　　　　　　　　　 4 000

贷：提取盈余公积	2 000
向股东分配利润	6 000
年末未分配利润	32 000

例 4-9 根据例 4-2、例 4-6 的有关资料，A 公司 2020 年 12 月 31 日按权益法调整后的投资收益为 154 000 元，B 公司个别资产表中股东权益总额为 1 107 500 元，其中：股本为 800 000 元，资本公积为 125 000 元，盈余公积为 40 000 元，未分配利润为 142 500 元。

在合并财务报表工作底稿中编制的抵销分录为

借：投资收益	154 000
年初未分配利润	30 000
少数股东损益	38 500（192 500×20%）
贷：提取盈余公积	20 000
向股东分配利润	60 000
年末未分配利润	142 500

A 公司对 B 公司拥有 80%股权的情况下，将上述①至⑥笔抵销分录过入表 4-2 的工作底稿，计算出合并数。A 公司合并财务报表工作底稿如表 4-2。

表 4-2　A 公司合并财务报表工作底稿

2020 年 12 月 31 日　　　　　　　　　　　　　单位：元

	A 公司报表金额	B 公司报表金额	合计金额	调整金额 借方	调整金额 贷方	抵销金额 借方	抵销金额 贷方	少数股东权益	合并金额
资产负债表项目									
流动资产									
货币资金	45 000	15 000	60 000						60 000
交易性金融资产									
应收票据	40 000	10 000	50 000						50 000
应收账款	22 500	9 000	31 500						31 500
预付款项		30 000	300 000						30 000
其他应收款（应收股利）	4 800		4 800	4 800	4 800		4 800		0
存货	249 000	20 000	269 000						269 000
合同资产									
持有待售资产									
其他流动资产									
流动资产合计	361 300	84 000	445 300				4 800		440 500
非流动资产									
债权投资									
其他债权投资		30 000	30 000						30 000
长期应收款									
长期股权投资	240 000		240 000	16 000	4 800		91 200		160 000
其中：对 B 公司的投资	800 00		80 000						
其他权益工具投资									
固定资产	70 000	44 000	114 000						114 000
使用权资产									
无形资产		10 000	10 000						10 000

续表

	A公司 报表金额	B公司 报表金额	合计金额	调整金额		抵销金额		少数股东权益	合并金额
				借方	贷方	借方	贷方		
商誉									
递延所得税资产									
其他非流动资产									
非流动资产合计	**310 000**	**84 000**	**394 000**	**16 000**	**4 800**		**91 200**		**314 000**
资产总计	**671 300**	**168 000**	**839 300**	**16 000**	**4 800**		**96 000**		**754 500**
流动负债									
短期借款									
交易性金融负债									
应付票据	5 000	5 000	10 000						10 000
应付账款	10 000	10 000	20 000						20 000
预收款项	30 000		30 000						30 000
合同负债									
应付职工薪酬	2 500	1 500	4 000						4 000
应交税费	18 830	10 000	28 830						28 830
其他应付款（应付股利）	28 920	6 000	34 920			4 800			30 120
持有待售负债									
其他流动负债									
流动负债合计	**95 250**	**32 500**	**127 750**			**4 800**			**122 950**
非流动负债									
长期借款	170 000	21 500	191 500						191 500
应付债券	60 000		60 000						60 000
租赁负债									
长期应付款									
预计负债									
递延所得税负债									
其他非流动负债									
非流动负债合计	**230 000**	**215 00**	**251 500**						**251 500**
负债合计	**325 250**	**54 000**	**379 250**			**4 800**			**374 450**
股东权益									
股本	250 000	100 000	350 000			100 000			250 000
其他权益工具									
资本公积	27 200		27 200						27 200
其他综合收益									
盈余公积	15 000	2 000	17 000			2 000			15 000
未分配利润	53 850	12 000	65 850	4 800	20 000	32 000	20 000	4 000	65 050
归属于母公司的股东权益合计	**346 050**	**114 000**	**460 050**	**4 800**	**16 000**	**134 000**	**20 000**	**4 000**	**357 250**
少数股东权益								22 800	22 800
股东权益合计									**380 050**
负债和股东权益合计	**671 300**	**168 000**	**839 300**	**4 800**	**16 000**	**138 800**	**20 000**	**22 800**	**754 500**
利润表									
一、营业收入	170 000	131 000	301 000						301 000

续表

	A公司报表金额	B公司报表金额	合计金额	调整金额 借方	调整金额 贷方	抵销金额 借方	抵销金额 贷方	少数股东权益	合并金额
减：营业成本	100 000	65 000	165 000						165 000
税金及附加	2 500	2 000	4 500						4 500
销售费用	4 000	9 000	13 000						13 000
管理费用	1 500	11 000	12 500						12 500
研发费用									
财务费用	2 500	1 000	3 500						3 500
资产减值损失	5 000	6 000	11 000						11 000
信用减值损失									
加：其他收益									
投资收益	24 800	1 500	26 300	4 800	16 000	16 000			21 500
汇兑收益									
净敞口套期收益									
公允价值变动收益									
资产处置收益									
二、营业利润	**79 300**	**38 500**	**117 800**	**4 800**	**16 000**	**16 000**			**113 000**
加：营业外收入	20 500	1 000	21 500						21 500
减：营业外支出	12 500	10 000	22 500						22 500
三、利润总额	**87 300**	**29 500**	**116 800**	**4 800**	**16 000**	**16 000**			**112 000**
减：所得税	15 000	9 500	24 500						24 500
四、净利润	**72 300**	**20 000**	**92 300**	**4 800**	**16 000**	**16 000**			**87 500**
（一）持续经营净利润									
（二）终止经营净利润									
少数股东损益							4 000		4 000
归属于母公司股东损益									83 500
五、其他综合收益的税后净额									
以后不能重分类进损益的其他综合收益									
以后将重分类进损益的其他综合收益									
六、综合收益总额	**72 300**	**20 000**	**92 300**	**4 800**	**16 000**	**16 000**			**87 500**
归属于母公司所有者的综合收益总额									83 500
归属于少数股东的综合收益总额									4 000
股东权益变动表项目									
一、年初未分配利润	17 700	0	17 700						17 700
二、本年增减变动金额									
其中：利润分配									
1.提取盈余公积	7 230	2 000	9 230				2 000		7 230
2.对股东的分配	28 920	6 000	34 920				6 000		28 920
三、年末未分配利润	53 850	12 000	65 850	4 800	20 000	32 000	20 000	4 000	65 050

说明：①资产负债表中"未分配利润"项目的调整数和抵销数来自股东权益变动表中"年末未分配利润"项目的调整数和抵销数的合计数；②股东权益变动表中"年末未分配利润"项目的抵销数的合计数既包括其自身的抵销数也包括利润表和股东权益变动表中的抵销数的合计数；③资产负债表中"负债和股东权益"项目少数股东权益的数字为少数股东权益减去少数股东损益，即 18 800 元 = 22 800 元 - 4 000 元。

根据合并财务报表工作底稿中的合并数编制合并资产负债表、合并利润表和合并所有者权益变动表如表 4-3、表 4-4、表 4-5 所示。

表 4-3 合并资产负债表

编制单位：A 公司　　　　　　　　2020 年 12 月 31 日　　　　　　　　　　　　单位：元

资产	年末余额	上年末余额（略）	负债和股东权益	年末余额	上年末余额（略）
流动资产：			**流动负债：**		
货币资金	60 000		短期借款		
交易性金融资产			交易性金融负债		
应收票据	50 000		应付票据	10 000	
应收账款	31 500		应付账款	20 000	
预付款项	30 000		预收款项	30 000	
其他应收款			合同负债		
存货	269 000		应付职工薪酬	4 000	
合同资产			应交税费	28 830	
持有待售资产			其他应付款	30 120	
其他流动资产			持有待售负债		
流动资产合计	440 500		其他流动负债		
非流动资产：			**流动负债合计**	122 950	
债权投资			**非流动负债：**		
其他债权投资	30 000		长期借款	191 500	
长期应收款			应付债券	60 000	
长期股权投资	160 000		租赁负债		
其他权益工具投资			长期应付款		
固定资产	114 000		预计负债		
使用权资产			递延所得税负债		
无形资产	10 000		其他非流动负债		
商誉			**非流动负债合计**	251 500	
递延所得税资产			**负债合计**	374 450	
其他非流动资产			**股东权益**		
非流动资产合计	314 000		股本	250 000	
			其他权益工具		
			资本公积	27 200	
			其他综合收益		
			盈余公积	15 000	
			未分配利润	65 050	
			归属于母公司的股东权益	357 250	
			少数股东权益	22 800	
			股东权益合计	380 050	
资产总计	754 500		**负债和股东权益合计**	754 500	

表 4-4　合并利润表

编制单位：A 公司　　　　　　　　　　2020 年 12 月　　　　　　　　　　单位：元

项目	本年金额	上年金额（略）
一、营业收入	301 000	
减：营业成本	165 000	
税金及附加	4 500	
销售费用	13 000	
管理费用	12 500	
研发费用		
财务费用	3 500	
资产减值损失	11 000	
信用减值损失		
加：其他收益		
投资收益	21 500	
汇兑收益		
净敞口套期收益		
公允价值变动收益		
资产处置收益		
二、营业利润	113 000	
加：营业外收入	21 500	
减：营业外支出	22 500	
三、利润总额	112 000	
减：所得税	24 500	
四、净利润	87 500	
（一）持续经营净利润		
（二）终止经营净利润		
少数股东损益	4 000	
归属于母公司的股东损益	83 500	
五、其他综合收益的税后净额		
以后不能重分类进损益的其他综合收益		
以后将重分类进损益的其他综合收益		
六、综合收益总额	87 500	
归属于母公司的所有者的综合收益总额	83 500	
归属于少数股东的综合收益总额	4 000	

表 4-5　合并所有者权益变动表

编制单位：A 公司　　　　　　　　　　　　　2020 年度　　　　　　　　　　　　　　单位：元

项目	本年金额									上年金额（略）
	归属于母公司股东权益							少数股东权益	股东权益合计	
	股本	其他权益工具	资本公积	其他综合收益	盈余公积	未分配利润	小计			
一、上年年末余额	250 000		27 200		7 770	17 700	302 670		302 670	
加：会计政策变更										
前期差错调整										
其他										
二、本年年初余额	250 000		27 200		7 770	17 700	302 670	20 000	322 670	
三、本年增减变动余额				7 230	47 350	54 580	2 800	57 380		
（一）综合收益总额						83 500	83 500	4 000	87 500	
（二）股东投入和减少资本										
（三）利润分配					7 230	−36 150	−28 920	−1 200	−30 120	
1.提取盈余公积					7 230	−7 230				
2.对股东的分配						−28 920	−28 920	−1 200	−30 120	
3.其他										
（四）股东权益的内部结转										
四、本年年末余额	250 000		27 200		15 000	65 050	357 250	22 800	380 050	

四、合并现金流量表的编制

合并现金流量表是综合反映母公司及子公司形成的企业集团在一定会计期间现金流入、现金流出及增减变动情况的会计报表。合并现金流量表的编制原理与个别现金流量表是一致的。从理论上说，合并现金流量表的编制方法有两种：一种是以合并资产负债表和合并利润表为基础，采用与编制个别现金流量表相同的方法编制合并现金流量表；另一种则是以母公司和纳入合并范围的子公司的个别现金流量表为基础，采用与编制合并资产负债表、合并利润表及合并所有者权益变动表相同的编制原理、编制方法和编制程序来编制合并现金流量表。即首先编制合并财务报表工作底稿，将母公司和子公司个别现金流量表各项目的金额过入合并财务报表工作底稿；其次，根据当期母公司与子公司以及子公司相互之间发生的影响其现金流量增减变动的经济业务，编制抵销分录，将个别现金流量表重复反映的现金流入量和现金流出量予以抵销；最后，计算出合并财务报表工作底稿中各现金流量表项目的合并数，并填列在合并现金流量表中。下面，本书采用第二种方法具体介绍现金流量表的编制。

（一）合并现金流量表正表的编制方法

合并现金流量表正表的格式和内容与个别现金流量表基本相同，分为经营活动产生的现金流量、投资活动产生的现金流量、筹资活动产生的现金流量和现金及现金等价物增加额。在合并现金流量表正表的编制中,需要将母公司与子公司以及子公司相互之间当期发生的各类交易或事项对现金流量的影响予以消除。

1. 母公司与子公司以及子公司相互之间投资所产生的现金流量的抵销

企业集团内部母公司与对子公司或子公司相互之间以现金进行投资表现为母公司个别现金流量表中投资活动现金流出;子公司接受这一投资时,表现为子公司个别现金流量表中筹资活动现金流入。从集团角度看,投资方现金流量表中投资所支付的现金与接受投资方现金流量表中吸收投资所收到的现金都属于集团内部现金的划转,不影响企业集团现金流量的增加变动。因此,在编制合并现金流量表时,应将投资方取得子公司及其他营业单位支付的现金净额项目与接受投资方吸收投资所收到的现金项目相互抵销。

例 4-10 根据例 4-5 的有关资料,A 公司 2014 年 1 月 1 日以货币资金 80 000 元对 B 公司投资,取得其 80%的股权。应编制的抵销分录如下:

⑦借:取得子公司及其他营业单位支付的现金净额　　　　　　　　80 000
　　贷:吸收投资收到的现金　　　　　　　　　　　　　　　　　　　　80 000

2. 母公司与子公司以及子公司相互之间取得投资收益收到的现金与分派股利或偿付利息支付的现金的抵销

企业集团内部母公司对子公司或子公司相互之间以现金进行长期股权投资或债权投资,在投资持有期间收到接受投资方分派的现金股利或债券利息,在投资方个别现金流量表中作为取得投资收益收到的现金列示;接受投资方分派的现金股利或债券利息在其个别现金流量表中作为分配股利、利润或偿付利息所支付的现金列示。从集团角度看,投资方取得投资收益收到的现金与被投资方分配股利、利润或偿付利息所支付的现金同属集团内部分配事项所产生的现金划转,不会引起企业集团现金流量的变化,因此,在编制合并现金流量表时,应将二者相互抵销。

例 4-11 根据例 4-5 的有关资料,A 公司 2020 年 1 月 1 日以货币资金 80 000 元对 B 公司投资,取得其 80%的股权。B 公司的实收资本为 100 000 元,2020 年 B 公司实现净利润 20 000 元,按净利润的 30%向股东分派现金股利。假设 B 公司年内以银行存款支付现金股利。应编制的抵销分录如下:

⑧借:分配股利、利润或偿付利息支付的现金　　　　　　　　　　4 800
　　贷:取得投资收益所收到的现金　　　　　　　　　　　　　　　　　4 800

3. 母公司与子公司及子公司相互之间当期销售商品所产生的现金流量的抵销

母公司与子公司及子公司相互之间当期销售商品,在销售方的个别现金流量表中作为销售商品、提供劳务收到的现金列示;在购进方的个别现金流量表中作为购买商品、接受劳务支付的现金列示。从企业集团角度看,上述现金流转不会引起企业集团现金流量的增减变动。因此,在编制合并现金流量表时,应将销售方销售商品、提供劳务收到的现金项目和购买方购买商品、接受劳务支付的现金项目进行抵销。应编制的抵销分录如下:

借:购买商品、接受劳务支付的现金
　　贷:销售商品、提供劳务收到的现金

4. 母公司与子公司及子公司相互之间以现金结算债权与债务所产生的现金流量的抵销

母公司与子公司及子公司相互之间以现金结算应收账款、应付账款等债权与债务，在债权人个别现金流量表中作为销售商品提供劳务收到的现金列示；在债务人个别现金流量表中作为购买商品接受的现金列示。从企业集团的角度看，该现金结算尽管对个别现金流量表产生了影响，但仅仅属于集团内部往来事项所产生的现金划转，不会引起企业集团现金流量的增减变动。因此，在编制合并现金流量表时，应将债权人销售商品、提供劳务收到的现金项目与债务人购买商品、接受劳务支付的现金项目之间相互抵销。应编制的抵销分录如下：

借：购买商品、接受劳务支付的现金
　　贷：销售商品、提供劳务收到的现金

如果现金往来使母公司与子公司及子公司相互之间其他应收款和其他应付款增加或减少，应将收到的其他与经营活动有关的现金项目与支付的其他与经营活动有关的现金项目之间相互抵销。应编制的抵销分录如下：

借：支付的其他与经营活动有关的现金
　　贷：收到的其他与经营活动有关的现金

5. 母公司与子公司及子公司相互之间与固定资产等长期资产购建和处置有关的现金流量的抵销

母公司与子公司及子公司相互之间当期销售商品形成固定资产、工程物资等长期资产，在销售方的个别现金流量表中作为销售商品、提供劳务收到的现金列示；在购进方的个别现金流量表中作为购建固定资产、无形资产和其他长期资产所支付的现金列示。从企业集团角度看，上述现金流转对企业集团现金流量的增减变动不产生影响。因此，在编制合并现金流量表时，应将销售方销售商品、提供劳务收到的现金项目和购买方购建固定资产、无形资产和其他长期资产所支付的现金项目进行抵销。应编制的抵销分录如下：

借：购建固定资产、无形资产和其他长期资产支付的现金
　　贷：销售商品、提供劳务收到的现金

母公司与子公司及子公司相互之间当期处置固定资产、无形资产和其他长期资产，在处置方的个别现金流量表中作为处置固定资产、无形资产和其他长期资产所收到的现金列示；在购进方的个别现金流量表中作为购建固定资产、无形资产和其他长期资产所支付的现金列示。从企业集团角度看，上述现金流转对企业集团现金流量不产生影响。因此，在编制合并现金流量表时，应将处置方处置固定资产、无形资产和其他长期资产所收回的现金项目与购买方购建固定资产、无形资产和其他长期资产所支付的现金项目之间相互抵销。应编制的抵销分录如下：

借：购建固定资产、无形资产和其他长期资产支付的现金
　　贷：处置固定资产、无形资产和其他长期资产收回的现金净额

母公司与子公司及子公司相互之间当期发生的其他交易所产生的现金流量应按照上述原则抵销。

6. 母公司与子公司及子公司相互之间与债券投资有关的现金流量的抵销

母公司与子公司及子公司相互之间的债券投资，在债券投资方的个别现金流量表中作为投资支付的现金列示；在债券发行方的个别现金流量表中作为吸收投资收到的现金列示。从企业集团角度看，上述现金流转对企业集团现金流量不产生影响。因此，在编制合并现金流量表时，应将债券投资方投资支付的现金项目、债券发行方的个别现金流量表中作为吸收投资收到的现金项目相互抵销。应编制的抵销分录如下：

借：投资支付的现金
　　贷：吸收投资收到的现金

将上述⑦至⑧抵销分录过入表 4-2 合并财务报表工作底稿中并根据表 4-2 合并财务报表工作底稿中现金流量表部分的合并数，应编制 A 公司合并现金流量表工作底稿如表 4-6 所示。

（二）合并现金流量表补充资料的编制方法

合并现金流量表的补充资料，可以采取两种方法：其一是以母公司和所有子公司的个别现金流量表为基础，在抵销母公司与子公司和子公司相互之间发生的内部交易对合并现金流量的影响后进行编制；其二是直接根据合并资产负债表和合并利润表进行编制。我国会计实务中采用了第二种方法。

（三）与少数股东有关的特殊项目的列示

与个别现金流量表相比，编制合并现金流量表的一个特殊问题是，在纳入合并范围的子公司为非全资子公司的情况下，涉及子公司与其少数股东之间的现金流入与现金流出的处理问题。从企业集团整体来看，子公司与少数股东之间发生的现金流入与现金流出，必然影响到其整体的现金流入和现金流出数量的增减变动，所以应该在合并现金流量表中予以反映。子公司与少数股东之间发生的影响现金流入与现金流出的经济业务主要包括：少数股东增加对子公司的权益性投资；少数股东依法从子公司中抽回权益性投资；子公司向其少数股东发放现金股利等。为了便于母公司股东及其债权人等投资者了解掌握其现金流量的情况，则有必要将子公司与其少数股东之间的现金流入和现金流出的情况单独予以反映。

第一，对于少数股东增加在子公司的权益性投资，应当在合并现金流量表中"筹资活动产生的现金流量"之下的"吸收投资所收到的现金"项目之后单列"子公司吸收少数股东投资所收到的现金"项目予以反映。

第二，对于子公司的少数股东依法抽回其在子公司的权益性投资，应当在合并现金流量表中"筹资活动产生的现金流量"之下的"支付的其他与筹资活动有关的现金"项目反映。

第三，对于子公司向少数股东支付的现金股利，应当在合并现金流量表中"筹资活动产生的现金流量"之下的"分配股利、利润或偿付利息所支付的现金"项目之下单列"子公司支付给少数股东的股利、利润"项目反映。

第四，对于少数股东损益，应当在合并现金流量表补充资料部分中"经营活动产生的现金流量"之下的"计提的资产减值准备"项目之前单列"少数股东损益"项目反映。

（四）合并现金流量表工作底稿

合并现金流量表工作底稿可以与合并资产负债表、合并利润表及合并所有者（股东）权益变动表一同编制，也可以单独编制。

表4-6 A公司合并现金流量表工作底稿

单位：元

项目	A公司报表金额	B公司报表金额	合计金额	抵销分录 借方	抵销分录 贷方	合并金额
经营活动产生的现金流量：						
销售商品、提供劳务收到的现金	162 500	106 000	268 500			268 500
收到的税费返还						
收到的其他与经营活动有关的现金	1 000	0	1 000			1 000
经营活动现金流入小计	163 500	106 000	269 500			269 500
购买商品、接受劳务支付的现金	90 000	96 000	186 000			186 000
支付给职工以及为职工支付的现金	29 000	13 000	42 000			42 000
支付的各项税费	20 000	10 000	30 000			30 000
支付的其他与经营活动有关的现金	8 000		8 000			8 000
经营活动现金流出小计	147 000	119 000	266 000			266 000
经营活动产生的现金流量净额	16 500	−13 000	3 500			3 500
投资活动产生的现金流量：						0
收回投资收到的现金						0
取得投资收益收到的现金	4 800		4 800		4 800	0
处置固定资产、无形资产和其他长期资产收回的现金净额	10 000		10 000			10 000
收到的其他与投资活动有关的现金						
投资活动现金流入小计	14 800		14 800		4 800	10 000
购建固定资产、无形资产和其他长期资产支付的现金	30 000	68 500	98 500			98 500
投资支付的现金		30 000	30 000			30 000
取得子公司及其他营业单位支付的现金净额	80 000		80 000	80 000		0
支付的其他与投资活动有关的现金	14 800		14 800			14 800
投资活动现金流出小计	124 800	98 500	223 300	80 000		143 300
投资活动产生的现金流量净额	−110 000	−98 500	−208 500	80 000	4 800	−133 300
筹资活动产生的现金流量：						
吸收投资收到的现金	60 000	100 000	160 000		80 000	80 000
取得借款收到的现金	100 000	60 000	160 000			160 000
收到的其他与筹资活动有关的现金						
筹资活动现金流入小计	160 000	160 000	320 000		80 000	240 000
偿还债务支付的现金		28 500	28 500			28 500
分配股利、利润或偿付利息支付的现金	25 000	6 000	31 000	4 800		26 200
其中：子公司支付给少数股东的股利或利润		1 200	1 200			1 200
支付的其他与筹资活动有关的现金	16 500		16 500			16 500
筹资活动现金流出小计	41 500	34 500	76 000	4 800		71 200
筹资活动产生的现金流量净额	118 500	125 500	244 000	4 800	80 000	168 800
现金及现金等价物净增加额	25 000	14 000	39 000			39 000
年初现金及现金等价物余额	20 000	1 000	21 000			21 000
年末现金及现金等价物余额	45 000	15 000	60 000			60 000

（五）合并现金流量表的基本格式

根据表 4-6 的 A 公司合并现金流量表工作底稿，可以编制合并现金流量表（简表），其参考格式如表 4-7 所示。

表 4-7　合并现金流量表（简表）

编制单位：A 公司　　　　　　　　2020 年 12 月　　　　　　　　　　　　　单位：元

项目	本年金额	上年金额（略）
一、经营活动产生的现金流量		
销售商品、提供劳务收到的现金	268 500	
收到的税费返还		
收到的其他与经营活动有关的现金	1 000	
经营活动现金流入小计	**269 500**	
购买商品、接受劳务支付的现金	186 000	
支付给职工以及为职工支付的现金	42 000	
支付的各项税费	30 000	
支付的其他与经营活动有关的现金	8 000	
经营活动现金流出小计	**266 000**	
经营活动产生的现金流量净额	**3 500**	
二、投资活动产生的现金流量		
收回投资收到的现金		
取得投资收益收到的现金		
处置固定资产、无形资产和其他长期资产收回的现金净额	10 000	
处置子公司及其他营业单位收到的现金净额		
收到的其他与投资活动有关的现金		
投资活动现金流入小计	**10 000**	
购建固定资产、无形资产和其他长期资产支付的现金	98 500	
投资支付的现金	30 000	
取得子公司及其他营业单位支付的现金净额		
支付的其他与投资活动有关的现金	14 800	
投资活动现金流出小计	**143 300**	
投资活动产生的现金流量净额	**−133 300**	
三、筹资活动产生的现金流量		
吸收投资收到的现金	80 000	
其中：子公司吸收少数股东投资收到的现金		
取得借款收到的现金	160 000	
收到的其他与筹资活动有关的现金		
筹资活动现金流入小计	**240 000**	
偿还债务支付的现金	28 500	
分配股利、利润或偿付利息支付的现金	26 200	
其中：子公司支付给少数股东的股利或利润	1 200	
支付的其他与筹资活动有关的现金	16 500	
筹资活动现金流出小计	**71 200**	
筹资活动产生的现金流量净额	**168 800**	
四、汇率变动对现金及现金等价物的影响		
五、现金及现金等价物净增加额	**39 000**	
加：年初现金及现金等价物余额	21 000	
六、年末现金及现金等价物余额	**60 000**	

注：（补充资料：略）

第二节　控制权取得日后连续各期合并财务报表的编制

在首期编制合并财务报表时，已经将企业集团内部由于股权投资产生的母公司长期投资与子公司所有者权益、母公司投资收益与子公司利润分配项目以及母子公司之间的内部交易事项等进行了抵销，但是，这种抵销仅仅是在合并财务报表工作底稿中进行的，并没有登记在企业集团母公司及各子公司的账簿之中。因而，这些企业在以后年度仍然是以没有反映抵销情况的账簿记录为依据编制个别财务报表的，而合并财务报表仍要根据这些个别财务报表编制，所以，在第二期以及以后各期连续编制合并财务报表时，就不仅要考虑本年度企业集团内部新发生的股权投资事项、本年度利润分配及内部交易事项等对个别财务报表的影响，还要考虑以前年度企业集团内部交易或事项对个别财务报表所产生的影响。

一、母公司对子公司长期股权投资项目与子公司所有者权益项目的抵销

（一）对子公司拥有全部股权

连续各期编制合并财务报表的情况下，在编制抵销分录时需要处理两个问题，一是对当期事项的抵销；二是对以前年度事项的抵销。

在连续各期编制合并财务报表时，仍然需要以当年母公司及所属子公司的个别财务报表为基础，将母公司对子公司的长期股权投资项目与子公司的所有者权益项目全额予以抵销。

例 4-12 根据例 4-1 的有关资料，假设 2021 年 B 公司当年实现利润 40 000 元，按净利润的 10%提取法定盈余公积，按净利润的 30%向投资者分配利润。

成本法下，A 公司对 B 公司分派的股利应编制的会计分录为

借：其他应收款——应收股利　　　　　　　　　　　　　　　12 000
　　贷：投资收益　　　　　　　　　　　　　　　　　　　　　　　　12 000

在成本法下 A 公司个别财务报表中"长期股权投资"项目的金额为 100 000 元，"投资收益"项目的金额为 12 000 元；在编制 2021 年度合并财务报表时，应在其合并财务报表工作底稿中，将对 B 公司的长期股权投资从成本法调整为权益法。应编制的调整分录如下：

按权益法调整 2020 年 B 公司实现的净利润对 A 公司 2021 年年初长期股权投资的影响，同时增加合并报表中的未分配利润：

借：长期股权投资——B 公司　　　　　　　　　　　　　　　14 000
　　贷：年初未分配利润　　　　　　　　　　　　　　　　　　　　　14 000

按权益法确认投资收益 40 000 元并增加长期股权投资的账面价值：

借：长期股权投资　　　　　　　　　　　　　　　　　　　　40 000
　　贷：投资收益　　　　　　　　　　　　　　　　　　　　　　　　40 000

对 B 公司分派的股利调减长期股权投资 12 000 元：

借：其他应收款——应收股利 12 000
　　贷：长期股权投资 12 000

抵销原成本法下确认的投资收益12 000元：

借：投资收益 12 000
　　贷：其他应收款——应收股利 12 000

经过上述调整后，A公司编制2021年度合并财务报表前，"长期股权投资"项目的金额为142 000元，"投资收益"项目的金额为40 000元。

在合并财务报表工作底稿中编制的抵销分录为

借：实收资本 100 000
　　盈余公积 6 000
　　未分配利润 36 000
　　贷：长期股权投资 142 000

（二）对子公司拥有部分股权

在连续各期编制合并财务报表时，仍然需要以合并当年母公司及所属子公司的个别财务报表为基础，将母公司对子公司按权益法调整后的长期股权投资项目与子公司的所有者权益项目中拥有的份额予以抵销，将子公司所有者权益中属于少数股东的份额，作为少数股东权益处理。编制的抵销分录为借记"股本""资本公积""盈余公积"和"未分配利润"项目，贷记"长期股权投资"和"少数股东权益"项目。

例4-13 根据例4-5的有关资料，假定A公司2020年1月1日对B公司投资80 000元，拥有乙公司80%的权益性资本。2020年年末A公司按权益法调整后"长期股权投资"金额为91 200元。2021年B公司实现利润40 000元，按净利润的10%提取法定盈余公积，按净利润的30%向投资者分配利润。

成本法下，A公司对B公司分派的股利应编制的会计分录为：

借：其他应收款——应收股利 9 600
　　贷：投资收益 9 600

在成本法下A公司2021年度个别财务报表中"长期股权投资"项目的金额为80 000元，"投资收益"项目的金额为9 600元；在编制2021年度合并财务报表时，应在其合并财务报表工作底稿中，将对B公司的长期股权投资从成本法调整为权益法。应编制的调整分录如下：

按权益法调整2021年B公司实现的净利润对A公司2020年年初长期股权投资的影响：

①借：长期股权投资——B公司 11 200
　　　贷：年初未分配利润 11 200

按权益法确认2021年投资收益32 000元，并增加长期股权投资的账面价值：

②借：长期股权投资 32 000
　　　贷：投资收益 32 000

对B公司分派的股利调减长期股权投资9 600元：

③借：其他应收款——应收股利　　　　　　　　　　　　　　9 600
　　　贷：长期股权投资　　　　　　　　　　　　　　　　　　9 600
抵销原成本法下确认的投资收益9 600元：
④借：投资收益　　　　　　　　　　　　　　　　　　　　　9 600
　　　贷：其他应收款——应收股利　　　　　　　　　　　　　9 600

经过上述调整后，A公司编制2021年度合并财务报表前，"长期股权投资"项目的金额为113 600元，"投资收益"项目的金额为32 000元。

在合并财务报表工作底稿中编制的抵销分录为

⑤借：股本　　　　　　　　　　　　　　　　　　　　　　100 000
　　　盈余公积　　　　　　　　　　　　　　　　　　　　　6 000
　　　年末未分配利润　　　　　　　　　　　　　　　　　　36 000
　　　贷：长期股权投资　　　　　　　　　　　　　　　　　113 600
　　　　　少数股东权益　　　　　　　　　　　　　　　　　28 400

假设本例中A公司在2020年1月1日投资10 000元取得B公司80%的权益性资本，则会形成20 000元的商誉。2021年12月31日A公司"长期股权投资"项目的金额为133 600元，20 000元的商誉保持不变。在合并财务报表工作底稿中应编制的抵销分录为

借：股本　　　　　　　　　　　　　　　　　　　　　　100 000
　　盈余公积　　　　　　　　　　　　　　　　　　　　　6 000
　　未分配利润　　　　　　　　　　　　　　　　　　　　36 000
　　商誉　　　　　　　　　　　　　　　　　　　　　　　20 000
　　贷：长期股权投资　　　　　　　　　　　　　　　　　133 600
　　　　少数股东权益　　　　　　　　　　　　　　　　　28 400

例4-14　根据例4-2的有关资料，2021年B公司实现净利润300 000元，按净利润的10%提取法定盈余公积，按净利润的30%向投资者分派现金股利，提取盈余公积为30 000元，向股东分派现金股利为90 000元。2021年12月31日，B公司个别资产负债表中股东权益总额为1 250 000元，其中：实收资本为80 0000元，资本公积为50 000元，盈余公积为70 000元，未分配利润为330 000元。

在合并财务报表工作底稿中可以编制调整分录，调整可辨认净资产公允价值大于账面价值的差额，同时，应确认递延所得税负债，即调增固定资产、无形资产的金额100 000元，并确认递延所得税负债25 000元，调整资本公积75 000元，以公允价值为基础调整后的资本公积为125 000元。调整分录如下：

借：固定资产　　　　　　　　　　　　　　　　　　　　60 000
　　无形资产　　　　　　　　　　　　　　　　　　　　40 000
　　贷：递延所得税负债　　　　　　　　　　　　　　　25 000
　　　　资本公积　　　　　　　　　　　　　　　　　　75 000

2020年年末，A公司调整长期股权106 000元，经调整的长期股权投资为1 306 000元，B公司以公允价值为基础的净利润为192 500元（调整过程详见例4-2），以公允价值为基础调整后的资本公积为125 000元，未分配利润为142 500元（30 000＋200 000＋

200 000×10% − 200 000×30% − 10 000 + 2 500）。

2021 年末，仍然需要对 B 公司以公允价值为基础的净利润进行调整，以公允价值为基础的净利润计算如下：

2021 年以账面价值为基础的净利润	300 000
− 应补提的固定资产折旧额（60 000÷10）	6 000
− 应补提的无形资产摊销（40 000÷10）	4 000
+ 递延所得税负债转回	2 500
A 公司权益法下应增加的长期股权投资（292 500×80%）	234 000
A 公司权益法下应减少的长期股权投资（300 000×30%×80%）	72 000
A 公司权益法下长期股权投资的净增加额	162 000

按权益法调整 2020 年 B 公司实现的净利润对 A 公司 2020 年初长期股权投资的影响：

借：长期股权投资——B 公司　　　　　106 000（192 500×80% − 48 000）
　　贷：年初未分配利润　　　　　　　106 000

调整 2020 年补提固定资产折旧和无形资产摊销对 A 公司 2021 年初相关项目的影响：

借：年初未分配利润　　　　　　　　　10 000
　　贷：固定资产——累计折旧　　　　6 000
　　　　无形资产——累计摊销　　　　4 000

调整因递延所得税负债的转回而对 B 公司 2021 年初相关项目的影响：

借：递延所得税负债　　　　　　　　　2 500
　　贷：年初未分配利润　　　　　　　2 500

补提 2021 年固定资产折旧和无形资产摊销：

借：管理费用　　　　　　　　　　　　10 000
　　贷：固定资产——累计折旧　　　　6 000
　　　　无形资产——累计摊销　　　　4 000

2021 年末，由于 B 公司合并日发生增值的固定资产应纳税暂性差异为 48 000 元（60 000 − 6 000 − 6 000），应确认递延所得税负债为 12 000 元（48 000×25%），合并日发生增值的无形资产应纳税暂性差异为 32 000 元（40 000 − 4 000 − 4 000），应确认递延所得税负债为 8 000 元（32 000×25%），2020 年末递延所得税负债 22 500 元，2021 年因递延所得税负债的转回而减少当期所得税费用 2 500 元（22 500 − 12 000 − 8 000）。在合并财务报表工作底稿中的调整分录如下：

借：递延所得税负债　　　　　　　　　2 500
　　贷：所得税费用　　　　　　　　　2 500

按权益法确认 2021 年投资收益 234 000 元并增加长期股权投资的账面价值：

借：长期股权投资　　　　　　　　　　234 000
　　贷：投资收益　　　　　　　　　　234 000

对 B 公司分派的股利调减长期股权投资 72 000 元：

借：其他应收款——应收股利　　　　　72 000
　　贷：长期股权投资　　　　　　　　72 000

抵销原成本法下确认的投资收益 72 000 元：
借：投资收益　　　　　　　　　　　　　　　　　　　72 000
　　贷：其他应收款——应收股利　　　　　　　　　　　　　　72 000

经过上述调整后，A 公司编制 2021 年度合并财务报表前，"长期股权投资"项目的金额为 1 468 000 元，年末未分配利润为 315 000 元（142 500 + 292 500 − 90 000 − 30 000）。并以此作为编制抵销分录的基础。

在合并财务报表工作底稿中应编制的抵销分录为
借：股本　　　　　　　　　　　　　　　　　　　　　800 000
　　资本公积　　　　　　　　　　　　　　　　　　　125 000
　　盈余公积　　　　　　　　　　　　　　　　　　　 70 000
　　年末未分配利润　　　　　　　　　　　　　　　　315 000
　　商誉　　　　　　　　　　　　　　　　　　　　　420 000
　　贷：长期股权投资　　　　　　　　　　　　　　　　 1 468 000
　　　　少数股东权益　　　　　　　　　　　　　　　　　262 000

二、母公司投资收益和子公司期初未分配利润与子公司本期利润分配和期末未分配利润的抵销

（一）对子公司拥有全部股权

在连续各期编制合并财务报表时，与首期编制一样，仍然需要以合并财务报表编制当期母公司及所属子公司的个别财务报表为基础，将母公司按权益法调整后的投资收益和子公司期初未分配利润与子公司本期利润分配和期末未分配利润予以抵销。

例 4-15　根据例 4-12 的有关资料，B 公司的期初未分配利润为 12 000 元，则子公司年末未分配利润为 36 000 元，在合并财务报表工作底稿中编制的抵销分录为
借：投资收益　　　　　　　　　　　　　　　　　　　40 000
　　年初未分配利润　　　　　　　　　　　　　　　　 12 000
　　贷：提取盈余公积　　　　　　　　　　　　　　　　　4 000
　　　　向所有者分配利润　　　　　　　　　　　　　　 12 000
　　　　年末未分配利润　　　　　　　　　　　　　　　 36 000

（二）对子公司拥有部分股权

在连续各期编制合并财务报表时，需要以合并报表编制当期母公司及所属子公司的个别财务报表为基础，将母公司按权益法调整后的投资收益、少数股东本期收益以及乙公司期初未分配利润与子公司对利润的分配及年末未分配利润进行抵销，将母公司的投资收益和少数股东本期收益还原为各种收入和成本费用支出。少数股东本期收益则应当在合并利润表中"净利润"项目下单独列示为"少数股东损益"项目。

例 4-16　根据例 4-13 的有关资料，假设 A 公司持有 B 公司 80%的股权，B 公司的期初未分配利润为 12 000 元，则子公司年末未分配利润为 36 000 元，在合并财务报表工作底稿中编制的抵销分录为

⑥借：投资收益　　　　　　　　　　　　　　　　　　　　　　　32 000
　　　少数股东损益　　　　　　　　　　　　　　　　　　　　　 8 000
　　　年初未分配利润　　　　　　　　　　　　　　　　　　　　12 000
　　　贷：提取盈余公积　　　　　　　　　　　　　　　　　　　 4 000
　　　　　向所有者分配利润　　　　　　　　　　　　　　　　　12 000
　　　　　年末未分配利润　　　　　　　　　　　　　　　　　　36 000
⑦借：其他应付款——应付股利　　　　　　　　　　　　　　　 9 600
　　　贷：其他应收款——应收股利　　　　　　　　　　　　　　 9 600

例 4-17　根据例 4-14 的有关资料，B 公司 2020 年以公允价值为基础的年初未分配利润为 142 500 元，在合并财务报表工作底稿中编制的抵销分录为

借：投资收益　　　　　　　　　　　　　　　　　　　　　　　234 000
　　少数股东损益　　　　　　　　　　　　　　　　　　　　　 58 500
　　年初未分配利润　　　　　　　　　　　　　　　　　　　　142 500
　　贷：提取盈余公积　　　　　　　　　　　　　　　　　　　 30 000
　　　　向股东分配利润　　　　　　　　　　　　　　　　　　 90 000
　　　　未分配利润——年末　　　　　　　　　　　　　　　　315 000

将上述①至⑦笔抵销分录过入表 4-8 的工作底稿，计算出合并数。合并财务报表工作底稿如表 4-8 所示。

表 4-8　合并财务报表工作底稿

编制单位：A 公司　　　　　　2021 年 12 月 31 日　　　　　　　　单位：元

	A 公司	B 公司	合计金额	调整金额		抵销金额		少数股东权益	合并金额
	报表金额	报表金额		借方	贷方	借方	贷方		
资产负债表项目									
流动资产：									
货币资金	80 000	30 000	110 000						110 000
交易性金融资产									
应收票据	60 000	20 000	80 000						80 000
应收账款	90 000	20 000	110 000						110 000
预付款项		20 000	20 000						20 000
其他应收款（应收股利）	29 600		29 600	9 600	9 600		9 600		20 000
存货	300 000	100 000	400 000						400 000
合同资产									
持有待售资产									
其他流动资产									
流动资产合计	**559 600**	**190 000**	**749 600**				9 600		**740 000**
非流动资产									
债权投资		30 000	30 000						30 000
其他债权投资	47 200	40 000	87 200						87 200
长期应收款									
长期股权投资	300 000		300 000	43 200	9 600		113 600		220 000
其中：对 B 公司的投资	80 000		80 000						

续表

	A公司 报表金额	B公司 报表金额	合计金额	调整金额		抵销金额		少数股东权益	合并金额
				借方	贷方	借方	贷方		
其他权益工具投资									
固定资产	100 000	80 000	180 000						180 000
使用权资产									
无形资产	30 000	20 000	50 000						50 000
商誉									
递延所得税资产									
其他非流动资产									
非流动资产合计	477 200	170 000	647 200	52 800	19 200		113 600		567 200
资产总计	1 036 800	360 000	1 396 800	52 800	19 200		123 200		1 307 200
流动负债									
短期借款									
交易性金融负债									
应付票据	20 000	30 000	50 000						50 000
应付账款	40 000	50 000	90 000						90 000
预收款项	73 120	40 000	113 120						113 120
合同负债									
应付职工薪酬	30 000	10 000	40 000						40 000
应交税费	58 030	10 000	68 030						68 030
其他应付款（应付股利）	26 880	12 000	38 880			9 600			29 280
持有待售负债									
其他流动负债									
流动负债合计	248 030	152 000	400 030			9 600			390 430
非流动负债									
长期借款	320 000	66 000	386 000						386 000
应付债券	60 000		60 000						60 000
租赁负债									
长期应付款									
预计负债									
递延所得税负债									
其他非流动负债									
非流动负债合计	380 000	66 000	446 000						446 000
负债合计	628 030	218 000	846 030			9 600			836 430
股东权益									
股本	250 000	100 000	350 000			100 000			250 000
其他权益工具									
资本公积	27 200		27 200						27 200
其他综合收益									
盈余公积	32 920	6 000	38 920			6 000			32 920
未分配利润	98 650	36 000	134 650	9 600	43 200	88 000	52 000		132 250
股东权益合计（归属于母公司股东）	408 770	142 000	550 770	9 600	43 200	194 000	52 000		442 370
少数股东权益								28 400	28 400
负债和股东权益合计	1 036 800	360 000	1 396 800	9 600	43 200	203 600	52 000	28 400	1 307 200

续表

	A公司报表金额	B公司报表金额	合计金额	调整金额 借方	调整金额 贷方	抵销金额 借方	抵销金额 贷方	少数股东权益	合并金额
利润表									
一、营业收入	500 000	200 000	700 000						700 000
减：营业成本	300 000	120 000	420 000						420 000
税金及附加	20 000	10 000	30 000						30 000
销售费用	30 000	12 000	42 000						42 000
管理费用	40 000	10 000	50 000						50 000
研发费用									
财务费用	30 000	5 000	35 000						35 000
资产减值损失	10 000	5 000	15 000						15 000
信用减值损失									
加：其他收益									
投资收益	39 600	1 500	41 100	9 600	32 000	32 000			31 500
汇兑收益									
净敞口套期收益									
公允价值变动收益									
资产处置收益									
二、营业利润	109 600	39 500	149 100	9 600	32 000	32 000			139 500
加：营业外收入	30 000	15 000	45 000						45 000
减：营业外支出	10 000	5 000	15 000						15 000
三、利润总额	129 600	49 500	179 100	9 600	32 000	32 000			169 500
减：所得税	40 000	9 500	49 500						49 500
四、净利润	89 600	40 000	129 600	9 600	32 000	32 000			120 000
（一）持续经营净利润									
（二）终止经营净利润									
少数股东损益							8 000		8 000
归属于母公司股东损益	89 600	40 000	129 600	9 600	32 000	40 000			83 500
五、其他综合收益的税后净额									
以后不能重分类进损益的其他综合收益									
以后将重分类进损益的其他综合收益									
六、综合收益总额	89 600	40 000	129 600	9 600	32 000	32 000			120 000
归属于母公司所有者的综合收益总额	89 600	40 000	129 600	9 600	32 000	40 000			112 000
归属于少数股东的综合收益总额									8 000
股东权益变动表项目									
一、年初未分配利润	53 850	12 000	65 850		11 200	12 000			65 050
二、本年增减变动金额	44 800	24 000	68 800						67 200
其中：利润分配									
1.提取盈余公积	17 920	4 000	21 920				4 000		17 920
2.对股东的分配	26 880	12 000	38 880				12 000		26 880
三、年末未分配利润	98 650	36 000	134 650	9 600	43 200	88 000	52 000		132 250

根据合并财务报表工作底稿中的合并数编制合并资产负债表、合并利润表和合并所有者权益变动表如表4-9~表4-11所示。

表 4-9　合并资产负债表

编制单位：A公司　　　　　2021年12月31日　　　　　　　　　　　　单位：元

资产	年末余额	上年末余额	负债和股东权益	年末余额	上年末余额
流动资产：			**流动负债：**		
货币资金	110 000	60 000	短期借款		
交易性金融资产			交易性金融负债		
应收票据	80 000	50 000	应付票据	50 000	10 000
应收账款	110 000	31 500	应付账款	90 000	20 000
预付款项	20 000	30 000	预收款项	113 120	30 000
其他应收款	20 000		合同负债		
存货	400 000	269 000	应付职工薪酬	40 000	4 000
合同资产			应交税费	68 030	28 830
持有待售资产			其他应付款	29 280	30 120
其他流动资产			持有待售负债		
流动资产合计	**740 000**	**440 500**	其他流动负债		
非流动资产：			**流动负债合计**	**390 430**	**122 950**
债权投资	30 000		**非流动负债：**		
其他债权投资	87 200	30 000	长期借款	386 000	191 500
长期应收款			应付债券	60 000	60 000
长期股权投资	220 000	160 000	租赁负债		
其他权益工具投资			长期应付款		
固定资产	180 000	114 000	预计负债		
使用权资产			递延所得税负债		
无形资产	50 000	10 000	其他非流动负债		
商誉			**非流动负债合计**	**446 000**	**251 500**
递延所得税资产			**负债合计**	**836 430**	**374 450**
其他非流动资产			**股东权益：**		
非流动资产合计	**567 200**	**314 000**	股本	250 000	250 000
			其他权益工具		
			资本公积	27 200	27 200
			其他综合收益		
			盈余公积	32 920	15 000
			未分配利润	132 250	65 050
			归属于母公司的股东权益	442 370	357 250
			少数股东权益	28 400	22 800
			股东权益合计	**470 770**	**380 050**
资产总计	**1 307 200**	**754 500**	**负债和股东权益合计**	**1 307 200**	**754 500**

表 4-10　合并利润表

编制单位：A 公司　　　　　　　　　　2021 年　　　　　　　　　　单位：元

项目	本年金额	上年金额
一、营业收入	700 000	301 000
减：营业成本	420 000	165 000
税金及附加	30 000	4 500
销售费用	42 000	13 000
管理费用	50 000	12 500
研发费用		
财务费用	35 000	3 500
资产减值损失	15 000	11 000
信用减值损失		
加：其他收益		
投资收益	31 500	21 500
汇兑收益		
净敞口套期收益		
公允价值变动收益		
资产处置收益		
二、营业利润	139 500	113 000
加：营业外收入	45 000	21 500
减：营业外支出	15 000	22 500
三、利润总额	169 500	112 000
减：所得税	49 500	24 500
四、净利润	120 000	87 500
（一）持续经营净利润		
（二）终止经营净利润		
少数股东损益	8 000	4 000
归属于母公司股东损益	83 500	83 500
五、其他综合收益的税后净额		
以后不能重分类进损益的其他综合收益		
以后将重分类进损益的其他综合收益		
六、综合收益总额	120 000	87 500
归属于母公司所有者的综合收益总额	112 000	83 500
归属于少数股东的综合收益总额	8 000	4 000

表 4-11　合并所有者权益变动表

编制单位：A公司　　　　　　　　　　2021年度　　　　　　　　　　单位：元

项目	本年金额									上年金额（略）
	归属于母公司所有者权益							少数股东权益	所有者权益合计	
	股本	其他权益工具	资本公积	其他综合收益	盈余公积	未分配利润	小计			
一、上年年末余额	250 000		27 200		15 000	65 050	357 250	22 800	380 050	
加：会计政策变更										
前期差错调整										
其他										
二、本年年初余额	250 000		27 200		15 000	65 050	357 250	22 800	380 050	
三、本年增减变动余额					17 920	67 200	85 120	5 600	90 720	
（一）综合收益总额						112 000	112 000	8 000	120 000	
（二）所有者投入和减少资本										
（三）利润分配					17 920	–44 800	–26 880	–2 400	–29 280	
1. 提取盈余公积					17 920	–17 920				
2. 对所有者（或股东）的分配						–26 880	–26 880	–2 400	–29 280	
3. 其他										
（四）所有者权益的内部结转										
四、本年年末余额	250 000		27 200		32 920	132 250	442 370	28 400	470 770	

 相关链接

IFRS 10 控制权判断的理论分析

未持有多数表决权时的控制权判断的现存差异

"权力"概念有"能力观"和"法律或合同权利观"之分。在能力观下，只要投资者拥有操控被投资者业务的"当前能力"，就被视为拥有权力。这种"当前能力"可能源自表决权、潜在表决权、合同赋予权力等，它不要求投资者有行使的主动性或是持续性。而在法律或合同权利观下，投资者只有在拥有不容置疑的法律或合同权利以操控被投资者业务时，才被视为拥有权力。IFRS 10 对于投资者未持有被投资单位半数以上表决权也可以拥有权力列举了："①投资者和其他表决权持有人之间的合同安排；②源自其他合同安排的权利；③投资者的表决权；④潜在表决权；⑤上述的综合。"其中第③点是指对于拥有少于半数表决权的投资者，如果拥有单方面操控相关业务的实际能力，那么就拥有足以赋予其权力的权利。具体判断时，如果当投资者拥有比其他各方明显更多的表决权，并且其他各方持有的股权是非常分散的，那么投资者的表决权足以赋予其控制权。显然，第③点主要针对的是股权分散大环境下的实质性控制权的判断，此时并非考虑因法律或合同权利而赋予的控制权，充分体现了能力观。虽然能力观更适用于实质性控制权的判断，但是需要较多的职业判断。此外，IFRS 10采用列举而非设定标准的方式，说明其认可还存在其他构成控制的情况，从而避免了挂一漏万。

存在委托代理关系时的控制权判断的现存差异

IFRS 10基于控制定义的权力和回报关联要素规范了委托代理关系下的控制权判断。其核心主旨是如果存在委托代理关系，代理人虽有权力但是实际上未获得与权力相关的可变回报，那么就不能控制该主体；相应地，授予决策权的委托人才是实施实质性控制的真正控制方。至于如何判定委托代理关系的存在，IFRS 10要求综合考虑"决策者对被投资者的决策权力范围(如自由决断力)、其他主体持有的权利(如免职权利)、决策者按照报酬合同有权获得的报酬(如报酬与其所提供服务的相称性)、决策者从它在被投资者中持有的其他权益中获得的可变回报"等要素。

资料来源：杨绮.论合并财务报表的合并范围界定,厦门大学学报（哲学社会科学版）[J]. 2012(5)，有改动.

第三节 合并财务报表中的特殊问题

在合并财务报表编制中，除了上述首期和以后各期合并财务报表的编制外，还存在一些特殊问题，如母公司追加投资、母公司处置对子公司投资、交叉持股下的合并处理等。本节简要介绍这些特殊事项的处理原则和处理方法。

一、追加投资的会计处理

（一）母公司购买子公司少数股东股权

母公司购买子公司少数股东拥有的子公司股权的，在母公司个别财务报表中，其自子公司少数股东处新取得的长期股权投资应当按照长期股权投资有关规定确定其入账价值；在合并财务报表中，子公司的资产、负债应以购买日或合并日所确定的净资产价值开始持续计算的金额反映，因购买少数股权新取得的长期股权投资与按照新增持股比例计算应享有子公司自购买日或合并日开始持续计算的净资产份额之间的差额，应当调整母公司个别财务报表中的资本公积（资本溢价或股本溢价），资本公积不足冲减的，调整留存收益。

例 4-18 2020年12月30日，甲公司以8 000万元取得A公司55%的股权，能够对A公司实施控制，形成非同一控制下的企业合并。2021年12月29日，甲公司又以公允价值为2 200万元、原账面价值为1 800万元的固定资产作为对价，自A公司的少数股东处取得A公司15%的股权。本例中甲公司与A公司的少数股东在交易前不存在任何关联方关系（不考虑所得税等影响）。

2020年12月30日，甲公司在取得A公司55%股权时，A公司可辨认净资产公允价值为9 500万元。

2021年12月29日，A公司自购买日开始持续计算的净资产账面价值为11 000万元。

本例中，2021 年 12 月 29 日，甲公司进一步取得 A 公司 15%的股权时，甲公司合并财务报表的会计处理如下：

合并财务报表中，A 公司的有关资产、负债按照自购买日开始持续计算的价值进行合并，无须按照公允价值进行重新计量。甲公司按新增持股比例计算应享有自购买日开始持续计算的净资产份额为 1 650 万元（11 000×15%），与新增长期股权投资 2 200 万元之间的差额为 550 万元，在合并资产负债表中应调整所有者权益相关项目，首先调整归属于母公司的资本公积（资本溢价或股本溢价），资本公积不足冲减的，冲减归属于母公司的盈余公积，盈余公积不足冲减的，冲减归属于母公司的未分配利润。

甲公司作为对价的固定资产的公允价值（2 200 万元）与账面价值（1 800 万元）的差异（400 万元），应计入甲公司利润表中的营业外收入。

（二）本期增加子公司

编制合并资产负债表时，以本期取得的子公司在合并资产负债表日的资产负债表为基础编制。对于本期投资或追加投资取得的子公司，不需要调整合并资产负债表的期初数。但为了提高会计信息的可比性，应当在财务报表附注中披露本期取得的子公司对合并财务报表的财务状况的影响，即披露本期取得的子公司在购买日的资产和负债金额，包括流动资产、长期股权投资、固定资产、无形资产及其他资产和流动负债、长期负债等的金额。

编制合并利润表时，应当以本期取得的子公司自取得控制权日起至本期期末为会计期间的财务报表为基础编制，将本期取得的子公司自取得控制权日起至本期期末的收入、费用和利润通过合并，纳入合并财务报表之中。同时，为了提高会计信息的可比性，应在财务报表附注中披露本期取得的子公司对合并财务报表的经营成果的影响，以及对前期相关金额的影响，即披露本期取得的子公司自取得控制权日至本期期末止的经营成果，包括营业收入、营业利润、利润总额、所得税费用和净利润等。

编制合并现金流量表时，应当将本期取得的子公司自取得控制权日起至本期期末止的现金流量的信息纳入合并现金流量表，并将取得子公司所支付的现金扣除子公司于购买日持有的现金及现金等价物后的净额，在有关投资活动类的"取得子公司及其他营业单位所支付的现金"项目反映。

二、母公司处置对子公司投资的会计处理

（一）在不丧失控制权的情况下部分处置对子公司长期股权投资

母公司在不丧失控制权的情况下部分处置对子公司的长期股权投资的，在母公司个别财务报表中作为长期股权投资的处置，确认有关处置损益。即出售股权取得的价款或对价的公允价值与所处置投资账面价值的差额，应作为投资收益或损失计入处置投资当期母公司的个别财务报表；在合并财务报表中，因出售部分股权后，母公司仍能够对被投资单位实施控制，被投资单位应当纳入母公司合并财务报表。因此，在合并财务报表中，处置价款与处置长期股权投资相对应享有子公司自购买日或合并日开始持续计算的净资产份额之间的差额，应当调整资本公积（资本溢价或股本溢价），资本公积不足冲减的，调整留存收益。

（二）母公司因处置对子公司长期股权投资而丧失控制权

1. 一次交易处置子公司

母公司因处置部分股权投资或其他原因丧失了对原有子公司控制的，在合并财务报表中，应当进行如下会计处理。

（1）终止确认相关资产负债、商誉等的账面价值，并终止确认少数股东权益（包括属于少数股东的其他综合收益）的账面价值。

（2）按照丧失控制权日的公允价值重新计量剩余股权，按剩余股权对被投资方的影响程度，将剩余股权作为长期股权投资或金融工具进行核算。

（3）处置股权取得的对价与剩余股权的公允价值之和，减去按原持股比例计算应享有原有子公司自购买日开始持续计算的净资产账面价值份额与商誉之和，形成的差额计入丧失控制权当期的投资收益。

（4）与原有子公司的股权投资相关的其他综合收益、其他所有者权益变动，应当在丧失控制权时转入当期损益，由于被投资方重新计量设定受益计划净负债或净资产变动而产生的其他综合收益除外。

2. 多次交易分步处置子公司

企业通过多次交易分步处置对子公司股权投资直至丧失控制权，在合并财务报表中，首先应判断分步交易是否属于"一揽子交易"。

如果分步交易不属于"一揽子交易"，则在丧失对子公司控制权以前的各项交易，应按照部分"（一）在不丧失控制权的情况下部分处置对子公司长期股权投资"的规定进行会计处理。

如果分步交易属于"一揽子交易"，则应将各项交易作为一项处置原有子公司并丧失控制权的交易进行会计处理，其中，对于丧失控制权之前的每一次交易，处置价款与处置投资对应的享有该子公司自购买日开始持续计算的净资产账面价值的份额之间的差额，在合并财务报表中应当计入其他综合收益，在丧失控制权时一并转入丧失控制权当期的损益。

例 4-19 为集中力量发展优势业务，甲公司计划剥离辅业，处置全资子公司 A 公司。2020 年 11 月 20 日，甲公司与乙公司签订不可撤销的转让协议，约定甲公司向乙公司转让其持有的 A 公司 100%股权，对价总额为 7 000 万元。考虑到股权平稳过渡，双方协议约定，乙公司应在 2020 年 12 月 31 日之前支付 3 000 万元，以先取得 A 公司 30%股权；乙公司应在 2021 年 12 月 31 日之前支付 4 000 万元，以取得 A 公司剩余 70%股权。2020 年 12 月 31 日至乙公司支付剩余价款的期间，A 公司仍由甲公司控制，若 A 公司在此期间向股东进行利润分配，则后续 70%股权的购买对价按甲公司已分得的金额进行相应调整。

2020 年 12 月 31 日，乙公司按照协议约定向甲公司支付 3 000 万元，甲公司将 A 公司 30%股权转让给乙公司，股权变更手续已于当日完成；当日，A 公司自购买日持续计算的净资产账面价值为 5 000 万元。

2021 年 9 月 30 日，乙公司向甲公司支付 4 000 万元，甲公司将 A 公司剩余 70%股权转让给乙公司并办理完毕股权变更手续,自此乙公司取得A公司的控制权;当日,A公司自购买日持续计算的净资产账面价值为6 000万元。

2021年1月1日至2021年9月30日,A公司实现净利润1 000万元,无其他净资产变动事项(不考虑所得税等影响)。

本例中,甲公司通过两次交易分步处置其持有的A公司100%股权:第一次交易处置A公司30%股权,仍保留对A公司的控制权;第二次交易处置剩余70%股权,并丧失对A公司的控制权。

首先,需要分析上述两次交易是否属于"一揽子交易":①甲公司处置A公司股权是出于集中力量发展优势业务,剥离辅业的考虑,甲公司的目的是全部处置其持有的A公司股权,两次处置交易结合起来才能达到其商业目的;②两次交易在同一转让协议中同时约定;③在第一次交易中,30%股权的对价为3 000万元,相对于100%股权的对价总额7 000万元而言,第一次交易单独来看对乙公司而言并不经济,和第二次交易一并考虑才能反映真正的经济影响,此外,如果在两次交易期间A公司进行了利润分配,也将据此调整对价,说明两次交易是在考虑了彼此影响的情况下订立的。

综上所述,在合并财务报表中,两次交易应作为"一揽子交易",按照分步处置子公司股权至丧失控制权并构成"一揽子交易"的相关规定进行会计处理。

2020年12月31日,甲公司转让A公司30%股权,在A公司中所占股权比例下降至70%,甲公司仍控制A公司。处置价款3 000万元与处置30%股权对应的A公司净资产账面价值份额1 500万元(5 000×30%)之间的差额为1 500万元,在合并财务报表中计入其他综合收益

借:银行存款　　　　　　　　　　　　　　　　　　　　　　　　3 000
　　贷:少数股东权益　　　　　　　　　　　　　　　　　　　　　1 500
　　　　其他综合收益　　　　　　　　　　　　　　　　　　　　　1 500

2021年1月1日至2021年9月30日,A公司作为甲公司持股70%的非全资子公司应纳入甲公司合并财务报表合并范围,A公司实现的净利润1 000万元中归属于乙公司的份额300万元(1 000×30%),在甲公司合并财务报表中确认少数股东损益300万元,并调整少数股东权益。

2021年9月30日,甲公司转让A公司剩余70%股权,丧失对A公司的控制权,不再将A公司纳入合并范围。甲公司应终止确认对A公司的长期股权投资及少数股东权益等,并将处置价款4 000万元与享有的A公司净资产份额4 200万元(6 000×70%)之间的差额200万元,计入当期损益;同时,将第一次交易计入其他综合收益的1 500万元转入当期损益。

(三)本期减少子公司

在本期出售转让子公司部分股份或全部股份,丧失对该子公司的控制权而使其成为非子公司的情况下,应当将其排除在合并财务报表的合并范围之外。

在编制合并资产负债表时,不需要对该出售转让股份而成为非子公司的资产负债表进行合并。但为了提高会计信息的可比性,应当在财务报表附注中披露该子公司成为非子公

司对合并财务报表财务状况以及对前期相关金额的影响，即披露该子公司在丧失控制权日以及该子公司在上年年末的资产和负债金额，具体包括流动资产、长期股权投资、固定资产、无形资产及其他资产和流动负债、长期负债等。

编制合并利润表时，则应当以该子公司期初至丧失控制权成为非子公司之日止的利润表为基础，将该子公司自期初至丧失控制权之日止的收入、费用、利润纳入合并利润表。同时为提高会计信息的可比性，在财务报表附注中披露该子公司成为非子公司对并财务报表的经营成果以及对前期相关金额的影响，即披露该子公司自期初至丧失控制权日止的经营成果以及上年度的经营成果，具体包括营业收入、营业利润、利润总额、所得税费用和净利润等。

在编制现金流量表时，应将该子公司自期初至丧失控制权之日止的现金流量信息纳入合并现金流量表，并将出售该子公司所收到的现金扣除子公司持有的现金和现金等价物以及相关处置费用后的净额，在有关投资活动类的"处置子公司及其他营业单位所收到的现金"项目反映。

三、因子公司少数股东增资导致母公司股权稀释

如果由于子公司的少数股东对子公司进行增资，导致母公司股权稀释，母公司应当按照增资前的股权比例计算其在增资前子公司账面净资产中的份额，该份额与增资后按母公司持股比例计算的在增资后子公司账面净资产份额之间的差额计入资本公积，资本公积不足冲减的，调整留存收益。

例4-20 2020年1月1日，甲公司和乙公司分别出资800万元和200万元设立A公司，甲公司、乙公司的持股比例分别为80%和20%。A公司为甲公司的子公司。2021年1月1日，乙公司对A公司增资400万元，增资后占A公司股权比例为30%。增资完成后，甲公司仍控制A公司。A公司自成立日至增资前实现净利润1 000万元，除此以外，不存在其他影响A公司净资产变动的事项（不考虑所得税等影响）。

本例中，甲公司持股比例原为80%，由于少数股东乙公司增资而变为70%。增资前甲公司按照80%的持股比例享有的A公司净资产账面价值为1 600万元（2 000×80%）；增资后，甲公司按照70%持股比例享有的净资产账面价值为1 680万元（2 400×70%），两者之间的差额80万元，在甲公司合并资产负债表中应调增资本公积。

四、交叉持股的合并处理

交叉持股，是指在由母公司和子公司组成的企业集团中，母公司持有子公司一定比例股份，能够对其实施控制，同时子公司也持有母公司一定比例股份，即相互持有对方的股份。

母子公司有交互持股情形的，在编制合并财务报表时，对于母公司持有的子公司股权，与通常情况下母公司长期股权投资与子公司所有者权益的合并抵销处理相同。对于子公司持有的母公司股权，应当按照子公司取得母公司股权日所确认的长期股权投资的初始投资成本，将其转为合并财务报表中的库存股，作为所有者权益的减项，在合并资产负债表中

所有者权益项目下以"减：库存股"项目列示；对于子公司持有母公司股权所确认的投资收益（如利润分配或现金股利），应当进行抵销处理。子公司将所持有的母公司股权分类为以公允价值计量且其变动计入其他综合收益的金融资产，按照公允价值计量的，同时冲销子公司累计确认的公允价值变动。

子公司相互之间持有的长期股权投资，应当比照母公司对子公司的股权投资的抵销方法，将长期股权投资与其对应的子公司所有者权益中所享有的份额相互抵销。

本章小结

母公司取得子公司股权日后连续各期合并财务报表仍是以应纳入合并范围的企业个别财务报表为基础编制的。其编制程序、方法与首期合并财务报表的编制相同，在将对子公司的长期股权投资从成本法调整为权益法之后，应将建立在股权投资基础上的母公司对子公司长期股权投资项目与子公司所有者权益项目相抵销；将母公司投资收益和子公司期初未分配利润与子公司本期利润分配和期末未分配利润进行抵销；在合并财务报表工作底稿的基础上编制合并资产负债表、合并利润表、合并所有者权益变动表以及合并现金流量表。需要注意的问题是，在进行权益法调整和内部交易事项抵销时，不仅要消除本期发生的内部交易事项对合并财务报表的影响，而且应消除以前各期发生的交易事项对本期期初未分配利润的相关报表项目的影响。

在合并财务报表编制中，还存在追加投资、处置子公司投资、少数股东增资、交叉持股等特殊问题。

关键词汇

少数股东损益（minority interest income）
非控制权益（non-controlling interest）

小组讨论

阅读《企业会计准则第33号——合并财务报表》（2014年修订）和《国际财务报告准则第10号——合并财务报表》，并讨论：我国会计准则和国际会计准则有何异同？

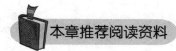
本章推荐阅读资料

1. 财政部，企业会计准则第33号——合并财务报表（http://kjs.mof.gov.cn/zhengwuxinxi/zhengcefabu/201402/t20140220_1045206.html）。

2. IASB，国际财务报告准则第10号——合并财务报表（IFRS10 Consolidated Financial Statements）（http://www.ifrs.org）。

3. IASB，国际财务报告准则第11号——合营安排（IFRS10 Joint Arrangements）（http://www.ifrs.org）。

4. 帕勒. 高级会计学（8th Edition）[M]. 杨有红，等译. 北京：中国人民大学出版社，2006（第6章 购买法:合并后的会计期间和部分所有权）.

名词解释

少数股东权益　　合并现金流量表
交叉持股　　　　少数股东损益

简述题

1. 编制合并报表时，为什么要将内部交易抵销？
2. 在控制权取得日后合并财务报表编制中，如何确定少数股东损益、少数股东权益及商誉？
3. 简述合并现金流量表的编制方法。
4. 母公司购买子公司少数股东拥有的子公司股权时，在合并财务报表中应如何进行处理？
5. 因子公司少数股东增资导致母公司股权稀释，在合并财务报表中应如何进行处理？

业务及计算题

习题一

（一）目的：练习合并财务报表的编制。

（二）资料：乙、丙公司无关联关系，2020年12月31日乙公司以现金1 200万元收购了丙公司100%的股权，丙公司每年末按照当期净利润的10%提取法定公积金。2020年12月31日有关项目如下：

项目	乙公司	丙公司	
		账面价值	公允价值
固定资产	1 800	600	700
股本	1 600	500	
资本公积	500	150	
盈余公积	200	100	
未分配利润	300	250	
所有者权益合计	2 600	1 000	1 100

其他相关资料：丙公司固定资产折旧期限为 5 年，2021 年 5 月丙公司宣告实施 2020 年度利润分配方案，分配现金股利 50 万元。2021 年丙公司全年实现净利润 150 万元。假设乙、丙公司所得税税率为 25%。

2021 年相关数据见下表：

2021 年 12 月 31 日合并工作底稿 　　　　　　　　单位：万元

项目	乙公司	丙公司	合计数	抵销分录		合并数
				借方	贷方	
长期股权投资	1 200					
固定资产净额	1 730	738				
合并商誉						
其他资产	2 270	782				
资产合计	5 200	1 520				
负债	2 420	420				
实收资本	1 600	500				
资本公积	500	150				
盈余公积	230	115				
未分配利润	450	335				
负债和所有者权益合计	5200	1520				

（三）要求：编制 2021 年乙公司合并报表有关项目抵销分录并填列工作底稿。涉及利润表项目填列在"未分配利润"项。

习题二

（一）目的：练习合并报表相关调整分录和抵销分录的编制。

A 公司和 B 公司无关联关系，适用的所得税税率均为 25%，按净利润的 10% 提取法定盈余公积。A 公司于 2020 年 1 月 1 日以货币资金 7 100 万元取得 B 公司 90% 的股权。有关资料如下：

（1）2020年1月1日，B公司账面净资产为8 000万元，其中股本为5 000万元，资本公积为1 000万元，盈余公积200万元，未分配利润1 800万元。B公司净资产公允价值为8 300万元。

2020年1月1日，B公司除一项固定资产和一项无形资产的公允价值和账面价值不同外，其他资产和负债的公允价值与账面价值相同。该项固定资产的公允价值为500万元，账面价值为300万元，预计尚可使用年限为10年，采用年限平均法计提折旧，无残值；该项无形资产的公允价值为300万元，账面价值为200万元，预计尚可使用年限为5年，采用直线法摊销，无残值。

（2）2020年实现净利润300万元，分派2020年现金股利100万元；2021年实现净利润400万元，分派2021年现金股利200万元，2021年12月1日出租的一项投资性房地产采用公允价值进行后续计量，其公允价值大于账面价值的差额为100万元。除上述事项外，B公司的所有者权益未发生其他增减变化。

（三）要求：

（1）分别编制2020年和2021年母公司按权益法进行调整的会计分录。

（2）分别编制2020年和2021年与合并财务报表有关的抵销分录。

习题三

（一）目的：练习首期和连续各期合并财务报表的编制。

（二）资料：

甲公司2020年1月以150万元购买了乙公司80%的股权（该合并属于非同一控制下的企业合并），购买日，乙公司的净资产的公允价值为130万元，乙公司的净资产的账面价值为120万元，其中：股本为100万元，资本公积5万元，盈余公积5万元，未分配利润10万元。甲公司备查簿中记录的乙公司2020年某项固定资产的账面价值20万元，公允价值30万元，预计该资产的使用寿命为5年。乙公司其他资产的账面价值与公允价值相同。2020年甲公司和乙公司之间发生的经济往来业务如下：

乙公司2020年实现净利润105万元，当年提取法定盈余公积和任意盈余公积共计20万元，宣告分派现金股利40万元。

乙公司2021年实现净利润91万元，当年提取法定盈余公积和任意盈余公积共计18.2万元，宣告分派现金股利67.8万元。

假设甲公司与乙公司的会计期间与会计政策一致，甲公司与乙公司适用的所得税税率均为25%。

（三）要求：

（1）编制甲公司2020年及2021年按权益法进行调整的调整分录。

（2）分别计算甲公司2020年及2021年年末合并财务报表中的合并商誉、少数股东权益和少数股东损益的金额。

（3）分别编制2020年和2021年与合并财务报表有关的抵销分录。

（4）完成2020年末甲公司的合并工作底稿。

甲公司合并工作底稿

2020年12月31日　　　　　　　　　　　　　　　　　　　单位：万元

项目	甲公司报表金额	乙公司报表金额	合计金额	调整金额 借方	调整金额 贷方	抵销金额 借方	抵销金额 贷方	少数股权	合并金额
资产负债表项目									
流动资产：									
货币资金	230	35	265						
交易性金融资产	20	20	40						
应收票据	14	40	54						
应收账款	170	65	235						
预付款项	30	25	55						
其他应收款（应收股利）	32	0	32						
存货	120	105	225						
合同资产									
持有待售资产									
其他流动资产									
流动资产合计	616	290	906						
非流动资产									
债权投资	44		44						
其他债权投资									
长期应收款									
长期股权投资	150		150						
其中：对B的投资									
其他权益工具投资									
固定资产	140	136	276						
在建工程		10	10						
使用权资产									
无形资产		9	9						
商誉									
递延所得税资产	50	40	90						
其他非流动资产									
非流动资产合计	384	195	579						
资产总计	1 000	485	1485						
流动负债									
短期借款	10	5	15						
交易性金融负债									
应付票据	5		5						
应付账款	120	140	260						
预收款项	5		5						
合同负债									

续表

项目	甲公司报表金额	乙公司报表金额	合计金额	调整金额 借方	调整金额 贷方	抵销金额 借方	抵销金额 贷方	少数股权	合并金额
应付职工薪酬	10	5	15						
应交税费			0						
其他应付款（应付股利）	100	40	140						
持有待售负债									
其他流动负债									
流动负债合计	250	190	440						
非流动负债：									
长期借款	100		100						
应付债券		110	110						
租赁负债									
长期应付款	50		50						
预计负债									
递延所得税负债									
其他非流动负债									
非流动负债合计	150	110	260						
负债合计	400	300	700						
股东权益									
股本	400	100	500						
其他权益工具									
资本公积	10	5	15						
其他综合收益									
盈余公积	90	25	115						
未分配利润	100	55	155						
归属于母公司的股东权益合计	600	185	785						
少数股东权益									
股东权益合计									
负债和股东权益合计	1 000	485	1485						
利润表									
一、营业收入	850	310	1 160						
减：营业成本	500	150	650						
税金及附加	10	4	14						
销售费用	20	10	30						
管理费用	24	10	34						
研发费用									
财务费用	20	16	36						
资产减值损失	30	10	40						
信用减值损失									

续表

项目	甲公司报表金额	乙公司报表金额	合计金额	调整金额 借方	调整金额 贷方	抵销金额 借方	抵销金额 贷方	少数股权	合并金额
加：其他收益									
投资收益	36	0	36						
汇兑收益									
净敞口套期收益									
公允价值变动收益									
资产处置收益									
二、营业利润	282	110	392						
加：营业外收入	23	10	33						
减：营业外支出	5	0	5						
三、利润总额	300	120	420						
减：所得税费用	100	15	115						
四、净利润	200	105	305						
（一）持续经营净利润									
（二）终止经营净利润									
少数股东损益									
归属于母公司股东损益	200	105	305						
五、其他综合收益的税后净额									
以后不能重分类进损益的其他综合收益									
以后将重分类进损益的其他综合收益									
六、综合收益总额	200	105	305						
归属于母公司所有者的综合收益总额	200	105	305						
归属于少数股东的综合收益总额									
股东权益变动表项目									
一、年初未分配利润	20	10	30						
二、本年增减变动金额									
其中：利润分配									
1. 提取盈余公积	20	20	40						
2. 对股东的分配	100	40	140						
三、年末未分配利润	100	55	155						

| 第五章 |

集团公司内部交易事项的处理

学习提要与目标

集团公司内部母公司与其所属的子公司之间以及各子公司之间除了股权投资以外,还可能发生存货、固定资产等各种交易事项,本章介绍了合并财务报表编制中各种内部交易事项的抵销方法。通过本章学习,同学们应:

- 了解各种内部交易的类型
- 掌握各种交易事项的抵销原则和抵销方法
- 内部交易相关所得税的抵销方法

第一节 集团公司内部交易事项概述

一、集团公司内部交易事项的含义

集团公司内部交易事项是指集团公司内部母公司与其所属的子公司之间以及各子公司之间发生的除股权投资以外的各种交易事项。

在第四章的学习中我们假定母公司与子公司以及子公司之间除了股权投资及其引起的内部事项以外没有其他事项的发生,但实际上它们之间很可能发生各种涉及损益或不涉及损益的内部交易事项,这种内部交易发生以后,已经分别以母公司或各子公司为报告主体反映在其个别财务报表中了。从企业集团的角度看,其合并财务报表中不应包括这类内部交易事项,而应予以抵销,以避免虚列资产、负债和虚计利润。

二、集团公司内部交易事项的类型

集团公司内部交易事项按不同的标志有不同的分类方法,主要包括以下两种。

(一) 按内部交易事项是否涉及损益分类

1. 涉及损益的内部交易事项

涉及损益的内部交易事项是指集团公司内部母公司与子公司及子公司之间发生的,产生集团公司内部损益的事项。如母公司将其生产的产品出售给其所属的子公司,导致母公司利润表中利润增加。

涉及损益的内部交易事项按其损益是否实现,又可以分为涉及已实现集团公司内部损益的交易事项和涉及未实现集团公司内部损益的交易事项两种。前者是指集团公司内部母公司与子公司及各子公司之间发生了涉及损益的内部交易事项后，其购买方已于当期全部向集团外销售。如母公司将其生产的产品出售给其所属的子公司后，子公司在当期将其从母公司购进的存货全部出售给集团公司以外的某公司；后者是指集团公司内部母公司与子公司及各子公司之间发生了涉及损益的内部交易事项后，其购买方尚未在当期向集团外销售。如母公司将其生产的产品出售给其所属的子公司后，子公司存放在仓库尚未对集团公司以外销售，就母公司的个别财务报表来说，已经反映为销售利润，但对于集团公司来说，由于购买方子公司尚在其个别财务报表中表现为存货，因此，母公司的销售利润为未实现的利润。

2. 不涉及损益的内部交易事项

不涉及损益的内部交易事项是指集团公司内部母公司与子公司及子公司之间发生的交易与各公司的损益确定无关，如集团公司内部的无息贷款业务等。

（二）按内部交易事项的具体内容分类

（1）内部存货交易。

（2）内部债权债务。

（3）内部固定资产交易。

（4）内部无形资产交易。

（5）其他内部交易。

（三）内部交易事项的消除方法

集团公司内部交易事项的消除实际上是以企业集团为报告主体，将一方的内部销售与另一方的内部购进予以抵销，从而消除集团内部未实现损益。通常情况下，集团公司内部购销事项按其销售方向，可以分为顺销、逆销和平销。顺销是指母公司对子公司的销售；逆销是指子公司对母公司的销售；平销是指子公司之间的销售。在母公司持股比例不同的情况下，不同类型的内部交易事项，其消除方法有所不同。

1. 母公司拥有子公司全部股权

当母公司拥有子公司全部股权时，顺销和逆销所形成的集团公司内部未实现损益都应予以全部消除。

2. 母公司拥有子公司部分股权

当母公司拥有子公司部分股权时，顺销所形成的集团公司内部未实现损益体现在母公司的财务报表中，应予以全部消除；而逆销和平销所形成的集团公司内部未实现损益体现在子公司财务报表中，有全部消除法和部分消除法两种消除方法。全部消除法是指对集团公司内部由于逆销而发生的未实现损益全部予以消除，使得合并后的净利润中不包含内部未实现损益。部分消除法是指对集团公司内部由于逆销而发生的未实现损益按母公司持股比例予以消除。

第二节 集团公司内部存货交易

如前所述，集团公司的内部交易事项应从集团这一整体的角度进行考虑，将它们视为同一会计主体的内部业务处理，在母公司及子公司个别财务报表的基础上予以抵销，以消除它们对个别财务报表的影响，保证以个别财务报表为基础编制的合并财务报表能够正确反映企业集团的财务状况和经营成果。需要抵销的内部存货交易包括当期和以后各期两种情况。

一、当期内部存货交易

母公司与子公司、子公司相互之间发生的内部存货交易主要是指商品或产品的销售业务。对于发生在企业集团内部的这些销售业务，购销双方均以独立的会计主体进行了核算。销售企业已将其销售收入和销售成本计入当期损益，列示在利润表中。对于购买企业来说将购进过程中支付的商品价款作为存货的入账价值；本期内未实现对外销售的部分形成了期末存货，其存货成本包含了两方面的内容，其一，从集团角度看真正的存货成本，即销售企业的存货购进成本；其二，销售企业的销售毛利，这部分包含在购买企业存货价值中的销售企业的销售毛利，称为未实现内部销售损益。购买企业从销售企业购进的存货用于对外销售则存在三种情况：第一种情况是内部销售商品全部实现对外销售；第二种情况是内部销售商品全部未实现对外销售，形成期末存货；第三种情况是内部销售商品部分实现对外销售，部分未实现对外销售。下面，分别讨论其抵销问题。

如前所述，集团公司内部购销事项按其销售方向，可以分为顺销、逆销和平销。顺销是指母公司对子公司的销售；逆销是指子公司对母公司的销售；平销是指子公司之间的销售。

（一）内部销售商品全部实现对外销售的抵销

内部销售商品全部实现对外销售的情况下，内部销售的销售方将按照销售价格在本期确认营业收入、结转营业成本并将其反映在个别利润表中。内部销售的购进方则一方面在购进时反映了商品购进；另一方面随着对外销售的实现，按照对外销售价格在本期确认营业收入、结转成本并将其反映在个别利润表中。这样，实现了对企业集团外部销售的这些商品，在企业集团内部的销售企业和购买企业的利润表中都做了反映；但是，从企业集团整体的角度出发，企业集团内部的商品购销业务只是属于商品调拨活动，使商品的存放地点发生了变动，既不能实现营业收入，也不能发生营业成本，因而并不能形成利润。所以，凡是实现了对企业集团外部销售的商品，只是实现了一次销售，其营业收入只是集团内购进方对集团外销售的营业收入，其营业成本只是集团内销售方的营业成本，其利润则是这两者之间的差额。因此，在将母公司与子公司、子公司相互之间发生的内部销售业务的项目相抵销时，应抵销重复反映的营业收入和营业成本，将销售企业的营业收入与购买企业的营业成本相抵销。应编制的抵销分录为：按照内部销售收入借记"营业收入"项目，贷记"营业成本"项目。这种情况下顺销、平销和逆销的抵销方法相同。

例 5-1 根据第四章例 4-5、例 4-8 的有关资料，A 公司 2020 年 1 月 1 日出资 80 000

元设立非全资子公司 B 公司,并拥有 B 公司 80%的权益性资本。2020 年 B 公司实现净利润 20 000 元,按净利润的 10%提取法定盈余公积,按净利润的 30%向投资者分派现金股利。

A 公司在 2020 年末的合并财务报表工作底稿中编制了①~⑥抵销分录(见第四章例 4-5、例 4-8 及表 4-2)。假设 2020 年 A 公司销售给 B 公司甲商品 20 000 元,其成本为 16 000 元,款项已存入银行,该产品在 B 公司已全部实现对外销售,销售价格为 24 000 元。

为了便于连续反映 2020 年和 2021 年合并财务报表工作底稿的登记内容,本章将第四章和第五章的抵销分录分别按首期交易和以后各期交易连续编号。

对于 A 公司销售给 B 公司的商品,在合并财务报表工作底稿中编制的抵销分录为

借:营业收入　　　　　　　　　　　　　　　　　　　　　　　　20 000
　　贷:营业成本　　　　　　　　　　　　　　　　　　　　　　　　20 000

(二)内部销售商品全部未实现对外销售的抵销

1. 顺销

顺销的情况下,内部销售的销售方将按照销售价格在本期确认营业收入、结转营业成本并将其反映在个别利润表中;内部销售的购进方则在购进时反映了商品购进,由于未实现对外销售,将其反映在个别资产负债表的存货中。从企业集团整体的角度看,凡是未实现对企业集团外部销售的产品,其成本只能是销售企业原来的成本,不能因为产品的存放地点发生了变动就产生增值(销售企业的毛利),它只有在商品对企业集团外部销售时才能实现。在将母公司与子公司、子公司相互之间发生的内部销售业务的项目相抵销时,既要抵销重复反映的营业收入和营业成本,将销售企业的营业收入与购买企业的营业成本相抵销;也要抵销存货中包含的未实现内部销售利润,将存货的成本还原为销售企业销售该存货的原始成本,以消除虚增了的存货成本。进行抵销处理时,有两种抵销方法,其一,按照销售方内部销售收入借记"营业收入"项目,贷记"营业成本"项目,同时,将存货中包含的未实现内部利润予以抵销,借记"营业成本"项目,贷记"存货"项目;其二,按照销售方内部销售收入借记"营业收入"项目,按照销售方结转的销售成本贷记"营业成本"项目,按内部销售收入与成本之间的差额贷记"存货"项目。

例 5-2　2020 年 A 公司销售给 B 公司甲商品 20 000 元,其成本为 16 000 元,款项已存入银行,该产品在 B 公司全部未实现对外销售(抵销分录在例 4-5 至例 4-11 基础上连续编号)(不考虑增值税,下同)。

在合并财务报表工作底稿中编制抵销分录时:

借:营业收入　　　　　　　　　　　　　　　　　　　　　　　　20 000
　　贷:营业成本　　　　　　　　　　　　　　　　　　　　　　　　20 000
借:营业成本　　　　　　　　　　　　　　　　　　　　　　　　 4 000
　　贷:存货　　　　　　　　　　　　　　　　　　　　　　　　　　 4 000

或:

⑨借:营业收入　　　　　　　　　　　　　　　　　　　　　　　 20 000
　　贷:营业成本　　　　　　　　　　　　　　　　　　　　　　　 16 000
　　　　存货　　　　　　　　　　　　　　　　　　　　　　　　　　 4 000

例 5-3 2020 年 A 公司向 B 公司销售商品 15 000 元,B 公司开出银行承兑汇票 5 000 元,余款尚未结算,所购商品验收入库,商品尚未销售,该商品在 A 公司的成本为 14 000 元。

⑩借:营业收入　　　　　　　　　　　　　　　　　　　　　　15 000
　　贷:营业成本　　　　　　　　　　　　　　　　　　　　　　14 000
　　　　存货　　　　　　　　　　　　　　　　　　　　　　　　 1 000

2. 逆销和平销

逆销和平销的情况下,基本抵销方法与顺销相同,即抵销销售方的销售收入和销售成本,并将存货中包含的未实现内部利润予以抵销,但同时,还应将内部交易形成的存货所包含的未实现内部销售损益中归属于少数股东的部分进行抵销,借记"少数股东权益"项目,贷记"少数股东损益"项目。

例 5-4 A 公司持有 B 公司 80%的股权,2020 年 B 公司销售给 A 公司乙商品 10 000 元,成本为 8 000 元,款项收到并已存入银行,该商品在 A 公司全部未实现对外销售。

A 公司在合并财务报表工作底稿中应编制的抵销分录如下:

借:营业收入　　　　　　　　　　　　　　　　　　　　　　　10 000
　　贷:营业成本　　　　　　　　　　　　　　　　　　　　　　 8 000
　　　　存货　　　　　　　　　　　　　　　　　　　　　　　　 2 000

同时,应将内部交易形成的存货所包含的未实现内部销售损益 2 000 元中属于少数股东的部分 400 元(2 000×20%)进行抵销。

借:少数股东权益　　　　　　　　　　　　　　　　　　　　　　400
　　贷:少数股东损益　　　　　　　　　　　　　　　　　　　　　400

(三)内部销售商品部分实现对外销售,部分未实现对外销售的抵销

1. 顺销

顺销情况下,在内部销售商品部分实现对外销售,部分未实现对外销售时,可以将内部销售的商品分为两部分,一部分为当期购进并全部实现对外销售,另一部分为当期购进但未实现对外销售。

例 5-5 2020 年 A 公司销售给 B 公司甲商品 20 000 元,其成本为 16 000 元,款项已存入银行,B 公司对外销售了 60%,剩余 40%尚未实现对外销售。

在合并财务报表工作底稿中编制抵销分录时:

借:营业收入　　　　　　　　　　　　　　　　　　　　　　　12 000
　　贷:营业成本　　　　　　　　　　　　　　　　　　　　　　12 000
借:营业收入　　　　　　　　　　　　　　　　　　　　　　　 8 000
　　贷:营业成本　　　　　　　　　　　　　　　　　　　　　　 6 400
　　　　存货　　　　　　　　　　　　　　　　　　　　　　　　 1 600

或:

借:营业收入　　　　　　　　　　　　　　　　　　　　　　　20 000
　　贷:营业成本　　　　　　　　　　　　　　　　　　　　　　20 000

借：营业成本　　　　　　　　　　　　　　　　　　　　　　　　　1 600
　　贷：存货　　　　　　　　　　　　　　　　　　　　　　　　　　　　1 600

2. 逆销和平销

逆销的情况下，基本抵销方法与顺销和平销相同，但需要抵销存货所包含的未实现内部销售损益中归属于少数股东的部分。

例 5-6　A 公司持有 B 公司 80%的股权，2020 年 B 公司销售给 A 公司乙商品 10 000 元，成本为 8 000 元，款项收到并已存入银行，该商品在 A 公司对外销售了 60%，剩余 40%尚未实现对外销售。

A 公司在合并财务报表工作底稿中应编制的抵销分录如下：
借：营业收入　　　　　　　　　　　　　　　　　　　　　　　　10 000
　　贷：营业成本　　　　　　　　　　　　　　　　　　　　　　　　　10 000
借：营业成本　　　　　　　　　　　　　　　　　　　　　　　　　　800
　　贷：存货　　　　　　　　　　　　　　　　　　　　　　　　　　　　800

同时，应将内部交易形成的存货所包含的未实现内部销售损益 800 元中属于少数股东的部分 160 元（800×20%）进行抵销。
借：少数股东权益　　　　　　　　　　　　　　　　　　　　　　　　160
　　贷：少数股东损益　　　　　　　　　　　　　　　　　　　　　　　　160

（四）存货跌价准备的抵销

母公司与子公司、子公司相互之间内部存货交易抵销后，在交易当期还应消除内部交易形成的存货所计提的存货跌价准备的影响。资产负债表日，企业应当按照成本与可变现净值孰低计量，存货成本高于其可变现净值的，应计提存货跌价准备。在个别财务报表中，如果内部交易取得的存货期末尚未出售，则按上述原则，将该存货的可变现净值与包含内部销售利润的存货取得成本比较，当前者低于后者时，计提存货跌价准备，并计入当期损益，所计提的存货跌价准备反映在存货科目中；但从合并财务报表的角度看，应将存货的可变现净值与不包含内部销售利润的存货原取得成本进行比较，只有当前者低于后者时，才需要计提存货跌价准备。因此，编制合并财务报表时，如果个别财务报表中计提的存货跌价准备数额小于内部销售利润额时，意味着从集团角度看该存货没有发生减值，应将计提的存货跌价准备全额抵销；如果个别财务报表中计提的存货跌价准备数额大于内部销售利润额时，意味着从集团角度看该存货发生了减值，应将计提的存货跌价准备部分抵销（按内部销售利润额）；编制抵销分录时，按应抵销的存货跌价准备数额，借记"存货——存货跌价准备"科目，贷记"资产减值损失"科目。

例 5-7　2020 年 A 公司销售给 B 公司甲产品 20 000 元，其成本为 16 000 元，款项已存入银行，本期该产品尚未实现对外销售。期末，甲产品的可变现净值为 19 000 元。

本例中 B 公司购入产品的内部销售利润为 4 000 元。当该产品的期末可变现净值为 19 000 元时，意味着从 B 公司的角度看存货发生了减值，减值额为 1 000 元，由于计提的存货跌价准备 1 000 元小于内部销售利润（即从集团角度看存货没有发生减值），应将计提

的存货跌价准备全额抵销,编制的抵销分录为

⑪借:存货——存货跌价准备　　　　　　　　　　　　　　　　　1 000
　　贷:资产减值损失　　　　　　　　　　　　　　　　　　　　　　　1 000

如果甲产品期末可变现净值为13 000元,B公司计提的存货跌价准备为7 000元,大于内部销售利润4 000元,说明从集团角度看该存货减值了3 000元,应将计提的存货跌价准备部分抵销,抵销额为内部销售利润额,编制的抵销分录为

借:存货——存货跌价准备　　　　　　　　　　　　　　　　　　4 000
　　贷:资产减值损失　　　　　　　　　　　　　　　　　　　　　　4 000

以第四章表4-2 A公司合并财务报表工作底稿为基础,将上述当期内部存货交易中⑨~⑪抵销分录予以登记如表5-1所示。

表5-1　A公司合并财务报表工作底稿(局部)
2020年12月31日　　　　　　　　　　　　　　　　　　　　　单位:元

项目	A公司			B公司			合计金额	抵销分录		少数股东权益	合并金额
	报表金额	借方	贷方	报表金额	借方	贷方		借方	贷方		
利润表											
营业收入	170 000			131 000			301 000	⑨20 000 ⑩15 000			266 000
营业成本	100 000			65 000			165 000		⑨16 000 ⑩14 000		135 000
⋮											
资产减值损失	4 000			6 000			10 000		1 000		9 000
⋮											
存货	249 000			20 000			269 000	1 000	⑨4 000 ⑩1 000		265 000

二、以后各期内部存货交易的抵销

如前所述,内部存货销售业务既关系到重复计算的销售收入和销售成本问题,还关系到未实现内部销售利润问题。在第二期及以后各期编制合并财务报表时,本期的这些问题和上期未实现的内部销售利润都对合并财务报表产生影响。另外,在以后各期编制合并财务报表时,内部存货交易的抵销仍然要区分顺销、平销和逆销,下面主要介绍顺销、平销情况下连续各期内部存货交易的抵销方法,逆销情况下的抵销应在顺销、平销的抵销方法基础上考虑少数股东权益和少数股东损益的抵销,该问题的抵销与当期内部逆销存货交易的抵销相同,在此不再赘述。

1. 上期抵销的未实现内部销售利润在本期的抵销

编制首期合并财务报表时,已经将期末存货中包含的未实现内部销售利润予以抵销,并因此而减少了合并后的净利润。当第二期编制合并财务报表时,合并所有者权益变动表

中的期初未分配利润就应该是首期合并所有者权益变动表中的期末未分配利润。但是，第二期编制合并财务报表时，仍然以母公司和子公司的个别财务报表为基础，而这些个别财务报表并没有反映首期抵销业务的影响。所以，在首期存在期末存货中包含有未实现内部销售利润的情况下，对于第二期以个别财务报表为基础编制的合并所有者权益变动表，其中的期初未分配利润必然与首期合并所有者权益变动表中的期末未分配利润之间产生差额。为了使二者数额一致，就必须将首期抵销的未实现内部销售利润对第二期期初未分配利润合并数额的影响予以抵销，调整第二期期初未分配利润的合并数额。为此而编制的抵销分录为，借记"年初未分配利润"项目，贷记"营业成本"项目。第三期及以后各期均是如此。

2. 本期内部存货交易的抵销

对于本期发生的企业集团内部销售业务，均采用第二节中介绍的第二种方法进行抵销，即首先将内部销售业务的销售收入和销售成本予以抵销，然后将期末存货中包含的内部未实现销售利润予以抵销。如果上期内部销售业务形成的存货结转到了本期，则本期期末存货中包含的未实现内部销售利润就包括有上期未实现内部销售利润。以下分别不同情况加以说明。

（1）上期内部销售业务形成的存货在本期全部实现对外销售，本期未发生内部销售业务。在这种情况下，只要将上期存货中包含的未实现内部销售利润对期初未分配利润的影响予以抵销即可。

例5-8 根据第四章例4-13的有关资料，2021年B公司实现净利润40 000元，按净利润的10%提取法定盈余公积，按净利润的30%向投资者分派现金股利。A公司在2020年末的合并财务报表工作底稿中编制了①～⑦抵销分录（见第四章例4-13、例4-16及表4-18）。假设B公司上期从A公司购入的20 000元存货，在本期全部实现对外销售，母公司和子公司之间本期未发生内部销售业务。A公司的销售毛利率为20%。

将上期未实现内部销售利润予以抵销调整期初未分配利润时：

借：年初未分配利润　　　　　　　　　　　　　　　　　　　　4 000
　　贷：营业成本　　　　　　　　　　　　　　　　　　　　　　　　4 000

（2）上期内部销售业务形成的存货在本期全部未实现对外销售，本期未发生内部销售业务。在这种情况下，首先将上期存货中包含的未实现内部销售利润对期初未分配利润的影响予以抵销，然后再将期末存货中包含的未实现内部销售利润予以抵销。

例5-9 假设例5-8中的内部购入存货在本期仍未实现对外销售。

将上期未实现内部销售利润予以抵销并调整期初未分配利润时：

借：年初未分配利润　　　　　　　　　　　　　　　　　　　　4 000
　　贷：营业成本　　　　　　　　　　　　　　　　　　　　　　　　4 000

将期末存货中包含的未实现内部销售利润予以抵销时：

借：营业成本　　　　　　　　　　　　　　　　　　　　　　　　4 000
　　贷：存货　　　　　　　　　　　　　　　　　　　　　　　　　　4 000

（3）上期内部销售业务形成的存货在本期全部未实现对外销售，本期又发生了新的内部销售业务。在这种情况下，首先将上期存货中包含的未实现内部销售利润对期初未分配利润的影响予以抵销，其次将本期内部销售收入与销售成本予以抵销，最后将期末存货中包含的未实现内部销售利润予以抵销。

例 5-10 本期 B 公司从 A 公司购入了 8 000 元存货，毛利率为 20%，所购存货尚未销售。

将上期未实现内部销售利润予以抵销调整期初未分配利润时：

借：年初未分配利润　　　　　　　　　　　　　　　　　　　　4 000
　　贷：营业成本　　　　　　　　　　　　　　　　　　　　　　　4 000

将本期内部销售业务予以抵销时：

借：营业收入　　　　　　　　　　　　　　　　　　　　　　　　8 000
　　贷：营业成本　　　　　　　　　　　　　　　　　　　　　　　8 000

将期末存货中包含的未实现内部销售利润予以抵销时：

借：营业成本　　　　　　　　　　　　　　　　　　　　　　　　5 600
　　贷：存货　　　　　　　　　　　　　　　　　　　　　　　　　5 600

（4）本期发生了新的内部销售业务，同时部分存货实现了对外销售。在这种情况下，抵销处理方法同第三种情况完全相同。

例 5-11 假设根据例 5-2、例 5-3 的有关资料，2020 年内部购进的商品本期尚未出售；根据例 5-10 的有关资料，2021 年 B 公司又从 A 公司购入了 8 000 元的存货，毛利率为 20%，2021 年实现对外销售存货 6 000 元，取得销售收入 9 600 元。

2021 年将上期未实现内部销售利润予以抵销调整期初未分配利润时（抵销分录在例 4-13 至例 4-16 基础上连续编号）：

⑧借：年初未分配利润　　　　　　　　　　　　　　　　　5 000（1 000+4 000）
　　贷：营业成本　　　　　　　　　　　　　　　　　　　　　　5 000

将本期内部销售业务予以抵销时：

⑨借：营业收入　　　　　　　　　　　　　　　　　　　　　　　8 000
　　贷：营业成本　　　　　　　　　　　　　　　　　　　　　　　8 000

将期末存货中包含的未实现内部销售利润 5 400 元[(20 000+8 000−6 000)×20%+1 000]予以抵销时：

⑩借：营业成本　　　　　　　　　　　　　　　　　　　　　　　5 400
　　贷：存货　　　　　　　　　　　　　　　　　　　　　　　　　5 400

国际视野

国际会计准则理事会在《国际财务报告准则第 10 号——合并财务报表》应用指南中作出了如下规定：

合并程序：合并母公司与子公司的资产、负债、权益、收入、费用、现金流项目；抵销（消除）母公司在每一子公司投资的账面金额，抵销（消除）母公司在每一子公司的权益份额；全部抵销与集团公司内部所有交易相关的资产、负债、权益、收入、费用和现金流（全部抵销因集团内部交易确认的资产，如存货或固定资产）。集团内部交易产生的损失可能表明，需要在合并财务报表中确认相应的减值。

计量：从主体获得控制权日至主体不再控制子公司日为止，主体应在合并财务报表中包括子公司的收入与费用。子公司的收入与费用是以购买日在合并财务报表中确认的资产与负债金额为基础。例如，购买日后在合并综合收益表中确认的折旧费用是以购买日合并财务报表中确认的相关应折旧资产的公允价值为基础的。

（5）存货跌价准备的抵销。连续各期存货跌价准备的抵销主要包括两方面的内容：其一，首期编制合并财务报表时，内部存货交易形成的存货相应计提的跌价准备已经予以抵销，从而减少了资产减值损失。当第二期编制合并财务报表时，仍然以母公司和子公司的个别财务报表为基础，而这些个别财务报表并没有反映首期抵销业务的影响。所以，其中的期初未分配利润必然与首期合并所有者权益变动表中的期末未分配利润之间产生差额。为了使二者保持一致，就必须将首期抵销的存货跌价准备对第二期期初未分配利润合并数额的影响予以抵销，调整第二期期初未分配利润的合并数额。为此而编制的抵销分录为：借记"存货——存货跌价准备"项目，贷记"年初未分配利润"项目。第三期及以后各期均应如此。其二，以前各期及本期内部存货交易形成的存货，期末仍应将其账面价值与其可变现净值进行比较，以确定是否计提存货跌价准备及计提多少。因此，还应就本期计提或冲销的存货跌价准备进行调整，编制的抵销分录为：借记"存货——存货跌价准备"项目，贷记"资产减值损失"项目，或做相反处理。

例 5-12 上期 A 公司销售给 B 公司甲产品 20 000 元，其成本为 16 000 元，上期期末 B 公司计提的"存货跌价准备"为 1 000 元，同时，本期 B 公司又从 A 公司购入甲产品 8 000 元，款项尚未支付，A 公司的毛利率为 20%，本期实现对外销售存货 6 000 元，取得销售收入 9 600 元。甲产品的期末可变现净值为 19 000 元。

首先，将上期计提的存货跌价准备予以抵销：

⑪借：存货——存货跌价准备　　　　　　　　　　　　　　　1 000
　　　贷：年初未分配利润　　　　　　　　　　　　　　　　　　　1 000

其次，将本期计提的存货跌价准备予以抵销：

由于本期甲产品的可变现净值为 19 000 元，账面价值为 21 000 元（20 000+8 000–6 000–1 000），所以，B 公司期末计提的存货跌价准备为 2 000 元，该数额小于内部销售利润，应全额予以抵销。

⑫借：存货——存货跌价准备　　　　　　　　　　　　　　　2 000
　　　贷：资产减值损失　　　　　　　　　　　　　　　　　　　　2 000

如果甲产品期末可变现价值为 16 000 元，B 公司个别财务报表中应补提存货跌价准备 5 000 元，编制合并财务报表时，应部分抵销存货跌价准备，抵销额为 3 400 元（内部销售利润 4 400 元与上期抵销的数额之差或补提额 5 000 元与集团实际减值额 1 600 元之差）。

借：存货——存货跌价准备　　　　　　　　　　　　　　　　3 400
　　贷：资产减值损失　　　　　　　　　　　　　　　　　　　　　3 400

如果甲产品期末可变现价值为 22 000 元，应如何抵销呢？

以第四章 A 公司 2021 年合并财务报表工作底稿（表 4-7）为基础，将上述 2021 年内部存货交易中①~⑫抵销分录予以登记如表 5-2 所示。

表 5-2　A 公司合并财务报表工作底稿（局部）

2021 年 12 月 31 日　　　　　　　　　　　　　　　　　　单位：元

项目	A公司 报表金额	A公司 借方	A公司 贷方	B公司 报表金额	B公司 借方	B公司 贷方	合计金额	抵销分录 借方	抵销分录 贷方	少数股东权益	合并金额
利润表											
营业收入	500 000			200 000			700 000	⑨8 000			692 000
营业成本	300 000			120 000			420 000	⑩5 400	⑧5 000 ⑨8 000		412 400
资产减值损失	99 200			5 000			14 200		2 000		12 200
年初未分配利润	53 850	11 200		12 000			77 050	⑧5 000	1 000		73 050
存货	300 000			100 000			400 000	1 000 2 000	⑩5 400		397 600

第三节　集团公司内部往来业务

一、当期内部往来业务的抵销

母公司与子公司之间、子公司相互之间可能会发生债权与债务，包括母公司与子公司之间、子公司相互之间的应收账款与应付账款、预付账款与预收账款、应付债券与债权投资、其他应收款与其他应付款等。发生在母公司与子公司、子公司与子公司之间的这些债权债务，在其个别财务报表中，债权方以资产列示，债务方以负债列示。但是，从整个企业集团的角度看，这些债权债务只是内部资金往来，既不是企业集团的资产，也不是企业集团的负债。因此，在编制合并财务报表时，应当将这些内部的债权债务项目相抵销，同时也要将与这些债权债务有关的其他项目相抵销。具体包括以下几项。

（一）母公司与子公司、子公司相互之间的债权、债务的抵销

将母公司与子公司、子公司相互之间的债权与债务抵销时，应根据内部债权、债务的数额借记"应付账款""应付票据""应付债券""预收款项""合同负债"等项目，贷记"应收票据""应收账款""债权投资""预付款项""合同资产"等项目。

例 5-13　依例 5-1，2020 年 A 公司向 B 公司销售商品 15 000 元，收到 B 公司开出的银行承兑汇票 5 000 元，余款尚未收回，B 公司所购商品验收入库，商品尚未销售，该商品在 A 公司的销售成本为 14 000 元；A 公司预收 B 公司货款 30 000 元；A 公司 2020 年 1 月 1 日发行面值为 60 000 元的公司债券，年利率为 5%，每年年末付息一次，到期一次还

本。其中，B 公司购入债券 30 000 元作为债权投资。

在合并财务报表工作底稿中编制的抵销分录为（下列抵销分录在例 5-2 至例 5-7 基础上连续编号）

⑫借：应付票据 5 000
　　　应付账款 10 000
　　　应付债券 30 000
　　　合同负债 30 000
　　贷：应收票据 5 000
　　　　应收账款 10 000
　　　　债权投资 30 000
　　　　合同资产 30 000

本例中内部存货交易的抵销已体现在例 5-3 中。

当企业集团内部某企业在证券市场上从第三者手中购买集团内部成员企业的债券，而不是从发行债券的企业直接购买时，从企业集团的角度看，可以推定这部分债券已被赎回，即形成"推定赎回"。若债券赎回价格与其发行企业账面价值不相等，就会产生推定损益。即债券购买方取得债券发行方流通在外的债券所付出的价值高于所取得债券的账面价值，就会发生推定赎回损失。反之，则会产生推定赎回利得。从整个企业集团角度看，债券发行企业的应付债券因推定赎回而不复存在，推定赎回损益实质上构成了集团损益，应将这部分推定损益反映在合并利润表中的合并投资收益或财务费用项目。

例 5-14　B 公司将 A 公司 2020 年 1 月 1 日发行的公司债券作为债权投资，债券的面值为 40 000 元，购买价格为 42 689 元；A 公司发行日以债券面值发行，票面利率为 10%，每半年计息一次，到期一次还本付息。

本例中，假设截至 2020 年 12 月 31 日，B 公司个别资产负债表中，"债权投资"项目金额为 46 093 元；个别利润表中，"投资收益"项目金额为 3 404 元。A 公司个别资产负债表中，"应付债券"项目金额为 44 000 元；个别利润表中，"投资收益"项目金额为 4 000 元。则推定赎回损失为 2 093 元（46 093–44 000）。应编制的抵销分录为

借：应付债券 44 000
　　投资收益 2 092
　贷：债权投资 46 092

当债权投资的数额低于相对应的应付债券的数额时，对其差额编制抵销分录为

借：应付债券
　贷：债权投资
　　　投资收益

（二）内部利息收入与利息支出的抵销

当企业集团内部企业之间存在债权债务关系时，债权方企业会将收到的利息作为投资收益或冲减财务费用而列示在利润表中；而债务方企业会将利息支出作为财务费用列示在利润表中。由于企业集团内部的债权债务均属于内部资金调拨，由此所产生的利息收入与

利息支出也就相应不存在了。因此,应当将内部的利息收入与利息支出相抵销。

例 5-15 根据例 5-13 的资料,债券的利息为 1 500 元。

在合并财务报表工作底稿中编制抵销分录时:

⑬借:投资收益　　　　　　　　　　　　　　　　　　　　　　　　1 500
　　贷:财务费用　　　　　　　　　　　　　　　　　　　　　　　　　　1 500

(三)坏账准备的抵销

母公司与子公司、子公司相互之间应收款项与应付账款等相互抵销后,由于某一会计期间坏账准备的金额是以应收账款等应收款项为基础的,因此,已抵销的应收账款等所计提的坏账准备也应予以抵销。编制抵销分录时,按已抵销的应收账款等所计提的坏账准备的数额,借记"应收账款——坏账准备"项目,贷记"信用减值损失"项目。

例 5-16 假设例 5-13 中 A 公司的内部应收账款已计提了 1 000 元的坏账准备。

在合并财务报表工作底稿中应编制抵销分录:

⑭借:应收账款——坏账准备　　　　　　　　　　　　　　　　　　1 000
　　贷:信用减值损失　　　　　　　　　　　　　　　　　　　　　　　　1 000

将上述 2020 年内部往来业务的抵销分录⑫~⑭在合并财务报表工作底稿表 5-1(续 1)中予以登记如下。

表 5-1(续 1)　A 公司合并财务报表工作底稿(局部)

2020 年 12 月 31 日　　　　　　　　　　　　　　　　　单位:元

项目	A公司 报表金额	A公司 借方	A公司 贷方	B公司 报表金额	B公司 借方	B公司 贷方	合计金额	抵销分录 借方	抵销分录 贷方	少数股东权益	合并金额
营业收入	170 000			131 000			301 000	⑨20 000 ⑩15 000			266 000
营业成本	100 000			65 000			165 000		⑨16 000 ⑩14 000		135 000
—											
财务费用	2 500			1 000			3 500		1 500		2 000
资产减值损失	4 000			6 000			10 000		1 000		9 000
信用减值损失	1 000			0			1 000		1 000		0
投资收益	24 800	②4 800	①16 000	1 500			37 500	⑥16 000 1 500			20 000
—											
应收票据	40 000			10 000			50 000		5 000		45 000
应收账款	22 500			9 000			31 500	1 000	10 000		22 500
预付款项				30 000			30 000		30 000		0
存货	249 000			20 000			269 000	1 000	⑨4 000 ⑩1 000		265 000
—											

续表

项目	A公司			B公司			合计金额	抵销分录		少数股东权益	合并金额
	报表金额	借方	贷方	报表金额	借方	贷方		借方	贷方		
债权投资				30 000			30 000		30 000		0
应付账款	10 000			10 000			20 000	10 000			10 000
应付票据	5 000			5 000			10 000	5 000			5 000
预收款项	30 000						30 000	30 000			0
应付债券	60 000			0			60 000	30 000			30 000

二、以后各期内部往来业务的抵销

以后各期内部往来业务的抵销方法与以上当期内部往来业务的抵销方法基本一致，但应收账款等计提的坏账准备的抵销具有特殊性。

应收账款的坏账准备包括上期计提的部分与本期计提或冲销的部分，而本期计提或冲销的部分又要根据本期应收账款余额与上期余额相比的结果确定。

1. 上期计提的坏账准备

在首期编制合并财务报表时，对于企业集团内部的应收账款等计提的坏账准备已经予以抵销，坏账准备的抵销减少了信用减值损失，并因此而增加了合并后的净利润。当第二期编制合并财务报表时，合并所有者权益变动表中的期初未分配利润就应该是首期合并所有者权益变动表中的期末未分配利润。但是，第二期编制合并财务报表时，仍然以母公司和子公司的个别财务报表为基础，而这些个别财务报表并没有反映首期抵销业务的影响。所以，在首期存在应收账款提取坏账准备的情况下，对于第二期以个别财务报表为基础编制的合并所有者权益变动表，其中的期初未分配利润必然与首期合并所有者权益变动表中的期末未分配利润之间产生差额。为了使二者数额一致，就必须将首期抵销的内部应收账款计提的坏账准备，对第二期期初未分配利润合并数额的影响予以抵销，调整第二期期初未分配利润的合并数额。为此而编制的抵销分录为，借记"应收账款——坏账准备"项目，贷记"未分配利润——年初"项目。第三期及以后各期均是如此。

2. 本期计提的坏账准备

对于本期内部应收账款、其他应收款补提或冲销的数额，对个别财务报表所产生的影响也同样需要抵销。为了便于说明，下面分三种情况加以介绍。

（1）本期应收账款余额与上期余额相等。由于本期内部应收账款余额与上期相等，所以，本期内部应收账款和其他应收款既不补提坏账准备，也不冲销坏账准备，只需要将上期计提的坏账准备抵销，调整期初未分配利润的数额即可。

例 5-17　2020 年 A 公司的应收账款中有 10 000 元为应收 B 公司的销货款，提取了 1 000 元的坏账准备。2021 年 A 公司应收 B 公司的内部应收账款余额仍为 10 000 元。

将上期内部应收账款计提的坏账准备抵销时：

借：应收账款——坏账准备　　　　　　　　　　　　　　　　1 000
　　贷：年初未分配利润　　　　　　　　　　　　　　　　　　　1 000

（2）本期内部应收款项余额大于上期余额

当本期应收账款余额大于上期余额时，一方面要将上期计提的坏账准备抵销，调整年初未分配利润的数额；另一方面要将对本期内部应收账款增加部分而补提的坏账准备予以抵销。

例 5-18　仍使用例 5-17 中的资料，只是本期 A 公司应收 B 公司的内部应收账款余额为 18 000 元，补提 800 元的坏账准备（抵销分录在例 5-11、例 5-12 基础上连续编号）。

将内部应收账款与内部应付账款抵销时：

⑬借：应付账款　　　　　　　　　　　　　　　　　　　　　18 000
　　贷：应收账款　　　　　　　　　　　　　　　　　　　　　　18 000

将上期内部应收账款计提的坏账准备抵销时：

⑭借：应收账款——坏账准备　　　　　　　　　　　　　　　　1 000
　　贷：年初未分配利润　　　　　　　　　　　　　　　　　　　1 000

将本期补提的坏账准备抵销时：

⑮借：应收账款——坏账准备　　　　　　　　　　　　　　　　　800
　　贷：信用减值损失　　　　　　　　　　　　　　　　　　　　　800

（3）本期内部应收款项余额小于上期余额。当本期应收账款余额小于上期余额时，一方面要将上期计提的坏账准备抵销，调整期初未分配利润的数额；另一方面要将对本期内部应收账款减少部分而冲销的坏账准备予以抵销。

例 5-19　仍使用例 5-17 中的资料，只是本期 A 公司应收 B 公司的内部账款余额为 8 000 元，冲销了 200 元的坏账准备。

将上期内部应收账款计提的坏账准备抵销时：

借：应收账款——坏账准备　　　　　　　　　　　　　　　　　1 000
　　贷：年初未分配利润　　　　　　　　　　　　　　　　　　　1 000

将本期冲销的坏账准备抵销时：

借：信用减值损失　　　　　　　　　　　　　　　　　　　　　　200
　　贷：应收账款——坏账准备　　　　　　　　　　　　　　　　　200

3. 其他内部往来业务的抵销

其他内部往来业务的抵销方法与首期相同。

例 5-20　2020 年 A 公司发行了面值为 60 000 元的公司债券，年利率为 5%，每年年末付息一次，到期一次还本。其中，B 公司购入债券 30 000 元作为债权投资。第二期应编制的抵销分录如下：

⑯借：应付债券　　　　　　　　　　　　　　　　　　　　　30 000
　　贷：债权投资　　　　　　　　　　　　　　　　　　　　　　30 000

⑰借：投资收益　　　　　　　　　　　　　　　　　　　　　　1 500
　　贷：财务费用　　　　　　　　　　　　　　　　　　　　　　1 500

将上述 2021 年内部往来业务的抵销分录⑬～⑰在合并财务报表工作底稿表 5-2(续 1)中予以登记如下。

表 5-2（续 1）　A 公司合并财务报表工作底稿（局部）
2021 年 12 月 31 日　　　　　　　　　　　　　　　　　　　单位：元

项目	A 公司 报表金额	A 公司 借方	A 公司 贷方	B 公司 报表金额	B 公司 借方	B 公司 贷方	合计金额	抵销分录 借方	抵销分录 贷方	少数股东权益	合并金额
营业收入	500 000			200 000			700 000	⑨8 000			692 000
营业成本	300 000			120 000			420 000	⑩5 400	⑧5 000 ⑨8 000		412 400
财务费用	30 000			5 000			35 000		⑰1 500		33 500
资产减值损失	9 200			5 000			14 200		2 000		12 200
信用减值损失	800			0			800		800		0
投资收益	39 600	④9 600	32 000	1 500			63 500	⑥32 000 ⑰1 500			30 000
未分配利润——年初	53 850	①11 200		12 000			77 050	⑧5 000	1 000 1 000		74 050
应收票据	60 000			20 000			80 000				80 000
应收账款	90 000			20 000			110 000		1 000 800	18 000	93 800
存货	300 000			100 000			400 000		1 000 2 000	⑩5 400	397 600
债权投资				30 000			30 000		30 000		0
应付账款	40 000			50 000			90 000	18 000			72 000
应付债券	60 000						60 000	30 000			30 000

第四节　集团公司内部固定资产交易

内部固定资产交易是指企业集团内部交易一方的企业发生了与固定资产有关的购销业务。内部固定资产交易的抵销分为首期抵销和以后各期抵销两种情况。

一、首期固定资产交易的抵销

企业集团内部的固定资产交易可以划分为三种类型：第一种类型是企业集团内部企业

将自身使用的固定资产变卖给企业集团内的其他企业作为固定资产使用;第二种类型是企业集团内部企业将自身生产的产品销售给企业集团内的其他企业作为固定资产使用;第三种类型是企业集团内部企业将自身使用的固定资产变卖给企业集团内的其他企业作为普通商品销售。第三种类型的固定资产交易,在企业集团内部极少发生。下面,就前两种内部固定资产交易有关的抵销事项分别加以说明。

(一)购买企业内部购进的固定资产作为固定资产的抵销

发生这种内部固定资产交易时,对于销售固定资产的企业,其资产负债表中固定资产项目已按减少后的数额列示,处理固定资产的净收益或净损失,作为资产处置收益列示在利润表中;对于购入固定资产的企业,则按购入价格(包含销售企业固定资产交易的未实现内部销售利润)作为固定资产的价值列示在资产负债表中。但是,从企业集团整体的角度出发,企业集团内部的固定资产交易业务只是属于固定资产的内部调拨活动,仅仅是固定资产的使用地点发生了变化,既不能实现损益,也不会使得固定资产的净值发生变化。因此,必须将内部固定资产交易的未实现内部销售利润与固定资产价值的增加金额相抵销,借记"资产处置收益"项目,贷记"固定资产——原价"项目。

例 5-21 2020 年 1 月,A 公司将其使用的一台机器设备出售给 B 公司,B 公司继续作为固定资产使用。该机器设备的原价为 20 000 元,累计折旧为 6 000 元,A 公司取得销售价款 16 000 元。

B 公司增加的固定资产价值中则包含了 2 000 元未实现内部销售利润。

在固定资产交易的当期,编制合并财务报表时应编制的抵销分录为

借:资产处置收益　　　　　　　　　　　　　　　　　　　　　　2 000
　　贷:固定资产——原价　　　　　　　　　　　　　　　　　　　　　2 000

(二)购买企业内部购进的商品作为固定资产的抵销

企业集团内部某企业将自身生产的产品销售给企业集团内的其他企业作为固定资产使用时,内部固定资产交易的抵销包括固定资产交易本身的抵销、固定资产折旧的抵销和固定资产减值准备的抵销。

首先,发生这种类型的内部固定资产交易时,对于销售固定资产的企业,是将其销售产品的收入与成本计入损益列示在利润表中。购买固定资产的企业则是按销售企业的售价(即销售企业的成本与毛利之和)作为固定资产的原价列示在资产负债表中。但是,从整个企业集团的角度看,这种内部固定资产交易活动只不过相当于通过在建工程自建固定资产并交付使用。它既不能实现销售收入,也不能发生销售成本,因而并不能形成利润。在合并财务报表时,必须将内部销售收入与内部销售成本和未实现内部销售利润相互抵销,即按销售企业的销售收入借记"营业收入"项目,按销售企业的销售成本贷记"营业成本"项目,按未实现内部销售利润贷记"固定资产——原价"项目。

例 5-22 2020 年 1 月,A 公司将其生产的机器设备出售给 B 公司,B 公司将该机器作为管理用固定资产使用。A 公司该机器的售价为 40 000 元,成本为 30 000 元,款项以银行存款支付。

在固定资产交易的当期,编制合并财务报表时应编制的抵销分录为(在例 5-2 至例 5-7、例 5-13、例 5-15、例 5-16 基础上连续编号)

⑮借:营业收入　　　　　　　　　　　　　　　　　　　　　40 000
　　贷:营业成本　　　　　　　　　　　　　　　　　　　　　30 000
　　　　固定资产——原价　　　　　　　　　　　　　　　　　10 000

其次,既然此种类型的内部固定资产交易相当于通过在建工程自建固定资产,然后交付使用,所以,该固定资产的建造成本就是它的原价,就是计提折旧的基数。但是,购买固定资产的企业是按销售企业的售价(即销售企业的建造成本与未实现内部销售利润之和)作为固定资产的原价入账,并据此计提折旧。这样,购买固定资产的企业将未实现内部销售利润也计提了折旧,每期计提的折旧额必然大于按建造成本计提的折旧额。因此,每期都必须将就未实现内部销售利润计提的折旧,从该固定资产当期已计提的折旧费用中予以抵销,借记"固定资产——累计折旧"项目,贷记"管理费用"等项目。

例 5-23　假设例 5-22 中的固定资产用于管理活动,使用期限为 5 年,B 公司采用使用年限法计提折旧。为了简化计算,本例按 12 个月计提折旧。

本年就未实现内部销售利润计提的折旧编制抵销分录时:

⑯借:固定资产——累计折旧　　　　　　　　　　　　　　　2 000
　　贷:管理费用　　　　　　　　　　　　　　　　　　　　　2 000

最后,根据企业会计准则的规定,企业应当在资产负债表日判断资产是否存在可能发生减值的迹象。如果其可收回金额低于其账面价值的,应当按其差额计提固定资产减值准备。内部交易固定资产计提的固定资产减值准备的抵销主要应解决两个问题,即调整哪些项目?调整的金额如何确定?由于个别财务报表中计提固定资产减值准备涉及"资产减值损失"和"固定资产——减值准备"两个报表项目,所以,在编制合并财务报表时这两个项目应予以调整;调整的金额则应采用以下方法予以确定:在个别财务报表中,企业通过内部交易形成的固定资产中包含一部分内部销售利润,首期计提固定资产减值准备时,决定计提数额的主要是固定资产账面价值(包含内部销售利润的固定资产原值减去以此为基础计算的累计折旧)和可收回金额。其中,固定资产可收回金额是指固定资产期末公允价值减去处置费用后的净额与预计未来现金流量现值的较高者,固定资产可收回金额低于账面价值的差额为实际计提的固定资产减值准备;计提的减值准备一方面反映在资产负债表中,另一方面已计入当期利润表;但从集团合并财务报表编制的角度看,决定计提数额的是不包含内部销售利润的固定资产账面价值和可收回金额。可收回金额低于账面价值的差额为应计提的固定资产减值准备;当期应计提的固定资产减值准备与个别财务报表中当期实际计提的固定资产减值准备的差额即为合并当期应予以调整的数额。具体可以分为三种情况:当期末固定资产可收回金额大于扣除未实现内部销售利润前个别财务报表中固定资产账面价值时,意味着固定资产未发生减值,合并财务报表编制中不涉及固定资产减值准备的调整;当期末固定资产可收回金额小于扣除未实现内部销售利润前个别财务报表中固定资产账面价值,但大于扣除未实现内部销售利润后合并财务报表中固定资产的账面价值时,意味着个别财务报表中固定资产发生了减值,而从合并财务报表编制的角度看则没有发生减值，所以，应将个别财务报表中所提取的固定资产减值准备全部予以抵销；当期末固定资产可收回金额小于扣除未实现内部销售利润后合并财务报表中固定资产账面价值时，意味着无论是从个别财务报表的角度，还是从合并财务报表的角度看，固定资产均发生了减值，应将个别财务报表中计提的固定资产减值准备部分予以抵销（个别财务报表中实际计提的固定资产减值准备与合并财务报表中应计提的减值准备的差额部分）。

例 5-24 根据例 5-22、例 5-23 的有关资料，假定该固定资产期末可收回金额为 34 000 元。

在本例中，B 公司内部购入的固定资产期末账面价值 = 40 000 - 8 000 = 32 000 元

由于固定资产期末可收回金额高于其账面价值，表明未发生减值，个别财务报表中不计提固定资产减值准备，合并财务报表编制中亦不需调整。

如果上例中固定资产期末可收回金额为 30 000 元，则：

B 公司内部购入的固定资产期末账面价值 = 40 000 - 8 000 = 32 000 元

B 公司期末实际计提的固定资产减值准备 = 32 000 - 30 000 = 2 000 元

从集团角度看该固定资产期末账面价值 = 30 000 - 6 000 = 24 000 元

由于从集团角度看该固定资产期末可收回金额大于其账面价值，故不应计提固定资产减值准备，应将 B 公司多计提的固定资产减值准备 2 000 元予以冲回。编制的抵销分录为

⑰借：固定资产——减值准备　　　　　　　　　　　　　　　2 000
　　贷：资产减值损失　　　　　　　　　　　　　　　　　　　　　　2 000

如果本例中固定资产期末可收回金额为 23 000 元，则：

B 公司期末实际计提的固定资产减值准备 = 32 000 - 23 000 = 9 000 元

从集团角度看该固定资产期末应计提的固定资产减值准备 = 24 000 - 23 000 = 1 000 元

集团期末应冲销的固定资产减值准备 = 9 000 - 1 000 = 8 000 元

编制的抵销分录为

借：固定资产——减值准备　　　　　　　　　　　　　　　　8 000
　　贷：资产减值损失　　　　　　　　　　　　　　　　　　　　　　8 000

将上述当期内部固定资产交易的抵销分录⑮～⑰在合并财务报表工作底稿表 5-1（续 2）中予以登记。

表 5-1（续 2）　A 公司合并财务报表工作底稿（局部）

2020 年 12 月 31 日　　　　　　　　　　　　　　　　　　　　　单位：元

项目	A 公司			B 公司			合计金额	抵销分录		少数股东权益	合并金额
	报表金额	借方	贷方	报表金额	借方	贷方		借方	贷方		
营业收入	170 000			131 000			301 000	⑨20 000 ⑩15 000 40 000			2 260 000
营业成本	100 000			65 000			165 000	⑨16 000 ⑩14 000 30 000			105 000
—											

续表

项目	A公司 报表金额	借方	贷方	B公司 报表金额	借方	贷方	合计金额	抵销分录 借方	贷方	少数股东权益	合并金额
管理费用	1 500			11 000			12 500		2 000		10 500
财务费用	2 500			1 000			3 500		1 500		2 000
资产减值损失	4 000			6 000			10 000		1 000 ⑰2 000		7 000
信用减值损失	1 000			0			1 000		1 000		0
投资收益	24 800	②4 800	16 000	1 500			37 500	⑥16 000 1 500			20 000
应收票据	40 000			10 000			50 000		5 000		45 000
应收账款	22 500			9 000			31 500	1 000	10 000		22 500
预付账款				30 000			30 000		30 000		0
存货	249 000			20 000			269 000	1 000	⑨4 000 ⑩1 000		265 000
债权投资				30 000			30 000		30 000		0
固定资产	70 000			44 000			114 000	2 000 ⑰2 000	10 000		108 000
应付账款	10 000			10 000			20 000	10 000			10 000
应付票据	5 000			5 000			10 000	5 000			5 000
预收账款	30 000						30 000	30 000			0
应付债券	60 000			0			60 000	30 000			30 000

二、以后各期内部固定资产交易的抵销

由于固定资产的使用期限至少是在一年，所以，内部固定资产交易不仅影响到交易当期的合并财务报表，而且影响到以后各期的合并财务报表。如前所述，对于内部交易的固定资产，既要抵销购入企业固定资产原价中包含的未实现内部销售利润，还要抵销就未实现内部销售利润所计提的折旧以及相应的固定资产减值准备。因此，这两个问题对固定资产整个使用期间内的各期合并财务报表都产生影响。

1. 内部固定资产交易的抵销

编制首期合并财务报表时，已经将期末固定资产原价中包含的未实现内部销售利润予以抵销，并因此而减少了合并后的净利润；将就未实现内部销售利润计提的折旧予以抵销，

因而减少了管理费用,并因此而增加了合并未分配利润;同时,将内部交易固定资产多计提的减值准备予以抵销,并因此而增加了合并未分配利润。当第二期编制合并财务报表时,合并所有者权益变动表中的期初未分配利润就应该是首期合并所有者权益变动表中的期末未分配利润。但是,第二期编制合并财务报表时,仍然以母公司和子公司的个别财务报表为基础,而这些个别财务报表并没有反映首期抵销业务的影响。所以,在首期存在期末固定资产原价中包含未实现内部销售利润,以及首期对未实现内部销售利润计提折旧和内部交易固定资产计提减值准备的情况下,对于第二期以个别财务报表为基础编制的合并所有者权益变动表,其中的期初未分配利润必然与首期合并所有者权益变动表中的期末未分配利润之间产生差额。为了使二者数额一致,就必须将首期抵销的未实现内部销售利润,以及抵销的就未实现内部销售利润计提的折旧、就内部交易固定资产计提的减值准备对第二期期初未分配利润合并数额的影响予以抵销,调整第二期期初未分配利润的合并数额。因此,在第二期应编制的抵销分录应调整四个方面的内容:第一,抵销固定资产原价中包含的未实现内部销售利润,抵销分录为,借记"未分配利润——年初"项目,贷记"固定资产——原价"项目;第二,抵销以前各期就未实现内部销售利润计提的折旧之和,编制的抵销分录为,借记"固定资产——累计折旧"项目,贷记"年初未分配利润"项目;第三,抵销当期就未实现内部销售利润计提的折旧,抵销分录为:借记"固定资产——累计折旧"项目,贷记"管理费用"等项目;第四,抵销内部交易固定资产上期期末"固定资产——减值准备"的余额,即以前各期多计提及冲销的固定资产减值准备之和,编制的抵销分录为:借记"固定资产——减值准备"项目,贷记"年初未分配利润"项目。第三期及以后各期均是如此。

例 5-25 如前所述,2020 年 A 公司将其生产的机器出售给其子公司 B 公司,B 公司将该机器作为管理用固定资产使用,其折旧年限为 5 年,采用直线法计提折旧(假设第一年近 12 个月计提折旧)。A 公司该机器的售价为 40 000 元,成本为 30 000 元。假设第一至第四年年末该机器的可收回金额分别为 30 000 元、21 500 元、13 000 元和 5 800 元。

在固定资产交易的当期,编制抵销分录时:

借:营业收入	40 000
贷:营业成本	30 000
固定资产——原价	10 000

交易当期就未实现内部销售利润计提的折旧编制抵销分录时:

借:固定资产——累计折旧	2 000
贷:管理费用	2 000

第一年年末 B 公司该固定资产的账面价值 = 40 000 − 8 000 = 32 000 元

第一年年末从集团角度看该固定资产的账面价值 = 30 000 − 6 000 = 24 000 元

由于该固定资产可收回金额低于 B 公司固定资产账面价值 2 000 元,B 公司在个别财务报表中计提了 2 000 元的固定资产减值准备,但该固定资产可收回金额高于集团该固定资产的账面价值,意味着从集团角度看该固定资产没有减值,应将内部交易形成的固定资产多计提的减值准备予以抵销,编制抵销分录时:

借：固定资产——减值准备　　　　　　　　　　　　　　　　　2 000
　　贷：资产减值损失　　　　　　　　　　　　　　　　　　　　　　2 000

在第二年编制合并财务报表时，首先将固定资产原价中包含的未实现内部销售利润予以抵销（在例5-18、例5-20基础上连续编号）：

⑱借：年初未分配利润　　　　　　　　　　　　　　　　　　　10 000
　　贷：固定资产——原价　　　　　　　　　　　　　　　　　　　10 000

其次，将第一年就未实现内部销售利润计提的折旧予以抵销：

⑲借：固定资产——累计折旧　　　　　　　　　　　　　　　　2 000
　　贷：年初未分配利润　　　　　　　　　　　　　　　　　　　　2 000

将第一年内部交易固定资产多计提的固定资产减值准备予以抵销：

⑳借：固定资产——减值准备　　　　　　　　　　　　　　　　2 000
　　贷：年初未分配利润　　　　　　　　　　　　　　　　　　　　2 000

再次，将第二年就未实现内部销售利润计提的折旧予以抵销：

第二年年末B公司该项机器计提的固定资产折旧=（固定资产原值－累计折旧－期初固定资产减值准备）/固定资产剩余可使用年限=（40 000－8 000－2 000）/4=7 500（元）

第二年年末从集团角度抵销未实现内部销售利润后应计提的固定资产折旧=（抵销未实现销售利润后固定资产原值－期初抵销后累计折旧－集团计提的固定资产减值准备）/固定资产剩余可使用年限=（30 000－6 000）/4=6 000（元）

第二年该固定资产多计提的折旧为1 500（7 500－6 000）元，编制抵销分录时：

㉑借：固定资产——累计折旧　　　　　　　　　　　　　　　　1 500
　　贷：管理费用　　　　　　　　　　　　　　　　　　　　　　　1 500

最后，将第二年内部交易固定资产多计提的减值准备予以抵销：

第二年年末B公司该固定资产的账面价值=（40 000－8 000－2 000－7 500）=22 500（元）

由于第二年年末B公司固定资产的可收回金额低于其账面价值1 000元，B公司补提固定资产减值准备1 000元。

第二年年末从集团角度看该固定资产的账面价值=（30 000－6 000－6 000）=18 000（元）

由于第二年年末固定资产可收回金额高于从集团角度看该固定资产的账面价值，意味着集团该固定资产没有发生减值，第二年合并财务报表编制时应将B公司计提的减值准备予以抵销，应编制的抵销分录为

㉒借：固定资产——减值准备　　　　　　　　　　　　　　　　1 000
　　贷：资产减值损失　　　　　　　　　　　　　　　　　　　　　1 000

如果第二年年末该固定资产的可收回金额为17 000元，编制合并财务报表时应如何抵销呢？读者不妨一试。

将上述2020年内部固定资产交易的抵销分录⑱～㉒在合并财务报表工作底稿表5-2（续2）中予以登记如下。

表 5-2（续 2） A 公司合并财务报表工作底稿（局部）
2015 年 12 月 31 日　　　　　　　　　　　　　　　　　　单位：元

项目	A 公司 报表金额	A 公司 借方	A 公司 贷方	B 公司 报表金额	B 公司 借方	B 公司 贷方	合计金额	抵销分录 借方	抵销分录 贷方	少数股东权益	合并金额
营业收入	500 000			200 000			700 000	⑨8 000			692 000
营业成本	300 000			120 000			420 000	⑩5 400	⑧5 000 ⑨8 000		412 400
管理费用	40 000			10 000			50 000		㉑1 500		48 500
财务费用	30 000			5 000			35 000		⑰1 500		33 500
资产减值损失	9 200			5 000			14 200		2 000 ㉒1 000		11 200
信用减值损失	800			0			800		800		0
投资收益	39 600	④9 600	②32 000	1 500			63 500	⑥32 000 ⑰1 500			30 000
未分配利润——年初	53 850		①11 200	12 000			77 050	⑧5 000 ⑱10 000	1 000 1 000 ⑲2 000 ⑳2 000		68 050
应收票据	60 000			20 000			80 000				80 000
应收账款	90 000			20 000			110 000	1 000 800	18 000		93 800
存货	300 000			100 000			400 000	1 000 2 000	⑩5 400		397 600
债权投资				30 000			30 000		30 000		0
固定资产	100 000			80 000			180 000	⑲2 000 ⑳2 000 ㉑1 500 ㉒1 000	⑱10 000		176 500
应付账款	40 000			50 000			90 000	18 000			72 000
应付债券	60 000						60 000	30 000			30 000

第三年编制合并财务报表时，应编制的抵销分录为

借：年初未分配利润　　　　　　　　　　　　　　　　　　　　　　10 000
　　　贷：固定资产——原价　　　　　　　　　　　　　　　　　　　　　10 000
借：固定资产——累计折旧　　　　　　　　　　　　　　　　　　　3 500
　　　贷：未分配利润——年初　　　　　　　　　　　　　　　　　　　　3 500

借：固定资产——减值准备 3 000
　　贷：年初未分配利润 3 000

第三年年末 B 公司该项机器计提的固定资产折旧＝（固定资产原值－累计折旧－期初固定资产减值准备）/固定资产剩余可使用年限＝（40 000－8 000－7 500－2 000－1 000）/3＝7 166.67（元）

第三年年末从集团角度抵销未实现内部销售利润后应计提的固定资产折旧＝（抵销未实现销售利润后固定资产原值－期初抵销后累计折旧－集团应计提的固定资产减值准备）/固定资产剩余可使用年限＝（30 000－6 000－6 000）/3＝6 000（元）

第三年该固定资产多计提的折旧为 1 166.67 元（7 166.67－6 000），编制抵销分录时：
借：固定资产——累计折旧 1 166.67
　　贷：管理费用 1 166.67

第三年年末 B 公司该固定资产的账面价值＝（40 000－8 000－2 000－7 500－1 000－7 166.67）＝14 333.33（元）

由于第三年年末 B 公司固定资产的可收回金额低于其账面价值 1 333.33 元，B 公司计提固定资产减值准备 1 333.33 元。

第三年年末从集团角度该固定资产的账面价值＝（30 000－6 000－6 000－6 000）＝12 000（元）

由于第三年年末 B 公司固定资产的可收回金额高于从集团角度看该固定资产的账面价值，意味着集团本期不应计提固定资产减值准备，而应将 B 公司计提的减值准备予以抵销。

第三年编制抵销分录时：
借：固定资产——减值准备 1 333.33
　　贷：资产减值损失 1 333.33

在第四年编制合并财务报表时，所要编制的抵销分录为
借：未分配利润——年初 10 000
　　贷：固定资产——原价 10 000
借：固定资产——累计折旧 4 666.67
　　贷：未分配利润——年初 4 666.67
借：固定资产——减值准备 4 333.33
　　贷：未分配利润——年初 4 333.33

第四年年末 B 公司该项机器计提的固定资产折旧＝（固定资产原值－累计折旧－期初固定资产减值准备）/固定资产剩余可使用年限＝（40 000－8 000－7 500－2 000－1 000－7 166.67－1 333.33）/2＝6 500（元）

第四年年末从集团角度抵销未实现内部销售利润后应计提的固定资产折旧＝（抵销未实现销售利润后固定资产原值－期初抵销后累计折旧－集团应计提的固定资产减值准备）/固定资产剩余可使用年限＝（30 000－6 000－6 000－6 000）/2＝6 000（元）

第四年该固定资产多计提的折旧为 500 元（6 500－6 000），编制抵销分录时：

借：固定资产——累计折旧　　　　　　　　　　　　　　　　　　　　　　　500
　　　贷：管理费用　　　　　　　　　　　　　　　　　　　　　　　　　　500

第四年年末 B 公司该固定资产的账面价值 =（40 000 - 8 000 - 2 000 - 7 500 - 1 000 - 7 166.67 - 1 333.33 - 6 500）= 6 500（元）

由于第四年年末 B 公司固定资产的可收回金额低于其账面价值，B 公司计提固定资产减值准备 700 元。

第四年年末从集团角度该固定资产的账面价值 =（30 000 - 6 000 - 6 000 - 6 000 - 6 000）= 6 000（元）

由于第四年年末该固定资产的可收回金额低于从集团角度看该固定资产账面价值 200 元，集团应计提固定资产减值准备 200 元。从合并财务报表编制的角度，本期应冲销的固定资产减值准备为 500 元，故第四年编制的抵销分录为

借：固定资产——减值准备　　　　　　　　　　　　　　　　　　　　　　500
　　　贷：资产减值损失　　　　　　　　　　　　　　　　　　　　　　　　500

各年固定资产减值额的计算如表 5-3 所示。

表 5-3　各年固定资产减值额的计算

		第一年	第二年	第三年	第四年	第五年
B 公司	固定资产原价	40 000	40 000	40 000	40 000	40 000
	当期折旧	8 000	7 500	7 166.67	6 500	5 800
	累计折旧	8 000	15 500	22 666.67	29 166.67	34 966.67
	账面价值	32 000	22 500	14 333.33	6 500	0
	可收回金额	30 000	21 500	13 000	5 800	0
	减值额	2 000	1 000	1 333.33	700	0
	累计减值额	2 000	3 000	4 333.33	5 033.33	5 033.33
集团	固定资产原价	30 000	30 000	30 000	30 000	30 000
	当期折旧	6 000	6 000	6 000	6 000	5 800
	累计折旧	6 000	12 000	18 000	24 000	29 800
	账面价值	24 000	18 000	12 000	6 000	0
	可收回金额	30 000	21 500	13 000	5 800	0
	减值额	0	0	0	200	0
	累计减值额	0	0	0	200	200
抵销	固定资产中包含的未实现销售利润	10 000	10 000	10 000	10 000	10 000
	当期折旧	2 000	1 500	1 166.67	500	0
	累计折旧额	2 000	3 500	4 666.67	5 166.67	5 166.67
	减值额	2 000	1 000	1 333.33	500	0
	累计减值额	2 000	3 000	4 333.33	4 833.33	4 833.33

相关链接

合并报表层面内部资产交易未实现损益的抵销及所得税处理的特点

在考虑所得税的情况下，如果集团内部固定资产交易产生内部未实现损益，这部分损益一方面体现在出售方的利润表中，并缴纳了增值税和所得税，另一方面该资产在购入方有了新的计税基础。内部未实现损益使得该资产的账面价值在购入方会计主体和集团会计主体上产生分离，导致计提折旧、减值准备等后续会计处理也出现差异，并进一步使得所得税处理出现差异。在合并报表层面上，每笔抵销分录其实都是对内部未实现交易损益的分析和处理。下面以第一种类型的固定资产交易（一方将自己生产或经销的商品销售给另一方作为固定资产使用）为例，对集团内部资产交易产生的未实现销售利润和销售亏损分别进行说明。

（1）集团内部固定资产交易产生内部未实现销售利润。集团内部固定资产交易，如果产生内部未实现销售利润，从资产负债表债务法的视角看，这将会形成未来可抵扣暂时性差异，因为从购入方看，从集团内部购入的固定资产，其计税基础中包含内部未实现损益，但从集团角度看，该固定资产的账面价值中不包含这部分未实现损益，导致资产的账面价值小于其计税基础，产生可抵扣暂时性差异，形成递延所得税资产（假定未来期间能够取得足够的应纳税所得额）。这部分可抵扣暂时性差异，在集团内部资产交易的后续影响期间，伴随着内部未实现损益的减少而逐渐转回，一直到内部未实现损益全部实现或消除时才会全部转回。

（2）集团内部固定资产交易产生内部未实现销售亏损。集团内部固定资产交易，如果产生内部未实现销售亏损，从资产负债表债务法的视角看，这将会形成未来应纳税暂时性差异，形成递延所得税负债。这部分应纳税暂时性差异，在集团内部资产交易的后续影响期间，伴随着内部未实现损益的减少而逐渐转回，一直到内部未实现损益全部实现或消除时才会全部转回。其处理过程与内部固定资产交易产生内部未实现利润类似。

资料来源：何力军，戴德明，唐好.合并报表集团内部资产交易未实现损益抵销与所得税处理[J].财务与会计，2013(3)，有改动

2. 清理会计期间的内部固定资产交易

由于固定资产的清理可能发生在以下三种情况下，所以需要分别讨论有关的抵销问题。

（1）内部交易固定资产使用期限已满。在这种情况下，需办理固定资产报废手续，并进行固定资产清理的会计处理。

在固定资产使用期限已满进行清理报废的情况下，内部交易固定资产的折旧已提足，购买固定资产的企业将固定资产原价与其计提的折旧均予以注销，伴随着固定资产的报废，固定资产减值准备也已经予以注销，固定资产原价中包含的未实现内部销售利润和累计折旧中包含的就未实现内部销售利润计提的折旧以及固定资产减值准备均已不复存在，所以，这些已不必再予以抵销。只有本期管理费用中包含的就未实现内部销售利润计提的折旧费用需要予以抵销，为此编制的抵销分录为，借记"未分配利润——年初"项目，贷

记"管理费用"项目。

例 5-26 仍使用例 5-25 中的有关资料。

假如按照前几年编制合并财务报表的处理方法，则第五年应编制如下抵销分录：

借：年初未分配利润　　　　　　　　　　　　　　　　　　10 000
　　贷：营业外支出（或营业外收入，下同）　　　　　　　　　　10 000
借：营业外支出　　　　　　　　　　　　　　　　　　　　5 166.67
　　贷：年初未分配利润　　　　　　　　　　　　　　　　　　5 166.67
借：营业外支出　　　　　　　　　　　　　　　　　　　　4 833.33
　　贷：年初未分配利润　　　　　　　　　　　　　　　　　　4 833.33

第五年无论是从 B 公司的角度，还是从集团的角度，该固定资产应提取的折旧均是 5 800 元，所以，不需调整固定资产折旧。

（2）内部交易固定资产超期使用。在这种情况下，该固定资产在其使用期限内的最后一个会计期间，仍然要计提折旧，同时，该固定资产的原价、已经计提的折旧及固定资产减值准备仍然列示在购买企业的资产负债表中，所以，在这最后一个会计期间，仍要将固定资产原价中包含的未实现内部销售利润予以抵销，以调整期初未分配利润，还要将以前各期对未实现内部销售利润计提的折旧予以抵销，并将本期管理费用中包含的就未实现内部销售利润计提的折旧费用予以抵销，同时，应将以前各期计提的固定资产减值准备予以抵销。

例 5-27 仍使用例 5-25 中的有关资料，只是该固定资产现为超期使用。在其使用期限内的最后一个会计期间，即第五年应编制如下抵销分录：

借：年初未分配利润　　　　　　　　　　　　　　　　　　10 000
　　贷：固定资产——原价　　　　　　　　　　　　　　　　　10 000
借：固定资产——累计折旧　　　　　　　　　　　　　　　5 166.67
　　贷：年初未分配利润　　　　　　　　　　　　　　　　　　5 166.67
借：固定资产——减值准备　　　　　　　　　　　　　　　4 833.33
　　贷：年初未分配利润　　　　　　　　　　　　　　　　　　4 833.33

第五年不需抵销固定资产折旧。

在该内部交易固定资产超期使用的各个会计期间内，由于购买企业仍在使用它，并将其列示在资产负债表之中，所以，必须将该固定资产原价中包含的未实现内部销售利润予以抵销，调整期初未分配利润；将该固定资产包含的内部未实现销售利润部分计提的累计折旧予以抵销；另外，上期期末"固定资产——减值准备"的余额（即以前各期累计计提及冲销的固定资产减值准备）亦应予以抵销。但是，由于超期使用的固定资产不必继续计提折旧，所以，在超期使用的以后各期就不存在抵销多计提折旧的问题了。

例 5-28 假设例 5-25 中的固定资产在第六年仍继续使用，则第六年应编制如下抵销分录：

借：年初未分配利润　　　　　　　　　　　　　　　　　　10 000
　　贷：固定资产——原价　　　　　　　　　　　　　　　　　10 000
借：固定资产——累计折旧　　　　　　　　　　　　　　　5 166.67
　　　　　　——减值准备　　　　　　　　　　　　　　　　4 833.33

贷：年初未分配利润　　　　　　　　　　　　　　　　　　　　10 000

　　假如该固定资产在第七年进行清理，由于超期使用后再进行清理的内部交易的固定资产，其清理当期实物已不存在，不存在固定资产原价中包含未实现内部销售利润的抵销问题，同时，其固定资产累计折旧也随着清理而转销，也不存在固定资产多计提折旧的抵销问题，即固定资产原价中包含的未实现内部销售利润已经实现，则第七年就不必做任何抵销分录。

　　（3）内部交易固定资产使用期限未满。在这种提前进行清理的情况下，购买固定资产的企业将固定资产原价与其计提的折旧均予以注销，固定资产原价中包含的未实现内部销售利润和累计折旧中包含的就未分配利润计提的折旧均已不复存在，同时，固定资产减值准备也已经注销，所以，这些已不必再予以抵销。但是，固定资产原价中包含的未实现内部销售利润，随着固定资产的清理而成为已实现的损益，为此，必须调整合并财务报表中期初未分配利润的数额；同时，以前各期就未实现内部销售利润计提折旧，也对合并财务报表中期初未分配利润产生了影响，也需要进行调整；本期管理费用中包含的就未实现内部销售利润计提的折旧费用也需要予以抵销；最后，应将以前多计提的减值准备予以抵销。随着固定资产的清理，这四个需要调整抵销的项目均体现在清理损益中。为此编制的抵销分录通过举例加以说明。

　　例 5-29　仍使用例 5-25 中的资料，只是该固定资产在第四年就进行了清理。在第四年编制的抵销分录为

　　借：年初未分配利润　　　　　　10 000
　　　　贷：营业外支出　　　　　　　　10 000
　　借：营业外支出　　　　　　　　4 666.67（前三年多计提的折旧之和）
　　　　贷：年初未分配利润　　　　　4 666.67
　　借：营业外支出　　　　　　　　4 333.33（第三年年末固定资产减值准备余额）
　　　　贷：年初未分配利润　　　　　4 333.33
　　借：营业外支出　　　　　　　　500
　　　　贷：管理费用　　　　　　　　500

第五节　集团公司内部交易相关所得税的抵销

　　在合并财务报表编制过程中，由于需要对集团内部交易进行抵销，可能导致在合并财务报表中反映的资产、负债账面价值与其计税基础不一致，产生暂时性差异。因此，需要在计算确定集团公司内部交易中形成的资产、负债账面价值与其计税基础之间差异的基础上，确认相应的递延所得税资产或递延所得税负债。

一、内部存货交易相关所得税会计的抵销

　　如前所述，在编制合并财务报表时，应当将内部存货交易所形成的存货中包含的未实现内部利润进行抵销。对于内部交易形成的存货，就购入企业来说，假定不考虑计提资产减值损失，其取得成本就是该资产的账面价值（包含销售方的未实现内部销售利润），这

一取得成本也是计税基础，账面价值与计税基础一致，不存在暂时性差异，也不涉及递延所得税资产或递延所得税负债的问题。但在编制合并财务报表过程中，合并资产负债表中所反映的存货价值是以内部销售企业该存货的销售成本列示的，并不包含销售方的未实现内部销售利润，由于所得税是以独立法人实体为对象计征，从合并财务报表编制角度看，其计税基础则与个别财务报表编制角度是一致的，即包含销售方未实现内部利润的存货价值。由此导致在合并资产负债表中所列示的存货价值与其计税基础不一致，存在暂时性差异，这一暂时性差异的金额即为编制合并财务报表时所抵销的存货中包含的未实现内部销售利润。因此，需要在合并财务报表工作底稿中编制抵销分录，确认递延所得税资产或递延所得税负债。

例 5-30 A 公司持有 B 公司 80% 的股权，系 B 公司的母公司。2020 年 A 公司销售给 B 公司甲商品 20 000 元，其成本为 16 000 元，款项已存入银行，B 公司对外销售了 60%，销售价格为 15 600 元，剩余 40% 尚未实现对外销售。A 公司和 B 公司适用的企业所得税税率均为 25%。

A 公司在合并财务报表工作底稿中编制的相关抵销分录如下。

首先，将销售企业的营业收入与购买企业的营业成本相抵销并抵销存货中包含的未实现内部销售利润：

借：营业收入　　　　　　　　　　　　　　　　　　　　　　　　　20 000
　　贷：营业成本　　　　　　　　　　　　　　　　　　　　　　　　18 400
　　　　存货　　　　　　　　　　　　　　　　　　　　　　　　　　 1 600

其次，应确认因编制合并财务报表导致的存货账面价值与其计税基础之间的暂时性差异所对应的递延所得税资产。本例中，从 B 公司个别财务报表角度看，期末所持有的集团内部购进的存货账面价值与计税基础均为 8 000 元（20 000×40%）；从 A 公司合并财务报表编制角度看，合并资产负债表中存货的价值为 6 400 元（16 000×40%），同时，这一存货的计税基础应从 B 公司角度考虑为 8 000 元。该项内部存货交易抵销的未实现内部销售利润所导致的暂时性差异为 1 600 元。对该项暂时性差异确认递延所得税资产 400 元（1 600×25%），抵销分录如下：

借：递延所得税资产　　　　　　　　　　　　　　　　　　　　　　　 400
　　贷：所得税费用　　　　　　　　　　　　　　　　　　　　　　　　 400

将上述抵销分录在合并财务报表工作底稿表 5-4 中予以登记如下。

表 5-4　A 公司合并财务报表工作底稿（局部）
2020 年 12 月 31 日　　　　　　　　　　　　　　　　　　　单位：元

项目	A 公司			B 公司			合计金额	抵销分录		少数股东权益	合并金额
	报表金额	借方	贷方	报表金额	借方	贷方		借方	贷方		
存货	—			8 000			8 000		1 600		6 400
递延所得税资产	0			0				400			400

续表

项目	A公司			B公司			合计金额	抵销分录		少数股东权益	合并金额
	报表金额	借方	贷方	报表金额	借方	贷方		借方	贷方		
一、利润表											
营业收入	20 000			15 600			35 600	20 000			15 600
营业成本	16 000			12 000			28 000		18 400		9 600
二、营业利润	4 000			3 600			7 600	20 000	18 400		6 000
利润总额	4 000			3 600			7 600	20 000	18 400		6 000
所得税费用	1 000			900			1 900		400		1 500
三、净利润	3 000			2 700			5 700	20 000	18 800		4 500

需要注意的是，如果内部存货交易是逆销或平销，还应考虑该交易对所得税的影响以及因抵销逆销或平销存货交易发生的递延所得税对少数股东权益的影响。

例 5-31 A 公司持有 B 公司 80%的股权，2020 年 B 公司销售给 A 公司乙商品 10 000 元，成本为 8 000 元，款项收到并已存入银行，该商品在 A 公司对外销售了 60%，剩余 40%尚未实现对外销售。A 公司和 B 公司适用的企业所得税税率均为 25%。

A 公司在合并财务报表工作底稿中应编制的抵销分录如下：

借：营业收入　　　　　　　　　　　　　　　　　　　10 000
　　贷：营业成本　　　　　　　　　　　　　　　　　　10 000
借：营业成本　　　　　　　　　　　　　　　　　　　　800
　　贷：存货　　　　　　　　　　　　　　　　　　　　800

同时，应将内部交易形成的存货所包含的未实现内部销售损益 800 元中属于少数股东的部分 160 元（800×20%）进行抵销：

借：少数股东权益　　　　　　　　　　　　　　　　　160
　　贷：少数股东损益　　　　　　　　　　　　　　　　160

抵销因存货逆销交易对所得税的影响 200 元（800×25%）：

借：递延所得税资产　　　　　　　　　　　　　　　　200
　　贷：所得税费用　　　　　　　　　　　　　　　　　200

抵销因逆销存货交易发生的递延所得税对少数股东权益的影响（200×20%）：

借：少数股东损益　　　　　　　　　　　　　　　　　40
　　贷：少数股东权益　　　　　　　　　　　　　　　　40

二、内部往来业务相关所得税的抵销

在编制合并财务报表时，应当将集团公司内部的债权债务项目以及就内部应收款项计提的坏账准备予以抵销。从个别财务报表角度看，由于内部应收款项计提了坏账准备，导致其账面价值与计税基础之间存在暂时性差异，因而会确认递延所得税资产及所得税费用；从合并财务报表的角度看，进行了内部债权债务项目以及坏账准备抵销之后，合并财务报表中内部应收款项已经不存在，由内部应收款项账面价值与计税基础之间的差异所形成的暂时性差异也不存在了，因此，需要对该项暂时性差异确认的递延所得税资产和所得税费用进行抵销。

例 5-32　A 公司持有 B 公司 80% 的股权，系 B 公司的母公司。2020 年 A 公司销售给 B 公司甲商品 10 000 元，款项尚未收回。A 公司对内部应收账款计提了 1 000 元的坏账准备。A 公司和 B 公司适用的企业所得税税率均为 25%。

A 公司在合并财务报表工作底稿中编制的相关抵销分录如下。

首先，将内部应收账款与应付账款抵销：

借：应付账款　　　　　　　　　　　　　　　　　　　　　　　　　10 000
　　贷：应收账款　　　　　　　　　　　　　　　　　　　　　　　　　　10 000

其次，将内部应收账款计提的坏账准备抵销：

借：应收账款——坏账准备　　　　　　　　　　　　　　　　　　　　1 000
　　贷：信用减值损失　　　　　　　　　　　　　　　　　　　　　　　　　1 000

最后，将 A 公司对内部应收账款计提坏账准备导致暂时性差异确认的递延所得税资产予以抵销。

本例中，A 公司个别资产负债表中应收账款的账面价值为 9 000 元，该应收账款的计税基础为 10 000 元，形成暂时性差异 1 000 元，应确认递延所得税资产 250 元（1 000×25%），同时，确认所得税费用 250 元；从合并财务报表编制角度看，随着内部应收账款及其计提的坏账准备的抵销，该项内部应收账款已经不存在，A 公司个别财务报表中内部应收账款的账面价值与其计税基础之间形成的暂时性差异也不存在了，对该项暂时性差异确认的递延所得税资产则需要抵销。抵销分录如下：

借：所得税费用　　　　　　　　　　　　　　　　　　　　　　　　　250
　　贷：递延所得税资产　　　　　　　　　　　　　　　　　　　　　　　　250

将上述抵销分录在合并财务报表工作底稿表 5-5 中予以登记如下。

表 5-5　A 公司合并财务报表工作底稿（局部）

2020 年 12 月 31 日　　　　　　　　　　　　　　　　　单位：元

项目	A 公司			B 公司			合计金额	抵销分录		少数股东权益	合并金额
	报表金额	借方	贷方	报表金额	借方	贷方		借方	贷方		
资产负债表											
应收账款	9 000			0			9 000	1 000	10 000		0
递延所得税资产	250			0			250		250		0
应付账款	10 000			0			10 000	10 000			0

续表

项目	A公司			B公司			合计金额	抵销分录		少数股东权益	合并金额
	报表金额	借方	贷方	报表金额	借方	贷方		借方	贷方		
利润表											
信用减值损失	1 000			0			1 000		1 000		0
营业利润	−1 000			0			−1 000	1 000			0
利润总额	−1 000			0			−1 000	1 000			0
所得税费用	−250			0			−250		250		0
净利润	−750			0			−750	250	1 000		0

三、内部固定资产交易相关所得税的抵销

如前所述，在编制合并财务报表时，应当将内部固定资产交易所形成的固定资产中包含的未实现内部利润进行抵销。对于内部交易形成的固定资产，就购入企业来说，假定不考虑计提资产减值损失，其取得成本就是该固定资产的账面价值（包含销售方的未实现内部销售利润），这一取得成本也是计税基础，账面价值与计税基础一致，不存在暂时性差异，也不涉及递延所得税资产或递延所得税负债的问题。但在编制合并财务报表过程中，合并资产负债表中所反映的固定资产价值是不包含销售方的未实现内部销售利润的，其计税基础则与个别财务报表编制角度是一致的，即包含销售方未实现内部利润的固定资产价值。由此导致在合并资产负债表中所列示的固定资产价值与其计税基础不一致，存在暂时性差异，这一暂时性差异的金额即为编制合并财务报表时所抵销的固定资产中包含的未实现内部销售利润。因此，需要在合并财务报表工作底稿中编制抵销分录，确认递延所得税资产或递延所得税负债。

例 5-33 A 公司持有 B 公司 80%的股权，系 B 公司的母公司。2020 年 1 月 1 日，A 公司将其生产的机器出售给 B 公司，A 公司该机器的售价为 40 000 元，成本为 30 000 元。B 公司将该机器作为管理用固定资产使用，其折旧年限为 5 年，预计净残值为零，采用直线法计提折旧。B 公司对该固定资产确定的折旧年限和预计净残值与税法一致。假设该固定资产在交易当年按 12 个月计提折旧，A 公司和 B 公司适用的企业所得税税率均为 25%。

首先，在固定资产交易的当期，抵销固定资产中包含的未实现内部利润。

借：营业收入　　　　　　　　　　　　　　　　　　　　　　　　　40 000
　　贷：营业成本　　　　　　　　　　　　　　　　　　　　　　　　30 000
　　　　固定资产——原价　　　　　　　　　　　　　　　　　　　　10 000

其次，抵销交易当期就未实现内部销售利润计提的折旧。

借：固定资产——累计折旧 2 000
　　贷：管理费用 2 000

最后，应确认因编制合并财务报表导致的固定资产账面价值与其计税基础之间的暂时性差异所对应的递延所得税资产。

本例中，从 B 公司个别财务报表角度看，该项固定资产的账面价值和计税基础均为 32 000 元（40 000 - 8 000），不存在暂时性差异，也不涉及确认递延所得税资产或递延所得税负债问题；从合并财务报表角度看，该项固定资产的账面价值为 24 000 元（30 000 - 6 000），该项固定资产的计税基础为 32 000 元，形成的暂时性差异为 8 000 元（32 000 - 24 000），对于该项内部交易形成的固定资产因未实现内部销售利润的抵销而产生的暂时性差异，应当确认的递延所得税资产和所得税费用为 2 000 元（8 000×25%），抵销分录为

借：递延所得税资产 2 000
　　贷：所得税费用 2 000

将上述抵销分录在合并财务报表工作底稿表 5-6 中予以登记如下。

表 5-6　A 公司合并财务报表工作底稿（局部）
2020 年 12 月 31 日　　　　　　　　　　　　　　　　　单位：元

项目	A 公司			B 公司			合计金额	抵销分录		少数股东权益	合并金额
	报表金额	借方	贷方	报表金额	借方	贷方		借方	贷方		
资产负债表											
固定资产				40 000			40 000		10 000		30 000
累计折旧				8 000			8 000	2 000			6 000
固定资产净值				32 000			32 000	2 000	10 000		24 000
递延所得税资产								2 000			2 000
利润表											
营业收入	40 000						40 000	40 000			0
营业成本	30 000						30 000		30 000		0
管理费用				8 000			8 000		2 000		6 000
营业利润	10 000			-8 000			2 000	40 000	32 000		-6 000
利润总额	10 000			-8 000			2 000	40 000	32 000		-6 000
所得税费用	2 500			-2 000			500		2 000		-1 500
净利润	7 500			-6 000			1 500	40 000	34 000		-4 500

 **本章小结**

本章是控制权取得日后合并财务报表的扩展。集团公司内部母公司与其所属的子公司之间以及各子公司之间,除股权投资以外还会发生各种涉及损益或不涉及损益的内部交易事项,这种内部交易发生以后,已经分别以母公司或各子公司为主体反映在其个别财务报表中了,从企业集团的角度看,其合并财务报表中不应包括这类内部交易事项,而应予以抵销,以避免虚列资产负债和虚计利润。需要抵销的内部交易事项包括内部存货交易、内部固定资产交易和内部债权、债务等。在上述内部交易事项予以抵销的基础上即可编制出真正反映集团财务状况、经营成果的合并财务报表。

关键词汇

顺销(sell down) 逆销(sell conversely)

 **小组讨论**

阅读财政部《企业会计准则第33号——合并财务报表(2014年修订)》并讨论:集团内部交易对少数股东净利润有什么影响?

 **本章推荐阅读资料**

1. 财政部,企业会计准则第33号——合并财务报表(http://kjs.mof.gov.cn/zhengwuxinxi/zhengcefabu/201402/t20140220_1045206.html)。

2. IASB,《国际财务报告准则第10号——合并财务报表》,中国财政经济出版社,2013.

4. 拉森. 现代高级会计[M]. 戴德明,主译. 9版. 北京:经济科学出版社,2006.

3. 帕勒. 高级会计学[M]. 杨有红,等译. 8版. 北京:中国人民大学出版社,2006.

 **名词解释**

逆销 顺销 平销

 **简述题**

1. 编制合并报表时，为什么要将内部交易抵销？
2. 简述编制连续各期合并财务报表时坏账准备的抵销原则。
3. 编制合并报表时，为什么要进行内部存货交易相关所得税的抵销？

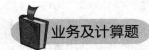 **业务及计算题**

习题一

（一）目的：练习合并财务报表中抵销分录的编制。

（二）资料：母公司和其全资子公司有关事项如下：

（1）子公司2019年1月1日结存的存货中含有从其母公司购入的存货60万元，该批存货母公司的销售毛利率为15%。2019年度母公司向子公司销售商品，售价为339万元（含增值税），子公司另支付运杂费等支出2万元。母公司2019年度的销售毛利率为20%。子公司2019年度将所购母公司的一部分存货对外销售，实现的销售收入为300万元，销售成本为250万元（即发出从母公司购入的存货250万元）。子公司对存货的发出采用先进先出法核算（先发出2019年之前的存货，再发出2019年的存货）。

（2）2019年3月20日，母公司向子公司销售商品一件，售价为22.6万元（含增值税），销售成本为16万元，子公司购入上述商品后作为固定资产并于当月投入行政管理部门使用，另支付运杂费等支出1万元，固定资产预计使用年限为5年，无残值，按平均年限法计提折旧。母公司和子公司均为增值税一般纳税企业，适用的增值税税率均为13%。

（三）要求：

（1）在2019年度编制合并财务报表时与存货相关的抵销分录。

（2）计算子公司从母公司购入的固定资产的入账价值，编制2019年度合并财务报表时与固定资产相关的抵销分录。

习题二

（一）目的：练习合并财务报表中内部往来业务抵销分录的编制。

（二）资料：2018年年末，甲公司（母公司）资产负债表中应收账款项目的金额为180 000元其中有80 000元为应收乙公司（子公司）的款项；甲公司按应收账款余额的10%计提坏账准备，其坏账准备账户的余额为18 000元；2019年末，甲公司（母公司）资产负债表中应收账款项目的金额为260 000元，其中有150 000元为应收乙公司（子公司）的款项，甲公司坏账准备计提率不变。

（三）要求：分别编制2018年和2019年与应收账款有关的抵销分录。

习题三

（一）目的：练习合并财务报表中内部交易相关所得税抵销分录的编制。

（二）资料：A 公司持有 B 公司 80%的股权，2019 年 B 公司销售给 A 公司乙商品 60 000 元，成本为 48 000 元，款项尚未收到，该商品在 A 公司对外销售了 80%，剩余 20%尚未实现对外销售。B 公司应收账款坏账准备计提率为 10%。A 公司和 B 公司适用的企业所得税税率均为 25%。

（三）要求：编制 2019 年与合并财务报表有关的抵销分录。

第六章

外币会计

学习提要与目标

外币会计的中心问题，一是选用什么汇率对外币交易相关账户和外币报表进行折算；二是由此产生的外币折算损益应如何处理。本章围绕这一中心问题，对外币会计中涉及的基本概念进行了介绍，然后分别阐述外币交易会计的核算原理和外币报表的折算方法。通过本章的学习应实现以下目标：

- 掌握外币交易会计的两种观点和三种处理方法
- 掌握汇兑差额的计算方法
- 熟悉外币财务报表折算的基本方法、外币折算损益的会计处理方法
- 掌握我国企业会计准则对外币财务报表折算的规定
- 了解恶性通货膨胀经济下境外经营财务报表的折算

第一节 外币会计概述

随着国际贸易活动和跨国投资业务的日益增多，企业的经营活动在日趋复杂的同时，经营范围也在不断扩大。在此背景下，国内企业必然会发生涉及人民币以外货币的经济业务，从而产生外币业务的会计处理问题。而企业在国外设立的子公司（或分支机构）一方面需要按照所在地法律规定的货币编制财务会计报告。另一方面也需要按照母公司及母公司所在地法律规定的货币编制财务会计报告。由于不同国家和地区的货币往往不同，因此，需要将以一种货币表示的会计报表折算为以另一种货币表示的会计报表，从而产生外币报表的折算和重述问题。外币会计所研究的核心问题，就是如何采用专门的会计方法，处理涉及外币的业务以及将外币会计报表折算为本国货币报表，以及如何对由此（包括外币业务处理和外币报表折算）而产生的汇兑损益进行会计处理。为了更好地掌握外币会计的相关原理和具体方法，我们先来了解一些相关的基本概念。

一、外币和外汇

外币有广义和狭义之分。狭义外币一般指本国货币以外的其他国家和地区的货币，包括各种纸币和铸币等；广义外币是指所有以外币表示的、能用于国际结算的支付手段，它包括国外的纸币和铸币，还包括外国有价证券，如以外币表示的政府公债、公司债券等，也包括外币支付凭证，如以外币表示的票据等。然而，从会计角度看，外币是指记账本位币以外的货币。一般说来，它是相对于本国货币而言。如美元，它对于美国以外的国家来

说是外币，但对于美国的企业来说却是本国货币。所以企业的跨国经营活动不一定就会发生外币交易，如本国企业与国外企业之间进行交易，以企业的本国货币进行结算，就不会发生外币交易。若本国企业之间的交易约定以某一种外国货币结算，则虽是本国企业之间的交易，也会发生外币交易。

外汇比外币具有更加广泛的含义，其原意是指将本国货币兑换成外国货币后汇往国外，现在习惯上是指以外国货币表示的用于国际结算的支付手段。它具有两个基本特征：其一，它必须是以外币表示的资产，凡用本国货币表示的有价证券、信用工具等均不属于外汇；其二，它可以自由兑换成其他形式的资产或支付手段，凡不能自由兑换成其他国家货币和支付手段的外国货币不属于外汇。由此可见，外汇与外币在内容上是不一致的。根据《中华人民共和国外汇管理暂行条例》的规定，外汇包括：外国货币，如钞票、铸币等；外币有价证券，如政府公债、国库券、公司债券、股票、息票等；外币支付凭证，如票据、银行存款凭证、邮政储蓄凭证等；其他外汇资金。

二、记账本位币、外币交易和外汇汇率

企业在生产经营过程中涉及多种货币计价时，为了能够在会计上统一反映，以不同币种交易的经济业务，需要选用一种统一的货币作为记账货币，并以该货币来计量和处理各项经济业务。这种在企业会计核算时所统一采用的作为会计计量基本尺度的记账货币，称为记账本位币。我国《企业会计准则第 19 号——外币折算》（以下简称"19 号准则"）明确规定，会计核算以人民币为记账本位币，业务收支以外币为主的企业，也可以选定某种外币作为记账本位币，但编制的会计报表应当折算为人民币。企业的记账本位币选定后，以记账本位币计量的经济业务，可根据其实际发生额直接计入有关账户，而对于记账本位币以外的货币表示和计量的经济业务，则应通过一定的换算标准，将其换算成记账本位币后才能计入有关账户。记账本位币一经确定，除非企业经营所处的主要经济环境发生重大变化，否则不得随意变更。

外币交易是指以记账本位币以外的货币（即外币）进行交易的款项收付、往来结算、接受投资以及筹资等业务。我国境内企业一般以人民币为记账本位币，因此，发生的以记账本位币以外的货币进行收付、结算和计价的经济业务即为外币交易。

外汇汇率也称外汇汇价，是以一种货币表示另一种货币的价格，也是一种货币与另一种货币之间的交换比率。在外汇交易中由于不同的需要，汇率可以有不同的分类方法。

目前，国际上通用的汇率标价方法有直接标价法和间接标价法两种。直接标价法，又称应付标价法，是以一定单位数额的外国货币为单位，折合为一定数额的本国货币，即购买一单位外币应付多少数额的本国货币，如 1 美元可以兑换 7 元人民币（$1=￥7）。在直接标价法下，假设外币的金额固定不变，所折合的本国货币数额随着外国货币与本国货币之间的币值对比情况发生变化。当汇率上升时，表示要换取同样数额的外国货币，需付出更多的本国货币，即本国货币币值下降。相反，当汇率下降时，表示换取同样数额的外国货币，可少付出本国货币，表示本国货币币值上升。间接标价法，又称应收标价法，是以一定单位数额的本国货币来计算应折合若干单位的外国货币，如 1 元人民币可兑换 0.143

美元（＄1=￥0.143）。在间接标价法下，它假设本国货币的金额固定不变，所折合的外国货币金额随着本国货币与外国货币之间的币值对比情况而变动。当汇率上升时，表示相对于同样数额的本国货币，能兑换到更多的外国货币，反映本国货币币值上升。反之，反映本国货币币值下降。目前大多数国家，包括我国都采用的是直接标价法。

汇率除了按标价的基础分类外，还可以根据需要按不同的基础加以分类，在此仅介绍以下几种。

汇率按外汇的买入和卖出，可分为买入汇率、卖出汇率和中间汇率。买入汇率是指银行向客户买入外汇时所采用的汇率；卖出汇率是指银行向客户出售外汇时所采用的汇率；中间汇率是指银行买入汇率和卖出汇率的平均值。买入汇率与卖出汇率之间的差额即为经营外汇业务的银行或经纪人的外汇买卖收益。为简单起见，本书有关章节若未做特别说明，汇率均指中间汇率。

汇率按固定与否分为固定汇率和浮动汇率。固定汇率是指某一种货币与另一种货币的兑换比率是基本固定不变的。在金本位制度下，是以货币的含金量作为制定汇率的基础，对比不同货币的含金量来制定不同货币之间的汇率。第二次世界大战后，国际货币基金组织曾将各国货币与美元建立固定比价。但20世纪70年代以后，美元一再贬值，使得固定汇率制度逐渐崩溃。浮动汇率是指根据外汇市场的供求关系，自行确定汇率的比价。在浮动汇率制下，政府基本上不对汇率变动进行干预，但在汇率波动很大，对国家的经济产生不利影响时，政府仍会对汇率的波动进行干预。因此，浮动汇率又分为自由浮动和管理浮动两种，前者完全由市场的外汇供求关系决定，后者则通常由政府根据具体的情况对外汇市场进行干预，使汇率不致发生剧烈波动。毫无干预的完全自由浮动汇率体制几乎不存在，我国在外汇管理体制改革后实行的是以市场供求为基础的、单一的、有管理的浮动汇率制。

在外币会计中，有即期汇率和历史汇率、记账汇率和账面汇率之分。即期汇率，通常是指中国人民银行公布的当时人民币外汇牌价的中间价，是外币业务结算日或结账日实际使用的汇率。历史汇率则是指外币交易发生时的汇率。可见，历史汇率和即期汇率是相对于已经入账的会计记录或会计报表而言的。记账汇率是指企业发生外币业务时，在外币账户进行记录所采用的汇率。根据19号准则规定，企业在处理外币交易和对外币财务报表进行折算时，应当采用交易发生日的即期汇率，将外币金额折算为记账本位币金额反映；也可以采用按照系统合理的方法确定的、与交易发生日即期汇率近似的汇率折算。这里，即期汇率的近似汇率，是指按照系统合理的方法确定的、与交易发生日即期汇率近似的汇率，通常采用当期平均汇率或加权平均汇率等。但企业发生的外币兑换业务或涉及外币兑换的交易事项，应当按照交易实际采用的汇率（即银行买入价或卖出价）折算。账面汇率是指企业在外币账户中已登记入账后所形成的汇率，即过去的记账汇率。账面汇率可以采用先进先出法、加权平均法、移动平均法和个别认定法等来确定，它是企业期末确定汇兑损益的依据之一。

三、功能货币

美国《财务会计准则公告第52号——外币转换》（SFAS52）和《国际会计准则第21

号——外汇汇率变动的影响》(以下简称"IAS 21 准则")提出了功能货币的概念。功能货币是指企业主要的经营环境中所使用的货币。功能货币以外的货币均为外币。境外实体(foreign entity)的功能性货币通常是它所处主要经济环境的货币。境外实体的资产、负债和业务应使用自身的功能货币计量。对于一个在特定国家中经营相对地自给自足的经济实体而言，功能货币一般就是这个国家的货币。但是，一个国外实体的功能货币不一定就是该实体所在国的货币。例如，国外附属公司是母公司的直接组成或延伸部分，则母公司的货币一般就是国外附属公司的功能货币。

例如一美国公司在中国有子公司，如果该子公司主要在中国市场从事经济活动，那人民币是功能货币。如果该子公司主要在其他地区，如在越南从事活动并产生以越南盾为货币计量单位的现金流量，那其功能货币就是越南盾。如果该子公司主要是将中国生产的产品运回美国，那就认为这个中国子公司是美国母公司的境外一体化经营企业，而非独立经营的境外实体，这时子公司的功能货币为母公司的货币，即美元。

四、外币会计报表折算及其折算动机

外币报表折算是指将以外币表示的会计报表折算为以记账本位币或规定货币表示的会计报表。在国际资本流动十分活跃的今天，直接吸收外国投资者对本国企业的投资，以及通过在外国证券市场上发行股票和债券融资以满足本国企业对资金的需求，成为一种极其普遍的做法。在母公司拥有境外子公司的情况下，境外子公司通常采用所在国家和地区的货币作为记账本位币，采用当地货币编制会计报表；有时境内子公司也会采用某一外币为记账本位币。这样，这些子公司编制会计报表的货币单位，必然与母公司编制会计报表所采用的记账本位币不同。因此，在编制合并会计报表之前，必须将子公司以外币表示的会计报表折算为以母公司记账本位币表示的会计报表。虽然，外币会计报表折算出于多种目的，但本章仅讨论编制合并会计报表时对子公司外币会计报表折算这一特定问题，而不涉及其他目的的外币会计报表折算。

第二节 外币交易会计

企业涉及的外币交易事项主要分为不涉及远期外汇合同的一般外币交易和涉及远期外汇合同的特殊外币交易。一般外币交易包括商品进出口、劳务供应业务，接受外币资本投资以及外汇借款等；特殊外币交易主要是指远期外汇合同的交易，其会计处理问题将在有关章节中介绍。本节主要介绍一般外币交易的会计处理问题。

一、单项交易观和两项交易观

在外币交易会计中，由于交易发生日、交易结算日和报表编制日的汇率不同，相应对各外币账户产生的影响，折合为记账本位币的差额如何处理？目前有两种观点：单项交易观和两项交易观。

(一) 单项交易观

单项交易观认为应将外币交易的发生和后续的结算视为同一笔交易的两个阶段,该交易只有在清偿有关应收、应付外币账款后才能算完成。在此过程中,由于汇率变动而产生的折合为记账本位币的差额,应调整该项交易的成本或收入。因此,在这一外币交易会计处理中不单独反映"汇兑损益"。

例 6-1 某企业 2020 年 12 月 1 日从美国进口一批商品,价值 10 000 美元,款项支付日为 2021 年 1 月 10 日。假定该期间汇率变动情况如下:2020 年 12 月 1 日,汇率为 1∶7.06 元;2020 年 12 月 31 日,汇率为 1∶7.08 元;2021 年 1 月 10 日,汇率为 1∶7.02 元。该企业的记账本位币是人民币。根据单项交易观,应编制会计分录如下:

2020 年 12 月 1 日进口商品时:
借:存货　　　　　　　　　　　　　　　　　　　70 600
　　贷:应付账款——某客户　　　　　　　　　　　70 600($10 000×7.06)

2020 年 12 月 31 日,由于汇率变动应调整存货成本 200 元($10 000×0.02):
借:存货　　　　　　　　　　　　　　　　　　　200
　　贷:应付账款——某客户　　　　　　　　　　　200

2021 年 1 月 10 日,按结算日汇率进行折算,将汇率变动的影响数额 600 元($10 000×0.06)对存货成本和应付账款进行调整并偿付应付账款:
借:应付账款——某客户　　　　　　　　　　　　600
　　贷:存货　　　　　　　　　　　　　　　　　　600
借:应付账款　　　　　　　　　　　　　　　　　70 200($10 000×7.02)
　　贷:银行存款　　　　　　　　　　　　　　　　70 200($10 000×7.02)

(二) 两项交易观

两项交易观则是将外币交易的发生和交易的结算视为两项相互独立的交易进行会计处理。该交易在结算时由于汇率变动而产生的折合成记账本位币的差额,不应调整原来的成本或收入。在这种观点下,对于已实现的汇兑损益单独设立"汇兑损益"账户进行反映,计入当期损益,但对于未实现的汇兑损益又有两种处理方法:一种是当期确认法;另一种是递延法。

当期确认法是指将未实现的汇兑损益计入当期损益。主张采用这种方法的理由是:在持续经营的前提下,企业要分期确定收益,如果一笔外币购销交易的发生日和结算日分属于两个会计期间,那么,在报表编制日和结算日汇率变动,对该交易所涉及的外币应收应付账户的影响,也应分别归属于前后两个会计期间。因此,为了反映汇率跨越两个会计期间的实际变动过程,应在每期期末按期末汇率,对外币应收应付款项的记账本位币金额进行调整,并在当期确认由于汇率变动而形成的汇兑损益;在实际结算日再按照类似原理,确认由于上期期末和结算日之间的汇率变动所形成的汇兑损益。

递延法是指将未实现的汇兑损益反映在"递延汇兑损益"账户,递延到以后各期,待外币账款结算时,再将递延的汇兑损益转入当期。主张采用递延法的理由是:汇率的变动不可能永远是单向的,在汇率发生逆向变动的情况下,上期期末确认的未实现汇兑损益在本期就不可能实现。从而歪曲了企业前后两个会计期间的损益情况。因此，未实现汇兑损益不应直接计入当期损益，而应将它递延到结算日所属的会计期间。

例 6-2 根据例 6-1 的有关资料，采用两项交易观编制的会计分录如下：

```
              当期确认法                            递延法
12月1日    借：存货        70 600              同左
           贷：应付账款    70 600（$10 000×7.06）
12月31日   借：汇兑收益       200              借：递延汇兑收益    200
           贷：应付账款       200                 贷：应付账款        200
1月10日    借：应付账款       600              借：应付账款        600
           贷：汇兑收益       600                 贷：递延汇兑收益    600
           借：应付账款    70 200              同左
           贷：银行存款    70 200
                                               借：递延汇兑收益    400
                                                  贷：汇兑收益        400
```

以上两种观点的三种处理方法中，主要区别是对外币折算差额的处理不同。其中，单项交易观的处理方法，不符合国际公认的销售收入的确认原则；同时，把汇率变动影响反映为销货收入和购货成本的调整，而不是反映为外币交易中的汇率变动风险，也是不恰当的，因此一般很少采用。关于两项交易观的会计处理，在未实现汇兑损益数额不大、跨期不长的情况下，采用递延法和当期确认法所产生的差别不大。当期确认法比较简单，使当期会计报表能够及时反映汇率变动对企业财务状况的影响，但在汇率发生大幅度逆向变动的情况下，会引起企业当期收益既包括巨额未实现交易损益，又包括正常经营损益，导致会计报表不能正确反映当期经营成果，收益可能存在较大幅度的波动。递延法可以弥补当期确认法的不足，在汇率大幅度发生逆向变动的情况下，可以在一定程度上降低汇率变动所引起的企业收益波动；在汇率发生单向变动的情况下，如果发生未实现的汇兑收益，企业可以获得推迟纳税的利益，但却掩盖了汇率变动的事实，将未实现的汇兑损益递延到以后各期直至结算期，会影响以后各期直至结算期的收益。我国外币交易的处理采用了两项交易观，同时采用当期确认法对汇兑损益进行处理。

 国际视野

外币交易处理的国际会计惯例

两项交易观是国际通行的会计惯例。国际会计准则理事会在 2003 年修订的《国际会计准则第 21 号——外汇汇率变动的影响》中建议按两项交易观处理外币交易，并主张在大多数情况下采用当前确认法，确认未实现的汇兑损益。美国财务会计准则委员会在 1981 年 12 月公布的《财务会计准则公告第 52 号——外币转换》中，也要求对外币交易的会计处理采用两项交易观，并规定发生的汇兑损益应在汇率变动的当期予以确认。

资料来源：IASB（http://www.ifrs.org）和 FASB 网站（http://www.fasb.org）。

（三）我国汇兑差额的处理原则

除上述外币交易业务发生的汇兑损益外，企业的某些特殊业务也会发生汇兑损益，在我国会计实务中，企业对上述外币交易业务和特殊业务发生的汇兑损益的列支原则如下。

（1）外币兑换和外币交易中发生的汇兑损益，应计入当期损益，可在"汇兑收益"账户列支。

（2）购建固定资产发生的汇兑损益，在符合资本化规定的条件下，应当予以资本化，计入该项资产的成本；否则，汇兑损益应于发生当期确认为费用。

（3）为购建无形资产而发生的汇兑损益，应计入无形资产的取得成本。

二、外币交易会计的核算方法

我国 19 号准则规定的外币交易主要包括：买入或卖出以外币计价的商品或者劳务；借入或者借出外币资金；其他以外币计价或者结算的交易。外币交易折算的会计处理主要涉及两个环节：一是在交易日对外币交易进行初始确认，将外币金额折算为记账本位币金额；二是在资产负债日对相关项目进行折算，因汇率变动引起的差额计入当期损益。在企业的账务处理中，外币交易会计一般有外汇统账制和外汇分账制两种方法，以下分别讨论这两种方法下的外币交易会计核算。

（一）外汇统账制

外汇统账制是一种以本国货币为记账本位币的记账方法，在我国即以人民币为记账单位来记录所发生的外汇交易业务，将发生的多种货币的经济业务，折合成人民币加以反映，外币在账务处理中仅做辅助记录。一般的非金融企业，因为外汇交易相对较不频繁且涉及外币种类少，所以大多采用这种方法。

企业发生的外币交易事项应设置包括外币现金、外币存款、外币借款和以外币结算的债权债务等账户在内的外币账户进行核算。这类账户应采用复币式记载，除了登记外币金额和汇率外，还应同时折算为人民币记账。企业发生外币业务时，应将有关外币金额折算为记账本位币金额记账。因此，必然涉及折算汇率的选择问题，国际上通常采用业务发生日的汇率或接近业务发生日的近似汇率作为折算汇率，我国也采用了与其他国家相一致的核算原则。根据 19 号准则的规定，在外币交易发生日，采用交易日的即期汇率或即期汇率的近似汇率，将外币金额折算为记账本位币金额；在资产负债表日，应区分外币货币性项目和外币非货币性项目进行处理。资产负债表日的记账本位币金额与账面记账本位币金额之间的差额也属于汇兑差额。

1. 交易日的会计处理

企业发生的外币交易，应当在初始确认时采用交易日的即期汇率或即期汇率的近似汇率，将外币金额折算为记账本位币金额。值得一提的是，在对外币交易进行初始确认时，企业收到投资者以外币投入的资本，无论是否有合同约定汇率，均不得采用合同约定汇率和即期汇率的近似汇率折算，而是采用交易日的即期汇率折算。

例 6-3 A 企业的记账本位币为人民币,属于增值税一般纳税企业(进口货物增值税率为 16%),2020 年 11 月 9 日,从国外购入一批原材料,共计 60 000 美元,当时的即期汇率为 1 美元 = 7.1 元人民币,按照规定计算应缴纳的进口关税为 35 000 元人民币,支付的进口增值税为 59 930 元人民币,货款尚未支付,进口关税及增值税已由银行存款支付。相关会计分录如下:

借:原材料　　　　　　　　　　　　　　　　　461 000
　　应交税费——应交增值税(进项税额)　　　 59 930
　　贷:应付账款——美元　　　　　　　　　　426 000($60 000×7.1)
　　　　银行存款　　　　　　　　　　　　　　 94 930

例 6-4 某企业的记账本位币为人民币,2020 年 9 月 28 日,与某外商签订投资合同,当日收到外商投入资本 50 000 欧元,当日汇率为 1 欧元 = 8 元人民币,假定投资合同中约定汇率为 1 欧元 = 8.1 元人民币。该企业应进行如下账务处理:

借:银行存款　　　　　　　　　　　　　　　　400 000(€50 000×8)
　　贷:实收资本　　　　　　　　　　　　　　400 000

2. 汇兑差额的计算方法

在资产负债表日,企业应当分货币性项目和非货币性项目对相关资产和负债进行会计处理。如果产生汇兑差额,应计入当期损益。在业务处理时,需要单独设置"汇兑收益"账户核算发生的汇兑差额。

在企业的具体账务处理中,汇兑差额的计算方法有逐笔结转法和集中结转法两种。逐笔结转法是指企业对每一笔外币业务,均按业务发生日即期汇率或期初汇率入账,每结算一次或收付一次,依据账面汇率计算一次汇兑损益,期末再按期末即期汇率进行调整,调整后的期末人民币余额与原账面人民币余额之间的差额作为当期汇兑损益。在这种方法下,外币资产和负债的增加采用企业交易日的即期汇率折算,外币资产和负债的减少选用账面汇率进行折算,其账面汇率的计算可以采用先进先出法和加权平均法等方法确定。

集中结转法是指企业对外币账户平时一律按选用的市场汇率(业务发生日即期汇率或期初汇率)记账。平时不确认汇兑损益,期末将外币账户的余额按期末即期汇率调整,将调整后的期末人民币余额与原账面余额之间的差额集中计算一笔汇兑损益。逐笔结转法需要随时查找或计算账面汇率,较为复杂,适用于外币业务不多的企业;集中结转法平时不需计算汇兑损益,而是将汇兑损益的计算工作集中在期末,适用于外币业务较多的企业。这两种方法的计算结果是一致的,企业可根据自身情况进行选择。

(1)货币性项目的处理。货币性项目,是指企业持有的货币和将以固定或可确定金额的货币收取的资产或者偿付的负债。货币性项目分为货币性资产和货币性负债,货币性资产包括现金、银行存款、应收账款和应收票据以及准备持有至到期的债券投资等;货币性负债包括应付账款、其他应付款、短期借款、应付债券、长期借款、长期应付款等。

对于外币货币性项目,在资产负债表日或结算日,采用即期汇率折算。因资产负债表日即期汇率与初始确认时或者前一资产负债表日即期汇率不同而产生的汇兑差额,计入"汇兑收益",同时调增或是调减外币货币性项目的记账本位币金额。

例 6-5 承接前例 6-3，假定 11 月 30 日的即期汇率为 1 美元 = 7.06 元人民币，则：对该笔交易产生的外币货币性项目"应付账款"采用 11 月 30 日即期汇率 1 美元 = 7.06 元人民币折算为记账本币为 423 600 元人民币（60 000 × 7.06），与其交易日折算为记账本位币的金额 426 000 元人民币（60 000 × 7.10）的差额为 2 400 元，应计入当期损益，相应的会计分录为

借：应付账款　　　　　　　　　　　　　　　　　　　　　　　　　　2 400
　　贷：汇兑收益　　　　　　　　　　　　　　　　　　　　　　　　2 400

12 月 5 日，A 企业根据合同以自有美元存款付清所有货款（即结算日）。当日的即期汇率为 1 美元 = 7.08 元人民币，则应做会计分录：

借：应付账款（＄60 000 × 7.06）　　　　　　　　　　　　　　　　423 600
　　汇兑收益　　　　　　　　　　　　　　　　　　　　　　　　　1 200
　　贷：银行存款　　　　　　　　　　　　　　　　　　　　　　　424 800

例 6-6 某企业的记账本位币为人民币，2020 年 7 月 14 日从中国银行借入英镑 10 000 元，期限为 6 个月，年利率为 3%，当日的即期汇率为 1 英镑 = 8.2 元人民币。假定借入的英镑暂存银行，则在 2020 年 7 月 14 日应做如下会计处理：

借：银行存款（£10 000 × 8.2）　　　　　　　　　　　　　　　　82 000
　　贷：短期借款（£10 000 × 8.2）　　　　　　　　　　　　　　82 000

假定 2020 年 7 月 31 日的即期汇率为 1 英镑 = 8.3 元人民币，则"银行存款（英镑）"产生的汇兑差额为 1 000 元人民币［10 000 ×（8.3 – 8.2）］（收益），"短期借款（英镑）"产生的汇兑差额为 1 000 元人民币［10 000 ×（8.3 – 8.2）］（损失），由于借贷方均为货币性项目，产生的汇兑差额相互抵销，相应的会计分录为

借：银行存款（英镑户）　　　　　　　　　　　　　　　　　　　　1 000
　　贷：短期借款（英镑户）　　　　　　　　　　　　　　　　　　1 000

2021 年 1 月 14 日以人民币归还所借英镑，当时银行的英镑卖出价为 1 英镑 = 8.4 元人民币，假定借款利息在到期归还本金时一并支付，则当时应归还银行借款利息为 150 英镑（10 000 × 3% ÷ 12 × 6），按当日英镑卖出价折算为人民币 1 260 元（150 × 8.4），相关会计分录如下：

借：短期借款（£10 000 × 8.3）　　　　　　　　　　　　　　　　83 000
　　汇兑收益　　　　　　　　　　　　　　　　　　　　　　　　1 000
　　财务费用——利息　　　　　　　　　　　　　　　　　　　　1 260
　　贷：银行存款——人民币　　　　　　　　　　　　　　　　　85 260

（2）非货币性项目的处理。非货币性项目是指货币性项目以外的项目，如存货、长期股权投资、固定资产、无形资产等。

对于以历史成本计量的外币非货币性项目，如存货等，已在交易发生日按当日即期汇率折算，资产负债表日不应改变其原记账本位币金额，不产生汇兑差额。但是，由于存货在资产负债表日采用成本与可变现净值孰低计量，因此，在以外币购入存货并且该存货在资产负债表日的可变现净值以外币反映的情况下，在计提存货跌价准备时应当考虑汇率变动的影响。

对于以公允计量的股票、基金等非货币性项目，如果期末的公允价值以外币反映，则应当先将该外币按照公允价值确定当日的即期汇率折算为记账本位币金额，再与原记账本位币金额进行比较，其差额作为公允价值变动损益（包括由于汇率变动产生的损益），计入当期损益。

例 6-7 某企业选用交易发生日当日汇率折算，账面汇率采用加权平均法计算，2020年10月末各外币账户的余额和11月发生的业务如下：

科目	原币	汇率	人民币
银行存款——美元户	5 000 美元	7.02	35 100 元
应收账款——甲企业	10 000 美元	7.02	70 200 元
应付账款——乙企业	8 000 美元	7.02	56 160 元
短期借款	20 000 美元	7.02	140 400 元

（1）3日，向甲企业出口商品一批计10 000美元，已办理出口交单手续，当日汇率7.025。
（2）5日，收回甲企业货款2 000美元，当日汇率7.015。
（3）10日，归还乙企业货款5 000美元，当日汇率7.018。
（4）13日，从乙企业进口一批商品计4 000美元，款未付，当日汇率7.012。
（5）18日，归还短期借款1 000美元，当日汇率7.014。
11月末市场汇率为1：7.01元。
假设该企业采用逐笔结转法计算汇兑差额，根据上述业务企业应编制如下会计分录。
（1）借：应收账款——甲企业（$10 000×7.025）   70 250
  贷：主营业务收入   70 250
（2）借：银行存款（$2 000×7.015）   14 030
    汇兑收益   15
  贷：应收账款——甲企业（$2 000×7.022 5）   14 045
应收账款账面汇率=（70 200+70 250）/（10 000+10 000）=7.022 5
银行存款账面汇率=（35 100+14 030）/（5 000+2 000）=7.018 6
（3）借：应付账款——乙企业（$5 000+7.02）   35 100
  贷：银行存款（$5 000×7.018 6）   35 093
    汇兑收益   7
应付账款至当日的账面汇率与期初相同，为7.02
银行存款至当日的账面汇率与3日的账面汇率相同，为7.018 6
（4）借：材料采购   28 048
  贷：应付账款——乙企业（$4 000×7.012）   28 048
应付账款账面汇率=（56 160-35 100+28 048）/（8 000-5 000+4 000）=7.015 4
（5）借：短期借款（$1 000×7.02）   7 020
    汇兑收益   1
短期借款的账面汇率为7.02
银行存款的账面汇率为7.018 6
月末，按月末汇率7.01进行调整。各外币账户记录如表6-1～表6-4所示。

表 6-1　银行存款——美元户

日期	摘要	借方			贷方			余额		
		美元	折合率	人民币	美元	折合率	人民币	美元	折合率	人民币
	期初余额							5 000	7.02	35 100
5	收回货款	2 000	7.015	14 030				7 000	7.018 6	49 130
10	归还货款				5 000	7.018 6	35 093	2 000		14 037
18	归还借款				1 000	7.018 6	7 019	1 000		7 018
30	月末调整						8	1 000	7.01	7 010

表 6-2　应收账款——甲企业（美元户）

日期	摘要	借方			贷方			余额		
		美元	折合率	人民币	美元	折合率	人民币	美元	折合率	人民币
	期初余额							10 000	7.02	70 200
5	收回货款	10 000	7.025	70 250				20 000	7.022 5	140 450
10	归还货款				2 000	7.022 5	14 045	18 000	7.022 5	126 405
30	月末调整						225	18 000	7.01	126 180

表 6-3　应付账款——乙企业（美元户）

日期	摘要	借方			贷方			余额		
		美元	折合率	人民币	美元	折合率	人民币	美元	折合率	人民币
	期初余额							8 000	7.02	56 160
10	归还货款	5 000	7.02	35 100				3 000	7.02	21 060
13	购进商品				4 000	7.012	28 048	7 000	7.015 4	49 108
30	月末调整			38				7 000	7.01	49 070

表 6-4　短期借款（美元户）

日期	摘要	借方			贷方			余额		
		美元	折合率	人民币	美元	折合率	人民币	美元	折合率	人民币
	期初余额							20 000	7.02	140 400
18	归还借款	1 000	6.02	7 020				19 000		133 380
30	月末调整			190				19 000	7.01	133 190

月末期末损益调整的会计分录为

借：应付账款——乙企业　　　　　　　　　　　　　　　　　　　　38

　　短期借款　　　　　　　　　　　　　　　　　　　　　　　　　190

　　汇总收益　　　　　　　　　　　　　　　　　　　　　　　　　5

　　贷：银行存款　　　　　　　　　　　　　　　　　　　　　　　8

　　　　应收账款——甲企业　　　　　　　　　　　　　　　　　　225

本月该企业外币业务共产生12元的汇总损失（-15+7+1-5）。

若该企业采用集中结转法，则应做如下的会计处理：

（1）借：应收账款——甲企业（$10\ 000 \times 7.025$）　　　　　　　70 250

	贷：主营业务收入	70 250
（2）	借：银行存款（$2 000×7.015）	14 030
	贷：应收账款——甲企业（$2 000×7.015）	14 030
（3）	借：应付账款——乙企业（$5 000×7.018）	35 090
	贷：银行存款（$5 000×7.018）	35 090
（4）	借：材料采购	28 048
	贷：应付账款——乙企业（$4 000×7.012）	28 048
（5）	借：短期借款（$1 000×7.014）	7 014
	贷：银行存款（$1 000×7.014）	7 014

月末，按月末汇率7.01进行调整。各外币账户记录如表6-5～表6-8所示。

表6-5 银行存款——美元户

日期	摘要	借方			贷方			余额		
		美元	折合率	人民币	美元	折合率	人民币	美元	折合率	人民币
	期初余额							5 000	7.02	35 100
5	收回货款	2 000	7.015	14 030				7 000	7.018 6	49 130
10	归还货款				5 000	7.018	35 090	2 000		14 040
18	归还借款				1 000	7.014	7 014	1 000	7.026	7 026
30	月末调整						16	1 000	7.01	7 010

表6-6 应收账款——甲企业（美元户）

日期	摘要	借方			贷方			余额		
		美元	折合率	人民币	美元	折合率	人民币	美元	折合率	人民币
	期初余额							10 000	7.02	70 200
3	销售商品	10 000	7.025	70 250				20 000	7.022 5	140 450
5	收回货款				2 000	7.015	14 030	18 000	7.023 3	126 420
30	月末调整						240	18 000	7.01	126 180

表6-7 应付账款——乙企业（美元户）

日期	摘要	借方			贷方			余额		
		美元	折合率	人民币	美元	折合率	人民币	美元	折合率	人民币
	期初余额							8 000	7.02	56 160
10	归还货款	5 000	7.018	35 090				3 000	7.023 3	21 070
13	购进商品				4 000	7.012	28 048	7 000		49 118
30	月末调整			48				7 000	7.01	49 070

表6-8 短期借款（美元户）

日期	摘要	借方			贷方			余额		
		美元	折合率	人民币	美元	折合率	人民币	美元	折合率	人民币
	期初余额							20 000	7.02	140 400
18	归还借款	1 000	7.014	7 014				19 000		133 386
30	月末调整			196				19 000	7.01	133 190

月末调整时,应编制会计分录如下:

借:应付账款——乙企业　　　　　　　　　　　　　　　　48
　　短期借款　　　　　　　　　　　　　　　　　　　　196
　　汇总收益　　　　　　　　　　　　　　　　　　　　　12
　　贷:银行存款　　　　　　　　　　　　　　　　　　　　　16
　　　　应收账款——甲企业　　　　　　　　　　　　　　　240

按照集中结转法共产生12元的汇总损失,与逐笔结转法总的汇总损益数额相同。

(二)外汇分账制

外汇分账制是一种外币交易的账务处理方法,许多银行或财务公司因为其外币交易频繁、涉及外币币种较多,因此均采用分账制记账方法。同样地,在资产负债表日,应当分别就货币性项目和非货币性项目进行处理:货币性项目按资产负债表即期汇率折算,非货币性项目按交易日即期汇率折算,产生的汇兑差额计入当期损益。但在分账制记账方法下,为保持不同币种借贷方金额合计相等,需要设置"货币兑换"账户进行核算。实务中又可采取两种方法核算。

1. 所有外币交易均通过"货币兑换"科目处理

在这种方法下,会计处理包括以下内容。

(1)企业发生的外币交易同时涉及货币性项目和非货币性项目的,按相同外币金额同时计入货币性项目和"货币兑换(外币)"科目,同时,按以交易发生日即期汇率折算为记账本位币的金额,计入非货币性项目和"货币兑换(记账本位币)"科目。

(2)企业发生的交易仅涉及本位币以外的一种货币反映的货币性项目的,按相同币种金额入账,不需要通过"货币兑换"科目核算;如果涉及两种以上货币,按相同币种金额计入相应货币性项目和"货币兑换(外币)"科目。

(3)期末,应将所有以记账本位币以外的货币反映的"货币兑换"科目余额按期末汇率折算为记账本位币金额,并与"货币兑换(记账本位币)"科目余额相比较,其差额转入"汇兑损益"科目:如为借方余额,借记"汇兑损益"科目,贷记"货币兑换(记账本位币)"科目;如为贷方余额,借记"货币兑换(记账本位币)"科目,贷记"汇兑损益"科目。

(4)结算外币货币性项目产生的汇兑差额计入"汇兑损益"。

例6-8　甲银行采用分账制记账方法,以人民币作为记账本位币并编制财务报表。2020年9月,甲银行发生以下交易。

(1)9月5日,收到投资者投入的货币资本100 000万美元,无合同约定汇率,当日汇率为1美元=7.1元人民币;

(2)9月10日,以2 000美元购入一项固定资产,当日汇率为1美元=7.15元人民币;

(3)9月15日,某客户以30 250元人民币购入5 000美元,当日美元卖出价为1美元=7.05元人民币;

(4)9月20日,发放短期贷款5 000美元,当日汇率为1美元=7.08元人民币,美元存入企业开设的美元账户中；

（5）9月25日，向其他银行拆借资金10 000欧元，期限为1个月，年利率为3%，当日汇率为1欧元=8.2元人民币，欧元存入企业开设的欧元账户中；

（6）9月30日的汇率为1美元=7元人民币，1欧元=8元人民币。

对于上述交易，企业应做如下会计分录：

（1）9月5日，收到美元资本投入

借：银行存款——美元　　　　　　　　　　　　　　　　　　100 000
　　贷：货币兑换——美元　　　　　　　　　　　　　　　　　　100 000
借：货币兑换——人民币　　　　　　　　　　　　　　　　　　710 000
　　贷：实收资本　　　　　　　　　　　　　　　　　　　　　　710 000

（2）9月10日，以美元购入固定资产

借：固定资产　　　　　　　　　　　　　　　　　　　　　　　14 300
　　贷：货币兑换——人民币　　　　　　　　　　　　　　　　　14 300
借：货币兑换——美元　　　　　　　　　　　　　　　　　　　2 000
　　贷：银行存款——美元　　　　　　　　　　　　　　　　　　2 000

（3）9月15日，售出美元

借：银行存款——人民币　　　　　　　　　　　　　　　　　　35 250
　　贷：货币兑换——人民币　　　　　　　　　　　　　　　　　35 250
借：货币兑换——美元　　　　　　　　　　　　　　　　　　　5 000
　　贷：银行存款——美元　　　　　　　　　　　　　　　　　　5 000

（4）9月20日，发放美元短期贷款

借：贷款——美元　　　　　　　　　　　　　　　　　　　　　5 000
　　贷：银行存款——美元　　　　　　　　　　　　　　　　　　5 000

（5）9月25日，向其他银行拆借欧元资金

借：银行存款——欧元　　　　　　　　　　　　　　　　　　　10 000
　　贷：拆入资金——欧元　　　　　　　　　　　　　　　　　　10 000

"货币兑换——美元"账户的贷方余额为USD$93 000（USD$100 000－USD$2 000－USD$5 000），按月末汇率折算为人民币金额余额为RMB￥651 000（93 000×7）；

"货币兑换——人民币"账户有借方余额660 450元（710 000－14 300－35 250）。

"货币兑换"账户的借方余额合计为RMB￥660 450，贷方余额合计为RMB￥651 000，借贷方之间的差额为RMB￥9 450，即为当期产生的汇兑差额，相应的会计分录为

借：汇兑损益　　　　　　　　　　　　　　　　　　　　　　　9 450
　　贷：货币兑换——人民币　　　　　　　　　　　　　　　　　9 450

2. 外币交易的日常核算不通过"货币兑换"科目，仅在资产负债表日结转汇兑损益时通过"货币兑换"科目处理

采用这种方法，在外币交易发生时直接以发生的币种进行账务处理，期末，由于所有账户均需要折算为记账本位币列报，因此，所有以外币反映的账户余额均需要折算为记账

本位币余额。其中，货币性项目以资产负债表日即期汇率折算，非货币性项目以交易日即期汇率折算。折算后，所有账户借方余额之和与所有账户贷方余额之和的差额即为当期汇兑差额，应当计入当期损益。以例6-8为例，在这种方法下，日常核算中直接以外币账户借贷相应的科目，而不需要通过"货币兑换"科目；资产负债日编制账户科目余额（人民币）的调节表，并借记"汇兑损益"RMB￥9 450，贷记"货币兑换——人民币"RMB￥9 450。

需要说明的是，无论是采用统账制还是分账制记账方法，只是账务处理程序的不同，产生的结果应当相同，计算出的汇兑差额相同，相应的会计处理也相同，均计入当期损益。

第三节 外币财务报表折算

一、外币财务会计报表折算方法

外币财务会计报表折算方法根据所采用的汇率不同，可以分为两大类，即单一汇率法和多种汇率法。单一汇率法主要是现行汇率法；多种汇率法主要包括流动性项目与非流动性项目法、货币性项目与非货币性项目法和时态法三种。这四种方法的根本差异在于，究竟采用何种汇率对外币会计财务报表各项目进行折算，以及如何处理由于采用不同汇率对外币财务报表各项目进行折算而产生的折算差额。现行汇率法和时态法是目前主流的两种外币财务报表折算方法。

（一）现行汇率法

这种折算方法是采用资产负债表日（会计期末）的即期汇率，对资产负债表中所有资产和负债项目进行折算，只对资本项目按照收到时的历史汇率折算；对利润表中的收入与费用项目，应按照确认这些项目时的汇率折算。为了方便起见，鉴于导致收入与费用的交易是经常大量发生的，也可以采用会计报表当期的平均汇率（简单平均汇率或加权平均汇率）对收入和费用项目进行折算。对于折算过程中产生的折算差额，在资产负债表的所有者权益项目下单独列示，以做递延处理。这种方法的折算程序是先折算利润表，再折算所有者权益变动表，最后折算资产负债表。

例6-9 甲企业集团有一境外子公司A公司，其编制会计报表所采用的货币为美元。假设本会计期期初汇率为1美元=7.0元人民币，期末汇率为1美元=7.1元人民币，本期平均汇率为1美元=7.05元人民币，母公司对子公司投资时的汇率为1美元=6.9元人民币，子公司期初留存收益为400美元，上期所有者权益变动表折算后的留存收益人民币数额为2 870元，应付利润为400美元，实际支付利润时的汇率为1美元=7.08元人民币。

采用现行汇率法进行折算，该子公司折算前后的会计报表如表6-9~表6-11所示。

表6-9 利润表　　　　　　　　　　　　单位：元（人民币）

项目	美元	折算汇率	人民币
一、营业收入	29 600	7.05	208 680
减：营业成本	20 000	7.05	141 000
营业税金及附加	600	7.05	4 230
销售费用	4 000	7.05	28 200

续表

项目	美元	折算汇率	人民币
管理费用	2 000	7.05	14 100
财务费用	1 500	7.05	10 575
加：投资收益	800	7.05	5 640
二、营业利润	2 300		16 215
加：营业外收入	150	7.05	1 057.5
减：营业外支出	950	7.05	6 697.5
三、利润总额	1 500		10 575
减：所得税费用	500	7.05	3 525
四、净利润	1 000		7 050

表 6-10　所有者权益变动表　　　　　　　　　单位：元（人民币）

项目	实收资本	资本公积	其他综合收益	留存收益	所有者权益合计
本年年初余额	27 600			2 870	30 470
本年增减变动					
净利润				7 050	7 050
对所有者的利润分配				−2 832①	−2 832
本年年末余额	27 600			7 088②	34 688

①400 × 7.08 = 2 832
②2 870 + 7 050 − 2 832 = 7 088

表 6-11　资产负债表　　　　　　　　　单位：元（人民币）

资产	美元	折算汇率	人民币	负债及所有者权益	美元	折算汇率	人民币
货币资金	1 400	7.1	9 940	流动负债	3 000	7.1	21 300
应收账款	2 600	7.1	18 460	长期负债	4 000	7.1	28 400
存货	4 000	7.1	28 400	实收资本	4 000	6.9	27 600
长期投资	2 000	7.1	14 200	其他综合收益	1 000		812①
固定资产	2 000	7.1	14 200	留存收益		—	7 088②
合计	12 000		85 200	合计	12 000		85 200

①折算差额 = 85 200 − （21 300 + 28 400 + 27 600 + 7 088） = 812
②留存收益根据折算后所有者权益变动表中留存收益项目的数额填列

（二）流动性项目与非流动性项目法

这种方法是将资产负债表的项目，按其流动性划分为流动性项目和非流动性项目两大类，每类项目采用不同的汇率进行折算。即对于流动性项目类的资产和负债项目采用资产负债表日的即期汇率折算，对于非流动性项目类的资产和负债项目，采用原入账时的历史汇率折算，对于实收资本项目采用历史汇率折算，留存收益项目为轧算的平衡数；对于利润表项目，除固定资产折旧和摊销费用按相关资产入账时的历史汇率折算外，其他项目均采用当期平均汇率折算。而折算过程中发生的折算差额，则按照谨慎性原则的要求，将折算净损失计入当期损益，将折算净收益列入资产负债表予以递延，用来抵销未来会计年度可能发生的折算损失。

若估计为折算净损失，则折算会计报表的基本程序是：先折算资产负债表，再折算所有者权益变动表，最后折算利润表。其中，资产负债表中，留存收益项目的期末数是轧算的平衡数；所有者权益变动表中，先将留存收益项目的年初数根据资产负债表中该项目的年初数填列，留存收益项目的年末数根据资产负债表中该项目的年末数填列，然后再根据表内各项目之间的内在关系计算填列净利润项目；利润表中，净利润项目根据所有者权益变动表中该项目的数额填列，利润总额项目根据净利润和所得税之和填列，折算损失项目根据表内各项目之间的内在关系计算填列。

若估计为净收益，则折算程序与现行汇率法相似。

（三）货币性项目与非货币性项目法

这种方法是将资产负债表中的项目划分为货币性项目和非货币性项目两大类，每类采用不同汇率进行折算。货币性项目采用资产负债表日的即期汇率进行折算；非货币性项目采用原入账时的历史汇率进行折算；实收资本项目采用历史汇率折算，留存收益为轧算的平衡数。利润表中各项目的折算，与流动性项目与非流动性项目法基本相同。折算过程中产生的折算差额计入当期损益。

采用这种方法时的折算程序和流动性项目与非流动性项目法（当折算差额为损失时）基本相同。

（四）时态法

这种方法是资产负债表中，以历史成本表示的资产和负债项目，采用历史汇率折算，以现行价值表示的资产和负债项目，采用即期汇率折算，实收资本项目采用投入资本时的历史汇率折算，留存收益为轧算的平衡数；利润表中，收入和费用项目采用交易发生时的实际汇率折算，如果企业的收入和费用经常且大量发生，也可以采用当期简单或加权汇率折算，对于折旧和摊销费用，采用取得该项资产时的历史汇率折算；折算过程中产生的折算差额计入当期损益。采用这种方法时的折算程序和货币性项目与非货币性项目法基本相同。

例 6-10 现根据例 6-9 的资料，假设存货和长期股权投资均采用市价计价，又假设固定资产取得日汇率为 1：6.85。期初存货 6 000 美元，汇率为 1：7.0，本期购进存货 18 000 美元。

采用时态法折算前、后的会计报表如表 6-12～表 6-14 所示。

表 6-12 资产负债表 单位：元（人民币）

资产	美元	折算汇率	人民币	负债及所有者权益	美元	折算汇率	人民币
货币资金	1 400	7.1	9 940	流动负债	3 000	7.1	21 300
应收账款	2 600	7.1	18 460	长期负债	4 000	7.1	28 400
存货	4 000	7.1	28 400	实收资本	4 000	6.9	27 600
长期股权投资	2 000	7.1	14 200	留存收益	1 000	—	7 400①
固定资产	2 000	6.85	13 700				
合计	12 000		84 700	合计	12 000		84 700

①留存收益 7 400 = 84 700 −（21 300 + 28 400 + 27 600）

表 6-13　所有者权益变动表　　　　　　　　单位：元（人民币）

项目	实收资本	资本公积	减：库存股	留存收益	所有者权益合计
本年年初余额	27 600			2 870	30 470
本年增减变动					
净利润				7 362③	7 362
对所有者的利润分配				−2 832①	−2 832
本年年末余额	27 600			7 400②	35 000

① $400 × 7.08 = 2\ 832$
②根据资产负债表中该项目的年末数填列
③净利润 = 期末留存收益 + 应付利润 − 期初留存收益 = $7\ 400 + 2\ 832 − 2\ 870 = 7\ 362$

表 6-14　利润表　　　　　　　　单位：元（人民币）

项目	美元	折算汇率	人民币
一、营业收入	29 600	7.05	208 680
减：营业成本	20 000		140 500④
营业税金及附加	600	7.05	4 230
销售费用	4 000	7.05	28 200
管理费用	2 000	7.05	14 100
财务费用	1 500	7.05	10 575
加：投资收益	800	7.05	5 640
二、营业利润	2 300		16 715
加：营业外收入	150	7.05	1 057.5
减：营业外支出	950	7.05	6 697.5
三、折算损益（损失）			188③
四、利润总额	1 500		10 887②
减：所得税费用	500	7.05	3 525
五、净利润	1 000	—	7 362①

①利润根据所有者权益变动表填列
②利润总额 = 净利润 + 所得税 = $7\ 362 + 3\ 525 = 10\ 887$
③折算损益 = 营业利润 + 营业外收入 − 营业外支出 − 利润总额
　　　　　 = $16\ 715 + 1\ 057.5 − 6\ 697.5 − 10\ 887 = 188$
④营业成本 = 期初存货 + 本期购货 − 期末存货
　　　期初存货根据上年资料取得，$6\ 000 × 7.0 = 42\ 000$
　　　本期购货 18 000 美元，按年平均汇率折算，$18\ 000 × 7.05 = 126\ 900$
　　　期末存货见资产负债表，$4\ 000 × 7.1 = 28\ 400$
　　　折算后的营业成本 = $42\ 000 + 126\ 900 − 28\ 400 = 140\ 500$

对于例 6-10，若采用流动性项目与非流动性项目法，应如何进行折算？

二、四种折算方法的比较与选择

上述四种外币会计报表折算方法，在折算汇率选择、折算差额的处理上均存在不同之处。在不同折算方法下，资产负债表各项目所采用折算汇率的比较如表 6-15 所示。

表 6-15　资产负债表各项目所采用折算汇率的比较

项目	现行汇率法	流动性项目与非流动性项目法	货币性项目与非货币性项目法	时态法
货币资金	C	C	C	C
应收账款	C	C	C	C
存货				
按成本计价	C	C	H	H
按市价计价	C	C	H	C
投资				
按成本计价	C	H	H	H
按市价计价	C	H	H	C
固定资产	C	H	H	H
其他资产	C	H	H	H
应付账款	C	C	C	C
长期负债	C	H	C	C
普通股票	H	H	H	H
留存收益	余额	余额	余额	余额

注：C：代表即期汇率；H：代表历史汇率

利润表中，在现行汇率法下，各项目采用确认这些项目时的实际汇率或当期平均汇率进行折算。在其他折算方法下，折旧和摊销费用采用相关资产的历史汇率折算，其他项目采用平均汇率进行折算。对于销售成本项目，则根据"期初存货＋本期购货－期末存货"的公式倒挤。其中，期初存货从上年折算后的报表中取得，本期购货一般采用平均汇率进行折算，而期末存货折算汇率的选择，在现行汇率法和流动性项目与非流动性项目法下均采用即期汇率，在货币性项目与非货币性项目法下采用历史汇率，在时态法下采用即期汇率或历史汇率。

国际视野

时态法和现行汇率法

美国财务会计准则委员会在其颁布的第 52 号会计准则中同时推荐时态法和现行汇率法。第 52 号准则要求首先判别国外实体的功能货币，再根据国外实体的经营性质和功能货币，选择采用时态法或现行汇率法，对外币报表进行折算、重述或两者兼而有之。当国外实体的功能货币是当地货币时，要求采用现行汇率法将国外实体以功能货币编制的财务报表折算为以母公司报告货币编制的报表。若国外实体用以记账的当地货币不是其功能货币，那么在折算前应将当地货币的财务报表按功能倾向采用时态法重新计量（重述），而后采用现行汇率法再折算为报告货币。

资料来源：FASB 网站（www.fasb.org）

由于上述四种折算方法所采用的折算汇率不同，所以外币会计报表各项目折算出来的金额不同，由此所产生的折算差额也不同，同时，对折算差额的处理方法亦不同。以上述四道例题的结果为例,将其差额列示于表 6-16 中。

表 6-16 折算结果的比较

	现行汇率法	时态法
外币折算差额	812	188(损失)
外币折算差额的列示方法	资产负债表	利润表
净利润	7 050	7 362
资产	85 200	84 700
负债	49 700	49 700
所有者权益	35 500	35 000

现行汇率法简单易操作,折算后资产负债表各项目间仍然保持原有外币会计报表各项目间的比例关系。该种方法的缺陷在于,第一,它假设子公司以所在国货币表示的资产和负债项目均承受汇率变动风险;第二,在历史成本模式下,采用即期汇率折算以历史成本计价的项目,使得折算后的金额既不是以母公司所在国货币表示的历史成本,也不是以外币表示的历史成本,既不是现行市价,也不是可变现净值。因此,这种方法缺乏理论依据,导致外币会计报表中某些项目的实际价值受到歪曲,从而影响合并会计报表的真实性。该种方法一般适用于国外独立经营的经营实体及国内以某种外币作为记账本位币的企业外币会计报表的折算。现行汇率法是目前世界上使用最为广泛和国际会计准则委员会推荐使用的方法之一。

在流动性项目与非流动性项目法下,汇率变动只影响当期的流动资产和流动负债,当外币升值时,如果流动资产超过流动负债,企业将获得折算收益,如果流动负债超过流动资产,企业将蒙受折算损失;当外币贬值时则相反。该种方法的主要缺陷在于:划分流动性项目和非流动性项目并分别采用即期汇率与历史汇率进行折算缺乏依据;采用历史汇率折算长期借款等非流动性负债,掩盖了它们所承受的汇率变动的影响;所有流动资产项目均采用即期汇率进行折算,对于类似存货这样的项目是不恰当的。该种方法目前只在少数国家使用。

货币性项目与非货币性项目法能够反映汇率变动对不同资产和负债项目的影响,较之流动性项目与非流动性项目法有较大改进。例如,对属于非货币性项目的存货采用历史成本折算,对属于货币性项目的长期负债采用即期汇率折算。但该种方法仍缺乏充分理论依据来说明报表项目的分类与选择不同折算汇率之间的关系。使用该方法的国家目前也不是很多。

时态法以各个资产和负债项目的计量属性作为选择折算汇率的依据,因而仅改变了外币会计报表各项目的计量单位,并未改变其计量属性。该种方法具有较强的理论依据,折算汇率的选择亦具有一定的灵活性。但该种方法仍然有缺陷,它把折算损益包括在当期损益之中,很可能引起损益的波动,甚至可能使得原外币会计报表的利润折算后变为亏损,或反之。同时,它还改变了原外币会计报表中各项目之间的比例关系,据此计算的财务比例不符合实际情况。时态法一般适用于作为母公司经营的有机组成部分的国外子公司会计报表折算。它是国际会计准则委员会推荐使用的方法之一,目前也在一些国家中得以使用。

> **相关案例**
>
> **如何处理外币折算差额——Polly Peck（英国）**
>
> 于 1990 年突然宣布破产的英国公司 Polly Peck，很好地说明了将外币折算损失冲减盈余公积的误导性。该公司在土耳其有巨额的银行存款，每年的利率为 30%，而其借款主要来自美元和英镑，每年的利率为 10%。预计土耳其里拉兑美元将像过去一样贬值，每年约为 20%。在损益表中报告收入的利息和支付的利息，将土耳其银行存款的折算损失冲减盈余公积。结果在 1989 年，该公司在其损益表中报告其收入的利息超过其支付的利息 1 200 万英镑，尽管在 1989 年末，其货币性负债超过其货币性资产 700 000 万英镑。遵循相关准则（英国第 20 号标准会计实务公告）的规定，该公司将国外存款的折算损失冲减盈余公积，但无疑地，这种做法所提供的筹资成本信息使人误解。
>
> 资料来源：改编自 Gwilliam, D. and Russell, T. (1991) Polly Peck: where were the analysts, Accountancy, January.

三、我国外币财务报表折算

（一）境外经营财务报表的折算

为满足编制合并会计报表的实际需要，19 号准则要求企业要对境外经营的以企业记账本位币之外的货币反映的财务报表进行折算。境外经营，是指企业在境外的子公司、合营企业、联营企业、分支机构。如果企业的子公司、合营企业、联营企业、分支机构采用与企业相同的本位币，即使是设在境外，其财务报表也不存在折算问题。另外，在境内的子公司、合营企业、联营企业、分支机构，采用不同于企业记账本位币的，也视同境外经营。在进行外币报表折算之前，与普通的合并财务报表一样，应当调整境外经营的会计期间和会计政策，使之与企业会计期间和会计政策相一致，根据调整后的会计期间及会计政策编制相应货币（企业记账本位币以外的货币）的财务报表。具体的折算方法基本采用现行汇率法，具体操作程序与方法如下。

首先折算利润表。利润表中的收入和费用项目，采用交易发生日的即期汇率或即期汇率的近似汇率折算，但由于收入和费用在一个期间内频繁发生，因此大多按照合并会计报表会计期间的平均汇率将利润表项目折算为母公司记账本位币，也可以采用合并会计报表决算日的市场汇率折算为母公司记账本位币。在采用合并会计报表决算日市场汇率折算为母公司记账本位币时，应当在合并会计报表附注中说明。平均汇率根据当期期初、期末市场汇率计算确定，也可以采用其他方法确定，平均汇率计算方法一经确定，前后各期必须连续使用，不得随意变更。如果确需变动，应在会计报表附注中说明变更理由及变更对会计报表的影响。

其次折算资产负债表和所有者权益变动表。资产负债表中，所有资产、负债类项目均按照合并会计报表决算日的即期汇率折算为母公司记账本位币；通过资产类项目折算后的数额与负债类项目折算后的数额倒轧出所有者权益合计数；"实收资本"项目按照发生时的即期汇率折算为母公司记账本位币;"盈余公积"和"未分配利润"项目以折算后的所有者权益变动表中该项目的数额列示;折算后资产类项目与负债类项目和所有者权益类项目合计数的差额,作为"其他综合收益"项目在"资本公积"项目之后单独列示;年初数按上年折算后的资产负债表的数额列示。在所有者权益变动表中,"净利润"项目按折算后利润表该项目的数额填列,"年初未分配利润"项目以上一年度折算后的期末"未分配利润"项目的数额填列,"其他综合收益"项目以资产负债表中"其他综合收益"数填列,"盈余公积"和"未分配利润"项目根据折算后的年初数和本期计提的折算数额计算填列。

 国际视野

中国外币折算准则与国际准则的比较

1. 记账本位币方面

IAS 21准则引入了"功能货币"(某实体从事生产经营所处的主要经济环境中的货币)的概念,并进一步将报告货币分为列报货币和功能货币两个不同内容,将货币的功能分为标示功能和计量功能。国际会计准则第21号和第38条中还提出主体财务报表可以按一种或者几种货币列报,如果列报货币不同于主体的功能货币,其经营成果和财务状况需要折算成列报货币,IAS 21准则虽然将列报货币和功能货币分别进行区分,但没有限制列报货币的种类。从我国折算准则中"编报的财务报表应当折算为人民币"可以得知,我国的列报货币指定的唯一的货币是人民币,而国际准则对此没有限制。

2. 外币交易处理方面

IAS 21准则要求外币交易在初始确认时以功能货币进行记录,货币性项目和非货币性项目统一按交易日的即期汇率进行折算,后续的计量做了细分:以历史成本计量的非货币性项目按交易日的汇率折算,对于公允价值计量的外币非货币性项目应按确定公允价值日的汇率折算。另外,对于确定某些以外币计量的非货币性项目的账面金额依据谨慎性原则作出了计提减值损失的规定。我国折算准则对于外币交易在初始确认和后续计量方面与IAS 21准则一致,体现了与国际准则的趋同,但没有引入对于某些以外币计量的非货币性项目的账面金额的确定方法,有待于在一些细节方面进一步完善。

3. 外币报表折算方法方面

IAS 21准则在外币报表折算方面采用功能货币的理念,其折算方法的选择依据国外子公司的功能货币。国外子公司的功能货币若为所在国的货币,则采用现行汇率法对子公司报表折算为国外子公司的功能货币。若为母公司所在国的货币,则采用时态法进行折算。若子公司的功能货币为第三国的货币,则先采用时态法,再采用现行汇率法折算。我国外币折算准则在对财务报表进行折算时对资产负债表和利润表的不同项目分别进行规定,采用的是现行汇率法。折算主体方面,我国采用的是地域和记账本位币相结合的双重标准,而国际准则采用的是唯一的"国外实体"标准。

资料来源:李吉. 外币折算会计准则的国际比较及建议[J]. 商业会计,2012(5),有改动

（二）恶性通货膨胀经济中境外经营财务报表的折算

当一个国家经济环境显示出（但不局限于）以下特征时，应当判定该国处于恶性通货膨胀经济中。

（1）三年累计通货膨胀率接近或超过 100%。

（2）利率、工资和物价指数挂钩，物价指数是物价变动趋势和幅度的相对数。

（3）一般公众不是以当地货币，而是以相对稳定的外币为单位作为衡量货币金额的基础。

（4）一般公众倾向于以非货币性资产或相对稳定的外币来保存自己的财富，持有的当地货币立即用于投资以保持购买力。

（5）即使信用期限很短，赊销、赊购交易仍按补偿信息期预计购买力损失的价格成交。

企业对处于恶性通货膨胀经济中的境外经营财务报表进行折算时，需要先对其财务报表进行重述：对资产负债表项目运用一般物价指数予以重述，对利润表项目运用一般物价指数变动予以重述。然后，再按资产负债表日即期汇率进行折算。在境外经营不再处于恶性通货膨胀经济中时，应当停止重述，按照停止之日的价格水平重述的财务报表进行折算。

（1）资产负债表项目的重述。在对资产负债表项目进行重述时，由于现金、应收账款、其他应收款等货币性项目已经以资产负债表日的计量单位表述，因此不需要进行重述；通过协议与物价变动挂钩的资产和负债，应根据协议约定进行调整；非货币性项目中，有些是以资产负债表日的计量单位列示的，如存货已经以可变现净值列示，不需要进行重述。其他非货币性项目，如固定资产、投资、无形资产等，应自购置日起以一般物价指数予以重述。

（2）利润表项目的重述。在对利润表项目进行重述时，所有项目金额都需要自其初始确认之日起，以一般物价指数变动进行重述，以使利润表的所有项目都以资产负债表日的计量单位表述。由于上述重述而产生的差额计入当期净利润。

对资产负债表和利润表项目进行重述后，再按资产负债表日的即期汇率将资产负债表和利润表折算为记账本位币报表。

（三）境外经营的处置

企业可能通过出售、清算、返还股东或放弃全部或部分权益等方式处置其在境外经营中的利益。企业应在处置境外经营的当期，将已列入合并财务报表所有者权益的外币报表折算差额中与该境外经营相关部分，自所有者权益项目转入处置当期损益。如果是部分处置境外经营，应当按处置的比例计算处置部分的外币报表折算差额，转入处置当期损益。

本章首先概括介绍了外币会计中涉及的若干基本概念和术语，为以后外币交易会计和外币报表折算的学习奠定了基础；其次，对外币交易所产生的外币折算及其汇兑损益的会计问题进行了论述，介绍了汇兑损益的产生原因、确认标准、外币交易会计的两种基本观点，在此基础上，阐述了外汇统账制和外汇分账制两种记账方法，并就交易日的会计处理、

资产负债表日货币性项目和非货币性项目的折算及汇兑差额的计算方法进行说明；最后，对外币报表折算及其折算损益处理的会计问题进行了论述，既介绍了外币报表折算的目的，又阐述了外币报表折算的四种方法，在四种方法比较的基础上介绍了外币报表折算的国际惯例，以及我国会计实务中外币报表折算方法及其折算损益的处理方法。

外币（foreign currency）　　　　外汇（foreign exchange）
记账本位币（presentation currency）　外币交易（foreign currency transactions）
功能货币（functional currency）　　境外实体（foreign entity）
汇兑收益（exchange gains）　　　单项交易观（one-transaction opinion）
两项交易观（two-transaction opinion）　货币性项目（monetary items）
非货币性项目（non-monetary items）　境外经营（foreign operation）
外币报表折算（translation of foreign currency financial statements）
恶性通货膨胀经济（hyperinflationary economics）

以例 6-9 为例，假定此境外子公司 A 公司的资产负债表日为 2020 年 12 月 31 日，甲企业集团于 2020 年年初以 1 200 美元购入该境外 A 公司 80%的股权而取得对此公司的控股权。2020 年 1 月 1 日，A 公司可辨认净资产公允价值为 1 400 美元，投资时的即期汇率为 7.1。其他资料见例 6-9。

请讨论，如何编制甲企业集团母公司投资时的合并会计报表，以及年末的合并会计报表。

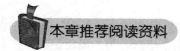

1. 财政部，企业会计准则第 19 号——外币折算（http：//www.casc.gov.cn/2008/0522/92942.shtml）.

2. IASB，国际会计准则第 21 号——外汇汇率变动的影响（IAS 21 The Effects of Changes in Foreign Exchange Rates）（http：//www.ifrs.org）.

3. 岳亮，刘翔云. 外币长期股权投资后续计量的汇率问题分析[J]. 财务与会计（综合版），2010（7）.

4. 李吉. 外币折算会计准则的国际比较及建议[J]. 商业会计，2012（5）.

5. 王军法. 外币报表折算方法选择之我见——简评时态法与现行汇率法[J]. 财务与会计（综合版），2011（2）.

| 单项选择题 | 多项选择题 | 判断题 |

记账本位币　　外汇汇率　　历史汇率　　即期汇率　　功能货币
外币统账制　　外币分账制　　货币性项目　　非货币性项目　　汇兑损益

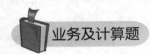

1. 简述单项交易观与两项交易观的不同。
2. 我国汇兑差额的处理原则包括哪些？
3. 什么是外币财务报表折算？为什么要对外币财务报表进行折算？
4. 简述外币财务报表折算的现行汇率法及其折算的基本程序。
5. 简述外币财务报表折算的时态法及其折算的基本程序。

习题一

（一）目的：练习汇兑损益的集中结转法。

（二）资料：某企业对本月发生的外币业务按当日的市场汇率折合为人民币记账。该企业2020年12月1日有关科目余额如下（单位：元）。

科目名称	美元	汇率	人民币
银行存款	90 000	7.12	640 800
应收账款	100 000	7.12	712 000
应付账款	60 000	7.12	427 200
长期借款（工程项目尚未达到预定可使用状态）	80 000	7.12	569 600

该企业2020年12月发生下列经济业务：

5日，该企业收回客户前欠账款60 000美元存入银行，当日市场汇率为1∶7.118；
15日，将20 000美元存款兑换为人民币存款，兑换当时市场汇率为：买价1∶7.10，

卖出 1:7.13,当日市场汇率为 1:7.116;

21 日,用银行存款 50 000 美元偿还应付账款,当日市场汇率为 1:7.115;

25 日,用银行存款 60 000 美元归还长期借款,当时市场汇率为 1:7.112。

2021 年 1 月 31 日国家公布的市场汇率为 1:7.11,该企业采用集中结转法核算汇兑差额。

(三)要求:

(1)根据上述经济业务编制会计分录;

(2)编制期末记录汇兑差额的会计分录,计算 2020 年 12 月的汇兑差额和计入 12 月损益的汇兑差额。

习题二

(一)目的:熟悉我国现行准则对外币财务报表折算的相关规定。

(二)资料:公司的记账本位币为人民币,该公司在意大利有一家子公司乙公司,乙公司确定的记账本位币为欧元。根据合同约定,甲公司拥有乙公司 70% 的股权,并能够对乙公司的财务和经营政策施加重大影响。2020 年 12 月 31 日,甲公司确认其在乙公司的投资应分享或分担的乙公司实现的净损益的份额时,需要先将乙公司的欧元财务报表折算为人民币表述。有关资料如下:

2020 年 12 月 31 日的汇率为 1 欧元=7.65 元人民币,2020 年的平均汇率为 1 欧元=7.7 元人民币,实收资本、资本公积发生日的即汇率为 1 欧元=9 元人民币,2019 年 12 月 31 日的累计盈余公积为 140 万欧元,折算为人民币为 1 120 万元,累计未分配利润为 100 万欧元,折算为人民币为 780 万元,甲、乙公司均在年末提取盈余公积。

资产负债表

编制单位:乙公司　　　　　　　　　2020 年 12 月 31 日　　　　　　　　　单位:万元

资产	期末数(万欧元)	折算汇率	折算为人民币金额(万人民币)	负债和股东权益	期末数(万欧元)	折算汇率	折算为人民币金额(万人民币)
流动资产:				流动负债:			
银行存款	1 000			应付账款	360		
应收账款	1 800			应付职工薪酬	800		
存货	1 500						
流动资产合计	4 300			流动负债合计	1 160		
非流动资产:				非流动负债:			
长期应收款	1 000			长期负债	1 200		
固定资产	5 000			非流动负债合计	1 200		
减:累计折旧	2 000			负债合计	2 360		
无形资产	1 000			股东权益:			
非流动资产合计	5 000			实收资本	6 000		
				其他综合收益——折算差额			

续表

资产	期末数(万欧元)	折算汇率	折算为人民币金额(万人民币)	负债和股东权益	期末数(万欧元)	折算汇率	折算为人民币金额(万人民币)
				盈余公积	300		
				未分配利润	640		
				股东权益合计	6 940		
资产总计	9 300			负债和股东权益总计	9 300		

注:"其他综合收益——折算差额"的期初数为 0

利润表

编制单位:乙公司　　　　　　　2020 年　　　　　　　　单位:万元

项　目	期末数(欧元)	折算汇率	折算为人民币金额(人民币)
一、营业收入	3 000		
减:营业成本	1 800		
管理费用	200		
财务费用	100		
二、营业利润	900		
加:营业外收入	100		
三、利润总额	1 000		
减:所得税	300		
四、净利润	700		
五、每股收益	——		

所有者权益变动表

编制单位:乙公司　　　　　　　2020 年　　　　　　　　单位:万元

	实收资本			其他综合收益——外币报表折算差额	盈余公积			未分配利润			所有者权益合计
	欧元	折算汇率	人民币	人民币	欧元	折算汇率	人民币	欧元	人民币	人民币	
一、本年年初余额	6 000				140			100			
二、本年增减变动金额											
(一)净利润											
(二)其他综合收益											
其中:外币报表折算差额											
(三)利润分配											
1. 提取盈余公积					160			-160			
三、本年年末余额	6 000				300			640			

当期计提的盈余公积采用当期平均汇率折算,期初盈余公积为以前年度计提的盈余公积按相应年度平均汇率折算后金额的累计,期初未分配利润记账本位币金额为以前年度未分配利润记账本位币金额的累计。

(三)要求:按照我国现行准则的相关规定,将上述外币财务报表折算为人民币表示的会计报表(单位:万元,保留两位小数)。

第七章

衍生工具会计

学习提要与目标

本章的主要内容包括：金融工具及衍生工具的概念，衍生工具的分类、特征功能；交易性衍生工具的会计处理方法，包括远期合约、期货合约与期权合约的会计处理；衍生工具的列报及信息披露的一般问题。

学完本章，同学们应：
- 掌握衍生工具的相关概念体系，熟悉衍生工具的类型
- 理解远期合约、期货合约、期权合约、互换交易四种衍生工具的主要会计处理要求
- 掌握交易性衍生工具的会计处理
- 掌握有关衍生工具列报的一般要求
- 掌握有关衍生工具披露的一般要求

第一节 衍生工具会计概述

一、衍生工具的概念

（一）金融工具的分类

金融工具是指形成一方的金融资产并形成其他方的金融负债或权益工具的合同。2004年修订的《国际会计准则第32号——金融工具：揭示和呈报》（IAS32）中指出：金融工具是指"形成一个主体的金融资产并形成另一个主体的金融负债或权益工具的合约"。金融工具按其性质可分为基础金融工具和衍生金融工具。

基础金融工具是符合会计要素定义的传统的金融工具，属于传统财务报表的表内项目，主要表现为现金、银行存款、银行可转让存单等货币资金，普通股和优先股等股权证券，公司债、金融债券和国库券等债权证券以及应收账款、应收票据、应付账款和应付票据等往来款项。基础金融工具是在商品经济社会，货币发挥支付手段职能的基础上，伴随信用关系的发展而发展起来的。衍生工具是在基础金融工具的基础上演绎而派生出来的合约。基础金融工具与衍生工具相比，表现出以下特点：①基础金融工具的取得或发生通常伴随着资产的流入或流出；②基础金融工具的价值取决于标的物本身的价值，而不取决于其他工具，标的物价值是由市场决定的。

（二）衍生工具

衍生工具又称衍生金融工具，是指衍生于基本金融工具，并能够相对独立存在的金融

工具。按照我国会计准则的解释,衍生工具是指具有下列特征的金融工具或其他合约:①其价值随特定利率、金融工具价格、商品价格、汇率、价格指数、费率指数、信用等级、信用指数或其他类似变量的变动而变动,变量为非金融变量的,该变量与合约的任一方不存在特定关系。②不要求初始净投资,或与对市场情况变化有类似反应的其他类型合约相比,要求很少的初始净投资。③在未来某一日期结算。与《国际会计准则第39号——金融工具:确认和计量》对照,这个定义与其基本上是一致的。从实际情况来看,衍生工具基于以下两点形成:一是在基本金融工具的基础上所派生;二是可用合约的形式表现为跨期交易。因此,美国联邦储备局将其描述为:"一种金融合约而不是借贷资金,其主要目的在于转移由于资产价值波动所带来的神秘感"。对上述内容进行综合,可将衍生工具定义为:衍生工具是指以另一些金融工具的存在为前提,以其自身表现形式为交易对象,为减少、避免或转移内含风险而以合约为主要形式进行跨期交易的金融工具。具体来说,衍生工具包括远期合约、期货合约、互换和期权合约,以及具有远期合约、期货合约、互换和期权合约中一种或一种以上特征的工具。

本书结合国际会计准则和我国会计准则,着眼于非金融机构与会计准则相关的事项,主要对四种衍生工具的会计处理进行介绍和说明。

二、衍生工具的分类

按照衍生工具的使用方向、交易性质及交易特点,衍生工具可有不同标准的分类。

(一)按照交易方法与特点分类

按照交易方法与特点,可将衍生工具分为以下四类。

1. 远期合约

远期合约是指合约双方同意在未来一定日期按一定价格交换金融资产的合同,主要由远期外汇合约、远期股票合约、远期利率协议等构成。

例如某进出口公司,2020年9月2日,与某银行签订一笔期限为1年、金额为1亿美元的远期外汇合约,预计2021年9月有一笔出口收汇款。当时银行报给该公司的远期一年的价格为7.04。2021年9月,该公司从境外收到1亿美元的资金,按照当时所定的远期汇率7.04,银行办理了结汇,该公司得到7.04元亿人民币。2020年9月2日,当天的外汇牌价为7.00。签订远期合约,该公司一方面规避了汇率风险;另一方面带来了额外的收益即400万元人民币。

相关链接

中国南车外汇远期协议赚得六千万

在中信泰富和"两铁"(中国中铁和中国铁建)出现外汇损失之际,中国南车却报出了外汇收益。中国南车股份有限公司(上海交易所代码:601766,香港交易所代码:01766;以下简称"中国南车")之前签订的外汇远期协议于2008年10月16日到期,并产生了

6 180万元的收益。

2007年10月,中国南车下属的株机公司贷了一笔7 000万欧元的一年期贷款,为减轻外币银行贷款的汇率风险,随后签订了一份一年期欧元对美元的外汇远期协议,约定以固定的汇率用美元买入欧元以偿还欧元贷款。

欧元贷款和欧元对美元的外汇远期协议相当于一笔美元贷款,而2008年以来,美元对人民币贬值,截至10月16日,欧元贷款和一年期欧元对美元的远期外汇协议均已到期,带来上述汇兑收入。

一位银行业分析师表示,这种对冲风险的方式,在有外汇需求的公司中比较常见,像中海集运等公司也采用类似方式。但和2008年"中信泰富事件"中所签订的可赎回远期合约的区别在于,这种方式风险较小,而且,主要以对冲汇率波动的风险为目的,而非投资为主要目的。

此前,中国中铁股份有限公司(上海交易所代码:601390,香港交易所代码:00390,以下简称"中国中铁")及中国铁建股份有限公司(上海交易所代码:601186,香港交易所代码:01186)均爆出巨额汇兑损失。其中,中国中铁因将15亿美元的H股募集资金做了结构性存款,收益部分挂钩澳元对美元的汇率,但因澳元下半年大幅贬值,导致出现19亿元的损失。

资料来源:周玲玲. 中国南车外汇远期协议赚得六千万[J/OL]. 财经网(http://www.caijing.com.cn/2008-10-28/ 110024098.html),有改动

2. 期货合约

期货合约是指买卖双方在有组织的交易所内以公开竞价形式达成的、在将来某一特定时间收付标准数量特定金融工具的合约,主要由外汇期货、利率期货、股票指数期货等构成。

期货合约的买卖是参与者在对某种物品价格走势进行预测的基础上进行的。例如,购买一张标准货币期货合约后,该种货币价格上升,投资者即可获利;若价格下降,投资者则会遭受损失。

期货合约的操作过程如下。

(1)委托交易。委托交易指客户签发委托书委托其经纪人进行期货合约的买卖。委托书的内容包括买入或卖出、交易所名称、交易品种类、交割时间、合约数量、交易价格、委托书有效期等。常用的委托书指令有市价指令(或市价委托)和限价指令。前者指客户要求经纪人在当前的市场价格下替客户买卖合同;后者指客户给出一个买入的最高价或卖出的最低价,经纪人只能以比限价更优惠的价格替客户成交。

(2)开立账户并交纳保证金。期货交易中通常存在违约风险,期货市场则通过建立保证金制度来预防违约风险的发生,因此,期货市场参与者在进行交易时必须开立保证金账户并存放一定数额的履约保证金。保证金分为初始保证金和维持保证金两种。前者是交易开始时交纳的保证金,保证金数额由清算所和交易所根据交易货币的不同而定;后者指给账户增加货币以前允许保证金下降的最低数额,如果账户余额低于维持保证金数额,经纪人则向客户发出催交保证金通知,要求客户存入一笔资金,从而使账户余额达到初始保证金水平。

> 相关链接
>
> 中国的股指期货
>
> 2010年2月20日,证监会正式批复中国金融期货交易所沪深300股指期货合约和业务规则,中国股指期货市场正式形成。2010年2月22日,正式接受投资者开户申请。沪深300股指期货合约自2010年4月16日起正式上市交易。股指期货的英文是share price index futures,简称SPIF。
>
> 沪深300股指期货合约标准的标准如下。
>
> 沪深300股指数期货合约以沪深300指数为标的。
>
> | | |
> |---|---|
> | 合约标的 | 沪深300指数 |
> | 合约乘数 | 每点300元 |
> | 报价单位 | 指数点 |
> | 最小变动价位 | 0.2点 |
> | 合约月份 | 当月、下月及随后两个季月 |
> | 交易时间 | 上午:9:15~11:30;下午:13:00~15:15 |
> | 最后交易日交易时间 | 上午:9:15~11:30;下午:13:00~15:00 |
> | 每日价格最大波动限制 | 上一个交易日结算价的±10% |
> | 最低交易保证金 | 合约价值的8% |
> | 最后交易日 | 合约到期月份的第三个周五,遇国家法定假日顺延 |
> | 交割日期 | 同最后交易日 |
> | 交割方式 | 现金交割 |
> | 交易代码 | IF |
> | 上市交易所 | 中国金融期货交易所 |
>
> 资源来源:中国金融期货交易所网站(www.cffex.com.cn)

(3)现货交割。期货合约必须通过对冲或按合约规定进行现货交割而平仓,但大部分合约是通过对冲完成交易的,只有极少数合约最终进行实物的交割。期货合同的交割,一般的做法是在最后交易日,合约的多头和空头分别向清算所提交"买方交割确认书"和"卖方交割确认书",由交易清算所负责进行实际交割。

3. 互换

互换是指两个或两个以上当事人按共同商定的条件,在约定时间内交换一定支付款项的金融交易,主要由利率互换和货币互换构成。

(1)利率互换。利率互换又称利率掉期,是指交易双方在债务币种一样的情况下互相交换不同形式的利率。例如,A公司和B公司都希望取得一笔贷款,它们在固定利率和浮动利率资金市场借款利率参见表7-1。

表 7-1　A、B 公司在固定利率和浮动利率资金市场借款利率

	固定利率	浮动利率
A 公司	7%	6 个月 SHIBOR+0.5%
B 公司	8.5%	6 个月 SHIBOR+1%

假设 A 公司需要浮动利率借款，B 公司需要固定利率借款，如果 A 公司和 B 公司分别以固定利率和浮动利率借款，然后交换各自的利息负担，A 公司承诺定期支付 B 公司以浮动利率 SHIBOR（上海银行间同业拆放利率）计算的利息，而 B 公司承诺支付 A 公司 7%的固定利率，则双方都能达到节约利息开支的目的。这一利率互换过程如图 7-1 所示。

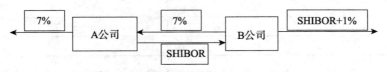

图 7-1　公司间的利率互换过程

利率互换后两个公司实际负担的利息计算如下：

A 公司：　　向银行支付利息　　　7%
　　　　　　从 B 公司收入利息　　7%
　　　　　　支付给 B 公司　　　　SHIBOR
　　　　　　利息净支出　　　　　SHIBOR

B 公司：　　向银行支付利息　　　SHIBOR+1%
　　　　　　从 A 公司收入利息　　SHIBOR
　　　　　　支付给 A 公司　　　　7%
　　　　　　利息净支出　　　　　8%

从上述过程可以看出，通过利率互换，A 公司实际支付的利息比直接以浮动利率从银行借款节约利息开支 0.5%，B 公司实际支付的利息比直接以固定利率从资金市场上借款节约利息开支 0.5%。

 相关链接

我国首笔利率互换业务

2006 年 1 月 24 日，中国人民银行下发《中国人民银行关于开展人民币利率互换交易试点有关事宜的通知》后，光大银行与国家开发银行（以下简称"国开行"）当日就完成了首笔人民币利率互换交易，协议的名义本金为 50 亿元人民币，期限 10 年，光大银行支付固定利率，开发银行支付浮动利率（1 年期定期存款利率）。这标志着人民币利率衍生工具在中国金融市场正式登场，利率市场化和金融市场建设进入了一个新阶段。在这笔业务中，光大银行支付 2.95%的固定利率，国开行支付浮动利率（1 年期定期存款利率 2.25%）。即光大银行每年向国开行支付的固息水平为 2.95%，光大银行规避了利率变动风险，国开行能够换来取得较低的利率的机会（互换至今 1 年期定期利率

最低 2.25%）。交换的两家虽均为银行未经第三方撮合，属于两公司直接进行的利率互换。

资料来源：朱桂芳. 国开行与光大完成首笔利率互换[N]. 南方日报，2006-02-14，有改动

（2）货币互换。货币互换指交易双方交换不同币种但期限相同的固定利率贷款。在货币交换中，贷款的本金和利息是一起交换的。

例如，C 公司和 F 公司分别在人民币与美元资金市场上具有贷款利率优势，C 公司和 F 公司申请贷款的利率见表 7-2。

表 7-2　C 公司和 F 公司申请贷款的利率

	人民币	美元
C 公司	7%	7.5%
F 公司	9%	6%

假设 F 公司需要人民币借款，C 公司需要美元借款。如果 C、F 公司分别先取得人民币和美元借款，然后通过货币交换，这样既能使双方取得自己所需的资金，又能使各自的利息支出降低。在货币互换交易中，F 公司将利率为 6% 的美元贷款换成利率为 7% 的人民币贷款，比自己直接借人民币贷款节省 2% 的利率；C 公司将利率为 7% 的人民币贷款换成利率为 6% 的美元贷款，比自己直接借美元贷款节省 1.5% 的利率。经过互换以后，F 公司和 C 公司在取得各自所需的借款的同时，分别节约了年利率为 2% 和 1.5% 的利息支出。

互换交易产生的原因是互换双方分别在不同的货币市场上具有优势但需要另一种货币，而通过互换这种交易形式双方既能发挥各自的优势，又能取得所需币种。互换合同实质上是由一系列远期合同构成的，从理论上讲可以直接在客户之间签订。但是，实际上大部分互换是通过银行或其他金融中介机构进行的。也就是说，大部分互换合同是在客户与银行或其他金融中介机构之间签订的，因为某一客户要找到一个正好愿意接受本金相同、互换期相同、方向相反的互换对方是十分困难的。

 相关链接

我国近期开展的货币互换业务

2012 年 2 月 21 日，中国人民银行与土耳其中央银行在安卡拉签署了中土双边本币互换协议，旨在加强双边金融合作，促进两国贸易和投资，共同维护地区金融稳定。互换规模为 100 亿元人民币/30 亿土耳其里拉，有效期三年，经双方同意可以展期。

2012 年 3 月 20 日，中国人民银行与蒙古银行在北京签署了中蒙双边本币互换补充协议，互换规模由原来的 50 亿元人民币/1 万亿图格里特扩大至 100 亿元人民币/2 万亿图格里特。双方认为双边本币互换补充协议的签署将有利于维护区域金融稳定，便利双边贸易和投资。

2012 年 3 月 22 日，中国人民银行与澳大利亚储备银行在北京签署了中澳双边本币互换协议，旨在加强双边金融合作，促进两国贸易和投资，共同维护地区金融稳定。互换规模为 2 000 亿元人民币/300 亿澳大利亚元，有效期三年，经双方同意可以展期。

2012年6月26日,中国人民银行与乌克兰国家银行在北京签署了中乌双边本币互换协议,旨在加强双边金融合作,促进两国贸易和投资,共同维护地区金融稳定。互换规模为150亿元人民币/190亿格里夫纳,有效期三年,经双方同意可以展期。

资料来源:根据新浪财经(http://finance.sina.com.cn/)、财经网(http://www.caijing.com.cn/)等整理

4. 期权合约

期权合约是指合约双方按约定价格在约定日期内就是否买卖某种金融工具达成的协议。期权的买方向卖方支付一定数额的权利金后,就获得这种权利,即拥有在一定时间内以一定的价格(执行价格)出售或购买一定数量的标的物(实物商品、证券或期货合约)的权利。期权合约的构成要素主要有以下几个:买方、卖方、权利金、敲定价格和到期日等。

期权合约是一种赋予交易双方在未来某一日期,即到期日之前或到期日当天,以一定的价格(履约价或执行价)买入或卖出一定相关工具或资产的权利,而不是义务的合约。期权合约的买入者为拥有这种权利而向卖出者支付的价格称为期权费。

期权合约的标的资产包括:股票、股票指数、外汇、债务工具、商品和期货合约。期权有两种基本类型,看涨期权和看跌期权,亦称买入期权和卖出期权。看涨期权的持有者有权在某一确定时间以某一确定的价格购买标的资产。看跌期权的持有者有权在某一确定时间以某一确定的价格出售标的资产。期权合约中的价格被称为执行价格或敲定价格。合约中的日期为到期日、执行日或期满日。美式期权可在期权有效期内任何时候执行。欧式期权只能在到期日执行。在交易所中交易的大多数期权为美式期权。

需要强调的是,期权赋予其持有者做某件事情的权利,持有者不一定必须行使该权利。这一特点使期权合约不同于远期合约和期货合约,在远期合约和期货合约中持有者有义务购买或出售该标的资产。需要注意的是,投资者签署远期合约或期货合约时的成本为零,但投资者购买一份期权合约必须支付期权费。

 相关链接

芝加哥期权交易所的标普100指数期权(SPX)

合约代码:OEX/XEO

标的资产:标普100指数

合约乘数:100美元

履约价格间距:5点

最小价格波动:以十进制报价。每一点等于100美元

最后交易日:期权的交易一般停止于合约到期日的前一个开市日(通常是星期五)

交易时间:9:00AM至3:15PM(芝加哥时间)

合约推出日期:1994年2月7日

资料来源:芝加哥期权交易所(http://www.cboe.com/)

（二）按照基础工具分类

按照基础工具，衍生工具一般可分为以下三类。

1. 股票衍生工具

股票衍生工具主要包括股票期货、期货期权、股指期货、股指以及上述合约的混合合约等。

2. 外汇衍生工具

外汇衍生工具主要包括远期外汇合约、外汇期货、外汇期权、货币互换合约等。

3. 利率衍生金融工具

利率衍生金融工具主要包括远期利率协议、利率期货、利率期权、利率互换合约以及上述合约的混合合约等。

（三）按照风险和收益的对称性分类

按照风险和收益的对称性，衍生工具一般可分为以下两类。

1. 风险和收益对称式衍生金融工具

风险和收益对称式衍生金融工具指交易双方都必须于将来某一日按约定条件交易。属于这类的衍生金融工具主要包括各种远期合约（如远期外汇合约、远期利率协议等）、各种期货（如股票期货、股指期货、货币期货、利率期货等）及互换合约（如货币互换、利率互换等）。

2. 风险和收益不对称式衍生金融工具

风险和收益不对称式衍生金融工具指只有合约买方有权利选择是否履行合约的权利。属于这类的衍生金融工具主要包括期权合约（如股票期权、股指期权、货币期权、利率期权等）以及各种期权的变形（如可转换债券、利率上限、利率下限和认股权证等）。

（四）按照持有目的分类

企业为规避外汇风险、利率风险、商品价格风险、股票价格风险、信用风险等，指定一项或一项以上套期工具，使套期工具的公允价值或现金流量变动，预期抵消被套期项目全部或部分公允价值或现金流量变动风险的一种交易活动。这种衍生工具被称为套期保值衍生工具。

用于套期保值目的以外的衍生工具即为交易性衍生工具。

三、衍生工具的特征与功能

（一）衍生工具的特征

1. 衍生工具的价值变动取决于标的物变量的变化

衍生工具派生于基础工具，因此，其价值取决于基础工具的有关变量作为基础工具的标的物的变量，这些变量通常有利率、金融产品价格、商品价格、汇率、价格指数、股票指数、费率指数、信用等级、信用指数。

2. 不要求初始净投资或只要求很少的初始净投资

股票、债券、货币、商品等基础工具的交易通常需要较大的投资额。衍生工具则与其不同，有的衍生工具不要求初始净投资，而有的则只要求很少的初始净投资。所谓不要求初始净投资，通常指企业签订某项衍生工具合约时不需要支付现金或现金等价物。

3. 属"未来"交易

衍生工具的交易属于未来交易，通常非即时结算。例如，远期合约在合约约定日进行交易，期权合约在到期日或到期日的某一日交易。需要注意的是，未来交易可能是：①合约规定的到期日，如远期合约；②合约到期日前的某一天，如美式期权；③未来一段时间，如利率互换是在未来一段时间内定期结算利率差额、货币互换则是在未来一段时间内定期结算利率差额，到期换回本金。

（二）衍生工具的功能

20 世纪 70 年代，维系全球经济的布雷顿森林货币体系瓦解以后，在很长一段时间内，世界资本市场波动频繁，充满不确定性风险，一时间，银行业被视为"没落行业"。而衍生工具的出现，为这一"没落行业"提供了生机。由于衍生金融工具的价值取决于作为标的的基础工具的价值，这就决定了衍生金融工具必然具有规避作为标的物的基础金融工具风险以及利用基础金融工具本身价格的波动来投机套利的两大功能。

1. 规避风险的功能

衍生金融工具的主要功能是对冲风险，即通过与被避险资产或负债价值变动相反的某些衍生金融工具进行对冲，对个人和企业提供价格、利率或汇率等方面的保护，以防范标的资产或负债发生负面变动而带来的财务上的损失。例如，签订远期外汇合约以规避外币资产或负债因汇率变动而遭受的财务损失。

2. 投机套利的功能

在衍生工具的市场上，衍生工具的持有者并非都是套期保值者，有些持有者属于地道的投机者。一般情况下，衍生金融工具市场中套期保值者的头寸并非都能恰好匹配对冲，这为衍生金融工具的投机套利提供了大量的机会。这些投机者并不需要直接拥有标的资产，他们只需预测价格可能的变动方向，并缴纳较少的交易保证金，可以在变动结果与其预测趋势相一致时以小博大，获得高额的投机利润。衍生金融工具的两大功能使其成为一把"双刃剑"：一方面，作为风险管理的手段，如果使用得当，它可以很好地为企业规避风险，甚至可以为企业赚取高额利润；另一方面，衍生金融工具本身的不确定性和投机套利的功能使得它在某些时候可能成为企业巨大的风险，如果使用不当，将会使企业倾家荡产。

四、衍生工具会计的内容

(一) 衍生金融工具会计的现状

衍生金融工具自产生之后,其发展极为迅速,已经取代了商品期货的地位,成为跨期交易业务的主流并引起社会各界的关注。由此,其会计规范也随之而转型、发展。从现在的情况来看,国际会计准则委员会制定的两个会计准则,《国际会计准则第 32 号——金融工具:揭示和呈报》和《国际会计准则第 39 号——金融工具:确认和计量》,是对这方面问题进行处理的最具权威性的会计规范。相比较之下,我国的股票市场、外汇市场与利率市场尚未充分发展,曾经出现过的外汇期货、外汇远期和利率期货业务及其初步规范,也因种种原因而未能继续执行。我国现阶段具有衍生金融工具性质的业务较为有限,与此相关的会计规范一般也只限于银行及金融企业、股票上市公司的局部业务范围内。现实是:衍生金融工具会计对传统会计模式提出了严峻的挑战,会计要素、会计基础、会计确认、会计计量及会计报告等理论与实务都受到了或大或小的冲击,因此,如何根据衍生金融工具的具体情况对会计理论与会计实务进行改革,是我国会计界当前要认真考虑、解决的问题之一。从当前的情况来看,我国的银行及其他金融机构的衍生金融工具业务主要是近期推出的各种初级理财产品和外汇远期合约交易;而股票上市公司的衍生金融工具业务则主要是可转换公司债券、股份期权和认股权证,以及即将推出的股票指数期货。

(二) 对衍生金融工具会计内容的分类描述

按照国际会计准则与我国新会计准则的要求,衍生金融工具会计的内容也可以从不同的角度进行纵横交错的分类。从不同角度的分类来分析衍生金融工具会计的内容,可以使我们的认识更加全面、深入。①按照衍生金融工具会计的表现类别,将其划分为远期合约会计、期货合约会计、互换会计和期权合约会计。其划分的基础着眼于不同类别衍生金融工具的不同业务范围及其特定对象。这是衍生金融工具会计的最基本分类。②按照衍生金融工具会计的目的和作用,将其划分为投机套利会计和套期保值会计。其划分的基础是着眼于投机套利和套期保值在会计处理方面的不同要求,尤其是交易结果的不同处理。本章就是按照这样的分类对其会计处理进行阐述的。③按照衍生工具处理过程的不同环节,将其划分为基本会计处理与信息披露。这是着眼于国际会计准则和我国新会计准则将金融工具列报专门列示的状况而考虑的。有关衍生金融工具会计信息披露的内容将在本章进行简单介绍。

(三) 衍生金融工具会计处理的要求

衍生金融工具会计对不同的业务有着不同的处理要求。如果是投机套利,一般的处理要求是将套期保值项目价值的变化直接计入当期损益;而对套期保值,则区别不同的情况进行处理。此处主要说明对套期保值业务的处理要求。国际会计准则和我国《企业会计准则第 24 号——套期会计》中将套期保值分为三种:公允价值套期、现金流量套期和境外经营净投资套期,具体的会计处理方法见第八章。

国际视野

金融工具会计准则的改进

2008年，百年一遇的金融海啸把金融工具会计问题推到了风口浪尖，国际会计准则理事会（IASB）和美国财务会计准则委员会（FASB）作为国际上最有影响力的两个会计准则机构也备受舆论指责。迫于各方面的压力，IASB和FASB在2008年底联手启动了"金融工具确认和计量"改进项目，旨在降低金融工具会计复杂性，改善财务报告质量，并逐步取代原有的会计准则。

IASB期望打造规范金融工具会计计量和报告的最全面的《国际财务报告准则第9号——金融工具》（IFRS9），并使之在2013年全面生效时取代《国际会计准则第39号——金融工具：确认和计量》（IAS39）。自2009年11月发布IFRS9以来，IASB接连发布了金融资产减值征求意见稿、通用套期会计征求意见稿、金融资产和金融负债抵销征求意见稿。由此可以看出，金融工具相关准则的变革不是一蹴而就的，而是一个分阶段、渐进式的推进过程，表现为：①金融工具分类与计量；②金融资产减值；③套期会计；④终止确认四个方面的问题。

资料来源：王芹.由繁至简——金融工具准则变革四步曲（IFRS9、IAS39）[J].中国证券期货，2012（4），有改动

第二节　交易性衍生工具会计

企业可以出于交易的目的持有衍生工具，也可能出于套期保值的目的持有衍生工具。本节阐述基于交易目的、为获取价差而持有远期合约、期货合约、期权合约、互换合约四种常见衍生工具的核算。

一、交易性衍生工具会计概述

（一）交易性衍生工具的确认

会计确认应满足两个基本条件，一是与该项目有关的未来经济利益将会流入或流出企业；二是对该项目的成本或价值能够可靠地加以计量。当企业以签订合约的方式成为衍生工具合同的一方时，应当确认一项金融资产或金融负债。例如，当A企业与某一金融机构签订一项以期限为三个月、以1美元＝7.05元人民币的汇率卖出400万元美元，并为此支付10万元人民币期权费时，就应该将这一期权合同确认为一项金融资产。

已初始确认的金融资产或金融负债，如果在会计报表编制日其公允价值发生变化且这种变化能够可靠地加以计量，则有必要对已确认的金融资产或金融负债的公允价值进行修订，即进行再确认。

与资产或负债有关的风险和报酬会随着契约的签订、履行、违约、终止而转移，因此，已作为报表项目确认的金融资产和金融负债，符合下述条件的应终止确认：一是与资产或负债有关的所有风险和报酬实质上已全部转移给了其他企业，且所包含的成本或公允价值

能够可靠地加以计量；二是契约的基本权利或义务已经得到履行、清偿、撤销或者到期自行作废。例如，对于上述 A 企业以 1 美元 = 7.05 元人民币的汇率卖出 400 万美元的期权合同无论是履约还是到期因放弃权利而失效，都必须终止将该期权合同确认为金融资产。

（二）交易性衍生工具的计量

确认和计量在财务会计信息系统中是密不可分的。确认必须以可计量性为基本前提，作为金融工具确认的报表项目必须通过计量过程才能记录于账簿体系，并最终列示于财务报表。交易性的衍生工具采用公允价值计量模式。取得交易性的衍生工具时按照取得时的公允价值计量，相关交易费用直接计入当期损益。在持有衍生工具期间的报表编制日，按报表编制日的公允价值计量持有的衍生工具，公允价值变动所形成的利得或损失计入当期损益。在 A 企业以 1 美元 = 7.05 元人民币的汇率卖出 400 万美元的期权合同中，如果第一个报表编制日该合同的价值从 10 万元人民币上升为 11 万元人民币，则 A 企业应将该衍生工具的公允价值从 10 万元调整为 11 万元，同时将公允价值上升 1 万元计入当期损益。

（三）账户设置

1. "衍生工具"账户

"衍生工具"账户核算企业交易性衍生工具的公允价值及其变动形成的衍生资产或负债。该账户按衍生工具类别分户进行明细分类核算。企业取得衍生工具时，按其公允价值，借记本账户；按发生的交易费用，借记"投资收益"账户；按实际支付的金额，贷记"银行存款"等账户。资产负债表日，衍生工具的公允价值高于其账面余额的差额，借记或贷记本账户，同时贷记或借记"公允价值变动损益"账户；公允价值低于其账面余额的差额，做相反的会计分录。衍生工具终止确认时，应借记或贷记本账户。本账户期末借方余额，反映企业衍生金融工具形成的资产的公允价值；本账户期末贷方余额，反映企业衍生金融工具形成的负债的公允价值。

2. "公允价值变动损益"账户

"公允价值变动损益"账户核算企业交易性金融资产、交易性金融负债，以及采用公允价值模式计量的投资性房地产、衍生工具、套期保值业务中公允价值变动形成的应计入当期损益的利得或损失。资产负债表日，若衍生工具表现为金融资产，则其公允价值高于其账面余额的差额，借记"衍生工具"账户，贷记本账户；公允价值低于其账面余额的差额，做相反的会计分录。资产负债表日，若衍生工具表现为金融负债，则其公允价值高于其账面余额的差额，借记本账户，贷记"衍生工具"账户；公允价值低于其账面价值的差额，做相反的会计分录。

衍生工具履约和终止确认时，若该衍生工具表现为金融资产，应将实际收到的金额借记"银行存款"账户，按照衍生工具的账面价值贷记"衍生工具"账户，差额借记或贷记"投资收益"；同时，将原在"公允价值变动损益"账户中反映的衍生工具公允价值变动额转出，借记或贷记"公允价值变动损益"账户，贷记或借记"投资收益"。衍生工具履约和终止确认时，若该衍生工具表现为金融负债，应按金融负债的账面价值借记"衍生工具"账户，贷记"银行存款"账户，差额贷记或借记"投资收益"；同时，将原在"公允价值变动损益"账户中反映的衍生工具公允价值变动额转出，贷记或借记"公允价值变动损益"账户，借记或贷记"投资收益"。

二、交易性衍生工具的会计处理

在远期合同、期货合同、期权合同和互换合同四种常见的衍生工具中，互换合同实质上是由一系列远期合约组成的，因此，本部分着重介绍远期合约、期货合约、期权合约的会计处理。

（一）远期合约概述

远期合约产生于20世纪70年代中期，是最早出现的衍生金融工具。可以说，其他各种衍生工具均可看作远期合约的延伸或变形。远期合约是指签约双方同意在未来日期交换某项金融资产的合约形式，其内容包括交换资产、交换日期和交换价格。根据合约双方对条款的不同需要，远期合约可基本分为远期外汇合约和远期利率协议。由于远期合约一般是在场外交易，而不是在有组织的交易所里交易，因此，远期合约的一个重要特点是具有灵活性，可以根据交易者的具体要求，经过双方协商决定每份合约的具体交易金额、交割时间和其他交易条件，也就是说，远期合约大多都是非标准化合约。远期合约的另一个重要特点是合约交易无须交纳初始保证金。由于远期合约不在交易所里进行，所以就存在一些不足之处。例如，要寻找交易对手比较困难；即便寻找到交易对手，合约双方也得承担一定的信用风险，即交易对手不能履约的风险。鉴于上述不足之处，出现了针对某些基础资产的远期合约的中介机构。例如在我国，外汇指定银行随时准备与企业签订以某些外币为基础资产的远期外汇合约，银行既可以扮演多头的角色，也可以扮演空头的角色，并且承担了远期合约的信用风险。表7-3是中国银行在2019年10月31日的远期汇率报价。银行从远期外汇合约赚取的收入一般是买入价与卖出价之间的差价。

表7-3 中国银行远期汇率报价

日期：2019年8月22日　　　　　　单位：人民币/100外币

外币名称	交易期限	一个月	两个月	三个月	四个月	五个月	六个月	八个月	九个月	十个月	一年
英镑	买入价	854.30	855.77	856.91	857.88	859.23	860.30	862.26	863.16	864.17	865.81
	卖出价	868.28	869.78	870.98	872.14	873.49	874.76	876.82	877.80	878.87	880.56
	中间价	861.29	862.78	863.95	865.01	866.36	867.53	869.54	870.48	871.52	873.19
港币	买入价	89.743	89.779	89.805	89.824	89.849	89.867	89.906	89.920	89.934	89.955
	卖出价	91.058	91.057	91.087	91.133	91.163	91.179	91.229	91.251	91.270	91.296
	中间价	90.400	90.418	90.446	90.479	90.506	90.523	90.567	90.586	90.602	90.625
美元	买入价	705.36	705.66	705.88	706.07	706.25	706.42	706.87	707.06	707.27	707.64
	卖出价	712.40	712.72	712.95	713.28	713.46	713.67	714.16	714.39	714.64	715.03
	中间价	708.88	709.19	709.42	709.67	709.86	710.05	710.52	710.72	710.95	711.34
瑞士法郎	买入价	718.38	720.80	722.79	724.78	727.25	729.27	733.32	735.19	737.08	740.83
	卖出价	729.11	731.58	733.63	735.89	738.30	740.43	744.54	746.48	748.51	752.29
	中间价	723.75	726.19	728.21	730.33	732.78	734.85	738.93	740.83	742.79	746.56

续表

外币名称	交易期限	一个月	两个月	三个月	四个月	五个月	六个月	八个月	九个月	十个月	一年
日元	买入价	6.620 2	6.638 7	6.652 8	6.666 3	6.687 0	6.698 8	6.728 5	6.741 8	6.753 7	6.782 2
	卖出价	6.722 8	6.741 6	6.756 3	6.771 4	6.791 9	6.804 4	6.834 8	6.848 8	6.861 2	6.890 3
	中间价	6.671 5	6.690 1	6.704 5	6.718 8	6.739 4	6.751 6	6.781 6	6.795 3	6.807 4	6.836 2
加拿大元	买入价	529.18	529.61	529.92	530.15	530.39	530.69	531.04	531.22	531.35	531.56
	卖出价	538.03	538.11	538.47	538.82	539.10	539.45	539.86	540.13	540.25	540.53
	中间价	533.60	533.86	534.19	534.48	534.75	535.07	535.45	535.67	535.80	536.05
澳元	买入价	476.18	476.81	477.30	477.77	478.16	478.63	479.52	479.88	480.30	481.04
	卖出价	485.42	486.06	486.60	487.16	487.56	488.07	489.01	489.42	489.89	490.65
	中间价	480.80	481.43	481.95	482.46	482.86	483.35	484.27	484.65	485.10	485.84
欧元	买入价	781.60	783.86	785.70	787.51	789.65	791.48	795.13	796.82	798.62	802.07
	卖出价	794.64	796.94	798.84	800.82	802.98	804.96	808.69	810.47	812.31	815.86
	中间价	788.12	790.40	792.27	794.16	796.32	798.22	801.91	803.65	805.46	808.96

资料来源：中国银行网站（http://www.bankofchina.com/sourcedb/ffx）。上表中仅列示了部分外币和部分远期期限。

银行远期外汇合约具有一定的操作程序。首先，企业在与外汇指定银行签订远期外汇合约之后，必须在该银行开立外币保证金账户，交存一定比例的保证金。其次，在企业持有远期外汇合约期间，合约可能因汇率波动形成浮动亏损，当亏损达到企业存入保证金的80%时，银行将随时通知企业追加保证金，企业应及时补足，否则银行将视情况将其强制平仓。最后，在起息日，企业到银行办理交割手续，如不按期交割，银行可按有关规定给予处罚。在远期外汇合约如期交割后，企业可将剩余保证金转走。

（二）远期合约的会计核算

除了用于有效套期的衍生工具以外，投资或投机性的衍生金融工具一般都应该归类为交易性金融资产或金融负债，然后按照交易性金融资产或金融负债的核算规则进行会计处理。具体而言，签订金融远期合约的企业应当：①在它成为合约的一方时进行初始确认；②按公允价值进行初始计量和后续计量；③后续计量时发生的公允价值变动损益计入当期损益；④处置时，其公允价值与初始入账金额之间的差额确认为投资收益，并调整公允价值变动损益。下面我们以远期外汇合约为例说明。

例 7-1 A公司出于投机目的，于 2020 年 10 月 31 日与以 100 美元兑 713.34 元人民币的价格与中国银行签订一项 3 个月期的以人民币买入 1 000 万美元的远期外汇合约（不考虑保证金）。该合约在到期日实际交割，持有期间相关汇率见表 7-4。

表 7-4 相关汇率   单位：人民币/1 美元

日期	即期汇率	3 个月远期汇率	1 个月远期汇率
10 月 31 日	7.115 9	7.133 4	
12 月 31 日	7.110 5		7.125 8
1 月 31 日	7.108 2		

2020年10月31日签订合约时，这项交易对双方都是公平交易，都不产生金融资产和金融负债，不需要进行会计处理，只在企业的备查簿中进行备查登记即可。

2020年12月31日，远期汇率下降了0.007 6，A公司因此产生公允价值变动损益76 000元（损失），会计分录为

借：公允价值变动损益　　　　　　　　　　　　　　　　　76 000
　　贷：衍生工具——远期外汇合约　　　　　　　　　　　　　　　76 000

合约到期日，相对于上年12月31日，汇率又下降了0.017 6，产生公允价值变动损失176 000元。A公司以7.108 2的汇率实际交割，付出人民币710.82万元，同时把"公允价值变动损益"的金额转入"投资收益"，会计分录为

借：公允价值变动损益　　　　　　　　　　　　　　　　　176 000
　　贷：衍生工具——远期外汇合约　　　　　　　　　　　　　　　176 000
借：银行存款——美元户（100万美元×7.108 2）　　　　　71 082 000
　　衍生工具——远期外汇合约　　　　　　　　　　　　　　　　252 000
　　贷：银行存款　　　　　　　　　　　　　　　　　　　　71 334 000

同时：

借：投资收益　　　　　　　　　　　　　　　　　　　　　252 000
　　贷：公允价值变动损益　　　　　　　　　　　　　　　　　　252 000

远期合约在到期日前可以转让，转让时要确认公允价值变动损益，并结转投资收益。

例7-2　A公司出于投机目的，于2020年10月31日以100美元兑713.34元人民币的价格与中国银行签订一项3个月期的以人民币卖出1 000万美元的远期外汇合约（不考虑保证金）。相关汇率见表7-4，A公司在2020年1月5日以22万元的价格（当日汇率为7.110 5）转让该合约。

2020年10月31日签订合约时，这项交易对双方都是公平交易，都不产生金融资产和金融负债，不需要进行会计处理，只在企业的备查簿中进行备查登记即可。

2020年12月31日，远期汇率下降了0.007 6，A公司因此产生公允价值变动损益76 000元（收益），会计分录为

借：衍生工具——远期外汇合约　　　　　　　　　　　　　76 000
　　贷：公允价值变动损益　　　　　　　　　　　　　　　　　　76 000

合约转让日，A公司转让价款为22万元，转让利得144 000元。同时把上期的"公允价值变动损益"的金额转入"投资收益"，会计分录为

借：银行存款　　　　　　　　　　　　　　　　　　　　　220 000
　　贷：衍生工具——远期外汇合约　　　　　　　　　　　　　　　76 000
　　　　投资收益　　　　　　　　　　　　　　　　　　　　144 000

同时：

借：公允价值变动损益　　　　　　　　　　　　　　　　　76 000
　　贷：投资收益　　　　　　　　　　　　　　　　　　　　　　76 000

作为衍生工具的远期合约既可能是一项资产，也可能是一项负债。在例7-1中，A公司持有的远期合约为金融负债，而在例7-2中，则为金融资产。

（三）期货合约

1. 期货合约与远期合约的比较

与远期合约相同，期货合约也是买卖双方就未来以某种价格交易某种资产而签订的契约。期货合约的操作过程以及所赋予买卖双方的权利和义务与远期合约基本相同。两者的差别主要体现在如下方面。

（1）期货合约是规范化的远期交易合约。在期货合约中，交易品种、数量、规格、交割地点都是既定的，唯一可变的是价格。合约的高度规范化大大提高了市场的流动性。

（2）期货交易必须在交易所进行。期货交易必须在规定的时间内在期货交易所由有资格的场内经纪人以公开喊价的方式进行。交易双方不直接接触，而各自以清算所为结算中间人。因此，与远期交易相比，买卖双方一般不存在对方违约的风险，无须顾及对方的信用程度。期货交易的基础资产范围很广，以金融资产为基础的期货合同主要包括外币期货、股票指数期货、债券期货等。

（3）保证金制度。期货交易者在进行交易前必须存入一定数额的保证金，作为履约的财力担保。保证金包括两个种类，一是结算备付金，核算企业存放在保证金账户中未被期货合约占用的保证金，企业可以设置账户"其他货币资金——结算备付金"；二是存出保证金，核算企业存放在保证金账户中已被期货合约占用的保证金，企业可以设置账户"其他货币资金——存出保证金"。交易开始前，参与交易的各方必须交纳初始保证金，以备期货合约占用，期货合约开仓后，在期货合约的有效期内采用逐日计算盈亏，并调整期货合约占用保证金的金额，如果交易者账户余额低于维持保证金数额，经纪人则要求交易者存入一笔资金，从而使账户余额达到要求的保证金水平。保证金的数量由清算所与交易所共同商定，视期货价格的最大波动情况而调整。

2. 期货合约的会计处理

期货交易会发生相应的手续费，交易性期货合约发生的相应费用，应于发生时计入当期损益，而不计入作为期货合约的衍生工具的价值。

例 7-3 根据中国金融期货交易所（以下简称中金所）金融期货交易规定，沪深 300 指数期货合约的合约价值乘数为 300，最低交易保证金比例为 8%，开仓的交易手续费为交易金额的十万分之三，平仓的交易手续费为交易金额的万分之四。假设 A 公司 2020 年 10 月 26 日（周一）10:00 开仓，购入 10 手看涨 IF2011 股指期货，点位为 2 900，当日 IF2011 的收盘点位为 2 960。10 月 27 日（周二）的收盘点位为 2 970。10 月 28 日（周三）13:00 平仓，平仓时的点位为 2 990。请分析 A 公司期货损益并进行会计处理（假设 A 公司实际缴纳的交易保证金比例为 10%）。

2020 年 10 月 26 日 A 公司开仓时，手续费为

$$300 \times 10 \times 2\,900 \times 0.03‰ = 261 \text{ 元}$$

至当日收盘时，收盘点位为 2 960，合约占用的交易保证金为

$$300 \times 10 \times 2\,960 \times 10\% = 888\,000 \text{ 元}$$

开仓点位 2 900，收盘点位 2 960，当时产生浮动盈利，金额为

（2 960 - 2 900）× 300 × 10 = 180 000 元

交易前缴纳结算备付金，假设一次缴纳 200 万元：

借：其他货币资金——结算备付金　　　　　　　　　　　　　　2 000 000
　　贷：银行存款　　　　　　　　　　　　　　　　　　　　　　　　2 000 000

10 月 26 日开仓记录初始合约价值：

借：衍生工具——购入股指期货（IF2011）——初始价值　　　　8 700 000
　　贷：衍生工具——冲抵股指期货初始合约价值　　　　　　　　　　8 700 000

10 月 26 日确认手续费：

借：财务费用　　　　　　　　　　　　　　　　　　　　　　　　261
　　贷：其他货币资金——结算备付金　　　　　　　　　　　　　　　261

10 月 26 日确认持仓盈亏：

借：衍生工具——购入股指期货（IF2011）——公允价值　　　　180 000
　　贷：公允价值变动损益　　　　　　　　　　　　　　　　　　　　180 000

10 月 26 日确认合约占用的保证金：

借：其他货币资金——存出保证金　　　　　　　　　　　　　　　888 000
　　贷：其他货币资金——结算备付金　　　　　　　　　　　　　　　888 000

10 月 26 日无负债结转：

借：其他货币资金——结算备付金　　　　　　　　　　　　　　　180 000
　　贷：证券清算款　　　　　　　　　　　　　　　　　　　　　　　180 000

需要指出的是，这里设置的"证券清算款"账户，主要核算公司持有的股指期货合约当日与证券交易所无负债结算后形成的暂收和暂付款项，此账户余额与"其他衍生工具"科目中的股指期货合约公允价值金额一致，方向相反。

10 月 27 日收盘，股票指数比上日上涨 10 点，产生盈利 30 000 元（300 × 10 × 10），同时，交易保证金由于持仓合约价值的增加而需要增加合约占用的保证金 3 000 元（300 × 10 × 2 970 × 10% - 888 000）。

10 月 27 日确认持仓盈亏：

借：衍生工具——购入股指期货（IF2011）- 公允价值　　　　　30 000
　　贷：公允价值变动损益　　　　　　　　　　　　　　　　　　　　30 000

10 月 27 日确认合约占用保证金变化：

借：其他货币资金——存出保证金　　　　　　　　　　　　　　　3 000
　　贷：其他货币资金——结算备付金　　　　　　　　　　　　　　　3 000

10 月 27 日无负债结转：

借：其他货币资金——结算备付金　　　　　　　　　　　　　　　30 000
　　贷：证券清算款　　　　　　　　　　　　　　　　　　　　　　　30 000

10 月 28 日平仓时，股指期货合约又产生盈余 60 000 元（300 × 10 × 20），确认平仓盈亏，收回保证金，同时把浮动盈亏结转到投资收益，确认手续费。

借：衍生工具——冲抵股指期货初始合约价值　　　　　　　　　　8 700 000
　　贷：衍生工具——购入股指期货（IF2011）——初始价值　　　　8 700 000

确认交易手续费：
300×10×2 990×0.4‰ = 2 588 元
  借：财务费用   3 588
    贷：其他货币资金——结算备付金   3 588

确认平仓损益
  借：其他货币资金——结算备付金   60 000
    贷：投资收益   60 000

把累计的公允价值变动损益转入投资收益：
  借：公允价值变动损益   210 000
    贷：投资收益   210 000

10 月 28 日确认合约占用保证金的退回：
  借：其他货币资金——结算备付金   891 000
    贷：其他货币资金——存出保证金   891 000

冲减暂时性结算负债
  借：证券清算款   210 000
    贷：衍生工具——购入股指期货（IF2011）——公允价值 210 000

思考，假设 A 公司 2020 年 10 月 26 日（周一）10:00 开仓，卖出 1 手看跌 IF2011 股指期货，其他条件不变，则其损益状况如何，会计上应如何处理？

（四）期权合约的会计处理

期权合约是指合约双方按约定价格在约定日期内就是否买卖某种金融工具达成的契约，该契约赋予期权购买者向期权出售者支付一定费用后，就获得了能在未来某特定时间以某一特定价格向期权出售者买进或卖出一定数量的某种金融商品或金融期货合约的权利。其中，期权的购买者或持有者称为期权的买方，期权的出售者或发行者称为期权的卖方。期权的买方有权在未来的一段特定时期内或者一个特定日期按约定的价格向期权的卖方购买或者销售特定数量的某种金融商品；而期权的卖方有义务在未来的一段特定时期内或者一个特定日期，在期权买方的要求下，按约定的价格向期权买方销售或者购买特定数量的某种金融商品；期权的买方在价格发生不利变动的情况下有权不执行上述买卖合约。因此，期权买方的优势在于其拥有的是权利而不是义务，他可以从市场价格和执行价格中选择对他有利的价格，从而将他的损失限制在权利金的范围内；但是，他的收益却是无限的，它取决于市场多大幅度地朝着有利于他的方向变化。但期权卖方的处境则相反，其可能承担的风险是无限的，而可能得到的收益却是有限的。所以，与远期合约、金融期货等衍生金融工具相比，金融期权的最大特点在于其风险与收益的不对称性，所以说，期权交易只是"单刃的剑"。

为了得到期权买方的有利地位，期权买方必须向期权卖方支付一定金额的权利金，作为转嫁风险的报酬。权利金就是期权合约的价格，确切地说，它是期权合约所赋予的权利的价格。期权合约中的约定价格也称执行价格，是指在金融期权交易中，期权合约之标的物（某种金融商品）的协定价格。这一价格一经确定，则在期权有效期内，无论期权之标的物的（某种金融商品）市场价格上涨到什么水平或下跌到什么水平，只要期权购买者要求执行该期权，期权出售者都必须以此协定价格履行其必须履行的义务。在会计核算中，按期权所赋予的权利不同，可将期权分为买方期权（也称看涨期权）和卖方期权（也称看跌期权）两种。买方期权是指期权的购买者拥有一种权利而非义务，在预先规定的时间内以执行价格从期权出售者手中买入一定数量的金融工具。卖方期权是指期权的购买者拥有一种权利而非义务，在预先规定的时间内以执行价格向期权出售者卖出规定的金融工具。例如，目前在我国非常流行股票认购权证和认沽权证，认购权证的购买者持有的就是特定股票的买方期权，认沽权证的购买者持有的就是特定股票的卖方期权。无论是买方期权，还是卖方期权，期权的购买者都要为获得买或卖的权利而向期权的出售者支付一定数量的权利金。

期权按行使权利的时限可分为两类：欧式期权和美式期权。欧式期权是指期权的买方只能在期权到期日前的第二个工作日行使权利；而美式期权的灵活性较大，在期权到期日前的任何时候都可以行使期权，所以购买美式期权的权利金一般要高一些。此外应注意的是，所谓"欧式期权"与"美式期权"实际上并没有任何地理位置上的含义，而只是对期权购买者执行期权的时间有着不同的规定。因此，即使在欧洲国家的金融期权市场上也同样交易着美式期权，而在美国的金融期权市场上也同样交易着欧式期权。如我国的上市公司长江电力权证、新钢钒认沽权证就是欧式期权，而武钢股份的认沽权证及认购权证均是美式期权。期权可以在场内交易，也可以在场外交易。在我国，目前只有股票期权可在场内（上海证券交易所和深圳证券交易所）交易。但在国外，可在场内交易的期权还包括外汇期权、指数期权和期货期权等。场外期权交易一般在金融机构和大公司之间直接进行，其主要优点是金融机构可以根据大公司的实际需要订立期权合约，因此，出现了许多非标准化的期权特征，如百慕大期权和亚式期权。现在，场外期权交易越来越普遍，其中外汇期权和利率期权的场外交易尤为活跃。

期权的公允价值（即期权合约的公允价值）的确定取决于期权的交易场所。场内交易期权的公允价值即为交易所的报价（即市场价格）；场外交易期权的公允价值一般需要采用估值技术来确定，其中，最常用的是估值模型。本书不讨论如何运用估值模型确定期权的公允价值，但需要注意的一点是，期权估值模型一般都要用到一些估值假设，例如，著名的 Black-Scholes 模型就要求估计基础资产的预期价格波动程度。有时候，估值假设的轻微变动将对估值结果产生重大的影响。为了提高金融工具信息的有用性，《企业会计准则第 37 号——金融工具列报》要求在报表附注披露估值技术所采用的估值假设，以及如果所采用的估值假设不是相同金融工具的当前公开交易价格或易于获得的市场数据，若该估值技术对估值假设具有重大敏感性，应披露这一事实及改变估值假设可能产生的影响，同时披露采用这种估值技术确定的公允价值的本期变动额计入当期损益的数额。无论期权的公允价值是如何确定的，期权的公允价值都可以分为两个组成部分：内在价值和时间价值。

期权合约以合约的公允价值进行初始确认后，应在资产负债表日以公允价值反映其价值，公允价值变动额计入当期损益。

下面我们通过例 7-4 来看一下期权合约如何进行会计处理。

例 7-4 2020 年 11 月 8 日 A 公司与甲银行签订了买入一项看涨外汇期权合约。合约规定，A 公司有权在 2021 年 2 月 8 日之前的任何一天以 7.1 的汇率买入 100 万美元。A 公司向甲银行支付期权费人民币 7 万元。2020 年 12 月 31 日，美元汇率变为 7.19，期权合约的价值上涨至人民币 12 万元。2021 年 1 月 28 日，美元汇率上升为 7.22，期权合约的公允价值也上涨至人民币 14 万元，由于估计以后汇率可能下跌，A 公司在当日将该合约按公允价值转让。

2020 年 11 月 8 日签订期权合约时，确认期权合约的价值：

借：衍生工具——买入看涨期权　　　　　　　　　　　　　70 000
　　贷：银行存款　　　　　　　　　　　　　　　　　　　　　　70 000

2021 年 12 月 31 日，期权为实值，按其公允价值调整其账面金额，同时确认公允价值变动损益：

借：衍生工具——买入看涨期权　　　　　　　　　　　　　50 000
　　贷：公允价值变动损益　　　　　　　　　　　　　　　　　　50 000

2021 年 1 月 28 日转让时，一方面要确认自上年末至转让日期权合约价值变动及其损益；另一方面将浮动损益转入投资收益：

借：银行存款　　　　　　　　　　　　　　　　　　　　140 000
　　贷：衍生工具——买入看涨期权　　　　　　　　　　　　　120 000
　　　　公允价值变动损益　　　　　　　　　　　　　　　　　　20 000
借：公允价值变动损益　　　　　　　　　　　　　　　　　70 000
　　贷：投资收益　　　　　　　　　　　　　　　　　　　　　　70 000

例 7-5 中金所金融期货交易规定，沪深 300 指数期权合约的合约价值乘数为 100（合约买方不需要缴纳保证金），股指期权合约的手续费标准为每手 60 元，行权（履约）手续费标准为每手 8 元。假设 A 公司 2019 年 12 月 23 日（周一）10:00 开仓，购入 10 手看涨 IO2004-C-3800（2020 年 4 月行权，行权点位 3 800 点）股指期权，每手的交易价格为 302。2019 年 12 月 31 日 IO2004-C-3900 收盘点位为 357.8。2020 年 3 月 31 日的收盘点位为 49.4。2020 年 4 月 18 日（周五）行权，结算价为 49.5。请分析 A 公司期权损益并进行会计处理。

分析：A 公司购入欧式看涨 IO2004-C-3800 为欧式期权，在到期日前不能行权，购买时付出的权利金为 302 000 元（10×302×100），沪深 300 指数在 2019 年 12 月 23 日收盘为 3 967.1，当日该期权的内在价值为 0，每手的时间价值为 302 元。至 2019 年 12 月 31 日，收盘点位上升了 55.8，期权合约的价值上升了 55 800 元（55.8×10×100）。至 2020 年 3 月 31 日，收盘点位下降了 308.4，期权合约的价值下降了 308 400 元（308.4×10×100）。2020 年 4 月 17 日（周五）行权时，结算价上升 100 元（0.1×10×100），行权交割实际收到现金 49 500 元（49.5×10×100）。

会计处理如下：

2019 年 12 月 23 日确认购入期权价值：

借：衍生工具——购入股指期权（IO2004-C-3800）——初始价值　　　302 000
　　　贷：其他货币资金——结算备付金　　　302 000

确认手续费：
借：财务费用　　　600
　　　贷：其他货币资金——结算备付金　　　600

2019年12月31日确认公允价值变动：
借：衍生工具——购入股指期权（IO2004-C-3800）——公允价值　　　55 800
　　　贷：公允价值变动损益　　　55 800

2020年3月31日确认公允价值变动：
借：公允价值变动损益　　　308 400
　　　贷：衍生工具——购入股指期权（IO2004-C-3800）——公允价值　　　308 400

2020年4月17日行权并现金交割：
借：其他货币资金——结算备付金　　　49 500
　　　衍生工具——购入股指期权（IO2004-C-3800）——公允价值　　　252 600
　　　贷：衍生工具——购入股指期权（IO2004-C-3800）——初始价值　　　302 000
　　　　　投资收益　　　100
借：投资收益　　　252 600
　　　贷：公允价值变动损益　　　252 600

确认行权手续费：
借：财务费用　　　80
　　　贷：其他货币资金——结算备付金　　　80

第三节　衍生工具的列报和披露

一、衍生工具信息的演变过程

　　从衍生金融工具信息披露的发展情况来看，我们可将其演变过程大致分为两个阶段：①"表外业务"或"中间业务"披露阶段。在实务界充分认识到衍生金融工具潜在的高风险时，先是将其作为"表外业务"或"中间业务"披露。在这一阶段，按照传统的会计理论不能将衍生金融工具的合约价值作为资产负债表表内业务处理，因此，只能采用财务报表附注的方式将这方面的信息在财务报表之外说明。②向表内项目转化的披露阶段。随着衍生金融工具风险及其收益逐步被业界人士所认识，也由于人们对资产、负债、权益工具认识的不断深化，理论界和实务界逐步将对衍生金融工具的表外披露转向了作为表内项目进行会计处理，并对其进行详细披露的阶段。或者是说，随着衍生金融工具作用的进一步显现，尤其是与之有关的一些国际重大金融事件的发生，人们充分认识到了披露衍生金融工具有关信息的重要性。随着将衍生金融工具作为表内项目确认、计量做法的实施，对其进行披露的内容、方法也在不断完善。

二、国际准则对衍生金融工具信息的基本要求

按照《国际财务报告准则第 7 号——金融工具：披露》的有关说明，充分披露衍生金融工具的信息，至少应当包括以下几个方面的内容。

首先，描述已确认的或尚未确认的衍生金融工具。这里的描述应包括衍生金融工具的性质、条件、金额、期限以及对未来现金流量可能产生的重大影响等。

其次，说明与衍生金融工具有关的重要会计政策。这里提及的会计政策包括对于衍生金融工具的合约价值是否予以确认，如果确认，其标准是什么；对未实现损益、已实现损益的确认标准，递延标准也应当予以披露。这些会计政策和会计方法的阐释，对很好地理解有关衍生金融工具的信息是十分必要的。

再次，提供对尚未确认的衍生金融工具有用的计量基础，并且为已确认的金融工具提供与计量基础有关的信息。对于衍生金融工具的金额披露，无论是在表内确认，还是在附注中说明，均应列明各自的计量基础。对于无法取得公允价值或因管理者的目的而采用历史成本作为计量基础的，应列明事实，并披露与该衍生金融工具公允价值相关的信息，如账面价值、实际利率、到期日等。

最后，披露与已确认的或未确认的衍生金融工具有联系的各种风险，由于衍生金融工具交易伴随着利率风险和信用风险等重大风险，因此也必须在财务报表附注中予以说明。

但是，国际财务报告准则对衍生金融工具会计的信息披露没有提出具体的规定，只是原则性地提出了下述要求：准则不规定披露信息的格式，也不规定其在财务报表中的位置。对于已确认的金融工具，由于所要求的信息已在资产负债表中反映，没有必要再在财务报表附注中重复。但是，对于未确认的衍生金融工具，在附注和附表中披露其信息是主要的披露方式。披露可以依据金融工具的性质和其对企业的相对重要性，将定性和定量数据结合起来。还专门说明：确定特定金融工具披露的详细程度，要求考虑这些金融工具的相对重要性来行使判断，有必要在财务报表超载（过分详细却又无助于财务报表使用者）和过于综合从而隐匿重要信息两者之间进行平衡。例如，当主体是具有类似特征的大量金融工具的一方，且其中没有一项单独的合约特别重要时，按工具的类别提供概括信息是适当的。另外，如果某单项工具是主体资本结构的一个重要组成部分，则关于该项工具的信息可能就是重要的。

三、衍生工具一般信息列报要求

企业应当披露编制财务报表时对衍生工具所采用的重要会计政策、计量基础和与理解财务报表相关的其他会计政策等信息，主要包括如下方面。

（1）对于指定为以公允价值计量且其变动计入当期损益的金融资产，企业应当披露下列信息。

①指定的金融资产的性质；

②企业如何满足运用指定的标准。企业应当披露该指定所针对的确认或计量不一致的描述性说明。

（2）对于指定为以公允价值计量且其变动计入当期损益的金融负债，企业应当披露下列信息：

①指定的金融负债的性质；

②初始确认时对上述金融负债作出指定的标准；

③企业如何满足运用指定的标准。对于以消除或显著减少会计错配为目的的指定，企业应当披露该指定所针对的确认或计量不一致的描述性说明。对于以更好地反映组合的管理实质为目的的指定，企业应当披露该指定符合企业正式书面文件载明的风险管理或投资策略的描述性说明。对于整体指定为以公允价值计量且其变动计入当期损益的混合工具，企业应当披露运用指定标准的描述性说明。

（3）如何确定每类金融工具的利得或损失。

①风险投资机构、共同基金以及类似主体持有的、在初始确认时按照《企业会计准则第 22 号——金融工具确认和计量》的规定以公允价值计量且其变动计入当期损益的金融资产，应当按照金融工具列报准则进行列报。

②企业如发行了一项既含负债成分又含权益成分的工具，且该工具嵌入了多重衍生特征（相关价值是联动的），如可赎回的可转换债务工具，则应披露体现在其中的这些特征。

四、衍生工具资产负债表相关信息的列报

（1）企业应当在资产负债表或相关附注中，列报下列金融资产或金融负债的账面价值。

①以摊余成本计量的金融资产。

②以摊余成本计量的金融负债。

③以公允价值计量且其变动计入其他综合收益的金融资产，并分别反映：a. 分类为以公允价值计量且其变动计入其他综合收益的金融资产；b. 指定为以公允价值计量且其变动计入其他综合收益的非交易性权益工具投资。

④以公允价值计量且其变动计入当期损益的金融资产，并分别反映：a. 分类为以公允价值计量且其变动计入当期损益的金融资产；b. 指定为以公允价值计量且其变动计入当期损益的金融资产；c. 根据《企业会计准则第 24 号——套期会计》使用信用风险敞口的公允价值选择权在初始确认或后续计量时指定为以公允价值计量且其变动计入当期损益的金融资产。

⑤以公允价值计量且其变动计入当期损益的金融负债，并分别反映：a. 分类为以公允价值计量且其变动计入当期损益的金融负债；b. 在初始确认时指定为以公允价值计量且其变动计入当期损益的金融负债；c. 根据《企业会计准则第 24 号——套期会计》使用信用风险敞口的公允价值选择权在初始确认和后续计量时指定为以公允价值计量且其变动计入当期损益的金融负债。

（2）企业将本应按摊余成本或以公允价值计量且其变动计入其他综合收益计量的一项或一组金融资产指定为以公允价值计量且其变动计入当期损益的金融资产的，应当披露下列信息。

①该金融资产在资产负债表日使企业面临的最大信用风险敞口；

②企业通过任何相关信用衍生工具或类似工具使得该最大信用风险敞口降低的金额；

③该金融资产因信用风险变动引起的公允价值本期变动额和累计变动额；

④相关信用衍生工具或类似工具自该金融资产被指定以来的公允价值本期变动额和累计变动额。信用风险，是指金融工具的一方不履行义务，造成另一方发生财务损失的风险。金融资产在资产负债表日的最大信用风险敞口，通常是金融工具账面余额减去减值损失准备后的金额（已减去根据规定已抵销的金额）。

（3）企业将一项金融负债指定为以公允价值计量且其变动计入当期损益的金融负债，且企业自身信用风险变动引起的该金融负债公允价值的变动金额计入其他综合收益的，应当披露下列信息。

①该金融负债因自身信用风险变动引起的公允价值本期变动额和累计变动额；

②该金融负债的账面价值与按合同约定到期应支付债权人金额之间的差额；

③该金融负债的累计利得或损失本期从其他综合收益转入留存收益的金额和原因。

（4）企业将一项金融负债指定为以公允价值计量且其变动计入当期损益的金融负债，且该金融负债（包括企业自身信用风险变动的影响）的全部利得或损失计入当期损益的，应当披露下列信息。

①该金融负债因自身信用风险变动引起的公允价值本期变动额和累计变动额；

②该金融负债的账面价值与按合同约定到期应支付债权人金额之间的差额。

（5）企业将非交易性权益工具投资指定为以公允价值计量且其变动计入其他综合收益的，应当披露下列信息。

①企业每一项指定为以公允价值计量且其变动计入其他综合收益的权益工具投资；

②企业作出该指定的原因；

③企业每一项指定为以公允价值计量且其变动计入其他综合收益的权益工具投资的期末公允价值；

④本期确认的股利收入，其中与本期终止确认的权益工具投资相关的股利收入和资产负债表日仍持有的权益工具投资相关的股利收入应当分别单独披露；

⑤该权益工具投资的累计利得和损失，本期从其他综合收益转入留存收益的金额及其原因。

（6）企业本期终止确认指定为以公允价值计量且其变动计入其他综合收益的非交易性权益工具投资的，应当披露下列信息。

①企业处置该权益工具投资的原因；

②该权益工具投资在终止确认时的公允价值；

③该权益工具投资在终止确认时的累计利得或损失。

（7）企业在当期或以前报告期间将金融资产进行重分类的，对于每一项重分类，应当披露重分类日、对业务模式变更的具体说明及其对财务报表影响的定性描述，以及该金融资产重分类前后的金额。

企业自上一年度报告日起将以公允价值计量且其变动计入其他综合收益的金融资产重分类为以摊余成本计量的金融资产的，或者将以公允价值计量且其变动计入当期损益的金融资产重分类为其他类别的，应当披露下列信息。

①该金融资产在资产负债表日的公允价值；

②如果未被重分类，该金融资产原来应在当期损益或其他综合收益中确认的公允价值利得或损失。

企业将以公允价值计量且其变动计入当期损益的金融资产重分类为其他类别的，自重分类日起到终止确认的每一个报告期间内，都应当披露该金融资产在重分类日确定的实际利率和当期已确认的利息收入。

（8）对于所有可执行的总互抵协议或类似协议下的已确认金融工具，以及符合抵销条件的已确认金融工具，企业应当在报告期末以表格形式（除非企业有更恰当的披露形式）分别按金融资产和金融负债披露下列定量信息。

①已确认金融资产和金融负债的总额。

②按规定抵销的金额。

③在资产负债表中列示的净额。

④可执行的总互抵协议或类似协议确定的，未包含在本段（2）中的金额，包括①不满足抵销条件已确认金融工具的金额；②与财务担保物（包括现金担保）相关的金额，以在资产负债表中列示的净额扣除本段（4）第一项后的余额为限。

⑤资产负债表中列示的净额扣除本段（4）后的余额。

企业应当披露本段（4）所述协议中抵销权的条款及其性质等信息，以及不同计量基础的金融工具适用上述内容时产生的计量差异。

（9）分类为权益工具的可回售工具，企业应当披露下列信息。

①可回售工具的汇总定量信息；

②对于按持有方要求承担的回购或赎回义务，企业的管理目标、政策和程序及其变化；

③回购或赎回可回售工具的预期现金流出金额以及确定方法。

可回售工具或发行方仅在清算时才有义务向另一方按比例交付其净资产的金融工具，在金融负债和权益工具之间重分类的，应当分别披露重分类前后的公允价值或账面价值，以及重分类的时间和原因。

（10）企业应当披露作为负债或或有负债担保物的金融资产的账面价值，以及与该项担保有关的条款和条件。其中，对于企业（转出方）向金融资产转入方提供了非现金担保物（如债务工具或权益工具投资等），转入方按照合同或惯例有权出售该担保物或将其再作为担保物的，企业应当将该非现金担保物在财务报表中单独列报。

企业取得担保物（担保物为金融资产或非金融资产），在担保物所有人未违约时可将该担保物出售或再抵押的，应当披露该担保物的公允价值、企业已出售或再抵押担保物的公允价值，以及承担的返还义务和使用担保物的条款和条件。

（11）对于企业发行的包含金融负债成分和权益工具成分的复合金融工具，嵌入了价值相互关联的多项衍生工具（如可赎回的可转换债务工具）的，应当披露相关特征。

（12）对于除基于正常信用条款的短期贸易应付款项之外的金融负债，企业应当披露下列信息。

①本期发生违约的金融负债的本金、利息、偿债基金、赎回条款的详细情况；

②发生违约的金融负债的期末账面价值；

③在财务报告批准对外报出前,就违约事项已采取的补救措施、对债务条款的重新议定等情况。

企业本期发生其他违反合同的情况,且债权人有权在发生违约或其他违反合同情况时要求企业提前偿还的,企业应当按上述要求披露。如果在期末前违约或其他违反合同情况已得到补救或已重新议定债务条款,则无须披露。

五、衍生工具利润表相关信息的列报

企业应当披露与衍生工具有关的下列收入、费用、利得或损失。

(1)以公允价值计量且其变动计入当期损益的金融资产和金融负债所产生的利得或损失。其中,指定为以公允价值计量且其变动计入当期损益的金融资产和金融负债,以及分类为以公允价值计量且其变动计入当期损益的金融资产和分类为以公允价值计量且其变动计入当期损益的金融负债的净利得或净损失,应当分别披露。

(2)对于指定为以公允价值计量且其变动计入当期损益的金融负债,企业应当分别披露本期在其他综合收益中确认的和在当期损益中确认的利得或损失。

(3)分类为以公允价值计量且其变动计入其他综合收益的金融资产,企业应当分别披露当期在其他综合收益中确认的以及当期终止确认时从其他综合收益转入当期损益的利得或损失。

(4)指定为以公允价值计量且其变动计入其他综合收益的非交易性权益工具投资,企业应当分别披露在其他综合收益中确认的利得和损失以及在当期损益中确认的股利收入。

(5)除以公允价值计量且其变动计入当期损益的金融资产或金融负债外,按实际利率法计算的金融资产或金融负债产生的利息收入或利息费用总额,以及在确定实际利率时未予包括并直接计入当期损益的手续费收入或支出。

(6)企业通过信托和其他托管活动代他人持有资产或进行投资而形成的,直接计入当期损益的手续费收入或支出。

六、衍生工具公允价值信息的列报

(1)除特别说明外,企业应当披露每一类金融资产和金融负债的公允价值,并与账面价值进行比较。对于在资产负债表中相互抵销的金融资产和金融负债,其公允价值应当以抵销后的金额披露。

(2)金融资产或金融负债初始确认的公允价值与交易价格存在差异时,如果其公允价值并非基于相同资产或负债在活跃市场中的报价确定的,也非基于仅使用可观察市场数据的估值技术确定的,企业在初始确认金融资产或金融负债时不应确认利得或损失。在此情况下,企业应当按金融资产或金融负债的类型披露下列信息。

①企业在损益中确认交易价格与初始确认的公允价值之间存在差额时所采用的会计政策,以反映市场参与者对资产或负债进行定价时所考虑的因素(包括时间因素)的变动;

②该项差异期初和期末尚未在损益中确认的总额与本期变动额的调节表;

③企业如何认定交易价格并非公允价值的最佳证据,以及确定公允价值的证据。

（3）企业可以不披露下列金融资产或金融负债的公允价值信息。

①账面价值与公允价值差异很小的金融资产或金融负债（如短期应收账款或应付账款）；

②包含相机分红特征且其公允价值无法可靠计量的合同；

③租赁负债。

对于上述②，企业应当披露下列信息。

①对金融工具的描述及其账面价值，以及因公允价值无法可靠计量而未披露其公允价值的事实和说明；

②金融工具的相关市场信息；

③企业是否有意图处置以及如何处置这些金融工具；

④之前公允价值无法可靠计量的金融工具终止确认的，应当披露终止确认的事实，终止确认时该金融工具的账面价值和所确认的利得或损失金额。

七、衍生工具风险信息的披露

（一）风险定性和定量信息披露

（1）企业应当披露与各类金融工具风险相关的定性和定量信息，以便财务报表使用者评估报告期末金融工具产生的风险的性质和程度，更好地评价企业所面临的风险敞口。相关风险包括信用风险、流动性风险、市场风险等。

（2）对金融工具产生的各类风险，企业应当披露下列定性信息。

①风险敞口及其形成原因，以及在本期发生的变化；

②风险管理目标、政策和程序以及计量风险的方法及其在本期发生的变化。

（3）对金融工具产生的各类风险，企业应当按类别披露下列定量信息。

①期末风险敞口的汇总数据。该数据应当以向内部关键管理人员提供的相关信息为基础。企业运用多种方法管理风险的，披露的信息应当以最相关和可靠的方法为基础。

②信用风险披露的信息。

③期末风险集中度信息，包括管理层确定风险集中度的说明和参考因素（包括交易对手方、地理区域、货币种类、市场类型等），以及各风险集中度相关的风险敞口金额。上述期末定量信息不能代表企业本期风险敞口情况的，应当进一步提供相关信息。

（二）信用风险信息披露

（1）为使财务报表使用者了解信用风险对未来现金流量的金额、时间和不确定性的影响，企业应当披露与信用风险有关的下列信息。

①企业信用风险管理实务的相关信息及其与预期信用损失的确认和计量的关系，包括计量金融工具预期信用损失的方法、假设和信息；

②有助于财务报表使用者评价在财务报表中确认的预期信用损失金额的定量和定性信息，包括预期信用损失金额的变动及其原因；

③企业的信用风险敞口，包括重大信用风险集中度；

④其他有助于财务报表使用者了解信用风险对未来现金流量金额、时间和不确定性的影响的信息。

（2）企业应当披露与信用风险管理实务有关的下列信息。

①企业评估信用风险自初始确认后是否已显著增加的方法，并披露下列信息：a. 在资产负债表日只具有较低的信用风险的金融工具及其确定依据（包括适用该情况的金融工具类别）；b. 逾期超过30日，而信用风险自初始确认后未被认定为显著增加的金融资产及其确定依据。

②企业对违约的界定及其原因。

③以组合为基础评估预期信用风险的金融工具的组合方法。

④确定金融资产已发生信用减值的依据。

⑤企业直接减记金融工具的政策，包括没有合理预期金融资产可以收回的迹象和已经直接减记，但仍受执行活动影响的金融资产相关政策的信息。

⑥评估合同现金流量修改后金融资产的信用风险的，企业应当披露其信用风险的评估方法以及下列信息：a. 对于损失准备相当于整个存续期预期信用损失的金融资产，在发生合同现金流修改时，评估信用风险是否已下降，从而企业可以按照相当于该金融资产未来12个月内预期信用损失的金额确认计量其损失准备；b. 对于符合本段⑥ a.中所述的金融资产，企业应当披露其如何监控后续该金融资产的信用风险是否显著增加，从而按照相当于整个存续期预期信用损失的金额重新计量损失准备。

（3）企业应当披露金融工具减值所采用的输入值、假设和估值技术等相关信息，具体包括如下方面。

①用于确定下列各事项或数据的输入值、假设和估计技术：a. 未来12个月内预期信用损失和整个存续期的预期信用损失的计量；b. 金融工具的信用风险自初始确认后是否已显著增加；c. 金融资产是否已发生信用减值。

②确定预期信用损失时如何考虑前瞻性信息，包括宏观经济信息的使用。

③报告期估计技术或重大假设的变更及其原因。

（4）企业应当以表格形式按金融工具的类别编制损失准备期初余额与期末余额的调节表，分别说明下列项目的变动情况。

①按相当于未来12个月预期信用损失的金额计量的损失准备。

②按相当于整个存续期预期信用损失的金额计量的下列各项的损失准备：①自初始确认后信用风险已显著增加但并未发生信用减值的金融工具；②对于资产负债表日已发生信用减值但并非购买或源生的已发生信用减值的金融资产；③应收账款、合同资产和租赁应收款的减值损失准备。

③购买或源生的已发生信用减值的金融资产的变动。除调节表外，企业还应当披露本期初始确认的该类金融资产在初始确认时未折现的预期信用损失总额。

（5）为有助于财务报表使用者了解未导致终止确认的金融资产合同现金流量修改的性质和影响，及其对预期信用损失计量的影响，企业应当披露下列信息。

①企业在本期修改了金融资产合同现金流量，且修改前损失准备是按相当于整个存续

期预期信用损失金额计量的，应当披露修改或重新议定合同前的摊余成本及修改合同现金流量的净利得或净损失；

②对于之前按照相当于整个存续期内预期信用损失的金额计量了损失准备的金融资产，而当期按照相当于未来 12 个月内预期信用损失的金额计量该金融资产的损失准备的，应当披露该金融资产在资产负债表日的账面余额。

（6）为有助于财务报表使用者了解担保物或其他信用增级对源自预期信用损失的金额的影响，企业应当按照金融工具的类别披露下列信息。

①在不考虑可利用的担保物或其他信用增级的情况下，企业在资产负债表日的最大信用风险敞口。

②作为抵押持有的担保物和其他信用增级的描述，包括：a. 所持有担保物的性质和质量的描述；b. 本期由于信用恶化或企业担保政策变更，导致担保物或信用增级的质量发生显著变化的说明；c. 由于存在担保物而未确认损失准备的金融工具的信息。

③企业在资产负债表日持有的担保物和其他信用增级为已发生信用减值的金融资产做抵押的定量信息（例如对担保物和其他信用增级，降低信用风险程度的量化信息）。

（7）为有助于财务报表使用者评估企业的信用风险敞口并了解其重大信用风险集中度，企业应当按照信用风险等级披露相关金融资产的账面余额以及贷款承诺和财务担保合同的信用风险敞口。这些信息应当按照下列各类金融工具分别披露。

①按相当于未来 12 个月预期信用损失的金额计量损失准备的金融工具。

②按相当于整个存续期预期信用损失的金额计量损失准备的下列金融工具：①自初始确认后信用风险已显著增加的金融工具（但并非已发生信用减值的金融资产）；②在资产负债表日已发生信用减值但并非所购买或源生的已发生信用减值的金融资产；③应收账款、合同资产或者租赁应收款。

③购买或源生的已发生信用减值的金融资产。信用风险等级是指基于金融工具发生违约的风险对信用风险划分的等级。

（8）企业本期通过取得担保物或其他信用增级所确认的金融资产或非金融资产，应当披露下列信息。

①所确认资产的性质和账面价值；

②对于不易变现的资产，应当披露处置或拟将其用于日常经营的政策等。

（三）流动性风险信息披露

流动性风险，是指企业在履行以交付现金或其他金融资产的方式结算的义务时发生资金短缺的风险。流动性风险应披露的信息包括如下方面。

（1）企业应当披露金融负债按剩余到期期限进行的到期期限分析，以及管理这些金融负债流动性风险的方法。

①对于非衍生金融负债（包括财务担保合同），到期期限分析应当基于合同剩余到期期限。对于包含嵌入衍生工具的混合金融工具，应当将其整体视为非衍生金融负债进行披露。

②对于衍生金融负债，如果合同到期期限是理解现金流量时间分布的关键因素，到期期限分析应当基于合同剩余到期期限。

当企业将所持有的金融资产作为流动性风险管理的一部分，且披露金融资产的到期期限分析使财务报表使用者能够恰当地评估企业流动性风险的性质和范围时，企业应当披露金融资产的到期期限分析。

（2）企业在披露到期期限分析时，应当运用职业判断确定适当的时间段。列入各时间段内披露的金额，应当是未经折现的合同现金流量。企业可以但不限于按下列时间段进行到期期限分析：①一个月以内（含本数，下同）；②一个月至三个月以内；③三个月至一年以内；④一年至五年以内；⑤五年以上。

（3）债权人可以选择收回债权时间的，债务人应当将相应的金融负债列入债权人可以要求收回债权的最早时间段内。

债务人应付债务金额不固定的，应当根据资产负债表日的情况确定到期期限分析所披露的金额。如分期付款的，债务人应当把每期将支付的款项列入相应的最早时间段内。

财务担保合同形成的金融负债，担保人应当将最大担保金额列入相关方可以要求支付的最早时间段内。

（4）企业应当披露流动性风险敞口汇总定量信息的确定方法。此类汇总定量信息中的现金（或另一项金融资产）流出符合以下条件之一的，应当说明相关事实，并提供有助于评价该风险程度的额外定量信息。

①该现金的流出可能显著早于汇总定量信息中所列示的时间。
②该现金的流出可能与汇总定量信息中所列示的金额存在重大差异。

（四）市场风险信息披露

衍生工具的市场风险，是指金融工具的公允价值或未来现金流量因市场价格变动而发生波动的风险，包括汇率风险、利率风险和其他价格风险。汇率风险，是指金融工具的公允价值或未来现金流量因外汇汇率变动而发生波动的风险。汇率风险可源于以记账本位币之外的外币进行计价的金融工具。利率风险，是指金融工具的公允价值或未来现金流量因市场利率变动而发生波动的风险。利率风险可源于已确认的计息金融工具和未确认的金融工具（如某些贷款承诺）。其他价格风险，是指汇率风险和利率风险以外的市场价格变动而发生波动的风险，无论这些变动是由于与单项金融工具或其发行方有关的因素而引起的，还是由于与市场内交易的所有类似金融工具有关的因素而引起的。其他价格风险可源于商品价格或权益工具价格等的变化。对于市场风险，主要披露如下信息。

（1）在对市场风险进行敏感性分析时，应当以整个企业为基础，披露下列信息：①资产负债表日所面临的各类市场风险的敏感性分析。该项披露应当反映资产负债表日相关风险变量发生合理、可能的变动时，将对企业损益和所有者权益产生的影响。对具有重大汇率风险敞口的每一种货币，应当分币种进行敏感性分析。②本期敏感性分析所使用的方法和假设，以及本期发生的变化和原因。

（2）企业采用风险价值法或类似方法进行敏感性分析能够反映金融风险变量之间（如利率和汇率之间等）的关联性，且企业已采用该种方法管理金融风险的，可不进行披露，但应当披露下列信息：①用于该种敏感性分析的方法、选用的主要参数和假设。②所用方法的目的，以及该方法提供的信息在反映相关资产和负债公允价值方面的局限性。

 **本章小结**

衍生工具尽管种类繁多，但远期合同、期货合同、期权合同、互换是四种主要衍生工具。持有衍生工具的目的可能是交易，也可能是套期保值。交易性的衍生工具采用公允价值计量模式。取得交易性的衍生工具时按照取得时的公允价值计量，相关交易费用直接计入当期损益。在持有衍生工具期间的报表编制日，按报表编制日的公允价值计量持有的衍生工具，公允价值变动所形成的利得或损失计入当期损益。衍生工具会计信息的列报包括衍生工具信息在资产负债表和利润表中的列报，衍生工具会计信息的披露包括衍生工具公允价值信息的披露和风险信息的披露，其中衍生工具风险信息的披露包括风险定性和定量信息披露、信用风险信息披露、流动性风险信息披露和市场风险信息披露。

 **关键词汇**

金融资产（financial asset） 　　　权益工具（equity instrument）
衍生工具（derivative instrument） 　远期合约（forward）
期货合同（future） 　　　　　　　执行价格（exercise price）
期权合同（option） 　　　　　　　互换合同（swap）
初始保证金（initial or original margin） 维持保证金（maintenance margin）
期权费（option premium） 　　　　卖方期权（put option）
买方期权（call option）

 **小组讨论**

你是某公司负责外汇风险管理的职员，该公司规定只能进行外汇套期保值，不得进行外汇投机。假如你认为：某国外货币对人民币的比价在今后若干个月内肯定持续下降，如果卖出外汇期货然后买入平仓一定能获取丰厚利润。请问你会进行该种外币的投机性交易吗？

要求：
（1）在公司没有修改规定之前，你是否有权进行这种外汇投机交易？
（2）如果交易产生重大损失，公司可以对你提出什么法律诉讼？

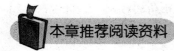 **本章推荐阅读资料**

1. 财政部，企业会计准则第 22 号——金融工具确认和计量（http：//www.casc.gov.cn/2008/0522/92942.shtml）。

2. IASB，国际财务报告准则第 7 号——金融工具：披露（IFRS7 Financial Instruments：Disclosures）（http：//www.ifrs.org）。

3. IASB，国际财务报告准则第 9 号——金融工具（IFRS9　Financial Instruments）（http：//www.ifrs.org）.

名词解释

衍生工具　　互换合同　　远期合同　　期货合同　　期权合同

简述题

1. 衍生金融工具的特点及其主要类别有哪些？
2. 交易性衍生工具的会计确认有哪些特点？
3. 交易性衍生工具会计计量的特点是什么？
4. 交易性衍生工具的披露应涉及哪些内容？

业务及计算题

习题一

（一）目的：练习交易性衍生工具的会计核算。

（二）资料：甲公司 2020 年 12 月 1 日买入一项期权合同。合同规定甲公司在 2021 年 3 月 31 日前的任何一天有权以每股 20 元的价格购入 50 000 股某公司的股票。甲公司支付期权费 100 000 元。2020 年 12 月 31 日，上述股票的市价上涨至每股 22 元，期权合同的公允价值也涨至 130 000 元。2021 年 3 月 20 日该种股票的市价为每股 24.4 元，而期权合同的公允价值为 180 000 元，甲公司于当日将该合同按公允市价转让。

（三）要求：编制相关业务的会计分录。

习题二

（一）目的：期货合同的会计核算。

（二）资料：根据中国金融期货交易所（中金所）金融期货交易规定，沪深 300 指数期货合约的合约价值乘数为 300，最低交易保证金比例为 12%，交易手续费为交易金额的十万分之三。A 公司为专门进行金融资产投资的公司，公司在 2018 年 10 月 28 日开仓，购入 10 手看涨 IF1811 股指期货，点位 2 380，当日 IF1811 的收盘点位为 2 395。10 月 29 日的收盘点位为 2 410。10 月 30 日平仓，平仓时的点位为 2 450。A 公司实际缴纳的交易保证金比例为 15%。

（三）要求：请分析 A 公司期货损益并进行会计处理。

习题三

（一）目的：期权合同的会计核算。

（二）资料：根据中国金融期货交易所（中金所）金融期货交易规定，沪深 300 指数期权合约的合约价值乘数为 100（合约买方不需要缴纳保证金），股指期权合约的手续费标准为每手 60 元，行权（履约）手续费标准为每手 8 元。假设 A 公司 2019 年 12 月 23 日（周一）10:00 开仓，购入 10 手看跌 IO2004-C-3800（2020 年 4 月行权，行权点位 3800 点）股指期权，每手的交易价格为 302。2019 年 12 月 31 日 IO2004-C-3900 收盘点位为 357.8。2020 年 3 月 31 日的收盘点位为 49.4。2020 年 4 月 18 日（周五）行权，结算价为 49.5。请分析 A 公司期权损益并进行会计处理。

（三）要求：请分析 A 公司期权损益并进行会计处理。

第八章

套期会计

本章的主要内容包括：套期的概念，套期的分类，套期工具和被套期项目，套期关系评估；公允价值套期、现金流量套期、境外经营净投资套期以及套期关系再平衡的会计处理。学完本章，同学们应：

- 理解套期的概念、套期的分类，套期工具和被套期项目
- 理解套期关系评估
- 掌握公允价值套期的会计处理
- 掌握现金流量套期的会计处理
- 掌握境外经营净投资套期的会计处理
- 掌握套期关系再平衡的会计处理

第一节 套期会计概述

一、套期概述

（一）套期的概念

企业在经营活动中会面临各类风险，其中涉及外汇风险、利率风险、价格风险、信用风险等。对于此类风险敞口，企业可能会选择通过利用金融工具产生反向的风险敞口（即开展套期业务）来进行风险管理活动。套期会计的目标是在财务报告中反映企业采用金融工具管理因特定风险引起的风险敞口的风险管理活动的影响。

本章所称套期是指企业为管理外汇风险、利率风险、价格风险、信用风险等特定风险引起的风险敞口，指定金融工具为套期工具，以使套期工具的公允价值或现金流量变动，预期抵销被套期项目全部或部分公允价值或现金流量变动的风险管理活动。例如，企业运用商品期货进行套期时，其套期策略通常是买入（卖出）与现货市场数量相当、但交易方向相反的期货合同，以期在未来某一时间通过期货合同的公允价值变动来补偿现货市场价格变动所带来的价格风险。又如，某企业为规避外汇风险，与某金融机构签订外币期权合同对现存数额较大的美元敞口进行外汇风险套期。

（二）套期的分类

在套期会计中套期分为公允价值套期、现金流量套期和境外经营净投资套期。

1. 公允价值套期

公允价值套期是指对已确认资产或负债、尚未确认的确定承诺,或上述项目组部分的公允价值变动风险敞口进行的套期。该公允价值变动源于特定风险,且将影响企业的损益或其他综合收益。

以下是公允价值套期的例子。

(1)某企业签订一项以固定利率换浮动利率的利率互换合约,对其承担的固定利率负债的利率风险引起的公允价值变动风险敞口进行套期。

(2)某石油公司签订一项 6 个月后以固定价格购买原油的合同(尚未确认的承诺),为规避原油价格风险,该公司签订一项未来卖出原油的期货合约,对该确定承诺的价格风险引起的公允价值变动风险敞口进行套期。

(3)某企业购买一项看跌期权合同,对持有的选择以公允价值计量且其变动计入其他综合收益的非交易性权益工具投资的证券价格风险引起的公允价值变动风险敞口进行套期。

2. 现金流量套期

现金流量套期是指对现金流量变动风险敞口进行的套期。该现金流量变动源于与已确认资产或负债、极可能发生的预期交易,或与上述项目组成部分有关的特定风险,且将影响企业的损益。

以下是现金流量套期的例子。

(1)某企业签订一项以浮动利率换固定利率的利率互换合约,对其承担的浮动利率债务的利率风险引起的现金流量变动风险敞口进行套期。

(2)某橡胶制品公司签订一项未来买入橡胶的远期合同,对 3 个月后预期极可能发生的与购买橡胶相关的价格风险引起的现金流量变动风险敞口进行套期。

(3)某企业签订一项购入外币的外汇远期合同,对以固定外币价格买入原材料的极可能发生的预期交易的外汇风险引起的现金流量变动风险敞口进行套期。

3. 境外经营净投资套期

境外经营净投资套期是指对境外经营净投资外汇风险敞口进行的套期。境外经营净投资套期中的被套期风险是指境外经营的记账本位币与母公司的记账本位币之间的折算差额。

(三)套期会计方法

对于满足一定条件的套期,企业可运用套期会计方法进行处理。套期会计方法,是指企业将套期工具和被套期项目产生的利得或损失在相同会计期间计入当期损益(或其他综合收益)以反映风险管理活动影响的方法。

企业开展套期业务以进行风险管理,但是如果按照常规的会计处理方法可能会导致损益更大的波动,这是因为企业被套期的风险敞口和对风险敞口进行套期的金融工具的确认与计量基础不一定相同。例如,企业使用衍生工具对一项极可能发生的预期交易的价格风险进行套期,而预期交易则需要到交易发生时才能予以确认,这样企业利润表反映的损益就会产生较大的波动。再如,企业使用衍生工具对其持有的存货的价格风险进行套期,按照常规会计处理方法。该衍生工具应当以公允价值计量且其变动计入当期损益,而存货则以成本与可变现净值孰低计量,这同样会导致企业利润表反映的损益产生较大的波动。企业使用金融工具进行风险管理的目的是对冲风险,减少企业损益的波动,而由于常规会计处理方法中有关会计确认和计量基础不一致,在一定会计期间不仅可能无法如实反映企业的风险管理活动,反而可能会在财务报表上"扩大风险"。因此,尽管从长期来看,被套期项目和套期工具实现了风险的对冲,但是在套期存续期所涵盖的各个会计报告期间内,在常规会计处理方法下有可能会产生会计错配和损益波动。套期会计方法基于企业风险管理活动,将套期工具和被套期项目产生的利得或损失在相同会计期间计入当期损益(或其他综合收益),有助于处理被套期项目和套期工具在确认与计量方面存在的上述差异,并在企业财务报告中如实反映企业进行风险管理活动的影响。

二、套期工具和被套期项目

(一)套期工具

1. 符合条件的套期工具

套期工具是指企业为进行套期而指定的、其公允价值或现金流量变动预期可抵销被套期项目的公允价值或现金流量变动的金融工具。企业可以作为套期工具的金融工具包括如下方面。

(1)以公允价值计量且其变动计入当期损益的衍生工具。例如,某企业为规避库存铜价格下跌的风险,可以卖出一定数量铜期货合同。其中,铜期货合同即是套期工具。衍生工具无法有效地对冲被套期项目风险的,不能作为套期工具。

(2)以公允价值计量且其变动计入当期损益的非衍生金融资产或非衍生金融负债。

指定为以公允价值计量且其变动计入当期损益,且其自身信用风险变动引起的公允价值变动计入其他综合收益的金融负债,由于没有将整体公允价值变动计入损益,不能被指定为套期工具。

例 8-1 甲公司持有 1 年期的票据,其收益率与黄金价格指数挂钩。甲公司将该票据分类为以公允价值计量且其变动计入当期损益的金融资产。同时,甲公司签订了一项 1 年后以固定价格卖出黄金的合同(尚未确认的确定承诺),以满足生产需要。

本例中,该票据作为以公允价值计量且其变动计入当期损益的非衍生金融资产,可以被指定为套期工具,对尚未确认的确定承诺(以固定价格卖出黄金的合同)的价格风险引起的公允价值变动风险敞口进行套期。

(3)对于外汇风险套期,企业可以将非衍生金融资产(选择以公允价值计量且其变动计入其他综合收益的非交易性权益工具投资除外)或非衍生金融负债的外汇风险成分指定为套期工具。

例 8-2 甲公司的记账本位币为人民币,发行了 5 000 万美元、年利率 5%的固定利率债券,每半年支付一次利息,2 年后到期。甲公司将该债券分类为以摊余成本计量的金融负债。甲公司同时签订了 2 年后到期的、5 000 万美元的固定价格销售商品的承诺（尚未确认的确定承诺）。

本例中，甲公司为了防止固定价格销售商品承诺因为汇率下降（人民币升值）带来的外汇风险成分，可以将以摊余成本计量的美元负债的外汇风险成分作为套期工具，对固定价格销售承诺的外汇风险引起的公允价值变动或者现金流量变动风险敞口进行套期。

2. 对套期工具的指定

（1）企业在确立套期关系时，应当将前述符合条件的金融工具整体（或外汇风险套期中的非衍生金融资产或非衍生金融负债的外汇风险成分）指定为套期工具。因为企业对套期工具进行计量时，通常以该金融工具整体为对象，采用单一的公允价值基础对其进行计量。但是，由于期权的时间价值、远期合同的远期要素和金融工具的外汇基差通常具备套期成本的特征且可以单独计量，为便于提高某些套期关系的有效性，允许企业在对套期工具进行指定时，作出以下例外处理。

①对于期权，企业可以将期权的内在价值和时间价值分开，只将期权的内在价值变动指定为套期工具。期权的价值包括内在价值（立即执行期权时现货价格与行权价格之差所带来的收益）和时间价值（期权的价格与内在价值之差）。

随着期权临近到期，期权的时间价值不断减少直至为零。当企业仅指定期权的内在价值变动为套期工具时，与期权的时间价值相关的公允价值变动被排除在套期有效性评估之外，从而能够提高套期的有效性。

②对于远期合同，企业可以将远期合同的远期要素和即期要素分开，只将即期要素的价值变动指定为套期工具。远期合同的即期要素反映了基础项目远期价格和现货价格的差异，而远期要素的特征取决于不同的基础项目。当企业仅指定远期合同的即期要素的价值变动为套期工具时，能够提高套期的有效性。

③对于金融工具，企业可以将金融工具的外汇基差单独分拆，只将排除外汇基差后的金融工具指定为套期工具。外汇基差反映了货币主权信用差异、市场供求等因素所带来的成本。将外汇基差分拆，只将排除外汇基差后的金融工具指定为套期工具，能够提高套期的有效性。

（2）企业可以将套期工具的一定比例指定为套期工具，但不可以将套期工具剩余期限内某一时段的公允价值变动部分指定为套期工具。

例 8-3 甲公司拥有一项支付固定利息、收取浮动利息的互换合同，拟将其用于对该公司所发行的浮动利率债券进行套期。该互换合同的剩余期限为 10 年，而债券的剩余期限为 5 年。在这种情况下，甲公司不能将该互换合同剩余期限中前 5 年的互换合同公允价值变动指定为套期工具。

（3）企业可以将两项或两项以上金融工具（或其一定比例）的组合指定为套期工具（包括组合内的金融工具形成风险头寸相互抵销的情形）。

例 8-4 甲公司发行了 10 年期的固定利率债券。甲公司的风险管理策略为固定未来 12 个月的利率，未来 2~10 年变为浮动利润。因此，甲公司在发行该债券时签订了 10 年期收取固定利率、支付浮动利率的互换合同（互换条款与债券条款完全匹配）和 1 年期收取浮动利率、支付固定利率的互换合同。

本例中，如果其他套期会计条件均满足，甲公司可以将这两个互换合同的组合指定为对该债券第 2 年到第 10 年利率风险进行公允价值套期的套期工具。

3. 使用单一套期工具对多种风险进行套期

企业通常将单项套期工具指定为对一种风险进行套期。但是，如果套期工具与被套期项目的不同风险敞口之间有具体对应关系，则一项套期工具可以被指定为对一种以上的风险进行套期。

例 8-5　甲公司的记账本位币是人民币，其承担了一项 5 年期浮动利率的美元债务。为规避该金融负债的外汇风险和利率风险，甲公司与某金融机构签订一项交叉货币利率互换合同（互换合同的条款与金融负债的条款相匹配），并将该互换合同指定为套期工具。根据该互换合同，甲公司将定期收取以美元浮动利率计算确定的利息，同时支付以人民币固定利率计算确定的利息。

本例中，一项互换合同被指定为同时对金融负债的外汇风险和利率风险进行套期的套期工具。

（二）被套期项目

被套期项目，是指使企业面临公允价值或现金流量变动风险，且被指定为被套期对象的、能够可靠计量的项目。企业可以将下列单个项目、项目组合或其组成部分指定为被套期项目。

（1）已确认资产或负债。

（2）尚未确认的确定承诺。其中，确定承诺，是指在未来某特定日期或期间，以约定价格交换特定数量资源、具有法律约束力的协议；尚未确认，是指尚未在资产负债表中确认。

例 8-6　甲公司为我国境内机器生产企业，采用人民币作为记账本位币。甲公司与境外乙公司签订了一项设备购买合同，约定 6 个月后按固定的外币价格购入设备，即甲公司与乙公司达成了一项确定承诺。同时，甲公司与其金融机构签订了一份买入外币的远期合同，以对该项确定承诺产生的外汇风险进行套期。

本例中，该确定承诺可以被指定为被套期项目，外币远期合同可以被指定为公允价值套期或现金流量套期中的套期工具。

（3）极可能发生的预期交易。其中，预期交易，是指尚未承诺但预期会发生的交易。企业应当明确区分预期交易与确定承诺。

例 8-7　预期交易：2020 年 5 月 1 日，甲公司预期 2 个月后将购买 200 吨铜，用于 2020 年 7 月的生产。

确定承诺：2020 年 5 月 1 日，甲公司签订了一份法律上具有约束力的采购协议，约定于 2020 年 6 月 30 日向乙公司以每吨 4 万元的价格购买 200 吨铜。

本例中，签订了法律上具有约束力的采购协议为确定承诺，而尚未承诺但预期会发生的交易为预期交易。

（4）境外经营净投资。境外经营净投资可以被指定为被套期项目。境外经营净投资，是指企业在境外经营净资产中的权益份额。企业既无计划也无可能在可预见的未来会计期间结算的长期外币货币性应收项目（含贷款），应当视同实质构成境外经营净投资的组成部分。因销售商品或提供劳务等形成的期限较短的应收账款不构成境外经营净投资。

例8-8 甲公司的记账本位币为人民币，2020年1月1日，甲公司以1亿美元从非关联方处购买了境外乙公司的全部普通股股份，取得控制权。在购买日，乙公司的可辨认净资产的公允价值为7 000万美元。甲公司合并财务报表中确认相应商誉3 000万美元。同时，在购买日，甲公司向乙公司提供长期借款2 000万美元，甲公司将其作为长期应收款处理，但甲公司既无计划也无可能在可预见的未来会计期间收回这笔长期应收款。

在购买日，如果甲公司计划对乙公司的境外经营净投资进行套期，则能够被指定为被套期项目的境外经营净投资的最大金额为1.2亿美元，包括所购境外经营的可辨认净资产7 000万美元，构成境外经营净投资一部分的商誉3 000万美元，以及甲公司对乙公司的长期应收款2 000万美元。

  国际视野

FASB的相关规定

美国财务会计准则第133号《衍生工具与套期活动会计》（FAS133，Accounting for Derivative Instruments and Hedging Activities）对衍生工具与套期活动会计处理做了四项基本规定。

（1）衍生工具是可以产生符合资产与负债定义的权利和义务的合同（所以这些权利和义务应在资产负债表中报告，而不是以表外的形式披露）。

（2）报告衍生工具时，公允价值是唯一相关的计量方法。

（3）只有资产或负债性项目可以在资产负债表中反映（因此衍生工具产生的损失不能作为资产进行递延和报告，衍生工具的利得也不能作为负债进行递延和报告）。

（4）衍生工具的损益必须在当期收益中报告——除了在某些特定情况下，损益首先必须在其他综合收益项中报告。此外，在某些特定情况下，必须改变被套期保值项目的正常会计处理方法以便在当期收益中报告被套期保值项目的损益。

资料来源：FASB网站（www.fasb.org）

三、套期关系评估

（一）运用套期会计的条件

公允价值套期、现金流量套期或境外经营净投资套期同时满足下列条件的，才能运用套期会计方法进行处理。

第一，套期关系仅由符合条件的套期工具和被套期项目组成。

第二，在套期开始时，企业正式指定了套期工具和被套期项目，并准备了关于套期关系和企业从事套期的风险管理策略与风险管理目标的书面文件。该文件至少载明了套期工具、被套期项目、被套期风险的性质以及套期有效性评估方法（包括套期无效部分产生的原因分析以及套期比率确定方法）等内容。

第三，套期关系符合套期有效性要求。套期有效性，是指套期工具的公允价值或现金流量变动能够抵销被套期风险引起的被套期项目公允价值或现金流量变动的程度。套期工具的公允价值或现金流量变动大于或小于被套期项目的公允价值或现金流量变动的部分为套期无效部分。

1. 风险管理策略和风险管理目标

企业应当区分风险管理策略和风险管理目标。风险管理策略由企业风险管理最高决策机构制定，一般在企业有关纲领性文件中阐述，并通过含有具体指引的政策性文件在企业范围内贯彻落实。风险管理策略通常应当识别企业面临的各类风险并明确企业如何应对这些风险，风险管理策略一般适用于较长时期的风险管理活动，并且包含一定的灵活性以适应策略实施期间内环境的变化（例如，不同利率或商品价格水平导致不同程度的套期）。而风险管理目标是指企业在某一特定套期关系层面上，确定如何指定套期工具和被套期项目，以及如何运用指定的套期工具对指定为被套期项目的特定风险敞口进行套期。因此，风险管理策略可以涵盖许多不同的套期关系，而这些套期关系的风险管理目标旨在落实整体的风险管理策略。

例 8-9 甲公司制定了管理债务融资利率风险敞口的策略，该策略规定甲公司将维持20%～40%的固定利率债务比例。甲公司根据市场利率水平决定如何执行该风险管理策略，即其固定利率债务风险敞口将锁定在20%～40%范围内的某一位置。在市场利率较低时，与利率较高时相比，甲公司将选择维持更大比例的固定利率债务。在这种情况下，甲公司风险管理策略本身保持不变，但是根据市场利率变化对风险管理策略的执行发生了改变，即风险管理目标发生了变化（被套期的利率敞口发生变化）。

2. 套期有效性要求

套期同时满足下列条件的，企业应当认定套期关系符合套期有效性要求。

（1）被套期项目和套期工具之间存在经济关系。该经济关系使得套期工具和被套期项目的价值因面临相同的被套期风险而发生方向相反的变动。如果被套期项目和套期工具之间存在经济关系，则套期工具的价值与被套期项目的价值预期将产生系统性变动，以反映同一基础变量或一组因采用类似的方式来应对被套期风险而存在经济关系的基础变量产生的变动。

（2）被套期项目和套期工具经济关系产生的价值变动中，信用风险的影响不占主导地位。

由于套期会计方法建立在套期工具和被套期项目所产生的利得与损失能够相互抵销这一基本概念之上，因此套期有效性不仅取决于套期工具和被套期项目之间的经济关系，还取决于信用风险对套期工具和被套期项目价值的影响。信用风险的影响意味着，即使套期工具与被套期项目之间存在经济关系，两者之间相互抵销的程度仍可能变得不规律。这可能是由于套期工具或被套期项目的信用风险的变化所致，而且此类信用风险的变化可能会达到一定程度，使信用风险将主导价值变动。

（3）套期关系的套期比率，应当等于企业实际套期的被套期项目数量与对其进行套期的套期工具实际数量之比。

被套期项目和套期工具的数量可根据其性质采用多种方式进行计量。作为一般原则，套期关系的套期比率应当与从风险管理角度而设定的套期比率相同。在某些情况下，套期比率可能为1∶1，因为被套期项目的关键条款将与套期工具的关键条款相匹配；然而在实务中的很多情况下，由于多种原因，实际套期比率可能并非1∶1。如果企业对某一项目不足100%的风险敞口（例如，85%）进行套期，则其用来指定套期关系的套期比率应当与上述85%的风险敞口，以及企业用于对上述85%的风险敞口进行套期的套期工具实际数量所形成的套期比率相一致。与此类似，如果企业使用名义金额为40个单位的金融工具对某个风险敞口进行套期，则其用来指定套期关系的套期比率应当与上述40个单位（即企业不能使用其所持有的总数中更多的数量单位或更少的数量单位来确定套期比率），以及实际被套期项目的数量所形成的套期比率相一致。

3. 套期有效性评价方法

企业应当在套期开始日及以后期间持续地对套期关系是否符合套期有效性要求进行评估，尤其应当分析在套期剩余期限内预期将影响套期关系的套期无效部分产生的原因。企业至少应当在资产负债表日及相关情形发生重大变化将影响套期有效性要求时对套期关系进行评估。

一般情况下，套期工具和被套期项目的公允价值或现金流量变动难以实现完全抵销，因而会出现套期无效部分。套期工具的公允价值或现金流量变动大于或小于被套期项目的公允价值或现金流量变动的部分为套期无效部分。

为计算被套期项目的价值变动，企业可使用其条款与被套期项目的主要条款相匹配的衍生工具（通常称为"虚拟衍生工具"）。在使用虚拟衍生工具估计被套期项目的价值时，不能使用仅存在于套期工具中而被套期项目不具备的特征。例如，对于以外币计价的债务（无论是固定利率还是浮动利率），企业在使用虚拟衍生工具计算该债务的价值变动或其现金流量累计变动的现值时，即便实际的衍生工具的不同货币汇兑可能包括汇兑费用，虚拟衍生工具也不能简单地直接反映这种费用，因为被套期项目中可能不包含这项费用。

在评估被套期项目和套期工具之间是否存在经济关系时，企业可以采用定性或定量的方法。如果套期工具和被套期项目的主要条款（例如名义金额、到期期限和基础变量）均匹配或大致相符，企业可以根据此类主要条款进行定性评估。如果套期工具和被套期项目的主要条款并非基本匹配，企业可能需要进行定量评估（例如通过比较被套期风险引起的套期工具和被套期项目公允价值或现金流量变动的比率，或通过采用回归分析方法分析套期工具和被套期项目价值变动的相关性），但两个变量之间仅仅存在某种统计相关性的事实本身不足以有效证明套期工具与被套期项目之间存在经济关系。

企业的风险管理策略是评估套期关系是否符合套期有效性要求的主要信息来源。这意味着，用于决策目的的管理分析信息可作为评估套期关系是否符合套期有效性要求的依据。因此，套期有效性评价方法应当与企业的风险管理策略相吻合，并在套期开始时就在风险管理有关的正式文件中详细加以说明。如果相关情况发生变化从而影响套期有效性，企业可能需要改变评估套期关系是否符合套期有效性要求的方法，以确保该评估仍能够考虑套期关系的相关特征（包括套期无效部分的来源）。当评估套期有效性的方法发生改变时，应当对套期关系书面文件做相应更新。

（二）套期关系再平衡

套期关系由于套期比率的原因而不再符合套期有效性要求，但指定该套期关系的风险管理目标没有改变的，企业应当进行套期关系再平衡。

套期关系再平衡，是指对已经存在的套期关系中被套期项目或套期工具的数量进行调整，以使套期比率重新符合套期有效性要求。基于其他目的对被套期项目或套期工具所指定的数量进行变动，如仅对特定风险敞口更多或更少的数量进行套期以符合企业的风险管理策略，不构成套期关系再平衡。

调整套期比率使得企业可以应对由于基础变量或风险变量而引起的套期工具和被套期项目之间关系的变动。例如，当套期关系中的套期工具和被套期项目具有不同但是相关的基础变量（如不同但相关的指数、比率或价格）时，套期关系会随着这两个基础变量之间关系的变动而发生变化。当套期工具和被套期项目之间关系发生的变动能通过调整套期比率得以弥补时，再平衡将可以使得套期关系延续。但是，在套期工具与被套期项目之间的关系变动不能通过调整套期比率来弥补的情况下，再平衡并不能促使套期关系得到延续。

例 8-10 甲公司运用参考外币 B 的外币衍生工具对外币 A 的风险敞口进行套期，而外币 A 和外币 B 之间的汇率是挂钩的（即其汇率由中央银行或其他监管机构设定或者保持在某一区间）。如果外币 A 与外币 B 的汇率发生了变动（即设定了一个新区间或汇率），则再平衡套期关系以反映新汇率，可确保套期关系在新情况下的套期比率继续满足套期有效性的要求。但是，如果外币衍生工具发生违约，则更改套期比率并不能确保套期关系能够继续满足套期有效性的要求。

企业对套期关系作出再平衡，可以通过增加或减少被套期项目或套期工具数量的方式调整套期比率。但是，数量的减少并不一定意味着那些项目或交易不再存在，或预计不再发生，而是表明其不再是套期关系的一部分。例如，企业减少套期工具的数量，但仍然保留某项衍生工具，该衍生工具仅有一部分将继续作为套期关系中的套期工具。

（三）套期关系的终止

企业不得撤销指定并终止一项继续满足套期风险管理目标并在再平衡之后继续符合套期会计条件的套期关系。

企业应当采用未来适用法，自不再满足套期会计条件或风险管理目标之日起终止运用套期会计。当只有部分套期关系不再满足运用套期会计的条件时，套期关系将部分终止，其余部分将继续适用套期会计。企业发生下列情形之一的，应当终止运用套期会计（包括部分终止运用套期会计和整体终止运用套期会计）。

（1）因风险管理目标发生变化，导致套期关系不再满足风险管理目标。

（2）套期工具已到期、被出售、合同终止或已行使。在套期工具已到期、被出售、合同终止或已行使的情况下，套期关系或其一部分不再满足套期会计的条件，因此应当相应终止运用套期会计。

（3）被套期项目与套期工具之间不再存在经济关系，或者被套期项目和套期工具经济关系产生的价值变动中，信用风险的影响开始占主导地位。

（4）套期关系不再满足运用套期会计方法的其他条件。例如，套期工具或被套期项目不再符合条件。在适用套期关系再平衡的情况下，企业应当首先考虑套期关系再平衡，然后评估套期关系是否满足运用套期会计方法的条件。

相关案例

中航油的期货交易损失

中国航油集团（以下简称"中航油"）新加坡公司燃油期货交易损失 5.5 亿美元，5.5 亿美元的亏损在 5%的保证金制度下意味着燃油交易规模为 110 亿美元。按每桶 50 美元的价格强行平仓计算，相当于 3 000 万吨燃油，而中航油集团旗下 91 个机场全年燃油需求仅为 500 万吨。作为航油进口公司，套期保值的目的是避免进口油价上涨，其对冲策略应该为买进石油期货或期权，而不是卖出石油期货或看涨期权。以陈久霖为总裁的中航油新加坡公司进行的交易却是卖出石油期货或看涨期权。

资源来源：新浪财经（http://finance.sina.com.cn/），有改动

第二节 套期的会计处理

一、账户设置

企业按照套期会计准则规定进行会计处理，一般需要设置以下科目。

（一）"套期工具"科目

（1）本科目核算企业开展套期业务（包括公允价值套期、现金流量套期和境外经营净投资套期）的套期工具及其公允价值变动形成的资产或负债。

（2）本科目可按套期工具类别或套期关系进行明细核算。

（3）主要账务处理。

①企业将已确认的衍生工具、以公允价值计量且其变动计入当期损益的非衍生金融资产或非衍生金融负债等金融资产或金融负债指定为套期工具的，应当按照其账面价值，借记或贷记本科目，贷记或借记"衍生工具""交易性金融资产"等科目。

②资产负债表日，对于公允价值套期，应当按照套期工具产生的利得，借记本科目，贷记"套期损益""其他综合收益——套期损益"等科目，套期工具产生损失做相反的会计分录；对于现金流量套期，应当按照套期工具产生的利得，借记本科目，按照套期有效部分的变动额，贷记"其他综合收益——套期储备"等科目，按照套期工具产生的利得和套期有效部分变动额的差额，贷记"套期损益"科目，套期工具产生损失做相反的会计分录。

③金融资产或金融负债不再作为套期工具核算的，应当按照套期工具形成的资产或负债，借记或贷记有关科目，贷记或借记本科目。

（4）本科目期末借方余额，反映企业套期工具形成资产的公允价值；本科目期末贷方余额，反映企业套期工具形成负债的公允价值。

（二）"被套期项目"科目

（1）本科目核算企业开展套期业务的被套期项目及其公允价值变动形成的资产或负债。

（2）本科目可按被套期项目类别或套期关系进行明细核算。

（3）主要账务处理。

①企业将已确认的资产、负债或其组成部分指定为被套期项目的，应当按照其账面价值，借记或贷记本科目，贷记或借记"原材料""债权投资""长期借款"等科目。已计提跌价准备或减值准备的，还应当同时结转跌价准备或减值准备。

②资产负债表日，对于公允价值套期，应当按照被套期项目因被套期风险敞口形成的利得，借记本科目，贷记"套期损益""其他综合收益——套期损益"等科目；被套期项目因被套期风险敞口形成损失做相反的会计分录。

③资产或负债不再作为被套期项目核算的，应当按照被套期项目形成的资产或负债，借记或贷记有关科目，贷记或借记本科目。

（4）本科目期末借方余额，反映企业被套期项目形成的资产；本科目期末贷方余额，反映企业被套期项目形成的负债。

（三）"套期损益"科目

（1）本科目核算套期工具和被套期项目价值变动形成的利得和损失。

（2）本科目可按套期关系进行明细核算。

（3）主要账务处理。

①资产负债表日，对于公允价值套期，应当按照套期工具产生的利得，借记"套期工具"科目，贷记本科目；套期工具产生损失做相反的会计分录。对于现金流量套期，套期工具的利得中属于套期无效的部分，借记"套期工具"科目，贷记本科目；套期工具的损失中属于套期无效的部分，做相反的会计分录。

②资产负债表日，对于公允价值套期，应当按照被套期项目因被套期风险敞口形成的利得，借记"被套期项目"科目，贷记本科目；被套期项目因被套期风险敞口形成损失做相反的会计分录。

（4）期末，应当将本科目余额转入"本年利润"科目，结转后本科目无余额。

（四）在"其他综合收益"科目下设置"套期储备"明细科目

（1）本明细科目核算现金流量套期下套期工具累计公允价值变动中的套期有效部分。

（2）本明细科目可按套期关系进行明细核算。

（3）主要账务处理。

①资产负债表日，套期工具形成的利得或损失中属于套期有效部分的，借记或贷记"套

期工具"科目,贷记或借记本明细科目;属于套期无效部分的,借记或贷记"套期工具"科目,贷记或借记"套期损益"科目。

②企业将套期储备转出时,借记或贷记本明细科目,贷记或借记有关科目。

二、套期会计的确认与计量

1. 公允价值套期会计处理原则

公允价值套期满足运用套期会计方法条件的,应当按照下列规定处理。

(1) 套期工具产生的利得或损失应当计入当期损益。如果套期工具是对选择以公允价值计量且其变动计入其他综合收益的非交易性权益工具投资(或其组成部分)进行套期的,套期工具产生的利得或损失应当计入其他综合收益。

(2) 被套期项目因被套期风险敞口形成的利得或损失应当计入当期损益,同时调整未以公允价值计量的已确认被套期项目的账面价值。被套期项目为以公允价值计量且其变动计入其他综合收益的金融资产(或其组成部分)的,其因被套期风险敞口形成的利得或损失应当计入当期损益,其账面价值已经按公允价值计量,不需要调整;被套期项目为企业选择以公允价值计量且其变动计入其他综合收益的非交易性权益工具投资(或其组成部分)的,其因被套期风险敞口形成的利得或损失应当计入其他综合收益,其账面价值已经按公允价值计量,不需要调整。

需要说明的是,被套期项目为尚未确认的确定承诺(或其组成部分)的,其在套期关系指定后因被套期风险引起的公允价值累计变动额应当确认为一项资产或负债,相关的利得或损失应当计入各相关期间损益。当履行确定承诺而取得资产或承担负债时,应当调整该资产或负债的初始确认金额,以包括已确认的被套期项目的公允价值累计变动额。

公允价值套期中,被套期项目为以摊余成本计量的金融工具(或其组成部分)的,企业对被套期项目账面价值所做的调整应当按照开始摊销日重新计算的实际利率进行摊销,并计入当期损益。该摊销可以自调整日开始,但不应当晚于对被套期项目终止进行套期利得和损失调整的时点。被套期项目为以公允价值计量且其变动计入其他综合收益的金融资产(或其组成部分)的,企业应当按照相同的方式对累计已确认的套期利得或损失进行摊销,并计入当期损益,但不调整金融资产(或其组成部分)的账面价值。

2. 公允价值套期会计处理举例

例 8-11 中国出口企业 A 公司为上市公司,2020 年 10 月 31 日出口一批商品,价值 1 000 万美元,并约定于 3 个月后收取美元货款。为避免美元汇率下跌造成的损失,A 公司以 1 美元兑 7.148 元人民币的价格与中国银行签订一项 3 个月期的卖出 1 000 万美元的远期外汇合约(不考虑保证金),并指定为应收款项进行套保,持有期间相关汇率见表 8-1。

表 8-1 相关汇率 单位:人民币/1 美元

日期	即期汇率	3 个月远期汇率	1 个月远期汇率
10 月 31 日	7.15	7.148	
12 月 31 日	7.13		7.129
1 月 31 日	7.12		

2020 年 10 月 31 日，确认应收账款，同时结转到被套期项目中：

借：应收账款（$1 000 万×7.15） 71 500 000
　　贷：主营业务收入 71 500 000

同时：

借：被套期项目——应收账款 71 500 000
　　贷：应收账款 71 500 000

2020 年 12 月 31 日（报表日）确认被套期项目损失 200 000 元和套期工具公允价值变动收益 190 000 元：

借：套期损益 200 000
　　贷：被套期项目——应收账款 200 000
借：套期工具——远期合约 190 000
　　贷：套期损益 190 000

2021 年 1 月 31 日，被套期项目产生损失 100 000 元：

借：套期损益 100 000
　　贷：被套期项目——应收账款 100 000

A 企业实际收到国外厂商的美元 1 000 万

借：银行存款（$1 000 万×7.12） 71 200 000
　　贷：被套期项目——应收账款 71 200 000

套期工具产生利得 90 000 元：

借：套期工具——远期合约 90 000
　　贷：套期损益 90 000

远期合约实际执行，A 企业付出美元 1 000 万，按约定汇率，收到人民币 71 480 000 元。

借：银行存款 71 480 000
　　贷：银行存款（$1000 万×7.12） 71 200 000
　　　　套期工具——远期合约 280 000

可见，若不进行套保，此笔应收账款在三个月会损失 300 000 元，经过套保，产生套保收益 280 000 元，实际损失 20 000 元，损失减少 93%。

例 8-12　2020 年 1 月 1 日，甲公司为规避所持有铜存货公允价值变动风险，与某金融机构签订了一项铜期货合同，并将其指定为对 2020 年前两个月铜存货的商品价格变化引起的公允价值变动风险的套期工具。铜期货合同的标的资产与被套期项目铜存货在数量、质次和产地方面相同。假设不考虑期货市场中每日无负债结算制度的影响。

2020 年 1 月 1 日，铜期货合同的公允价值为 0，被套期项目（铜存货）的账面价值和成本均为 1 000 000 元，公允价值为 1 100 000 元。2020 年 1 月 31 日，铜期货合同公允价值上涨了 25 000 元，铜存货的公允价值下降了 25 000 元。2020 年 2 月 28 日，铜期货合同公允价值下降了 15 000 元，铜存货的公允价值上升了 15 000 元。当日，甲公司将铜存货以 1 090 000 元的价格出售，并将铜期货合同结算。

甲公司通过分析发现，铜存货与铜期货合同存在经济关系，且经济关系产生的价值变动中信用风险不占主导地位，套期比率也反映了套期的实际数量，符合套期有效性要求。

假定不考虑商品销售相关的增值税及其他因素，甲公司的账务处理如下。

（1）2020年1月1日，指定铜存货为被套期项目：

借：被套期项目——库存商品铜　　　　　　　　　　　　　1 000 000
　　贷：库存商品——铜　　　　　　　　　　　　　　　　　　　1 000 000

2020年1月1日，被指定为套期工具的铜期货合同的公允价值为0，不做账务处理。

（2）2020年1月31日，确认套期工具和被套期项目公允价值变动：

借：套期工具——铜期货合同　　　　　　　　　　　　　　　25 000
　　贷：套期损益　　　　　　　　　　　　　　　　　　　　　　　25 000
借：套期损益　　　　　　　　　　　　　　　　　　　　　　25 000
　　贷：被套期项目——库存商品铜　　　　　　　　　　　　　　　25 000

（3）2020年2月28日，确认套期工具和被套期项目公允价值变动：

借：套期损益　　　　　　　　　　　　　　　　　　　　　　15 000
　　贷：套期工具——铜期货合同　　　　　　　　　　　　　　　　15 000
借：被套期项目——铜期货合同　　　　　　　　　　　　　　15 000
　　贷：套期损益　　　　　　　　　　　　　　　　　　　　　　　15 000

确认铜存货销售收入：

借：应收账款　　　　　　　　　　　　　　　　　　　　　1 090 000
　　贷：主营业务收入　　　　　　　　　　　　　　　　　　　　1 090 000

结转铜存货销售成本：

借：主营业务成本　　　　　　　　　　　　　　　　　　　　990 000
　　贷：被套期项目——库存商品铜　　　　　　　　　　　　　　　990 000

结算铜期货合同：

借：银行存款　　　　　　　　　　　　　　　　　　　　　　10 000
　　贷：套期工具——铜期货合同　　　　　　　　　　　　　　　　10 000

注：由于甲公司采用套期进行风险管理，规避了铜存货公允价值变动风险，因此其铜存货公允价值下降没有对预期毛利100 000元（即1 100 000－1 000 000）产生不利影响。同时，甲公司运用公允价值套期将套期工具与被套期项目的公允价值变动损益计入相同会计期间，消除了因企业风险管理活动可能导致的损益波动。

（一）现金流量套期

（1）现金流量套期会计处理原则。现金流量套期的目的是将套期工具产生的利得或损失递延至被套期的预期未来现金流量影响损益的同一期间或多个期间。现金流量套期满足运用套期会计方法条件的，应当按照下列规定处理。

①套期工具产生的利得或损失中属于有效套期的部分，作为现金流量套期储备，应当计入其他综合收益。现金流量套期储备的金额，应当按照下列两项的绝对额中较低者确定。

第一，套期工具自套期开始的累计利得或损失；

第二，被套期项目自套期开始的预计未来现金流量现值的累计变动额。

每期计入其他综合收益的现金流量套期储备的金额应当为当期现金流量套期储备的

变动额。

②套期工具产生的利得或损失中属于无效套期的部分（即扣除计入其他综合收益后的其他利得或损失），应当计入当期损益。

企业应当按照下列规定对现金流量套期储备进行后续处理。

①被套期项目为预期交易，且该预期交易使企业随后确认一项非金融资产或非金融负债，或者非金融资产或非金融负债的预期交易形成一项适用于公允价值套期会计的确定承诺时，企业应当将原在其他综合收益中确认的现金流量套期储备金额转出，计入该资产或负债的初始确认金额。

②对于不属于上述①涉及的现金流量套期，企业应当在被套期的预期现金流量影响损益的相同期间，将原在其他综合收益中确认的现金流量套期储备金额转出，计入当期损益。

③如果在其他综合收益中确认的现金流量套期储备金额是一项损失，且该损失全部或部分预计在未来会计期间不能弥补的，企业应当将预计不能弥补的部分从其他综合收益中转出，计入当期损益。

当企业对现金流量套期终止运用套期会计时，在其他综合收益中确认的累计现金流量套期储备金额，应当按照下列规定进行处理。

①被套期的未来现金流量预期仍然会发生的，累计现金流量套期储备的金额应当予以保留，并按照前述现金流量套期储备的后续处理规定进行会计处理。

②被套期的未来现金流量预期不再发生的，累计现金流量套期储备的金额应当从其他综合收益中转出，计入当期损益。被套期的未来现金流量预期不再可能发生但可能预期仍然会发生，在预期仍然会发生的情况下，累计现金流量套期储备的金额应当予以保留，并按照前述现金流量套期储备的后续处理规定进行会计处理。

（2）现金流量套期会计处理举例。

例 8-13 2020年1月1日，甲公司预期在2020年2月28日销售一批商品，数量为100吨，预期售价为1 100 000元。为规避该预期销售中与商品价格有关的现金流量变动风险，甲公司于2020年1月1日与某金融机构签订了一项商品期货合同，且将其指定为对该预期商品销售的套期工具。商品期货合同的标的资产与被套期预期销售商品在数量、质次、价格变动和产地等方面相同，并且商品期货合同的结算日和预期商品销售日均为2020年2月28日。

2020年1月1日，商品期货合同的公允价值为0。2020年1月31日，商品期货合同的公允价值上涨了25 000元，预期销售价格下降了25 000元。2020年2月28日，商品期货合同的公允价值上涨了10 000元，商品销售价格下降了10 000元。当日，甲公司将商品出售，并结算了商品期货合同。

甲公司分析认为该套期符合套期有效性的条件。假定不考虑商品销售相关的增值税及其他因素，且不考虑期货市场每日无负债结算制度的影响。

①2020年1月1日，甲公司不做账务处理。

②2020年1月31日，确认现金流量套期储备：

借：套期工具——商品期货合同　　　　　　　　　　　　　　　　　25 000
　　贷：其他综合收益——套期储备　　　　　　　　　　　　　　　　　25 000

（3）2020年2月28日，确认现金流量套期储备：
借：套期工具——商品期货合同　　　　　　　　　　　　　　　　10 000
　　贷：其他综合收益——套期储备　　　　　　　　　　　　　　　　　10 000

套期工具自套期开始的累计利得或损失与被套期项目自套期开始的预计未来现金流量现值的累计变动额一致，因此将套期工具公允价值变动全部作为现金流量套期储备计入其他综合收益。

确认商品的销售收入：
借：银行存款　　　　　　　　　　　　　　　　　　　　　　　　1 065 000
　　贷：主营业务收入　　　　　　　　　　　　　　　　　　　　　　1 065 000
结算商品期货合同：
借：银行存款　　　　　　　　　　　　　　　　　　　　　　　　　35 000
　　贷：套期工具——商品期货合同　　　　　　　　　　　　　　　　35 000
将现金流量套期储备金额转出，调整主营业务收入：
借：其他综合收益——套期储备　　　　　　　　　　　　　　　　　35 000
　　贷：主营业务收入　　　　　　　　　　　　　　　　　　　　　　35 000
结转销售商品的成本（略）。

例8-14 甲公司记账本位币为人民币，于2020年11月1日与境外乙公司签订合同，约定于2021年1月30日以外币（FC）每吨60元的价格购入100吨橄榄油，当日即期汇率为1FC=45元。甲公司为规避购入橄榄油成本的外汇风险，于当日与某金融机构签订一项3个月到期的（买入）外汇远期合同，约定汇率为1FC=45元，合同金额FC6 000元。2021年1月30日，甲公司以净额方式结算该外汇远期合同，并购入橄榄油。

假定：
①2020年12月31日，FC兑人民币1个月远期汇率为1FC=44.8元；
②2021年1月30日，FC兑人民币即期汇率为1FC=44.6元；
③该套期符合运用套期会计的条件；
④不考虑增值税等相关税费和远期合同的远期要素。

情形1：甲公司将上述套期划分为公允价值套期。
①2020年11月1日，外汇远期合同的公允价值为0，不做账务处理，但需编制指定文档。
②2020年12月31日，确认套期工具和被套期项目公允价值变动：
外汇远期合同的公允价值为负，产生损失，公允价值=(44.8−45)×6 000=−1 200（元），被套期项目产生利得，公允价值增加1 200元。
借：套期损益　　　　　　　　　　　　　　　　　　　　　　　　　1 200
　　贷：套期工具——外汇远期合同　　　　　　　　　　　　　　　　1 200
借：被套期项目——确定承诺　　　　　　　　　　　　　　　　　　1 200
　　贷：套期损益　　　　　　　　　　　　　　　　　　　　　　　　1 200
③2021年1月30日，确认套期工具公允价值变动：
外汇远期合同的公允价值=(44.6−45)×6 000=−2 400（元），又产生损失1 200元。

| 借：套期损益 | 1 200 |
| 贷：套期工具——外汇远期合同 | 1 200 |

结算外汇远期合同：

| 借：套期工具——外汇远期合同 | 2 400 |
| 贷：银行存款 | 2 400 |

被套期项目公允价值又增加 1 200 元：

| 借：被套期项目——确定承诺 | 1 200 |
| 贷：套期损益 | 1 200 |

按当日汇率购入橄榄油，汇率为 1FC = 44.6：

| 借：库存商品——橄榄油 | 267 600 |
| 贷：银行存款 | 267 600 |

将被套期项目的余额转入橄榄油的账面价值：

| 借：库存商品——橄榄油 | 2 400 |
| 贷：被套期项目——确定承诺 | 2 400 |

情形 2：甲公司将上述套期划分为现金流量套期。

①2020 年 11 月 1 日，外汇远期合同的公允价值为 0，不做账务处理，但需编制指定文档。

②2020 年 12 月 31 日，确认现金流量套期储备：

外汇远期合同的公允价值 = (44.8 − 45) × 6 000 = − 1 200（元）。

| 借：其他综合收益——套期储备 | 1 200 |
| 贷：套期工具——外汇远期合同 | 1 200 |

③2021 年 1 月 30 日，确认套期工具公允价值变动：

外汇远期合同的公允价值 = (44.6 − 44.8) × 6 000 = − 1 200（元）。

| 借：其他综合收益——套期储备 | 1 200 |
| 贷：套期工具——外汇远期合同 | 1 200 |

结算外汇远期合同：

| 借：套期工具——外汇远期合同 | 2 400 |
| 贷：银行存款 | 2 400 |

购入橄榄油：

| 借：库存商品——橄榄油 | 267 600 |
| 贷：银行存款 | 267 600 |

将计入其他综合收益中的套期储备转出

| 借：库存商品——橄榄油 | 2 400 |
| 贷：其他综合收益——套期储备 | 2 400 |

（二）境外经营净投资套期

（1）境外经营净投资套期会计处理原则。

对境外经营净投资的套期，包括对作为净投资的一部分进行会计处理的货币性项目的套期,应当按照类似于现金流量套期会计的规定处理。

①套期工具形成的利得或损失中属于套期有效的部分,应当计入其他综合收益。

全部或部分处置境外经营时,上述计入其他综合收益的套期工具利得或损失应当相应转出,计入当期损益。

②套期工具形成的利得或损失中属于套期无效的部分,应当计入当期损益。

(2)境外经营净投资套期会计处理举例。

例 8-15 2020 年 10 月 1 日,甲公司(记账本位币为人民币)在其境外子公司(乙公司)有一项境外净投资外币 5 000 万元(即 FC5 000 万元)。为规避境外经营净投资外汇风险,甲公司与某境外金融机构签订了一项外汇远期合同,约定于 2021 年 4 月 1 日卖出 FC5 000 万元。甲公司每季度对境外净投资余额进行检查,且依据检查结果调整对净投资价值的套期。其他有关资料如表 8-2 所示。

表 8-2 其他有关资料

日期	即期汇率(人民币/FC)	远期汇率(人民币/FC)	远期合同的公允价值/元
2020 年 10 月 1 日	1.71	1.70	0
2020 年 12 月 31 日	1.64	1.63	3 430 000
2021 年 3 月 31 日	1.60	不适用	5 000 000

分析:套期开始时,套期工具的公允价值为 0。2020 年 12 月 31 日套期工具的公允价值上升为 3 430 000 元(即期要素价值变动 3 000 000 元,远期要素价值变动 430 000 元),境外净投资的公允价值下降 3 500 000 元,有效部分为 3 430 000 元,无效部分为 70 000 元。2021 年 3 月 31 日,套期工具的公允价值上升 1 570 000 元(即期要素价值变动 2 000 000 元,远期要素价值变动 -430 000 元),境外净投资的公允价值下降 2 000 000 元,有效部分为 1 570 000 元,无效部分为 430 000 元。

①2020 年 10 月 1 日,外汇远期合同的公允价值为 0,不做账务处理。

②2020 年 12 月 31 日,确认外汇远期合同的公允价值变动:

借:套期工具——外汇远期合同　　　　　　　　　　　　　　3 430 000
　　贷:其他综合收益——外币报表折算差额　　　　　　　　　　　3 430 000
(确认远期合同的公允价值变动)

确认对子公司净投资的汇兑损益:

借:其他综合收益——外币报表折算差额　　　　　　　　　　　3 430 000
　　(50 000 000×1.71 - 50 000 000×1.64)
　　汇兑收益　　　　　　　　　　　　　　　　　　　　　　　　　70 000
　　贷:长期股权投资　　　　　　　　　　　　　　　　　　　　3 500 000
(确认对子公司净投资的汇兑损益)

③2021 年 3 月 31 日,确认外汇远期合同的公允价值变动:

借:套期工具——外汇远期合同　　　　　　　　　　　　　　1 570 000
　　贷:其他综合收益——外币报表折算差额　　　　　　　　　　　1 570 000

确认对子公司净投资的汇兑损益：
借：其他综合收益——外币报表折算差额　　　　　　　　　　1 570 000
　　（50 000 000×1.64－50 000 000×1.60）
借：汇兑收益　　　　　　　　　　　　　　　　　　　　　　　430 000
　　贷：长期股权投资　　　　　　　　　　　　　　　　　　　　　 2 000 000
结算外汇远期合同：
借：银行存款　　　　　　　　　　　　　　　　　　　　　　 5 000 000
　　贷：套期工具——外汇远期合同　　　　　　　　　　　　　　 5 000 000
注：境外经营净投资套期（类似现金流量套期）产生的利得在所有者权益中列示，直至子公司被处置。

（三）套期关系再平衡的会计处理

1. 套期关系再平衡的会计处理原则

企业对套期关系作出再平衡的，应当在调整套期关系之前确定套期关系的套期无效部分，并将相关利得或损失立即计入当期损益。同时，更新在套期剩余期限内预期将影响套期关系的套期无效部分产生原因的分析，并相应更新套期关系的书面文件。

套期关系再平衡可能会导致企业增加或减少指定套期关系中被套期项目或套期工具的数量。企业增加了指定的被套期项目或套期工具的，增加部分自指定增加之日起作为套期关系的一部分进行处理；企业减少了指定的被套期项目或套期工具的，减少部分自指定减少之日起不再作为套期关系的一部分，作为套期关系终止处理。

2. 套期关系再平衡的会计处理举例

例8-16　2020年1月1日，甲公司预计在未来12个月内采购100万桶西得克萨斯中质原油（WTI原油）。甲公司采用现金流量套期，并购入105万桶布伦特原油（Brent原油）期货合约，以对极可能发生的100万桶WTI原油的预期采购进行套期（套期比率为1∶1.05）。该期货合约在指定日的公允价值为0。

2020年6月30日，被套期项目WTI原油的预期采购自套期开始的预计未来现金流量现值的累计变动额（预计减少现金流量支出）为200万美元，套期工具的公允价值累计下降了229万美元。甲公司通过分析发现，Brent原油相对WTI原油的经济关系与预期不同，因此考虑对套期关系进行再平衡。甲公司通过分析决定将套期比率重新设定为1∶0.98。

为了在2020年6月30日进行再平衡，甲公司可以指定更大的被套期风险敞口或终止指定部分套期工具。甲公司决定选择后者，即终止指定7万桶Brent原油期货合约的套期工具。

假定甲公司的上述套期满足运用套期会计方法的所有条件，不考虑其他因素。

甲公司的账务处理如下（假定美元兑人民币的汇率为1∶7）：

（1）2020年1月1日，甲公司不做账务处理。

（2）2020年6月30日：

借：其他综合收益——套期储备　　　　　　14 000 000（200万美元×7）

套期损益	2 030 000	
贷：套期工具——期货合同		16 030 000（229 万美元 ×7）

在总计 105 万桶 Brent 原油期货合约中，7 万桶不再属于该套期关系。因此，甲公司需将 7/105 的套期工具重分类为衍生工具，有关套期文件的书面记录应当相应更新。

甲公司进行再平衡时的会计处理如下：

借：套期工具——期货合同	1 068 667	
贷：衍生工具——期货合同		1 068 667

注：再平衡时，重分类的套期工具的公允价值为 16 030 000 × 7/105 = 1 068 667（元）

国际视野

FASB 和 IASB 对套期保值信息披露的要求

国际财务报告准则对于套期保值列报的要求主要从确认和计量的角度进行规范，要求披露的内容比较简单，并未形成单独的准则，其对套期保值的列报要求主要在 IFRS7 号《金融衍生工具的列报》中规定。美国财务会计委员会在 2008 年 3 月公布了 SFAS161 号准则《关于金融衍生工具和套期保值的列报》，从公司经营的角度对套期保值的列报作出了详细的要求。

（一）套期关系

IFRS7 只提出应披露套期关系，但对应披露哪些内容并未做具体要求。而 SFAS161 认为，一方面，公司应当披露被套期项目所面临的主要风险，并且明确该风险是利率风险、信用风险、汇率风险及物价风险中的哪一种；另一方面，公司应当披露用于对该风险进行套期保值的金融衍生工具，并区分是现金流量套期保值、公允价值套期保值还是对外净投资套期保值。

（二）套期工具

1. 与资产负债表有关信息的披露。SFAS161 号要求在附注中，区分不同风险性质对套期工具进行划分，按照总额列示每一类合约的公允价值，并列示其在资产负债表中确认的位置，而 IFRS7 并未规范相关的披露要求。

2. 与损益表有关信息的披露。在与损益表有关信息的披露上，IFRS7 与 SFAS161 的规定基本一致，对于公允价值及境外经营净投资套期，需要披露本期套期工具形成的利得和损失；对于现金流量套期，需要披露本期在其他综合收益中确认的金额，从其他综合权益中转出计入当期损益或者非金融资产与非金融负债初始确认金额的金额。

（三）被套期项目

SFAS161 号要求在公允价值套期中需要披露被套期项目的利得和损失，但不用采用像套期工具那样的表格形式进行详细披露。IFRS7 号对被套期项目的信息披露并未作出具体要求。

资料来源：林华强．套期保值信息披露——基于 IFRS7 与 SFAS161 的比较．新会计，2011（7）．

本章小结

企业在经营活动中会面临各类风险，其中涉及外汇风险、利率风险、价格风险、信用风险等。对于此类风险敞口，企业可能会选择通过利用金融工具产生反向的风险敞口（即开展套期业务）来进行风险管理活动。套期会计的目标是在财务报告中反映企业采用金融工具管理因特定风险引起的风险敞口的风险管理活动的影响。

企业应当按照套期会计准则的要求，将套期分为公允价值套期、现金流量套期和境外经营净投资套期，分别进行会计处理。企业应当按照套期会计准则的规定进行套期关系的评估。适用套期关系再平衡的，企业应当进行套期关系再平衡，通过调整套期关系的套期比率，使其重新满足套期有效性要求，从而延续套期关系。企业一旦正式指定套期关系并选择应用套期会计的，只能在企业不再符合套期会计准则规定的特定条件时终止应用套期会计，不得自行终止应用套期会计。

关键词汇

套期保值（hedge） 公允价值套期保值（fair value hedge）
现金流量套期保值（cash flow hedge）
境外经营净投资套期保值（hedge of a net investment in a foreign operation）

小组讨论

中国石化集团所属燕山石化公司（以下简称"公司"）是我国最大的基本有机化工原料生产基地，主要生产原材料为原油，主要产品有汽油、柴油、乙烯、苯酚、丙酮等90多个品种的石油化工产品，年原油需求总量为850万吨。公司面临较大的原油价格波动的风险，当原油价格大幅上涨，即使加强成本控制、内部管理和产品营销，也可能会亏损。而当原油价格大幅下跌时，即使进行一般性生产，也会赚取利润。公司的盈利状况由于原油价格的大幅波动而无法合理预计，不确定性较大。

请讨论：
1. 为了降低公司利润波动，应当对原材料还是产成品进行套期保值？
2. 公司为规避原材料价格波动风险，可以采用什么类型的套期保值？
3. 有哪些套期工具可供选择？

本章推荐阅读资料

1. 财政部，企业会计准则第24号——套期会计（2017）（http://kjs.mof.gov.cn/zhengwuxinxi/zhengcefabu/201704/t20170406_2575705.html）.
2. 财政部会计司编写组. 企业会计准则第24号·套期会计 应用指南（2018）[M]. 北

京：中国财政经济出版社，2018.

3. IASB，国际财务报告准则第 9 号——金融工具（IFRS9 Financial Instruments）（http://www.ifrs.org）.

套期保值　　公允价值套期保值　　现金流量套期保值
境外经营净投资套期保值　　套期关系再平衡

习题一

（一）目的：练习现金流量套期保值的会计核算。

（二）资料：A 公司于 2020 年 12 月 1 日与境外 D 公司签订合同，约定于 2021 年 1 月 30 日以某外币（FC）每吨 50 元的价格购入 200 吨甲商品。ABC 公司为规避购入甲商品成本的外汇风险，于当日与某金融机构签订一项 3 个月到期的远期外汇合同，约定汇率为 1FC＝45 元人民币，合同金额为 FC10 000 元。2021 年 1 月 30 日 A 公司以净额方式结算该远期外汇合同，并购入甲商品。

假定：（1）2020 年 12 月 31 日，1 个月 FC 对人民币远期汇率为 1FC＝44.8 人民币元，人民币的市场汇率为 6%。

（2）2021 年 1 月 30 日，FC 对人民币即期汇率为 1FC＝44.6 人民币元。

（3）该套期符合运用套期保值准则所规定的运用套期保值会计的条件。

（4）不考虑增值税等相关税费。

（三）要求：编制相关业务的会计分录。

习题二

（一）目的：练习公允价值套期保值的会计核算。

（二）资料：2020 年 1 月 1 日，乙公司为规避 A 存货公允价值变动风险，与某银行签订了一项衍生工具合同，并将其指定为 2020 年上半年 A 存货价格变动引起的公允价值变动风险的套期。该衍生工具合同标的资产与被套期项目存货在数量、质地及价格变动等方面相同。2020年1月1日，该衍生工具合同公允价值为0，被套期项目A存货账面价值与成本均为500 000元，2020年6月30日，该衍生工具合同公允价值上涨了30 000元，A存货公允价值下跌了30 000元。当日，乙公司将A存货出售，款项存入银行，并将衍生工具合同结算，款项存入银行。不考虑相关税费。

假定：不考虑相关税费和衍生工具的时间价值，该套期完全有效。

（三）要求：编制相关业务的会计分录。

第九章

公允价值会计

公允价值可以理解为财务会计学视角的"市价",但该"市价"必须建立在一系列基于市场基准的特定含义的术语上,这些术语共同构成了公允价值会计。本章从公允价值会计概述、公允价值估值技术、会计要素的公允价值计量、公允价值披露四个方面阐述了公允价值会计基本内容。通过本章的学习,同学们应:

- 了解公允价值会计的现状
- 理解公允价值会计在会计准则体系中的作用与地位
- 掌握公允价值概念及相关术语
- 理解公允价值估值技术
- 理解公允价值信息披露体系

国际会计准则理事会 2018 年 3 月 29 日发布了经修订后的新概念框架,新概念框架将计量基础分为两大类:一是历史成本计量基础;二是现行价值计量基础。新概念框架明确了历史成本应当至少提供有关所计量项目的交易(或其他事项)价格信息,但原则上不反映价值变动信息;现行价值应当提供有关计量日的状况更新方面信息,即有关资产或负债的现行价值应当反映自前期计量日后包括在该现行价值中的现金流量估计以及其他因素的变化情况,现行价值计量基础包括公允价值、在用价值(针对资产)和履约价值(针对负债)以及现行成本。显然,历史成本与现行价值代表两种会计计量属性,但两者都源自对市场价格的选择,可以说两者几乎具有同样的历史,换言之历史成本就是一种特殊的公允价值形式,物价变动会计规则的演进显示了两种会计计量属性间的关联。

从会计实务视角看,国际财务报告准则要求广泛运用公允价值计量以实现会计信息质量的相关性要求。我国企业会计准则强调适度、谨慎地引入公允价值计量,这主要基于我国作为新兴加转轨经济国家,资产和负债并不都存在成熟的活跃市场,会计信息相关性尽管重要但可靠性是前提,不加限制地引入公允价值计量有可能出现偏差或人为操纵利润。我国投资性房地产、生物资产、非货币性资产交换、债务重组等会计准则规定,只有存在活跃市场、公允价值能够获得并可靠计量的情况下,才能采用公允价值计量。

国际会计准则理事会于 2011 年 5 月 12 日发布了《国际财务报告准则第 13 号——公允价值计量》,该准则重新定义了公允价值,制定了统一的公允价值计量框架,规范了公允价值的披露要求。该准则为其他国家或地区应用公允价值计量提供了有益参考,该准则与美国公认会计原则在公允价值的含义及计量和披露要求上一致(除了措辞和形式上的细微差异)。我国财政部于 2014 年 1 月 28 日发布《企业会计准则第 39 号——公允价值计量》

（财会〔2014〕6号），自2014年7月1日起在所有执行企业会计准则的企业范围内施行，鼓励在境外上市的企业提前执行。《企业会计准则第39号——公允价值计量》包括十三章五十三条，涉及：总则、相关资产或负债、有序交易和市场、市场参与者、公允价值初始计量、估值技术、公允价值层次、非金融资产的公允价值计量、负债和企业自身权益工具的公允价值计量、市场风险或信用风险可抵销的金融资产和金融负债的公允价值计量、公允价值披露、衔接规定及附则。

第一节 公允价值会计概述

公允价值会计有其自身的演进路径，如早在1807年的拿破仑商法为保护债权人利益而要求企业编制年度资产和负债清单，且资产必须按清单编制日的价值计价，这显然具有资产重估的显著特点。19世纪很多英国企业效仿法国"清单法"对资产进行计价，并且将利润定义为两个连续会计期间净资产的价值变动。英国1844年股份公司法强调，资产负债表应当"完整和公允"（full and fair），1856年股份公司法更是明确要求按市价对资产计价以实现"真实和正确"（true and correct）反映企业财务状况。美国财务会计准则委员会（FASB）1975年10月发布第12号财务会计准则（SFAS12），要求按公允价值计量证券投资并将流动性证券投资公允价值变动计入当期损益，将非流动性证券投资公允价值变动计入股东权益。FASB于2000年2月颁布了SFAC7（《在会计计量中应用现金流量信息与现值》），《财务报告概念框架》首次把公允价值正式作为主要计量基础。FASB在2006年9月颁布了SFAS157（公允价值计量）规范了公允价值会计，而2007年2月发布的SFAS159（金融资产和金融负债中的公允价值计量选择权）则进一步扩大了公允价值会计的运用范围，降低了金融机构和企业因金融资产与金融负债采用不同计量属性带来的错配效应。2007年次贷危机和2008年全球金融危机促使IASB与FASB采取趋同方法对金融工具和公允价值相关准则进行深度改革，公允价值会计也日臻完善。

公允价值计量在会计上的大量运用对现行会计基本理论产生了较大程度的冲击和挑战，这是因为现行会计基本理论是与历史成本主导会计计量相配称的，传统的会计假设、会计观念、会计原则、业绩报告等。以传统的会计主体假设为例，报告主体应按照企业特定因素（firm-specific factors）对其资产和负债进行计量，这显然与公允价值计量应按市场因素（market factors）对报告主体的资产和负债进行计量相悖，像非同一控制下企业合并的购买法就要求收购方必须按公允价值对被收购方的资产和负债重新进行计量，将收购价格与被收购方净资产公允价值间的差额确认为商誉。就会计观念而言，公允价值计量表明了资产负债观开始重新占据主导地位，由此传统会计收益观也走向真实收益观，在催生综合收益（CI）这一新业绩指标的同时也衍生了其他综合收益（OCI）。从公允价值计量对谨慎性原则的冲击看，公允价值计量的中立性质量特征一定程度修正或对冲了谨慎性原则对外部经济环境变动给资产和负债影响的不对称会计处理方式。

一、公允价值的概念

公允价值通俗讲就是"市价"。美国财务会计准则委员会（FASB）和国际会计准则理事会（IASB）等会计准则制定机构都把公允价值计量作为会计准则发展方向，基本做法是企业在每个季末和年末编制财务报表时，对有关资产和负债按当时的"市价"重估，将"市价"与账面价值的差额计入当期损益或者直接调整所有者权益。公允价值会计因此也称"盯市会计"。

我国基本会计准则与《企业会计准则第39号——公允价值计量》对公允价值的定义是：市场参与者在计量日发生的有序交易中，出售一项资产所能收到或者转移一项负债所需支付的价格。该定义强调了公允价值是基于市场的计量，不是特定主体的计量，需要考虑相关资产或负债的特征。在计量公允价值时，企业应当使用市场参与者在当前市场条件下的有序交易中对相关资产或负债进行定价时所使用的假设。

（一）公允价值定义的要点

1. 市场参与者

市场参与者指在相关资产或负债的主要市场（或最有利市场）中，同时具备三个特征的买方和卖方。其三个特征是：①市场参与者应当相互独立，不存在《企业会计准则第36号——关联方披露》所述的关联方关系；②市场参与者应当熟悉情况，能够根据可取得的信息对相关资产或负债以及交易具备合理认知；③市场参与者应当有能力并自愿进行相关资产或负债的交易。企业在确定市场参与者时，应当考虑所计量的相关资产或负债、该资产或负债的主要市场（或最有利市场）以及在该市场上与企业进行交易的市场参与者等因素，从总体上识别市场参与者。

2. 主要市场

主要市场指相关资产或负债交易量最大和交易活跃程度最高的市场。最有利市场指在考虑交易费用和运输费用后，能够以最高金额出售相关资产或者以最低金额转移相关负债的市场。企业在识别主要市场（或最有利市场）时，应当考虑所有可以合理取得的信息，但没有必要考察所有市场。通常情况下，企业正常进行资产出售或者负债转移的市场可以视为主要市场（或最有利市场）。企业应当以主要市场的价格计量相关资产或负债的公允价值。不存在主要市场的，企业应当以最有利市场的价格计量相关资产或负债的公允价值。由于不同企业可以进入的市场不同，因此不同企业的相同资产或负债可能具有不同的主要市场（或最有利市场）。

企业应在每个计量日根据可以合理获得的信息重新估计资产或负债的主要市场（或最有利市场）。可能表明主要市场（或最有利市场）发生变化的因素通常包括：①市场条件发生重大变化；②与其他市场相比交易量减少或活跃程度降低；③新市场的设立；④企业进入特定市场的能力发生变化（例如，企业不能再进入一个市场，或者获准进入一个之前不能进入的市场）；⑤在没有主要市场的情况下，资产或负债在之前认为是最有利市场上的价格发生变化，从而该市场不再是最有利市场。由此可以看出，企业应当从自身角度而非市场参与者角度判定相关资产或负债的主要市场（或最有利市场）。

3. 交易费用

交易费用指在相关资产或负债主要市场（或最有利市场）中发生的可直接归属于资产

出售或者负债转移的费用。交易费用是直接由交易引起的、交易所必需的而且不出售资产或者不转移负债就不会发生的费用。交易费用不属于相关资产或负债的特征，只与特定交易有关，因此企业不应当因交易费用对主要市场（或最有利市场）价格进行调整。

4. 运输费用

运输费用指将资产从当前位置运抵主要市场（或最有利市场）发生的费用。相关资产所在的位置是该资产的特征，发生的运输费用能够使该资产从当前位置转移到主要市场（或最有利市场）的，企业应当根据使该资产从当前位置转移到主要市场（或最有利市场）的运输费用调整主要市场（或最有利市场）的价格。

5. 有序交易

有序交易指在计量日前一段时期内相关资产或负债具有惯常市场活动的交易。清算等被迫交易不属于有序交易。当相关资产或负债的交易量或交易活跃程度与该资产或负债（类似资产或负债）的正常市场活动相比出现大幅下降时，资产或负债的公允价值可能受到影响，主体需要对交易或报价进行深入分析。《国际财务报告准则第13号——公允价值计量》"附录二：应用指南"指出，通常表明交易非有序的可能情形包括：①当前市场条件下计量日之前一段时间内市场没有提供足够空间开展此类资产或负债惯常交易活动。②存在惯常的营销期但卖方将资产或负债出售或转移给单一市场参与者。③卖方陷于或接近于破产或者破产托管的困境。④卖方的出售或转移是为了满足监管或法律等要求的被迫行为。⑤与相同或类似资产或负债近期发生的其他交易相比，该交易价格是异常值。也就是说，主体应基于可获取的证据来衡量不同情况以判断交易的有序性。

有序交易的判断因素通常包括：①企业总体上应当全面理解交易环境和有关事实；②企业应当具体考虑市场环境变化、交易规则和习惯、价格波动幅度、交易量波动幅度、交易发生的频率、交易对手信息、交易原因、交易场所和其他能够获得的信息；③企业不必为确定一项交易是否为有序交易而不计成本；④当企业是交易参与方时，通常假定该企业应当有充分的信息来判断该交易是否为有序交易。下列情况通常不是有序交易：①在当前市场情况下，市场在计量日之前一段时间内不存在相关资产或负债惯常的市场交易活动；②在计量日之前，相关资产或负债存在惯常市场交易，但资产出售方或负债转移方仅与单一的市场参与者进行交易；③资产出售方或负债转移方处于或者接近于破产或托管状态，即资产出售方或负债转移方已陷入财务困境；④资产出售方为满足法律或监管规定而被要求出售资产，即被迫出售；⑤与相同或类似资产或负债近期发生的其他交易相比，出售资产或转移负债的价格是一个异常值。

例 9-1 某资产出售存在两个不同活跃市场的不同售价，企业同时参与两个市场的交易，并且能够在计量日获得该资产在这两个不同市场中的价格。M市场中出售该资产收取的价格为RMB28，该市场交易费用为RMB5，资产运抵该市场费用为RMB3。N市场中出售该资产将收取的价格为RMB26，该市场交易费用为RMB3，资产运抵该市场费用为RMB2。要求：①计算该资产在M市场与N市场的销售净额。②如果M市场是该资产主要市场，则该资产公允价值额是多少？③如果M市场与N市场都不是资产主要市场，则该资产公允价值额是多少？计算如下：

(1) M 市场该资产收到的净额为 RMB20（28-5-3）；N 市场该资产收到的净额为 RMB21（26-3-2）。

(2) 该资产公允价值额 = RMB28 - RMB3 = RMB25。

(3) 该资产公允价值额 = RMB26 - RMB2 = RMB24。

M 市场和 N 市场均不是资产主要市场，资产公允价值将使用最有利市场价格进行计量。企业主体在 N 市场中能够使出售资产收到的净额最大化（RMB21），因此是最有利市场。

（二）公允价值概念小结

(1) 公允价值不是一种确切的计量方式，而是对资产真实价值的一种近似估计。完全竞争市场交换价格能够公允地反映人们对该项目真实价值的估计，可以视为一种公允价值。

(2) 重置成本与可变现净值虽以市场交换价格为基础，但确定取得成本和清理费用时是以虚拟交易为基础的，不可避免带有较大主观因素。

(3) 公允价值若要成为一种现实可操作的计量属性，必须解决不同市场情形下市价如何运作以及在缺乏公平市价的情形下，只有通过现存计量属性和恰当的计量估价技术的选择与替代来表现。

(4) 公允价值概念的内涵由于难以严谨地界定，国际会计准则理事会（IASB）与美国财务会计准则委员会（FASB）联合概念框架计量项目则以九种供备选的计量基础在其外延上进行了分类，即①过去的投入价格；②过去的脱手价格；③修正后的过去金额；④现行投入价格；⑤现行脱手价格；⑥现行平均价格；⑦在用的价值；⑧未来的投入价格；⑨未来的脱手价格。

(5) 公允价值核心是清算和持续经营之间的机会主义选择，公允价值资产价值调整存在长期利益与短期利益间的博弈关系，受到财务业绩、市场表现、高管行为等多重影响。

> **相关案例**
>
> **黄金"公允价值"真的存在？德银研究后发现了这一结果**
>
> 过去三年中，黄金处于一个比较尴尬的局面：一方面，在社会及货币政策崩溃时，它作为价值储存手段仍然是最终的"庇护所"；另一方面，在市场的"冷静"时期，它的光芒又被各种加密货币所掩盖，最近几个月这些货币的涨幅都远超黄金。与此同时，央行继续对黄金施压，避免再次出现 2011 年黄金几乎突破 2 000 美元的情况。结果就是，过去几年黄金走势毫无生气，基本上都在 1 100～1 300 美元的区间交投。
>
> 黄金是否存在一个公允价值？德意志银行（以下简称"德银"）分析师斯珀尔（Grant Sporre）在最新发布的特别报告中就这个问题进行了研究，发现黄金本身就是一种充满矛盾的贵金属。
>
> 要确定现在的黄金是便宜了还是贵了，首先要对黄金进行定义。黄金可以是价值储存手段、金融资产、交换媒介、货币，也可以是针对破坏性事件或全球不确定性的避险

手段,这就意味着无法找到一个为所有人接受的绝对估值方法。不过,德银还是通过一个更为科学的框架来试图得出黄金真正的公允价值。在表9-1中,所有指标的平均值表明,黄金的交易价格应在1 015美元/盎司左右。

表9-1 评估黄金相较于一系列指标的"公允价值"

	指标	相应价格(美元/盎司)	与黄金现货价格差距/%
计量经济模型	德银四因素模型	1 185	-6
黄金作为价值储存手段	经PPI(生产价格指数)调整金价	735	-42
黄金作为价值储存手段	经CPI(消费价格指数)调整金价	810	-36
黄金作为价值储存手段	相较于G7人均收入价格	735	-42
黄金作为价值储存手段	相较于标普500	991	-22
黄金作为交换媒介	相较于四大央行资产负债表	1 648	-30
黄金作为大宗商品	相较于全球矿商成本曲线	1 240	-2
黄金作为大宗商品	相较于铜价	956	-24
黄金作为大宗商品/通胀衡量指标	相较于油价	838	-34
	平均价格	1 015	-20

数据来源:德意志银行

那么为什么黄金目前的价格较公允价值出现了20%左右的溢价?德银称,这是因为投资者认为在整体市场上出现了更高的风险或不确定性。不过,德银在报告中指出:"尽管黄金价格偏高,我们仍认为短期内(3个月)金价将继续上涨。近期,我们的美国利率经济学家康斯坦姆(Dominic Konstam)预计,10年期美债收益率将下降至2%(并在年底前回升至2.75%),因为过剩流动性的减少将导致美国经济增长放缓。如果我们将10年期美债收益率降至2%、美元较当前水平低2%、标普500指数从当前水平下跌5%作为前提条件,那么我们的公允价值模型就显示黄金价格应为1 320美元/盎司。"

资料来源:《黄金"公允价值"真的存在?德银研究后发现了这一结果》,和讯网,2017年6月2日

二、公允价值与其他会计计量属性的关系

(一)会计计量属性与公允价值

会计计量是指将符合确认条件的会计要素登记入账,并列报于财务报表而确定其金额的活动。会计计量属性描述了会计要素金额的确定基础,主要包括历史成本、重置成本、可变现净值、现值和公允价值等。其中:①历史成本(也称实际成本),指取得或制造某项财产物资时所实际支付的现金或其他等价物。②重置成本(也称现行成本),指按照当前市场条件重新取得同样一项资产所需支付的现金或现金等价物金额。③可变现净值,指在正常生产经营过程中以预计售价减去进一步加工成本和预计销售费用以及相关税费后的净值。④现值,指对未来现金流量以恰当的折现率进行折现后的价值。

各种会计计量属性中，历史成本反映了资产或者负债过去的价值，重置成本、可变现净值、现值以及公允价值通常反映了资产或者负债现时的成本或价值。当然这不是绝对的，如资产或者负债的历史成本有时是根据交易时有关资产或者负债的公允价值确定的，像非货币性资产交换中若交换具有商业实质且换入、换出资产的公允价值能够可靠计量，则换入资产入账成本应以换出资产公允价值为基础，除非有确凿证据表明换入资产公允价值更加可靠。又如非同一控制下企业合并交易中合并成本也是以购买方在购买日为取得对被购买方控制权而付出的资产、发生或承担的负债等的公允价值确定的。还有就是在应用公允价值时，当相关资产或者负债不存在活跃市场报价或者不存在同类或者类似资产活跃市场报价，就需要采用估值技术来确定相关资产或者负债的公允价值，这时现值往往是比较普遍的一种估值方法，也就是说这种情况下公允价值是以现值为基础确定的。另外，公允价值相对于历史成本而言具有很强的时间概念，当前环境下某项资产或负债历史成本可能是过去环境下该项资产或负债公允价值，而当前环境下某项资产或负债公允价值也许就是未来环境下该项资产或负债历史成本。

我国《企业会计准则——基本准则》规定，会计计量属性一般首选历史成本，采用重置成本、可变现净值、现值、公允价值计量的，应保证会计要素金额能够取得并可靠计量。

 相关案例

怡亚通困局下的会计游戏

怡亚通（002183.SZ）自2009年推出深度380平台战略后精耕深度供应链业务而从事快消品分销，分销需要垫资以应对规模增长，报表反映为应收账款及库存大幅增加。根据Wind资讯，怡亚通2012年经营现金流尚有2.68亿元，但2013年深度供应链业务导致经营现金流大幅恶化，2013年、2014年、2015年上半年分别为-27.19亿元、-32.80亿元、-9.71亿元。按照2014年口径，公司每产生1亿元收入就需要投入1 494.31万元营运现金。怡亚通商业模式的困境在于对上下游大规模垫资而牺牲现金流，公司业绩未来能否继续实现高增长将取决于融资能力，而其正在进行的大额定增事项一旦无法顺利实施，则高增长神话或将难逃破灭噩运。从中长期看怡亚通这种商业模式能否创造投资价值取决于对下游、上游的议价能力而实现经营现金流的由负转正。

《证券市场周刊》记者注意到怡亚通玩起了将大量自用房产转换为投资性房地产的会计游戏。截至2015年上半年，怡亚通投资性房地产账面价值合计13.95亿元，全部选择公允价值计量。怡亚通2013年后分两次将部分自用房产转入投资性房地产，此前账面没有投资性房地产。2014年1月25日公告称将四处自用建筑物部分停止自用而改为出租，根据会计准则规定将上述资产转换为"投资性房地产"并采用公允价值计量模式进行后续计量，公告显示该四处自用建筑物转换日账面价值与公允价值分别合计5.59亿元与10.14亿元，增值4.56亿元；2015年1月10日公告称将自用的怡亚通供应链整合物流中心部分用于出租，转换日账面价值与公允价值分别为1.88亿元与3.46亿元，增值1.56亿元。

两次公告皆显示转换为"投资性房地产"的房屋建筑物均用于对外出租,然而怡亚通2014年年报、2015年半年报中并没有形成任何的出租收入。此外,怡亚通用于出租的房屋建筑物均是物流中心、供应链基地、仓配中心,并不容易找到同类房地产市场价格,上述房地产公允价值评估依据及过程也无法获得任何详情。从时间节点上看,怡亚通大规模现金支出始于2013年,而公司将自用房产转为投资性房地产也始于2013年第四季度,显然,就会计视角而言,将自用房产变成投资性房地产不仅能增加公司净资产,为缓解现金紧张而创造再融资与借贷条件,还能少计提折旧以增加公司净利润。

2015年半年报显示,怡亚通的中西部供应链整合基地项目、上海洋山保税港供应链基地一期项目、华南物流配送中心项目的投资性房地产已经用于上市公司向银行贷款的抵押。怡亚通投资性房地产转换日前的账面价值为7.47亿元,折旧年限为20~46年,按30年计算则每年可少计提折旧2 490万元,占2014年全年净利润比例7.98%。2014年年报"非经常性损益项目及金额"显示公允价值模式后续计量的投资性房地产公允价值变动产生3 493.99万元损益,占2014年净利润比例为11.20%。

资料来源:杜鹏.怡亚通困局下的会计游戏[J].证券市场周刊,2015-09-18,有改动

(二)公允价值计量单元

计量单元是指相关资产或负债以单独或者组合方式进行计量的最小单位。以公允价值计量的相关资产或负债可以是单项资产或负债(如一项金融工具或者一项非金融资产),也可以是资产组、负债组或者资产和负债的组合,如《企业会计准则第8号——资产减值》规范的资产组及《企业会计准则第20号——企业合并》规范的业务等,这表明相关资产或负债的计量单元应当由要求或者允许以公允价值计量的其他相关会计准则规定,对市场风险或信用风险可抵销的金融资产和金融负债,以净头寸为计量单元。

(三)公允价值初始计量

企业应当根据相关交易性质和相关资产或负债的特征等判断初始确认时的公允价值是否与其交易价格相等。在企业取得资产或者承担负债的交易中,交易价格是取得该项资产所支付或者承担该项负债所收到的价格(即进入价格)。公允价值是出售该项资产所能收到或者转移该项负债所需支付的价格(即脱手价格)。相关资产或负债在初始确认时的公允价值通常与其交易价格相等,但在下列情况中两者可能不相等:①交易发生在关联方之间。但企业有证据表明该关联方交易是在市场条件下进行的除外。②交易是被迫的。③交易价格所代表的计量单元与按照《企业会计准则第39号——公允价值计量》确定的计量单元不同。④交易市场不是相关资产或负债的主要市场(或最有利市场)。

其他相关会计准则要求或者允许企业以公允价值对相关资产或负债进行初始计量,且其交易价格与公允价值不相等的,企业应当将相关利得或损失计入当期损益,但其他相关会计准则另有规定的除外。这里的其他相关会计准则包括投资性房地产、长期股权投资、固定资产、生物资产、非货币性资产交换、资产减值、职工薪酬、企业年金基金、债务重组、收入、政府补助、企业合并、金融工具确认和计量、金融资产转移、石油天然气开采、

每股收益等十六项具体准则。当然,只有差额非商品或服务的对价、资本投入或视同分配时才需考虑是否确认为当期损益。金融资产或金融负债初始确认的公允价值与交易价格存在差异时,如果其公允价值并非基于相同资产或负债在活跃市场中的报价,也非基于仅使用可观察市场数据的估值技术,企业在初始确认金融资产或金融负债时不应确认利得或损失。

  国际视野

商业模式对计量属性的影响

欧洲财务报告咨询组(European Financial Reporting Advisory Group,EFRAG)将商业模式分为四类,分别是价值转换型商业模式(transformation business models)、价差获利型商业模式(price change business models)、长期投资型商业模式(long term business models)和负债驱动型商业模式(liability driven business models)。价值转换型商业模式是指企业对产品或服务提供加工或转换活动(如将原材料加工为产成品,或将吸收的存款转换为贷款等),从而实现产品或服务的价值提升;价差获利型商业模式通过低买高卖的方式赚取价差,实现价值提升;长期投资型商业模式通过参股控股等方式获取采购渠道、销售渠道、技术优势、人力资源等方面的战略价值;负债驱动型商业模式通过吸收保费等方式投资于金融资产等以实现价值提升。这四种商业模式决定了计量属性的选择和计量变动的处理,如表9-2所示。

表9-2 商业模式对计量属性的影响

商业模式	计量属性的选择	计量变动的处理
价值转换型商业模式	历史成本	遵循收入实现和配比原则
价差获利型商业模式	公允价值	计入当期损益(FVTP&L)
长期投资型商业模式	公允价值	计入其他综合收益(FVTOCI)
负债驱动型商业模式	公允价值选择权	匹配负债与资产计量属性

第二节 公允价值估值技术

企业在计量公允价值时应采用当前情况下适用并且有足够可利用数据支持的估值技术。企业使用估值技术的目的在于估计计量日当前市场条件下市场参与者在有序交易中出售一项资产或者转移一项负债的价格。估值技术主要包括市场法、收益法和成本法。企业应当使用与其中一种或多种估值技术相一致的方法计量公允价值。企业使用多种估值技术计量公允价值时应考虑各估值结果的合理性,选取当前情况下最具公允性的公允价值金额。

一、公允价值具体估值技术

企业采用估值技术计量公允价值时,应当选择与市场参与者在相关资产或负债的交易中考虑的资产或负债的特征相一致的输入值，包括控制权溢价或非控制权溢价等。当规模特征是企业对相关资产或负债的特有特征，而非相关资产或负债本身的特征时，企业不应当考虑该规模特征。

（一）市场法估值技术

市场法是指利用相同或类似的资产、负债或资产和负债组合的价格以及其他相关市场交易信息进行估值的技术。市场法通常包括如下内容。

（1）相同资产或负债存在活跃市场报价，企业在计量日能够进入该活跃市场，该报价提供了公允价值最可靠证据。如有效市场价格、近期交易价格法（普遍用于种子期、初创期以及早期企业的投资，因为这些企业没有当期/近期收益或正现金流）。但以下因素可能导致投资的价格不能完全代表当时的公允价值：已有投资和新投资的附带权利不同；新投资者带来不成比例的稀释；基于战略的考量引入新投资者；该交易可能是强迫交易或"救援措施"，或新投资的绝对金额相对较小。

（2）采用从可比交易中得出的市场乘数的估值技术。主要通过分析可比公司交易和营运系统数据得到该公司在公开资本市场的隐含价值。主要使用的可比指标（盈利乘数）包括市盈率（股价/每股利润）、市净率（股价/每股净资产）、市销率（总市值/销售收入）、企业价值/EBITD（息税折旧前利润）等。该估值方法适用于对稳定企业的投资，该企业有清晰的、连续的、可持续的盈利。另外还可用投入资本乘数，如基于投入资本的乘数，包括投入资本市场价值/EBITDA、投入资本市场价值/EBIT、投入资本市场价值/销售收入等。

采用市场乘数估值技术基本步骤如下：①准确选择一组可比公司（与目标公司处于同样的宏观和中观经济环境，有着同样或类似的经营风险、盈利能力和成长性）。②选择市场乘数并计算可比公司市场乘数及其统计特征。③比较这些市场乘数并选用变异系数（标准差除以均值）最小的那个市场乘数，变异系数最小意味着这个乘数在均值附近的分布最紧凑，其反映市场参与者对可比公司的市场价值估值时在一定程度上更依赖该乘数指标，故最适合采用。④用目标公司的相关预测指标乘以选定的市场乘数的中位数或均值来确定目标公司的价值。

需要调整可比乘数的情形包括规模大小及多元化、盈利增长率、产品多样性、负债水平、客户集中程度、股份流动性折价等。

 相关链接

市价未必反映公允价值

人们往往担心，当市场不活跃时，很难运用盯市会计原则。实际上，市场活跃时会出现更大的问题。交易量越大，价格就越有可能由投机、而非充分掌握信息后对基本价值的评估决定。这里还存在一个更深层的经济学问题。有效市场假说存在一个核心的矛盾：如果说市场价格的确体现了有关资产价值的所有可获得信息，那么，没有人从一开始就有动机想要获得那些信息。认为资产的市场价格反映其公允价值的观点的荒谬之处在于，它意味着最有条件提供有关公允价值的信息的人（即资产所有人）会放弃作出支持交易员判断的评估的努力。这并非学术狡辩：从安永（Enron）和银行业的情况来看，交易性资产的估值并非由那些了解合同或贷款情况的人来决定，而是由交易员带有偏向性、信息不足的评估所决定。

企业报表的一个主要目的是提供有关企业活动的数据，为市场形成判断提供信息。把市场判断作为企业报表的依据是逻辑颠倒。如果把盯市会计原则所蕴含的逻辑推导到极致，懒惰的首席财务官大可以通过查看公司股价（股价决定其价值）和估算过去一年投资者总体回报（盈利或亏损）来编制年报。当然，对盯市原则至上做法持保留意见并非是说按历史成本对资产进行估值是最恰当的。市价往往为经理人和投资者提供相关性方面的指引。但人们可以承认这种功用，而不必在思想上信奉市场具有这种绝对可靠，或者至少无可辩驳的智慧。在过去十年里，有效市场假说已经受到了现实的打击。恰当财务信息的性质和内容应该由编制报表的企业与使用报表的各方协商。审慎、真实和公允源自判断力和个人责任，而非遵守特定程序的成果。

资料来源：凯. 市价未必反映公允价值. FT中文网，2013-09-13，有改动

（3）矩阵定价法。矩阵定价法主要用于给某些类型的金融工具（如债务证券）估值的数学技术，它并不单纯依赖特定证券的报价，而是依赖证券与其他基准报价证券的关系。

（二）收益法估值技术

收益法是指将未来金额转换成单一现值的估值技术。收益法下公允价值计量反映了未来金额的当前市场预期。收益法估值模型包括现值模型、包含现值技术的期权计价模型、多期间超额盈余模型等。收益法的具体方法可以划分为单一情境法（仅仅考虑最可能发生的未来金额）与多情境法（考虑多组可能发生的未来金额）。

现值是收益法估值技术的一种，该方法是运用折现率将未来金额（如现金流量或价值）与现在金额联系起来的应用工具，其核心是折现率调整技术与预期现金流量（预期现值）技术。从该方法具体估值方式来看，现值通常是在计量资产对企业的价值，可是公允价值并非针对的是资产对企业而言的持续使用价值或企业特定价值，而是站在市场参与者角度看的价值，因此，现值不是严格意义上的公允价值。美国财务会计准则委员会（FASB）2000年颁布了《在会计计量中运用现金流信息和现值》（FRS7）以描述用公允价值对资产或负债进行初始计量时现值的作用。

使用现值技术计量资产或负债的公允价值应包括市场参与者角度计量日应考虑的所有决策要素，包括：①估计被计量资产或负债的未来现金流量。②预计现金流量固有不确定性可能带来的金额及时间上的变动。③资金时间价值（无风险利率）。④现金流量固有不确定性的风险溢价。⑤市场参与者当前情况下考虑的其他因素。⑥负债的不履约风险。计量公允价值使用任何现值技术在应用中都必须遵循下列一般原则：①现金流量和折现率应反映市场参与者对资产或负债定价时使用的假设。②现金流量和折现率应仅考虑与被计量资产或负债相关的特定因素。③折现率应反映与现金流量内在假定相一致的假设。④折现率与现金流量的假设应具有内在一致性。⑤折现率应与现金流量计价货币的基础经济因

素相一致。

原则上现值技术适用于任何类型的公司，但通常更适用于项目投资、商业地产、高速公路、矿产等未来现金流量较可靠预测的长期资产估值，不适用于经营周期相对于经济周期变化不确定的公司估值。另外，暂时经营不善陷入亏损的公司由于未来自由现金流难以预测而导致该估值方法不适用。由此收益法还包括：①包含现值技术并同时反映期权时间价值和内在价值的期权定价模型，如 B-S 公式或二叉树模型。②多期超额收益法，用于计量某些无形资产公允价值（估值资产只能与一组其他资产一起带来收益）。③许可费节约法，常用于能够获得许可使用的无形资产，该法得出的公允价值为因获得资产所有权而免于支付的许可费的现值。④有无对比法，收益主要由其他资产推动而被估值资产能提供增加收入或降低成本的增量效益，公允价值是所有在用资产业务价值与除被估值资产以外所有资产业务价值之间的差额，等等。

（三）成本法估值技术

成本法是指反映当前要求重置相关资产服务能力所需金额（通常指现行重置成本）的估值技术。例如历史成本趋势法、单位成本法、产量法等。《国际财务报告准则第 13 号——公允价值计量》在其"附录二：应用指南"中提到，从卖方市场参与者角度看，资产出售价格取决于买方市场参与者获得或构建一项具有可比效用的替代资产的成本按陈旧贬值情况调整后的金额。这是因为卖方市场参与者为该资产支付的价格不会高于替代其服务能力所需金额。陈旧贬值包括实物性损耗、功能性贬值（包括功能未达预期和技术进步所致的技术性陈旧）以及经济性（外部）贬值（功能上没有变化但由于竞争环境等的变化，在经济上无法赚取到预期回报）。现行重置成本法通常用于计量与其他资产或其他资产和负债一起使用的有形资产的公允价值。

这里需要注意的是，企业自己内部构建的资产在按照传统成本核算方法使用现行重置成本进行公允价值计量时，尽管现行重置成本在核算范围上包括了各类直接与间接建造成本，但并未包括企业建造资产所需资本的成本和利润，而资产市场价格则包含了卖方市场参与者直接与间接建造成本以及资本成本和赚取的利润。因此，成本法下企业自建资产现行重置成本应加上资本成本和利润才可能得到其公允价值额。资产未来经济利益通常要大于现行重置成本，否则公允价值计量就必须要考虑其经济陈旧而降低至未来经济利益。对于企业完全外购的资产，其现行重置成本通常认为就是其公允价值。

与现行重置成本容易混淆的是现行复建成本。现行复建成本指在计量日复制与评估目标资产完全相同新资产所需要的成本，包括采用相同的设计、材料、工艺标准等，复制出来的资产与目标资产具有同等的功能不足或过度以及陈旧等。现行重置成本只是在计量日重置具有同等服务效能的资产，而非与目标资产完全相同的资产。

成本法常用于计量那些不是企业现金流创造的直接来源的有形和无形资产（这些资产一般对企业价值创造不是很重要）。此外，当企业存在很重的有形资产投资、与基础资产价值相比较经营利润微不足道、资产适合被重置或重建、重置目标资产的成本能够合理确定、市场法或收益法不适用时，也适用成本法。

成本法不如市场法和收益法全面，许多经济利益的影响因素和价值驱动因素没有被考虑进去，关于目标资产的经济利益的金额、时间分布和趋势等信息以及经济利益实现的相应风险也没有考虑进去。现行重置成本和现行重建成本的估计具有很强的主观性，陈旧因素有时很难量化，实践中关于税收的处理和资本成本及利润的处理方法存在较大分歧。

 相关案例

丧失控制权日剩余股权公允价值的确定

2014 版合并财务报表准则规定，合并财务报表层面丧失对原有子公司控制权应视为处置子公司同时取得一项新的投资性资产，剩余股权应按照其丧失控制权日的公允价值进行重新计量。丧失控制权日剩余股权公允价值的确定应遵从《企业会计准则第 39 号——公允价值计量》，除少数例外情况，企业只要能够获得相同资产或负债活跃市场报价，就应当将该报价不加调整地应用于该资产或负债公允价值计量。对于不存在活跃市场报价则涉及直接报价之外的估值技术，实务中可能会根据评估报告或参照出售股权交易价格来确定（表9-3）。

表 9-3　丧失控制权日剩余非上市股权估值技术应用

证券代码	公司简称	估值技术
600048.SH	保利地产	参考交易价格，利得 99 313.80 元
000009.SZ	中国宝安	约定的交易对价，利得 24 343 692.72 元
000829.SZ	天音控股	同本次出售股权确定的公允价值，利得 458 081 400.00 元
300142.SZ	沃森生物	交易案例法，利得 563 553 095.41 元
000897.SZ	津滨发展	依据评估报告按公允价值定价，利得 66 065 435.07 元
000002.SZ	万科A	未来收益法评估，利得 915 672 843.28 元
600690.SH	青岛海尔	第三方评估报告，利得 151 233 596.81 元
600175.SH	美都能源	以评估值为公允价值，利得 14 080 493.00 元
300094.SZ	国联水产	根据评估报告，利得 69 547 560.16 元
000839.SZ	中信国安	基于评估报告的出售股权交易价格推算剩余股权公允价值，利得 92 007 865.20 元

二、公允价值具体估值技术的运用

我国对于估值技术的运用也没有专门的解释与指导，《企业会计准则讲解（2010）》只是在"第二十三章　金融工具确认和计量"中做了如下说明：用于估计特定金融工具公允价值的估值技术，应当涵括可观察到的市场数据，这些数据涉及可能影响金融工具公允价值的市场条件和其他因素。金融工具的公允价值应基于下列一项或几项因素（可能还有其他因素）：货币时间价值（即基础利率或无风险利率）、信用风险、外币兑换价格、商品价格、权益价格、波动性（即金融工具价格或其他项目的未来变动程度）、提前偿付风险和履约风险、金融资产或金融负债的服务费用。

以收益法为例，对未来收益的预测有充分、合理的依据，尤其是对细分行业、细分市场的历史、现状及未来进行严谨分析；预测要符合产品生命周期、超额收益等通常规律（如特定公司或产品在较长周期后就很难再有超额收益了）；未来收入包含非经常性项目与否；未来收入增长与费用增长的匹配性等；折现率要在无风险安全利率（通常是无风险长期国债利率）基础上以行业风险及公司个别风险进行调整，等等。

国际会计准则理事会《概念框架（讨论稿）》第 6 部分讨论了如何采用某一恰当计量方法问题，其初步观点为：

（1）计量的目标是有助于如实反映下列相关信息：①主体的资源、主体的要求权以及资源和要求权的变化；②主体管理层履行义务使用公司资源的效率和效果。

（2）对所有资产和负债采用单一计量基础不能为财务报表使用者提供最相关的信息。

（3）当选择某一项目的计量属性时，国际会计准则理事会应当考虑这种计量属性能在资产负债表、损益表及其他综合收益表中提供何种信息。

（4）某一计量属性的相关性取决于投资者、债权人以及其他债务人如何评估资产或负债影响未来现金流的方式。因此，选择计量属性时：①对某一特定资产应该取决于资产如何贡献未来现金流；②对某一特定负债应该取决于主体如何结算或履行该项负债。

（5）应当采用尽可能少的计量属性来提供给最相关的信息。要避免计量属性发生不必要的改变，如果发生改变需要作出解释。

（6）某一计量属性给财务报表使用者带来的效益应该大于成本。

另外，《国际财务报告准则第 13 号——公允价值计量》在引言中的概述部分特别提出"……其目的也不是建立估值准则或影响财务报告目的以外的估值实务"。这句话清晰地表明会计中的公允价值与资产评估中的市场价值并不是同一概念。《国际评估准则》将市场价值定义为"自愿买方与自愿卖方在评估基准日进行正常的市场营销之后所达成的公平交易中，某项资产应当进行交易的价值估计数额，当事人双方应各自精明、谨慎行事，不受任何强迫压制"。该定义的基本要素包括自愿买方、自愿卖方、评估基准日、以货币单位表示、公平交易、资产在市场上有足够的展示时间、当事人双方各自精明与谨慎行事等。会计师不是企业估值师。

（一）企业估值技术的应用

企业在估值技术的应用中，应当优先使用相关可观察输入值，只有在相关可观察输入值无法取得或取得不切实可行的情况下，才可以使用不可观察输入值。输入值是指市场参与者在给相关资产或负债定价时所使用的假设，包括可观察输入值和不可观察输入值。可观察输入值是指能够从市场数据中取得的输入值。该输入值反映了市场参与者在对相关资产或负债定价时所使用的假设。不可观察输入值是指不能从市场数据中取得的输入值。该输入值应当根据可获得的市场参与者在对相关资产或负债定价时所使用假设的最佳信息确定。企业采用估值技术计量公允价值时，应当选择与市场参与者在相关资产或负债的交易中所考虑的资产或负债特征相一致的输入值，包括流动性折溢价、控制权溢价或少数股东权益折价等。

企业以交易价格作为初始确认时的公允价值，且公允价值后续计量使用了涉及不可观察输入值的估值技术，应当在估值过程中校正该估值技术，以使估值技术确定的初始确认结果与交易价格相等。这样的校正确保了估值技术能够反映当前市场情况，同时使得后续使用时不会得出与初始公允价值基础不一致的公允价值，还可以帮助主体决定是否需要调整估值技术。企业在公允价值后续计量中使用估值技术的，尤其是涉及不可观察输入值的，应当确保该估值技术反映了计量日可观察的市场数据，如类似资产或负债的价格等。

以公允价值计量的相关资产或负债存在出价和要价的，企业应当以在出价和要价之间最能代表当前情况下公允价值的价格确定该资产或负债的公允价值。企业可以使用出价计量资产头寸、使用要价计量负债头寸。当然，企业使用市场参与者在实务中使用的在出价和要价之间的中间价或其他定价惯例计量相关资产或负债也是可接受的。2013年以前，国际财务报告准则要求资产头寸采用出价而负债头寸采用要价，如果这些价格在具体情况下最能代表公允价值则仍可采用，只是不再强制要求。

对于选择估值技术应遵循的原则，某些情况下使用单一估值技术是适当的（如当使用活跃市场上相同资产或负债的报价对资产或负债进行估值）；另一些情况下使用多种估值技术是适当的（如对一个现金产出单元进行估值）。公允价值计量是当前情况下估值范围内最能代表公允价值的金额，选择估值技术应遵循的原则包括：①适合当前具体情况；②有足够可利用数据和其他信息支持；③最大限度地使用相关的可观察输入值、最小限度地使用不可观察输入值；④符合资产或负债公允价值计量目的；⑤可以考虑使用市场法、收益法或成本法中两种或两种以上估值方法进行估值结果的交叉验证；⑥公允价值计量使用的估值技术一经确定不得随意变更。

（二）企业变更估值技术或应用

公允价值计量使用的估值技术一经确定，不得随意变更，但变更估值技术或其应用能使计量结果在当前情况下同样或者更能代表公允价值的情况除外，包括但不限于下列情况：①出现新的市场。②可以取得新的信息。③无法再取得以前使用的信息。④改进了估值技术。⑤市场状况发生变化。

企业变更估值技术或其应用的，应当按照《企业会计准则第28号——会计政策、会计估计变更和差错更正》的规定作为会计估计变更，并根据上述准则的披露要求对估值技术及其应用的变更进行披露，而不需要按照《企业会计准则第28号——会计政策、会计估计变更和差错更正》的规定对相关会计估计变更进行披露。

 相关链接

乐视网：利用公允价值变化或令净资产扭正

2019年1月30日发布的《乐视网信息技术（北京）股份有限公司2018年度业绩预告》显示，该公司归属于上市公司股东的净利润预计亏损范围为60 814.59万元至61 314.59万元。该预告特别提示了自2018年12月31日乐融致新电子科技（天津）有限公司（以下简称"乐融致新"）不再纳入合并范围，公司目前持有乐融致新注册资本比例为36.4046%，其股权公允价值直接影响丧失控制权当期的投资收益总额。2018年净利润测算中，乐融致新当期投资收益暂按2018年已进行的两次评估平均值57.66亿元测算，两次评估背景如下：2018 年度，乐融致新因引入投资者和部分股权被执行司法拍卖原因，对乐融致新共进行两次评估，2018 年 3 月出具了《乐融致新电子科技（天津）有限公司估值报告》（以下简称《估值报告》）（估值 96.60 亿元）、2018 年 2 月出具了《北京市第三中级人民法院拟处置（2017）京 03 执 788 号案件所涉及的新乐视智家电子科技（天津）有限公司资产评估报告书》（以下简称《评估报告》）（估值 18.72 亿元）。前述两份报告委托方、使用目的、估值/评估方法均不同。

①若采用《估值报告》的 96.60 亿元估值计算，对当期投资收益影响金额 35.16 亿元。②若采用《估值报告》和《评估报告》两次评估值的平均值 57.66 亿元估值计算，对当期投资收益影响金额 20.99 亿元。③若采用《评估报告》的 18.72 亿元估值计算，对当期的投资收益影响金额 6.81 亿元。由于正委托第三方机构对乐融致新进行重新评估，作为 2018 年度投资收益计量依据。新评估结果尚未出具、存在重大不确定性，且其评估结果直接影响上市公司 2018 年度投资收益总额，进而影响 2018 年归属上市公司股东的净利润和净资产，公司提示归属上市公司股东的净利润可能存在较大调整的风险、公司存在 2018 年全年经审计后归属上市公司股东的净资产为负的风险。

乐融致新是乐视网上市体系中的亏损大户，2018 年半年报显示乐视网合并报表净资产为 -20 亿元，仅乐融致新就有 -22 亿元。

三、公允价值层次

为了提高公允价值计量和相关披露的一致性与可比性，依据计量公允价值估值技术输入值而划分了公允价值层次。输入值是指市场参与者在给相关资产或负债定价时所使用的假设，包括可观察输入值和不可观察输入值。可观察输入值是指能够从市场数据中取得的输入值，该输入值反映了市场参与者在对相关资产或负债定价时所使用的假设；不可观察输入值是指不能从市场数据中取得的输入值，该输入值应当根据可获得的市场参与者在对相关资产或负债定价时所使用假设的最佳信息确定。企业应当将公允价值计量所使用的输入值划分为三个层次并最优先使用第一层次输入值，其次使用第二层次输入值，最后是第三层次输入值。

（一）第一层次输入值

第一层次输入值是在计量日能够取得的相同资产或负债在活跃市场上未经调整的报价。金融资产和金融负债通常可获得第一层次的输入值，其中一些金融资产和金融负债还可能在多个活跃市场交易（如不同交易所）。这一层次包括上市的权益证券（公开市场股票）和债权工具（交易所债券）以及交易所交易的衍生产品如股指期货、期权（基于 Nasdaq、S&P500 等指数）等。因此，第一层次输入值的重点在于确定：①资产或负债的主要市场或最有利市场。②企业是否可以在计量日用该价格进行资产或负债的交易。

理解第一层次输入值的关键是活跃市场。活跃市场是指相关资产或负债的交易量和交易频率足以持续提供定价信息的市场。活跃市场一般而言是满足下述条件的市场：①市场中交易的项目是同质的；②通常可以在任何时候找到自愿的买方和卖方；③价格是公众可以公开获得的。例如《国际会计准则第 39 号》和《国际财务报告准则第 9 号》规定,活跃市场是"报价易于且可定期从交易所、交易商、经纪人、行业集团、定价机构或监管机构获得,并且这些报价代表了公平交易基础上实际并经常发生的市场交易"的市场。这些市场通常包括交易所市场、交易商市场、经纪市场、交易主体与交易主体间的市场等,如上海证券交易所、深圳证券交易所收盘价不仅随时可以获得而且通常代表公允价值;又如"新三板"市场、区域性股权市场及券商柜台市场等场外交易市场上出价和要价(分别代表交易商愿意购买或出售的价格)比收盘价更容易随时获得。当然,除了价格来源为交易所交易的情况外,单一价格来源通常不能作为第一层次输入值。

 相关链接

双重上市下 B 股与 H 股的溢价率

双重上市下公允价值的确定。同一家上市公司,其发展前景、风险和回报、治理结构完全一致,只是由于上市地点不同,股票价格却存在重大差异,在这种情况下,如何确定公允价值?如何评估活跃市场上公开报价的合理性?例如根据市盈率(Price earnings ratio,PER)标准判断和评估证券价格的合理性(表 9-4、表 9-5)。

表 9-4 A、B 股同时上市公司 B 股溢价率

A 股代码	A 股简称	B 股代码	B 股溢价率(%)(以周五收盘价格计算;2013 年)					
			7 月 12 日	7 月 19 日	7 月 26 日	8 月 2 日	8 月 9 日	8 月 16 日
600221	海南航空	900945	22.96	24.14	24.07	23.32	20.55	24.58
000002	万科 A	200002	4.06	12.90	17.43	13	17.10	21.02
000550	江铃汽车	200550	2.7	1.44	−0.36	0.14	1.55	3.70
600827	友谊股份	900923	−5.66	−6.61	−4.56	−5.41	−7.77	−6.34
600295	鄂尔多斯	900936	−12.13	−10.84	−14.21	−17.26	−19.08	−19.50
600610	S 中纺机	900906	−75.78	−75.73	−75.75	−75.71	−75.77	−75.77
600614	鼎立股份	900907	−71.90	−72.34	−70.52	−70.26	−71.11	−68.37
600841	上柴股份	900920	−68.17	−66.53	−66.53	−65.77	−64.44	−64.58
600679	金山开发	900916	−63.63	−61.86	−64.42	−62.01	−62.85	−62.76
000055	方大集团	200055	−60.13	−58.30	−58.65	−58.53	−59.23	−58.96

表 9-5 A、H 股同时上市公司 H 股溢价率

A 股代码	A 股简称	H 股代码	H 股溢价率(%)(以周五收盘价格计算;2013 年)					
			7 月 12 日	7 月 19 日	7 月 26 日	8 月 2 日	8 月 9 日	8 月 16 日
600585	海螺水泥	00914	26.21	29.97	25.64	30.02	27.22	34.22
601186	中国铁建	01186	23.09	29.74	26.83	28.38	32.24	29.87
601601	中国太保	02601	22.60	23.58	25.07	23.35	20.34	27.94
601318	中国平安	02318	16.09	18.60	22.88	24.90	19.31	26.95
601390	中国中铁	00390	15.77	24.49	19.92	20.26	23.12	23.80

续表

A股代码	A股简称	H股代码	H股溢价率（%）（以周五收盘价格计算；2013年）					
			7月12日	7月19日	7月26日	8月2日	8月9日	8月16日
002703	浙江世宝	01057	−85.88	−85.97	−87.01	−87.85	−88.57	−87.69
600871	S仪化	01033	−80.21	−80.45	−80.09	−79.30	−80.19	−78.40
002490	山东墨龙	00568	−78.09	−78.12	−78.47	−79.07	−78.90	−77.54
600876	洛阳玻璃	01108	−76.30	−75.69	−76.72	−76.83	−77.71	−77.37
600874	创业环保	01065	−70.97	−69.59	−71.48	−69.77	−70.73	−69.88

资料来源：根据《第一财经日报》相关资料整理

第一层次输入值为公允价值提供了最可靠的证据，企业在计量公允价值时不应当调整相同资产或负债在活跃市场上的报价，但下列情况除外：①企业持有大量类似但不相同的以公允价值计量的资产或负债，这些资产或负债存在活跃市场报价，但并非每项资产或负债的报价都易于取得。在这种情况下，企业可以采用不单纯依赖于报价的其他估值模型。②因发生影响公允价值计量的重大事件等导致活跃市场的报价不代表计量日的公允价值，如买卖双方直接交易、经纪商交易或公告。③其他方作为资产持有的负债和权益工具，根据资产特定要素调整该价格。

企业因上述情况对相同资产或负债在活跃市场上的报价进行调整的，公允价值计量结果应当划分为较低级次。理论上，除了价格来源为交易所交易的情况外，单一来源通常不能作为第一层次输入值，因为单一做市商几乎从定义上就表明市场不活跃。但在某些极少情况下，单一做市商支配着某项特定证券的市场，使该证券的交易保持活跃，但所有活跃度都通过该做市商实现。在这种有限的情况下，如果经纪人随时准备以该价格进行交易，则可支持归入第一层次的结论。

（二）第二层次输入值

第二层次输入值是除第一层次输入值外相关资产或负债直接或间接可观察的输入值，包括：①活跃市场中类似资产或负债的报价；②非活跃市场中相同或类似资产或负债的报价；③除报价以外的其他可观察输入值，包括在正常报价间隔期间可观察的利率和收益率曲线、隐含波动率和信用利差等；④市场验证的输入值等。市场验证的输入值，是指通过相关性分析或其他手段获得的主要来源于可观察市场数据或者经过可观察市场数据验证的输入值。这一层次包括大部分场外交易的衍生工具和债券、交易性贷款和发行的结构型债务工具，估值技术包括远期定价和掉期模型（以现值计算），输入参数（如即远期外汇汇率、外汇汇率波动率、中债收益率曲线、伦敦同业拆借利率收益率曲线或者交易对手信用风险）的来源是彭博和路透交易系统等。例如人民币债券（中登公司估值）、交易商或第三方估值服务商报价的资产支持证券及固定收益证券（包括可从估值服务商取得报价的证券）、交易商或第三方估值服务商报价的理财产品和基金及资产管理计划和信托产品、交易商报价的优先股、从可观察市场数据得到估值倍数的权益投资、交易商或第三方估值服务商报价的场外交易的衍生合约、隐含波动率可观察的股票期权、贵金属合同；从可观察市场数据得到估值的已发行理财产品、结构性存款。

企业在使用第二层次输入值对相关资产或负债进行公允价值计量时，应当根据该资产或负债的特征，对第二层次输入值进行调整。这些特征包括资产状况或所在位置、输入值与类似资产或负债的相关程度、可观察输入值所在市场的交易量和活跃程度等。对于具有合同期限等具体期限的相关资产或负债，第二层次输入值应当在几乎整个期限内是可观察的。

企业使用重要的不可观察输入值对第二层次输入值进行调整，且该调整对公允价值计量整体而言是重要的，公允价值计量结果应当划分为第三层次。如果有可比证券的可观察市场信息支持单一经纪人报价，并且/或者经纪人愿意以该价格对该证券进行交易，则可支持将单一经纪人报价作为第二层次输入值。

（三）第三层次输入值

第三层次输入值是相关资产或负债的不可观察输入值。不可观察输入值是指不能从市场数据中取得的、根据市场参与者在对资产或负债定价时所使用假设的最佳信息确定的输入值。企业只有在相关资产或负债不存在市场活动或者市场活动很少导致相关可观察输入值难以取得的情况下，才能使用第三层次输入值，即不可观察输入值。不可观察输入值应当反映市场参与者对相关资产或负债定价时所使用的假设，包括有关特定估值技术及其输入值的固有风险的假设等。这一层次包括一项或多项重大输入为不可观察变量的股权和债券工具，所采用的估值模型为现金流折现模型及 Heston 模型等，估值模型中涉及的不可观察假设包括折现率、市场价格波动率以及收益率、远期汇率、汇率波动率等。例如无报价的资产支持证券及固定收益证券、基于财务预测估值的未上市股权（私募股权）、无报价的优先股、次级债、杠杆融资相关的证券、为证券化而持有的贷款、根据历史波动率估值的股票期权、结构性票据、场外结构性衍生合约（外汇组合期权、权益组合期权、外汇利率混合交易、长期期权交易、次级的信用违约掉期交易）、长期的货币互换、未上市基金、无报价的理财产品和基金及信托产品；已发行理财产品、结构性存款、基于历史波动率估值的权益连结票据。

企业在确定不可观察输入值时应当使用在当前情况下可以合理取得的最佳信息，包括所有可合理取得的市场参与者假设。企业可以使用内部数据作为不可观察输入值，但如果有证据表明其他市场参与者将使用不同于企业内部数据的其他数据，或者这些企业内部数据是企业特定数据、其他市场参与者不具备企业相关特征时，企业应当对其内部数据作出相应调整。例如主体不应当考虑主体特有的而市场参与者无法获得的协同效应。除了价格来源为交易所交易的情况外，单一来源通常不能作为第一层次输入值，因为单一做市商几乎从定义上就表明市场不活跃。如果没有可比证券，所提供报价也只是作为指示性价值，并不承诺实际上会以该价格进行交易，那么单一经纪人报价通常作为第三层次输入值。

公允价值计量结果所属的级次由对公允价值计量整体而言重要的输入值所属的最低层次决定。企业应当在考虑相关资产或负债特征的基础上判断所使用的输入值是否重要。公允价值级次取决于估值技术的输入值，而不是估值技术本身。也就是说，公允价值计量仅使用了第一层次输入值并且没有进行调整时才被分类为第一层次计量，而针对第一层次输入值的任何调整都将导致公允价值计量不能分类为第一层次计量。使用重要的不可观察输入值对第二层次输入值进行调整且该调整对公允价值计量整体而言是重要的，公允价值计量结果应当划分为第三层次。另外，在确定公允价值层次时不应考虑不属于公允价值构成部分，但其他准则要求管理层纳入计量中的事项，如公允价值减处置费用方法中的处置费用。

第三节　会计要素的公允价值计量

一、非金融资产的公允价值计量

企业以公允价值计量非金融资产时，应当考虑市场参与者通过直接将该资产用于最佳用途的方式产生经济利益的能力，或者通过将该资产出售给能够使其用于最佳用途的其他市场参与者的方式产生经济利益的能力。可以看出，非金融资产的最佳用途是从市场参与者角度确定的，即使企业计划以不同方式使用该资产。通常企业当前使用非金融资产的方式可推定为最佳用途，除非市场或其他因素表明市场参与者对资产的不同使用可使资产价值最大化。另外，即使企业没有积极使用已获取的非金融资产或者未以最佳用途使用该资产，企业在计量该非金融资产时也应以市场参与者天然会按其最佳用途进行使用为前提。

（一）最佳用途概念解析

最佳用途是指市场参与者实现一项非金融资产或其所属的资产和负债组合的价值最大化时该非金融资产的用途。企业确定非金融资产最佳用途应当考虑实物上可能、法律上允许以及财务上可行等因素。

1. 实物上可能

判断非金融资产的用途在实物上是否可能，应当考虑市场参与者在对资产定价时考虑的资产实物特征。通常情况下，企业非金融资产的现行用途可以视为最佳用途，除非市场因素或者其他因素表明市场参与者按照其他用途使用该资产可以实现价值最大化。

2. 法律上允许

判断非金融资产的用途在法律上是否允许，应当考虑市场参与者在对资产定价时考虑的资产使用在法律上的限制。需要注意的是，在计量日对资产的使用无须是合法的，但必须在管辖区内不被法律禁止。例如，若特定国家禁止在保护区内进行建造或开发，则该区域内土地的最佳用途就不可能是工业用地开发。

3. 财务上可行

判断非金融资产的用途在财务上是否可行，应当考虑在实物上可能且法律上允许的情况下，通过使用该资产能否产生足够的收益或现金流量，从而在补偿使资产用于该用途所发生的成本后，仍然能够满足市场参与者所要求的投资回报。

（二）最佳用途概念的应用

企业应当从市场参与者的角度确定非金融资产的最佳用途，即便企业已经或者计划将非金融资产用于不同于市场参与者的用途。企业应当从市场参与者的角度判断该资产的最佳用途是单独使用、与其他资产组合使用，还是与其他资产和负债组合使用。另外，出于特定意图（如保护竞争地位），企业可能并没有计划使用这些非金融资产或者不以最佳用途使用。通常情况下，企业对非金融资产的现行用途可以视为最佳用途，除非市场因素或者其他因素表明市场参与者按照其他用途使用该资产可以实现价值最大化。最佳用途概念不适用于金融资产或负债。

（三）非金融资产的估值前提

企业在以公允价值计量非金融资产时，应当基于最佳用途原则确定以下估值前提。

（1）市场参与者单独使用一项非金融资产产生最大价值的，该非金融资产的公允价值应当是将其出售给同样单独使用该资产的市场参与者的当前交易价格。

（2）市场参与者将一项非金融资产与其他资产（或者其他资产或负债的组合）组合使用产生最大价值的，该非金融资产的公允价值应当是将其出售给以同样组合方式使用该资产的市场参与者的当前交易价格，并且该市场参与者可以取得组合中的其他资产和负债。其中，负债包括企业为筹集营运资金产生的负债，但不包括企业为组合之外的资产筹集资金所产生的负债。最佳用途的假定应当一致地应用于组合中所有与最佳用途相关的资产。

二、负债和企业自身权益工具的公允价值计量

财务会计准则制定已经由收支配比观发展为资产负债观，这意味着更加重视资产与负债的对应性，因此在资产公允价值计量理论与实践日趋成熟之际，负债和企业自身权益工具的公允价值计量也得到重视。理论界总结了四种确定负债公允价值的观点：①负债公允价值是与之相对应的资产公允价值；②负债公允价值是相应债权人所持有的债权公允价值；③负债公允价值是企业在计量日支付给接受该负债之独立交易方的金额；④负债公允价值是债务清算时支付给债权人的清偿价格。

事实上，上述四种观点各有其支持者，如 FASB 在 2006 年 9 月 15 日发布了 SFAS157 "Fair Value Measurements"（公允价值计量）准则指出，在缺乏代表负债转移的活跃市场报价时，可以按照以下标准来确定负债的公允价值：①使用对应资产交易的报价；②与对应资产相似的资产的交易报价；③收益法（如现值技术）；④市场法（如主体转移相同负债愿意支付或承担相同负债愿意收取的金额）。会计准则制定机构将第三种观点作为考虑的重点。

（一）负债的公允价值计量

企业以公允价值计量负债，应当假定在计量日将该负债转移给其他市场参与者，而且该负债在转移后继续存在，并由作为受让方的市场参与者履行义务。显然，该概念中的核心词是"转移"，这时就面临着两个问题：其一是企业可能并不打算向第三方转移其负债；其二是企业不能够（债权方不允许）向第三方转移其负债。对于第一个问题，可能的情况是企业相对于市场更有优势，因而通过自身内部资源清偿负债更为有利。但考虑到公允价

值计量提供的是一个市场基准而不应受企业本身特定因素所约束，企业使用自身内部资源清偿负债的有利性体现在实际负债的清偿中，这与市场参与者的第三方决策是无关的。对于第二个问题，"转移"是公允价值计量所必需的，这样才能体现市场参与者对流动性、不确定性及与负债相关的其他因素的预期。

1. 不履约风险

不履约风险是指企业不履行义务的风险，包括但不限于企业自身信用风险。企业以公允价值计量负债应当考虑不履约风险，并假定不履约风险在负债转移前后保持不变，即假定负债将向信用相当的主体转让。尽管该假定可能不符合实际交易现实，因为多数情况下作为出让人的企业与作为受让人的市场参与者不可能拥有相同的信用状况，但该假定是公允价值计量所必需的。这是因为：①承担义务的市场参与者不会进行改变与负债相关的不履约风险的交易而又不将其反映在价格中；②在未能明确承担义务主体的信用状况的情况下，可能因企业对作为受让人的市场参与者特征的假设不同，而存在完全不同的公允价值；③可能将企业义务作为资产持有的其他方在对该等资产进行定价时将考虑企业信用风险及其他风险因素的影响。

负债的公允价值应在计量单元的基础上反映不履约风险的影响，如若第三方信用增级与负债是分开进行会计处理的，在确定一项负债公允价值时，应当排除第三方信用增级的影响。负债初始确认时公允价值计量反映不履约风险并没有太大异议，然而对初始确认后反映不履约风险则存在较大争议。这是因为会形成负债的公允价值计量的一个悖论，即企业信用水平越低会导致信用风险越大，相应的负债公允价值就越低，因而股东权益变得越大。这就好像是说企业不讲信用有利于股东、负债市场价值"缩水"会创造利润等。公允价值应该反映其不履约风险，但在企业信用状况恶化时确认负债的公允价值利得和在信用好转时确认公允价值损失，这是常人难以接受和理解的。企业信用风险加大情形下负债按照公允价值计量，实际上严重低估了企业对其债权人的实际偿还义务，美化了企业偿债能力。《国际财务报告准则第13号——公允价值计量》在其"结论基础"中认为，初始确认后反映不履约风险的目的在于符合负债公允价值的定义，而非确定何时使用公允价值或如何列报公允价值变动。不考虑企业不履约风险的计量不是公允价值计量。

2. 负债公允价值初始确认后是否反映不履约风险论争的分析

围绕负债公允价值计量应否考虑信用风险这一因素存在着较大的争议，是否考虑信用风险的主要观点及理由可分为赞同考虑主体信用风险观与反对考虑主体信用风险观。

（1）赞同考虑主体信用风险观主要有下述几个方面的理由做支撑。

①信用状况变化影响到负债持有的整个计量期间，因此有必要保持初始确认时的持续性。负债初始计量已经包括了借款人信用风险、抵押品、担保状况等方面的影响因素，是当时信贷市场的公允价值。考虑到负债要持有整个计量期间，因此其后续计量也应该考虑初始计量时所考虑的各项因素的变化情况。这也就是说，负债在初始计量时考虑信用风险等影响因素，而对其进行后续计量理应考虑这些影响因素。实际上，债权人在确定报告主体的负债义务时，通常会考虑报告主体信用风险的影响。

②信用状况变化影响到两类投资者之间的财富再分配。信用状况的改变会影响企业债权人和股东对企业净资产权益的相对变化,也就使得两者间的代理成本状况发生改变。因为从账面数据变动来看,报告主体信用状况下降,负债公允价值降低,在总资产公允价值不变的情况下股东对报告主体净资产的剩余索取权上升,当然这也表明了财务会计数据的固有缺陷,即无法直接反映报告主体因信用状况变化而导致总资产账面价值的变化。另外,不考虑信用状况变化的负债计量也会导致不同债务间的价值转移,如新旧债务是在不同的信用状况下形成的,而后续计量中若不考虑信用状况的改变,就会使两类债务看起来有相同或类似的市场估值。

③负债计量不考虑信用状况会导致资产和负债计量的会计错配。如果报告主体的资产是以公允价值计量,这些资产的信用利差变化将会反映在其公允价值上,形成综合收益中的利得或损失。而如果负债计量没有同样反映这种信用利差的变化,就会存在会计错配问题,利得或损失账户或其他综合收益将由于错配而发生紊乱。

例 9-2 报告主体拥有资产和负债两项金融工具,初始计量日的资产价值 1 000 元,负债价值 900 元,所有者权益价值 100 元。在后续计量日,报告主体信用利差发生变化,而信用风险和市场无风险利率没有变化。如果负债公允价值计量不考虑所有与信用相关的变化情况,报告主体资产价值为 950 元(信用利差变化导致公允价值下降),负债价值仍为 900 元,则所有者权益由初始的 100 元下降为 50 元。如果允许负债反映所有信用相关变化情况,报告主体资产价值由初始的 1 000 元下降为 950 元,负债价值由初始的 900 元下降为 855 元,资产公允价值下降导致了 50 元损失,负债公允价值下降导致了 45 元利得,最终所有者权益价值应该为 95 元。

(2)反对考虑主体信用风险观主要有下述几个方面的理由做支撑。

①主体信用状况变化与会计信息使用者的信息需求不相关。在对负债的公允价值进行后续计量时,如果考虑报告主体信用状况的改变,可能会导致财务报告违反直觉和潜在混乱。例如负债初始计量日的资产价值 1 000 元,负债价值 900 元,所有者权益价值 100 元;在后续计量日,报告主体资产状况没有变化仍为 1 000 元,而负债公允价值计量中因主体信用状况下降而导致负债价值由 900 元下降为 800 元,这形成了报告主体的 100 元利得,反映为所有者权益由 100 元增加至 200 元。显然,这便产生了一个奇怪现象,即报告主体信用状况下降而导致所有者权益增加。事实上,报告主体及其股东并没有变好,并且未来借款的成本会更加昂贵,另外,报告主体的负债义务也没有下降,未来仍然要偿还同样金额的债务。

当然,支持者对该说法有自己的解释,即相比初始计量而言,报告主体信用状况恶化的后果应该是等值债务承担更多支付义务(表现为利率升高利息增加),但在实际的后续计量时,信用状况变化因素影响的只是期末债务账面价值变动,是一种主观评价而非实际支付主体负债义务,实际金额也未变化,因此是较初始计量日信用水平而言的利得。

②考虑信用风险变化可能会增加资产和负债之间的错配程度。报告主体信用质量的下降,影响负债公允价值变化的同时也导致资产价值变化,然而,实际中诸如非基于现时情况计量的资产、未确认的无形资产和报告主体的管理声誉等特殊资产受信用状况变化的影响并不反映在财务报告里,这必然形成资产和负债计量的"会计错配"问题。这种"会计

错配"通常包括以下三种情况：其一是资产公允价值的变化情况并不反映在财务报告中；其二是尽管变化情况反映在财务报告中，但以公允价值计量的资产价值的变化幅度与负债计量的公允价值变化幅度可能并不一致；三是存在一些未确认的资产的价值变化情况（如无形资产）。

③负债计量中所反映的主体信用状况变化情况的较强实现性。资产价值变化可以通过报告主体对资产及时交易而实现，而负债的转移通常需要债权人的同意，这就意味着用来计量负债价值变化的利得或损失事实上很难得以实现，这样的会计信息本质上对财务报告使用者而言是无价值的。因信用等级下降而导致负债价值降低所产生的利得，虽然报告主体可以通过债务回购或折现出售等方式来实现。然而，报告主体信用等级的下降也使得这些交易方式难以实现，如果报告主体信用等级上升而实现债务的等价交易，但这样又没有必要了。由此看来，计量负债价值变化的利得或损失更多的是一种数字的账面游戏。

3. 附有第三方信用增级的负债

信用增级（也称"担保"）由发行人购买并将其与债务进行组合而发行给投资者。例如附有为发行人支付义务提供第三方财务担保的债券。信用增级使得发行人能够以相对低的利率水平或相对高的发行收入而更容易地推销其债务。如果第三方信用增级与负债是分开核算的，则计量目标是针对发行人负债而非发行人与第三方信用增值的金额组合，因此负债的公允价值应考虑发行人而非担保人的信用状况。

（二）企业自身权益工具的公允价值计量

企业以公允价值计量自身权益工具（例如企业合并中作为对价发行的权益），应当假定在计量日将该自身权益工具转移给其他市场参与者，而且该自身权益工具在转移后继续存在，并由作为受让方的市场参与者取得与该工具相关的权利、承担相应的义务。也就是说，企业应从将该权益工具作为一项资产持有的市场参与者的角度来计量公允价值。这是因为仅当该权益工具不再存在或企业向其持有人回购该权益工具时，该权益工具发行人才能从该权益工具退出。另外，企业以公允价值计量自身权益工具并且该自身权益工具存在限制转移因素的，如果公允价值计量的输入值中已经考虑了该因素，企业不应当再单独设置相关输入值，也不应当对其他输入值进行相关调整。

（三）负债和企业自身权益工具公允价值计量原则

（1）存在相同或类似负债或企业自身权益工具可观察市场报价的，应当以该报价为基础确定该负债或企业自身权益工具的公允价值。

（2）不存在相同或类似负债或企业自身权益工具可观察市场报价，但其他方将其作为资产持有的，企业应当在计量日从持有该资产的市场参与者角度，以该资产的公允价值为基础确定该负债或自身权益工具的公允价值。其他方作为资产持有的负债和权益工具，公允价值的取得方式包括：①如果被其他方作为资产持有的相同项目存在活跃市场的报价，使用该价格（例如在活跃市场上有报价的债务证券价格）；②如果①中的价格不存在，使用其他可观察的输入值，如被其他方作为资产持有的相同项目在不活跃市场中的报价；③如果②中的可观察输入值无法获得，则使用其他估值技术，如考虑市场参与者预期从作为资产持有的负债或权益工具中取得的未来现金流量、使用被其他方作为资产持有的类似负债或权益工具的报价等。

当该资产的某些特征不适用于所计量的负债或企业自身权益工具时，企业应当根据该资产的公允价值进行调整，以调整后的价值确定负债或企业自身权益工具的公允价值。可能表明资产价格应当被调整的因素通常包括：①资产出售受到限制，即资产的价格应不反映资产销售受限的影响；②资产与所计量负债或自身权益工具类似但不相同，如该负债或权益工具可能具有特定特征（如发行方信用质量），与被作为资产持有的类似负债或权益工具的公允价值中反映的特征不同；③资产的计量单元与负债或自身权益工具的计量单元不完全相同，如对于负债，某些情况下资产的价格反映了由发行人和第三方信用增级共同引起的金额组合而形成的价格；如果发行人只计量其自有负债的公允价值，则应当调整资产的可观察价格，剔除第三方信用增级的影响。

（3）不存在相同或类似负债或企业自身权益工具可观察市场报价，并且其他方未将其作为资产持有的，企业应当从承担该负债或者发行权益工具的市场参与者角度，采用估值技术确定该负债或企业自身权益工具的公允价值。这些估值技术可以选择包括以下因素之一的现值技术：①市场参与者预期在履行义务过程中产生的未来现金流出量，包括市场参与者因承担义务而要求给予的补偿；②市场参与者签订或发行相同负债工具所收到的金额，采用市场参与者将在以相同合同条款发行负债的主要市场（或最有利市场）上给相同项目（如具有相同信用特征）定价时的假设。

（四）对负债或企业自身权益工具转让的限制

在计量负债或企业自身权益工具的公允价值时，主体不应当设置与限制该项目转移相关的单独输入值或者对其他输入值进行调整。限制负债或企业自身权益工具转移的影响已经显性或隐性地包含在公允价值计量的其他输入值中。例如在交易日，债权人和债务人在完全了解该义务包括转移限制的情况下接受负债的交易价格。由于交易价格中已经包含转移限制的考虑，在交易日不再需要单独输入值或者对现有输入值的调整来反映转移限制的影响。类似地，在后续计量日也不需要单独输入值或者对现有输入值的调整来反映转移限制的影响。但对于负债转移的限制未反映在交易价格或用于计量公允价值的其他输入值中的，应当对输入值进行调整，以反映该限制。

三、市场风险或信用风险可抵销的金融资产和金融负债的公允价值计量

企业持有一组由《企业会计准则第 22 号——金融工具确认和计量》规范的金融资产和金融负债，并且以该组金融资产和金融负债的净敞口为基础管理市场风险和信用风险的，可以以计量日市场参与者在当前市场条件下的有序交易中卖出抵销市场风险或信用风险后的净多头（即资产）或者转移抵销市场风险或信用风险后的净空头（即负债）的价格为基础，计量该金融资产和金融负债组合的公允价值。也就是说，以净头寸为计量单元而不是以各单项金融资产和负债为公允价值计量单元，即可以选择以净头寸为基础计量该组资产和负债的公允价值。对于市场风险，净头寸的公允价值指在主体所涉具体情况下买卖价差范围内最能代表公允价值的价格；对于信用风险，此类组合的公允价值应当考虑信用

增级（如净额结算主协议或要求交换抵押品的协议）以及对这些增级依法强制执行的可能性的预期。

对于市场风险或信用风险可抵销的金融资产和金融负债的公允价值计量，要求暴露在该金融资产和金融负债应当具有实质上相同的特定市场风险的期限。企业应当从市场参与者的角度考虑在出现违约的情况下所有能够减小信用风险敞口的现行安排，预计市场参与者依法强制执行这些安排的可能性。只有在以下情况下，才允许执行这条例外规则。

（1）企业风险管理或投资策略的正式书面文件已载明，企业以特定市场风险或特定对手信用风险的净敞口为基础，管理金融资产和金融负债的组合。

（2）企业以特定市场风险或特定对手信用风险的净敞口为基础，向企业关键管理人员报告金融资产和金融负债组合的信息。

（3）企业在每个资产负债表日以公允价值计量组合中的金融资产和金融负债。

运用上述例外规则的其他条件还包括：①例外规则只适用于《企业会计准则第22号——金融工具确认和计量》规范的金融资产和负债，也包括不符合金融资产或金融负债定义但按照《企业会计准则第22号——金融工具确认和计量》进行会计处理的其他合同。②例外规则只适用于面临相同或至少实质上相同的特定市场风险的金融资产和负债，如主体不会将与金融资产相关的利率风险和与金融负债相关的商品价格风险相结合，因为这样不会减小主体利率风险或商品价格风险的敞口。③例外规则只适用于相似期限内的敞口。

市场风险或信用风险可抵销的金融资产和金融负债的公允价值计量，应当被视为会计政策，一经确定就应当在各个会计期间保持一致性，不得随意变更。

第四节 公允价值披露

中国证监会2016年7月17日公布了《2016年上市公司年报会计监管报告》，提出对于不存在活跃市场的资产与负债公允价值的估计与计量，实务中采用的方法与结果不一致的现象较为普遍，甚至部分公司采用的计量方法未遵循会计准则的原则性规定。以公允价值层次的划分及披露为例，个别上市公司未能准确理解各层次输入值的区别，导致公允价值层次划分不准确。例如上市公司购买的资产管理计划的份额，以资产管理公司提供的该计划资产结构估值表中列示的单位净值作为其公允价值，将其分类为第一层次公允价值计量的项目，不符合第一层次输入值的判断标准。《国际财务报告准则第13号——公允价值计量》与我国《企业会计准则第39号——公允价值计量》都对公允价值信息披露提出了相应规范。

一、公允价值披露目标与范围

公允价值披露有其明确目标地位，主要体现为使财务报表使用者了解如下信息：①所使用的估值技术和输入值；②在持续的公允价值计量中使用的重大不可观察输入值及其对当期损益或其他综合收益的影响。为了满足披露的目标，主体应当考虑：①满足披露要求所需要的详尽程度；②对每种披露要求的侧重点；③汇总或分解的程度；④财务报表使用者是否需要额外信息来评估披露的量化信息。

企业应当披露每一类金融资产和金融负债的公允价值并与账面价值进行比较，下述情况除外：①账面价值与公允价值差异很小的金融资产或金融负债（如短期应收账款或应付账款）；②活跃市场中没有报价且其公允价值无法可靠计量的权益工具投资以及与该工具挂钩的衍生工具；③包含相机分红特征且其公允价值无法可靠计量的合同。对于在资产负债表中相互抵销的金融资产和金融负债，其公允价值应当以抵销后的金额披露。

对于不披露公允价值的金融资产或金融负债，企业应当披露如下信息：①对金融工具的描述及其账面价值，以及因公允价值无法可靠计量而未披露其公允价值的事实和说明；②金融工具的相关市场信息；③企业是否有意图及如何处置这些金融工具；④已终止确认金融工具的事实，以及终止确认时的账面价值和形成的利得或损失。

二、公允价值披露方式

企业应当根据相关资产或负债的性质、特征（如金融资产与非金融资产）、风险（如利率风险、汇率风险）以及公允价值计量的层次对该资产或负债进行恰当分组，并按照组别披露公允价值计量的相关信息。然而，公允价值计量信息披露分组通常需要对资产负债表列报项目做进一步分解，这是因为企业对相关资产或负债进行公允价值计量取决于该资产或负债的计量单元，而计量单元既可能是单项资产或负债，也可能是资产组合、负债组合或者资产和负债的组合。《企业会计准则第30号——财务报表列报》第六条规定，"性质或功能不同的项目，应当在财务报表中单独列报，但不具有重要性的项目除外"，因此，公允价值计量单元与资产负债表列报项目之间并不一致，企业应当披露各组别与报表列报项目之间的调节信息。其他相关会计准则明确规定了相关资产或负债组别且其分组原则符合本条规定的，企业可以直接使用该组别提供相关信息。

另外，企业应当区分持续的公允价值计量和非持续的公允价值计量进行披露。其中，持续的公允价值计量是指其他相关会计准则要求或者允许企业在每个资产负债表日持续以公允价值进行的计量；非持续的公允价值计量是指其他相关会计准则要求或者允许企业在特定情况下的资产负债表中以公允价值进行的计量。

三、公允价值信息披露内容

（一）持续的公允价值计量的披露

在相关资产或负债初始确认后的每个资产负债表日，企业至少应当在附注中披露持续以公允价值计量的每组资产和负债的下列信息。

（1）其他相关会计准则要求或者允许企业在资产负债表日持续以公允价值计量的项目和金额。

（2）公允价值计量的层次。

（3）对于第二层次的公允价值计量，企业应当披露使用的估值技术和输入值的描述性信息。当变更估值技术时，企业还应当披露这一变更以及变更的原因。

（4）在各层次之间转换的金额和原因，以及确定各层次之间转换时点的政策。每一层次的转入与转出应当分别披露。

（5）当非金融资产的最佳用途与其当前用途不同时，企业应当披露这一事实及其原因。

（6）企业以市场风险和信用风险的净敞口为基础管理金融资产和金融负债的，计量该组合公允价值的事实。

（7）对于以公允价值计量并且附有不可分割的第三方信用增级的负债，企业应当披露该信用增级，并说明其公允价值计量中是否已反映该信用增级。

（8）对于第三层次的公允价值计量，企业应当披露使用的估值技术、输入值和估值流程的描述性信息。当变更估值技术时，企业还应当披露这一变更以及变更的原因。企业应当披露公允价值计量中使用的重要的、可合理取得的不可观察输入值的量化信息。

（9）对于第三层次的公允价值计量，企业应当披露期初余额与期末余额之间的调节信息，包括计入当期损益的已实现利得或损失总额，以及确认这些利得或损失时的损益项目；计入当期损益的未实现利得或损失总额，以及确认这些未实现利得或损失时的损益项目（如相关资产或负债的公允价值变动损益等）；计入当期其他综合收益的利得或损失总额，以及确认这些利得或损失时的其他综合收益项目；分别披露相关资产或负债购买、出售、发行及结算情况。

（10）对于第三层次的公允价值计量，当改变不可观察输入值的金额可能导致公允价值显著变化时，企业应当披露有关敏感性分析的描述性信息。这些输入值和使用的其他不可观察输入值之间具有相关关系的，企业应当描述这种相关关系及其影响，其中不可观察输入值至少包括上述第（5）条要求披露的不可观察输入值。对于金融资产和金融负债，如果为反映合理、可能的其他假设而变更一个或多个不可观察输入值将导致公允价值的重大改变，企业还应当披露这一事实、变更的影响金额及其计算方法。

（11）企业应当以表格形式披露《企业会计准则第39号——公允价值计量》要求的量化信息，除非其他形式更适当。

（二）非持续的公允价值计量的披露

在相关资产或负债初始确认后的资产负债表中，企业至少应当在附注中披露非持续以公允价值计量的每组资产和负债的下列信息。

（1）其他相关会计准则要求或者允许企业在资产负债表日（或在特定情况下非持续）以公允价值计量的项目和金额。

（2）以公允价值计量的原因。

（3）公允价值计量的层次。

（4）对于第二层次的公允价值计量，企业应当披露使用的估值技术和输入值的描述性信息。当变更估值技术时，企业还应当披露这一变更以及变更的原因。

（5）当非金融资产的最佳用途与其当前用途不同时，企业应当披露这一事实及其原因。

（6）企业以市场风险和信用风险的净敞口为基础管理金融资产和金融负债的，计量该组合公允价值的事实。

（7）对于以公允价值计量并且附有不可分割的第三方信用增级的负债，企业应当披露该信用增级，并说明其公允价值计量中是否已反映该信用增级。

（8）对于第三层次的公允价值计量，企业应当披露使用的估值技术、输入值和估值流程的描述性信息。当变更估值技术时，企业还应当披露这一变更以及变更的原因。企业应当披露公允价值计量中使用的重要的不可观察输入值的量化信息。

（9）企业应当以表格形式披露《企业会计准则第 39 号——公允价值计量》要求的量化信息，除非其他形式更适当。

> **相关链接**
>
> **江苏中南建设集团股份有限公司投资性房地产公允价值计量会计政策（摘编）**
>
> 江苏中南建设集团股份有限公司（以下简称"公司"）董事会决定自 2018 年 10 月 1 日起对投资性房地产后续计量模式由成本计量模式变更为公允价值计量模式并调整相应会计政策。公司聘请上海立信资产评估有限公司对投资性房地产进行评估，公司投资性房地产后续计量由成本模式转为公允价值模式时，公允价值和原账面价值间差额调整期初留存收益。
>
> 1. 2018 年 9 月 30 日投资性房地产明细见表 9-6。
>
> 表 9-6　2018 年 9 月 30 日投资性房地产明细
>
> | 投资性房地产名称 | 总建筑面积/平方米 | 成本模式计量账面价值/万元 | 公允价值模式计量账面价值/万元 |
> |---|---|---|---|
> | 南通中南百货商业物业 | 36 899.89 | 18 961.93 | 64 900 |
> | 南通中南购物城商业物业 | 98 761.18 | 41 605.95 | 145 900 |
> | 海门中南城商业物业 | 77 209.29 | 78 927.74 | 90 400 |
> | 青岛市市北区辽宁路商业物业 | 996.53 | 841.10 | 932 |
> | 烟台市芝罘区青年南路商业物业 | 5 341.42 | 2 019.04 | 6 602 |
> | 天津市河东区方达大厦商业物业 | 452.36 | 1 174.25 | 1 154 |
> | 盐城中南购物城商业物业 | 115 093.66 | 42 101.81 | 77 170 |
> | 青岛黄岛金石茂商业物业 | 17 337.80 | 22 863.45 | 28 070 |
> | 上海奉贤锦庭商业物业 | 2 896.51 | 6 256.65 | 3 763 |
> | 南京锦苑办公物业 | 10 000 | 15 083 | 8 536 |
> | 合计 | 364 988.64 | 229 834.92 | 427 427 |
>
> 注：上海奉贤锦庭商业物业和南京锦苑办公物业 2018 年 9 月 30 日尚未建成投入使用，其账面值使用的是其建成后的账面值。
>
> 2. 应用公允价值模式计量会计政策对财务报表的具体影响见表 9-7。
>
> 表 9-7　应用公允价值模式计量会计政策对财务报表的具体影响
>
> | 受影响的项目 | 应用前 | 影响金额：（+/-） | 应用后 |
> |---|---|---|---|
> | 投资性房地产[注] | 229 834.91 | 197 592.09 | 427 427.00 |
> | 递延所得税负债 | 40.55 | 54 732.94 | 54 773.49 |
> | 未分配利润 | 859 020.28 | 148 194.07 | 1 007 214.35 |

续表

受影响的项目	应用前	影响金额：(+/-)	应用后
归属母公司所有者权益	1 601 961.58	148 367.35	1 750 328.93
少数股东权益	604 429.12	−173.28	604 255.84
营业成本	2 359 898.83	−11 973.19	2 347 925.64
公允价值变动损益	−91.82	−2 319.02	−2 410.84
所得税费用	90 207.28	2 413.54	92 620.82
净利润	155 157.26	7 240.63	162 397.89
归属于母公司所有者的净利润	126 720.51	7 413.91	134 134.41
少数股东损益	28 436.76	−173.28	28 263.48

注：为了便于比较，测算模拟影响时 2018 年 9 月 30 日尚未建成投入使用的上海奉贤锦庭商业物业和南京锦苑办公物业由存货调整到投资性房地产。

（三）公允价值信息披露的形式

企业应当以表格形式列报《企业会计准则第 39 号——公允价值计量》要求的量化披露，除非其他形式更适当。《国际财务报告准则第 13 号——公允价值计量》示例对公允价值披露形式进了说明。

1. 第一层次与第二层次公允价值计量信息的披露

对于持续和非持续的公允价值计量，企业应当：

（1）披露第一层次公允价值计量中所属项目及其金额。

（2）披露第二层次公允价值计量中所属项目及其金额，以及在公允价值计量中使用的估值技术和输入值的描述性信息。当变更估值技术时，企业还应当披露这一变更以及变更的原因。

（3）企业披露的估值技术和输入值的描述性信息通常包括：①是否存在可供企业选择的其他估值技术，若存在则企业如何对这些估值技术进行选择；②企业所选估值技术可能存在的风险或缺陷；③根据市场价格校准估值模型的方法和频率；④对使用第三方报价机构估值的描述，如获得多少个报价、使用了哪个第三方报价机构的估值、选择该报价机构的原因等；⑤企业采用类似资产或负债的报价对相关资产或负债进行公允价值计量的，如何根据相关资产或负债的特征调整该报价；⑥企业使用估值模型以外因素对模型进行调整的，描述这些因素及如何进行调整。

公允价值计量披露格式见表 9-8。

企业可以根据《企业会计准则第 39 号——公允价值计量》的规定，并结合自身实际情况，对具体项目做相应调整。除非存在企业认为更适合的格式，否则负债将采用类似的表格列举。

2. 第三层次公允价值计量信息的披露要求

对于持续和非持续的第三层次公允价值计量，企业应当：

（1）披露第三层次公允价值计量中所属项目及其金额。

表9-8 公允价值计量披露格式

项目	2020年12月31日	第一层次公允价值计量	第二层次公允价值计量	第三层次公允价值计量	合计
一、持续的公允价值计量					
（一）以公允价值计量且其变动计入当期损益的金融资产					
1. 交易性金融资产					
（1）债务工具投资					
（2）权益工具投资					
（3）衍生金融投资					
2. 指定为以公允价值计量且其变动计入当期损益的金融资产					
（1）债务工具投资					
（2）权益工具投资					
（二）可供出售金融资产					
1. 债务工具投资					
2. 权益工具投资					
3. 其他					
（三）投资性房地产					
1. 出租的土地使用权					
2. 出租的建筑物					
3. 持有并准备增值后转让的土地使用权					
（四）生物资产					
1. 消耗性生物资产					
2. 生产性生物资产					
持续以公允价值计量的资产总额					
二、非持续的公允价值计量					
（一）持有代售资产					
非持续以公允资产计量的资产总额					

（2）披露在公允价值计量中使用的估值技术和输入值的描述性信息。当变更估值技术时，企业还应当披露这一变更以及变更的原因。由于第三层次公允价值计量相比第二层次公允价值计量主观性更强，企业应当参照第二层次公允价值计量对估值技术和输入值的描述性要求，披露更多信息，以帮助财务报表使用者更好地理解企业在公允价值计量中所做的判断和假设。

（3）企业应当披露公允价值计量中使用的重要的、可合理取得的不可观察输入值的量化信息。在公开信息无法获取或获取不切实可行的情况下，企业披露这些信息，将有助于财务报表使用者了解公允价值计量所隐含的不确定性。

（4）如果企业是直接应用第三方报价机构提供的报价或以前交易的实际交易价格并且未进行任何调整，考虑到企业未参与设定该数量化的不可观察输入值，企业可以不披露相关不可观察输入值的定量信息。为帮助财务报表使用者评价所披露的定量信息，企业可考虑披露以公允价值计量的项目的性质，包括在确定相关输入值时所考虑的相关资产或负债的特征，以及在计量公允价值时如何考虑经纪人或定价服务机构报价等第三方信息。

第三层次公允价值计量的定量信息见表 9-9。

表 9-9　第三层次公允价值计量的定量信息

项目	2020 年 12 月 31 日的公允价值	估值技术	不可观察输入值	范围区间（加权平均值）
权益工具投资		现金流量折现法	加权平均资本成本	
			长期收入增长率	
			长期税前营业利润	
			流动性折价	
			控制权溢价	
		上市公司比较法	流动性折价	
			控制权溢价	
债务工具投资		现金流量折现法	提前偿付率	
			违约概率	
			违约损失率	
衍生金融资产		期权定价模型	波动率	
			交易对手信用风险	
			自身信用风险	
出租的建筑物		现金流量折现法	长期净营业收入利润率	
			计算资产余值所使用的利率	

（5）企业应当披露估值流程的描述性信息。例如《国际财务报告准则第 13 号——公允价值计量》要求企业披露所使用的估值流程。企业可以披露如下信息：①对于企业内决定企业估值政策和流程的小组，应披露：a. 对该小组的描述；b. 该小组向谁报告；c. 所实施的内部报告程序（如定价、风险管理或审计委员会是否讨论和评估公允价值计量，如果是，如何进行）。②定价模型的校准、回溯测试及其他测试程序的频率和方法。③分析各期间内公允价值计量变动的程序。④企业如何确定公允价值计量中使用的诸如经纪人报价或定价服务的第三方信息是按照《国际财务报告准则第 13 号——公允价值计量》建立的。⑤用于建立和证实公允价值计量中使用的不可观察输入值的方法。

我国《企业会计准则第 39 号——公允价值计量》提出企业应当披露估值流程的描述性信息，例如企业如何确定其估值政策、估值程序以及分析各期间公允价值计量的变动等。企业在披露估值流程的描述性信息时，通常包括下列信息：①企业内部有专门的团队负责估值政策和估值流程的，应当披露企业内部如何决定估值政策以及估值流程的描述性信息。②风险管理部门或审计委员会等是否定期讨论和评估公允价值计量，并且这些讨论和评估是如何进行的。③各期间公允价值计量变动分析等。

（6）企业应当披露期初余额与期末余额之间的调节信息，包括计入当期损益的已实现利得或损失总额，以及确认这些利得或损失时的损益项目；期末持有资产或负债计入当期损益的未实现利得或损失总额,以及确认这些未实现利得或损失时的损益项目;计入当期其他综合收益的利得或损失总额,以及确认这些利得或损失时的其他综合收益项目;购买、出售、发行和结算以及转入、转出等情况。对于划入第三层次的持续的公允价值计量,企业应当披露每组资产或负债如何从期初余额调节至期末余额。第三层次公允价值计量披露格式如表9-10所示。

表9-10 第三层次公允价值计量披露格式

项目	期初余额	转入第三层次	转出第三层次	当期利得或损失总额		购买、发行、出售和结算				期末余额	对于在报告期末持有的资产,计入损益的当期未实现利得或损失的变动
				计入损益	计入其他综合收益	购买	发行	出售	结算		
交易性金融资产											
债务工具投资											
权益工具投资											
衍生金融资产											
指定为以公允价值计量且其变动计入当期损益金融资产											
债务工具投资											
权益工具投资											
可供出售金融资产											
债务工具投资											
权益工具投资											
其他											
投资性房地产											
出租的土地使用权											
出租的建筑物											
持有并准备增值后转让的土地使用权											
生物资产											
消耗性生物资产											
生产性生物资产											
合计											

其中,计入当期损益的利得和损失中与金融资产和非金融资产有关的损益信息的披露如表9-11所示。

表9-11 与金融资产和非金融资产有关损益信息的披露

	与金融资产有关的损益	与非金融资产有关的损益
计入损益的当期利得或损失总额		
对于在报告期末持有的资产,计入损益的当期未实现利得或损失的变动		

（7）对于持续的第三层次公允价值计量，企业改变不可观察输入值可能导致公允价值显著变化的，应当按照相关资产或负债的类别披露有关敏感性分析的描述性信息。企业应当根据净利润、总资产或总负债，或者公允价值变动在其他综合收益中确认情况下的所有者权益判断该变化的显著性。

当这些可能导致公允价值显著变化的输入值与企业使用的其他不可观察输入值之间具有相关关系时，企业应当描述这种相关关系及其影响，其中不可观察输入值至少应当包括对公允价值计量而言重要的不可观察输入值。

对于金融资产和金融负债，企业为反映合理、可能的其他假设而变更一个或多个不可观察输入值导致公允价值显著变化的，还应当披露这一事实、变更的影响金额以及计算方法。为此，企业应当根据净利润、总资产、总负债，或者公允价值变动在其他综合收益中确认情况下的所有者权益判断该变化的显著性。例如，对于以公允价值计量的住房抵押贷款证券，企业将会用到提前偿付率、违约率、违约损失率等重大不可观察输入值。每一项输入值的变动将导致该证券公允价值计量值显著变化。通常，企业关于违约率假设的变动将会导致有关违约损失率假设的同方向变动，并导致有关提前偿付率假设的反方向变动。

3. 公允价值计量各层次之间转换的披露要求

对于持续的公允价值计量，企业应当披露在公允价值计量各层次之间转换的金额和原因。无论各层次之间转换的金额是否重大，企业都应当披露转入或转出第一、第二、第三层次的金额，以有助于财务报表使用者分析企业未来的流动性风险和企业对公允价值计量相对主观性的风险敞口，并且每一层次的转入与转出应当分别披露。企业应当披露确定各层次之间转换时点的政策。企业确定转换时点的政策应至少包括以下内容：①导致各层次发生转换的事件或情况变化的日期。②报告期期初。③报告期期末。

企业调整公允价值计量层次转换时点的相关会计政策，应当一致地应用于转出的公允价值计量层次和转入的公允价值计量层次，并在前后各会计期间保持一致。

4. 非金融资产最佳用途不同于当前用途的披露要求

对于持续和非持续的公允价值计量，非金融资产的最佳用途与其当前用途不同的，企业应当披露这一事实以及原因。企业披露该信息有助于报表使用者了解企业有关该非金融资产的使用方式以及与企业战略和经营计划的契合方式，能够为财务报表使用者提供预测未来现金流量的有用信息。

5. 不以公允价值计量但以公允价值披露项目的披露要求

对于不以公允价值计量但以公允价值披露的资产和负债，企业应当披露下列信息：①公允价值计量的层次。②对于第二层次的公允价值计量，企业应当披露使用的估值技术和输入值的描述性信息。当变更估值技术时，企业还应当披露这一变更以及变更的原因。③当非金融资产的最佳用途与其当前用途不同时，企业应当披露这一事实及其原因。③企业以市场风险和信用风险的净敞口为基础管理金融资产和金融负债的，计量该组合公允价值的事实。⑤对于以公允价值计量并且附有不可分割的第三方信用增级的负债，企业应当披露该信用增级,并说明其公允价值计量中是否已反映该信用增级。⑥对于第三层次的公允价值计量,企业应当披露使用的估值技术、输入值和估值流程的描述性信息。当变更估值技术时,企业还应当披露这一变更以及变更的原因。企业应当披露公允价值计量中使用的重要的不可观察输入值的量化信息(但不需要披露估值流程和使用的重要不可观察输入值的量化信息)。⑦企业应当以表格形式披露《企业会计准则第 39 号——公允价值计量》要求的量化信息,除非其他形式更适当。

本章小结

自 2007 年开始的全球金融危机凸显了国际财务报告准则与美国公认会计原则采用共同公允价值计量要求的重要性,公允价值计量项目是国际会计准则理事会与美国财务会计准则委员会的联合项目。《国际会计准则第 13 号——公允价值计量》与美国《主题 820》基本上保持了一致。2010 年我国财政部发布了《中国企业会计准则与国际财务报告准则持续趋同路线图》,于 2012 年 5 月 17 日发布了《企业会计准则第×号——公允价值计量(征求意见稿)》,以进一步规范我国企业会计准则中公允价值计量的相关会计处理规定,并保持我国企业会计准则与国际财务报告准则的持续趋同。然而,公允价值计量的国际趋同并不是一帆风顺的,比如 2013 年 7 月 10 日国际会计准则理事会(IASB)就欧盟委员会(EC)《欧洲经济的长期融资》提交了相关回复,着重关注欧盟委员会提出的有关采用公允价值会计原则和投资者行为中的短期主义之间潜在关系问题。欧盟委员会提出"Q20:您在多大程度上认为采用公允价值会计原则导致了投资者行为中的短期主义?建议采取哪些可选方法或其他措施来弥补此类影响?",IASB 认为公允价值会计原则本身不会导致投资者行为的短期主义,导致短期主义存在多种因素,公允价值会计可能是此类因素之一。

公允价值会计最核心的理念是基于市场的计量而不是特定主体的计量,因此是以市场参与者的第三方视角来进行的会计活动。如果公允价值能够提供市场基准,则其必须建立在一系列新市场术语上,《国际会计准则第 13 号——公允价值计量》为此界定了 25 个术语,可以说对这 25 个术语的深刻领会也就是在理解成熟市场中市场参与者的理性经济行为。本章将这 25 个术语有机地贯穿在四节的内容中。

需要注意的是,即便企业资产和负债都采用了公允价值计量,但这也不是在准确反映企业价值。因为实践中的会计活动尚无法全面反映企业所有的资产和负债,即使会计数据反映了所有的资产和负债,也还是无法准确计量企业价值的,这是由于有些甚至大部分企业未来现金流量和企业价值都是资产和负债协同创造的。从公允价值估值技术本身来看,第二和第三层级的公允价值的存在表明估值很大程度上来自企业内部认知,市场参与者对未来现金流量折现是各不相同的。

活跃市场(active market)　　　　　　成本法(cost approach)
进入价格(entry price)　　　　　　　退出价格(exit price)

公允价值（fair value） 最佳用途（best use）
收益法（income approach） 第一层次输入值（level 1 inputs）
第二层次输入值（level 2 inputs） 第三层次输入值（level 3 inputs）
市场法（market approach）
市场验证的输入值（market-corroborated inputs）
市场参与者（market participants） 最有利市场（most advantageous market）
不履约风险（non-performance risk） 可观察输入值（observable inputs）
有序交易（orderly transaction） 主要市场（primarily market）
交易费用（transaction costs） 运输费用（transport costs）
计量单元（unit of account） 不可观察输入值（unobservable inputs）
重置成本（replacement cost） 可变现净值（net realizable value）
现值（present value） 预期现金流（expected cash flow）
过去的进入价格（past entry price） 过去的脱手价格（past exit price）
现行进入价格（current entry price） 现行脱手价格（current exit price）
在用的价值（value in use） 未来的投入价格（future entry price）
未来的脱手价格（future exit price） 公允价值会计（fair value accounting）
盯市会计（mark-to-market accounting） 现行平均价格（current equilibrium price）

小组讨论

2004 年 11 月 30 日，德发公司与广州穗和拍卖行有限公司（以下简称穗和拍卖行）签订委托拍卖合同，委托其拍卖自有的位于广州市人民中路 555 号"美国银行中心"的房产。包括地下负一层至负四层 199 个车库，面积 13 022.467 8 m²；首层至第三层的商铺，面积 7 936.747 8 m²；四层至九层、十一层至十三层、十六层至十七层、二十层至二十八层部分单位的写字楼，面积共计 42 285.578 8 m²。德发公司拍卖合同对上述总面积 63 244.794 4 m² 房产估值为 530 769 427.08 港元。穗和拍卖行 2004 年 12 月 2 日宣称将于 2004 年 12 月 9 日举行拍卖会，拍卖公告明确竞投者须在拍卖前将拍卖保证金港币 6 800 万元转到德发公司指定银行账户内。盛丰实业有限公司（香港公司）通过拍卖以底价 1.3 亿港元竞买了面积为 59 907.092 1 m² 的房产。德发公司在上述房产拍卖后按人民币 1.382 55 亿元（以当时的银行汇率折算）拍卖成交价格先后向税务部门缴付了营业税 6 912 750 元及堤围防护费 124 429.5 元，取得了相应的完税凭证。

2006 年，广州市地方税务局第一稽查局（以下简称广州税稽一局）对此展开调查，经向广州市国土资源和房屋管理局调取德发公司委托拍卖房产所在周边房产交易价格情况进行分析，得出当时德发公司委托拍卖房产的周边房产交易价格，写字楼 5 500～20 001 元/m²，商铺 10 984～40 205 元/m²，地下停车位 89 000～242 159 元/个。广州税稽一局认为德发公司以 1.382 55 亿元出售上述房产，拍卖成交单价格仅为 2 300 元/m²，不及市场价一半，价格严重偏低。2009 年 8 月 11 日根据《中华人民共和国税收征收管理法》（以下简称税收征管法）第三十五条及《中华人民共和国税收征收管理法实施细则》（以下简称税收征管法实施细则》第四十七条规定作出税务检查情况核对意见书，以停车位 85 000 元/个、商场 10 500 元/m²、写字楼 5 000 元/m² 的价格计算，核定德发公司委托拍卖的房产交易价格为 311 678 775 元，并以此为标准核定德发公司应缴纳营业税 15 583 938.75 元（311 678 775 元×5%的税率）、应缴纳堤围防护费 280 510.90 元。该意见书同时载明了广州税稽一局将按规定加收滞纳金及罚款的情况。

德发公司于 2009 年 8 月 17 日向广州税稽一局提交了复函，认为对其委托拍卖的房产价值核准为 311 678 775 元缺乏依据。广州税稽一局没有采纳德发公司陈述意见，于 2009 年 9 月 14 日作出穗地税稽一处[2009] 66 号税务处理决定，认为德发公司存在违法违章行为并决定：一、根据《税收征管法》第三十五条、税收征管法实施细则第四十七条、《中华人民共和国营业税暂行条例》（以下简称营业税条例）第一条、第二条、第四条的规定，核定德发公司 2004 年 12 月取得的拍卖收入应申报缴纳营业税 15 583 938.75 元，追缴其未缴纳营业税 8 671 188.75 元及滞纳金 2 805 129.56 元。二、根据广州市人民政府《广州市市区防洪工程维护费征收、使用和管理试行办法》（穗府〔1990〕88 号）第二条、第三条、第七条及广州市财政局、广州市地方税务局、广州市水利局《关于征收广州市市区堤围防护费有关问题的补充通知》（财农〔1998〕413 号）第一条规定，核定德发公司 2004 年 12 月取得的计费收入应缴纳堤围防护费 280 510.90 元，追缴少申报 156 081.40 元及滞纳金 48 619.36 元。

德发公司不服广州税稽一局处理决定而向广州市地方税务局申请行政复议。广州市地方税务局经复议后于 2010 年 2 月 8 日作出穗地税行复字〔2009〕8 号行政复议决定，维持了广州税稽一局的处理决定。广州市天河区人民法院依照若干解释第五十六条第四项之规定，作出（2010）天法行初字第 26 号行政判决，驳回德发公司诉讼请求。德发公司向广州市中级人民法院提起上诉，广州市中级人民法院依照修订前的《中华人民共和国行政诉讼法》第六十一条第（一）项的规定，作出（2010）穗中法行终字第 564 号行政判决，驳回上诉，维持原判。德发公司向广东省高级人民法院申请再审，广东省高级人民法院作出（2012）粤高法行申字第 264 号驳回再审申请通知，驳回德发公司再审申请。德发公司不服而向最高人民法院申请再审，最高人民法院 2015 年 6 月 29 日开庭审理并于 2017 年 4 月 7 日作出终审判决，撤销广州税稽一局作出的对德发公司加收滞纳金的决定；责令广州税稽一局在本判决生效之日起 30 日内返还已经征收的滞纳金，并按照同期中国人民银行公布的一年期人民币整存整取定期存款基准利率支付相应利息；驳回德发公司其他诉讼请求。

根据上述资料，讨论：

（1）拍卖价格作为市场价格的一种，是否符合会计学视角的公允价值界定？尤其是该案中涉案拍卖行为只有一个竞买人参加竞买即一人竞拍。

（2）税法中的"公允价值"是否等同于会计学中的"公允价值"？如何看待该案中税收核定权对拍卖价格的调整即税收核定权与公允价值计量之间的博弈关系？

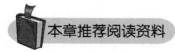

本章推荐阅读资料

1. 美国证券交易委员会（SEC）. 市值会计研究[M]. 财政部会计准则委员会，译. 北京：中国财政经济出版社，2009.

2. 国际会计准则理事会（IASB）. 国际财务报告准则第13号——公允价值计量[M]. 中国会计准则委员会，译. 北京：中国财政经济出版社，2013.

3. 王仲兵. 公允价值解析与应用[M]. 北京：经济科学出版社，2011.

4. 国际会计准则理事会，财务报告概念框架，2018-03-29.

5. 财政部会计司，企业会计准则第39号——公允价值计量[M]. 北京：中国财政经济出版社，2014.

名词解释

公允价值　　市场参与者　　主要市场　　交易费用　　运输费用　　有序交易
计量单元　　成本法　　收益法　　市场法　　可观察输入值　　不可观察输入值
不履约风险　　最佳用途　　活跃市场

简述题

1. 如何理解公允价值是基于市场的计量而不是特定主体的计量？

2. 公允价值计量单元与资产负债表列报项目之间为什么存在着不一致？

3. 简述《企业会计准则第39号——公允价值计量》中公允价值概念对2006年基本准则中公允价值概念的完善。

4.《企业会计准则第39号——公允价值计量》为什么没有规定企业应当优先使用何种估值技术？

5.《企业会计准则第39号——公允价值计量》为什么要划分公允价值层次？

6.《企业会计准则第39号——公允价值计量》为什么要规定非金融资产最佳用途？

7. 公允价值相关信息披露有什么特点？

业务及计算题

习题一

（一）目的：掌握交易费用与运输费用对公允价值计量的影响。

（二）资料：某资产出售存在两个不同活跃市场的不同售价，企业同时参与两个市场的交易，并且能够在计量日获得该资产在这两个不同市场中的价格。M 市场中出售该资产收取的价格为 RMB28，该市场交易费用为 RMB5，资产运抵该市场费用为 RMB3。N 市场中出售该资产将收取的价格为 RMB26，该市场交易费用为 RMB3，资产运抵该市场费用为 RMB2。

（三）要求：

（1）计算该资产在 M 市场与 N 市场销售净额。

（2）如果 M 市场是该资产主要市场，则该资产公允价值额是多少？

（3）如果 M 市场与 N 市场都不是资产主要市场，则该资产公允价值额是多少？

习题二

（一）目的：理解公允价值市场法估值技术的使用。

（二）资料：M 公司拥有 N 公司 6.5%的股权，将其作为可供出售金融资产持有。N 公司是一家非上市股份公司，不存在活跃市场公开报价。2020 年 12 月 31 日，M 公司在编制其财务报表时决定采用市场乘数法确定对 N 公司投资的公允价值。M 公司综合考虑了相关因素后选择了 4 家可比的上市公司，并使用投入资本市场价值（企业价值）/EBITDA（税息折旧及摊销前利润）进行估值。相关数据如下：

（1）可比上市公司的资本市场价值（企业价值）/EBITDA（税息折旧及摊销前利润），其中 A 公司 8.5 倍、B 公司 8.10 倍、C 公司 9 倍、D 公司 9.2 倍。

（2）2020 年 12 月 31 日，N 公司税息折旧及摊销前利润为 12 500 万元。

（3）N 公司 2020 年 12 月 31 日负债公允价值为 36 000 万元。

（4）N 公司流动性折价为 12%。

（三）要求：M 公司在 N 公司中股权投资的公允价值。

习题三

（一）目的：理解公允价值收益法估值技术的使用。

（二）资料：甲公司 2020 年将其拥有的地处市中心的一栋写字楼出租，该写字楼采用公允价值模式进行后续计量。该公司决定采用收益法中的现金流量折现法估计这栋写字楼 2020 年 12 月 31 日的公允价值。根据市场状况，甲公司使用了如下的假设：

（1）预测期为 2020 年 12 月 31 日至 2025 年 12 月 31 日。

（2）收益期为计量日至土地使用权终止日之间的 35 年。

（3）折现率为 9%。

（4）2021 年至 2023 年租赁期内采用租赁合同租金，2024 与 2025 年租赁期外采用市场租金。

（5）预计增值税及附加、房产税、土地使用税等相关费用支出占每年租金收入的 20%。

相关数据如下：

（1）2021 年至 2025 年各期租金收入分别为 12 500 万元、15 500 万元、17 000 万元、17 500 万元与 18 500 万元。

（2）该写字楼 2025 年后 30 年余值的折现值为 80 145 万元。

（三）要求：该写字楼 2020 年 12 月 31 日的公允价值。

习题四

（一）目的：理解现金流量折现法计量公允价值

（二）资料：2020 年 1 月 1 日，M 公司通过非同一控制下的企业合并取得 N 公司控制权。N 公司在南海海域建有一钻井平台并于 2020 年 1 月 1 日投入使用，该钻井平台预计使用 10 年后拆除。M 公司使用期望现金流量法来计量该弃置义务的公允价值。承担该弃置义务的市场参与者使用下列输入值估计预计将会收到的价格，适当时使用其加权平均数：（1）人工成本。（2）间接费用的分摊。（3）应得的补偿，主要是：①人工成本与间接费用的利润；②不包括通货膨胀影响的实际现金流出与预计现金流出不一致的风险。（4）通货膨胀对估计的成本和利润的影响。（5）以无风险利率反映的货币时间价值。（6）包括 M 公司自身信用风险在内的不履约风险。基于这些市场参与者所考虑的上述输入值，M 公司以公允价值计量该弃置义务所使用的重大假设如下：

（1）人工成本依据当前市场条件下聘请专业承包商拆除海上钻井平台的薪酬水平确定，并就预期未来薪酬增长进行了调整。M 公司估计的现金流量情况如下：

可能的现金流量及概率

现金流量估计值	概率/%	期望现金流量
22 500	20	4 500
27 200	55	14 960
33 500	25	8 375
合计		27 835

（2）M 公司采用人工成本的 75% 比例估计应分摊的间接费用和设备运行成本。这与市场参与者的成本结构相符。

（3）M 公司估计市场参与者应得的补偿如下：①20% 利润率与市场参与者就实施相关活动而要求的补偿率一致；②包括通货膨胀影响在内的估计溢价金额为期望现金流量的 5%。

（4）M 公司假定 10 年期间通货膨胀率为 4%。

（5）2020 年 1 月 1 日，10 年期无风险利率为 5%，为反映不履约风险，无风险利率增加 2.5%。

M 公司认为上述假设与市场参与者的假设是一致的。

（三）要求：计算 M 公司该项弃置义务的公允价值。

第十章

重整与破产会计

学习提要与目标

重整与破产是企业面临财务困境时的两种结果,从而也产生了重整和破产会计问题。重整会计反映企业重整期这一特殊期间的重整行为及其结果,并对会计期间假设进行了局部修订;破产对会计主体、持续经营、会计期间等会计假设产生冲击,破产会计对破产会计目标、破产会计假设、破产会计要素构建等理论问题进行了阐述,介绍了破产清算过程的核算原则和破产清算会计报告的体系、框架和内容。通过本章的学习,同学们应:

- 了解重整和破产的基本特点和程序
- 掌握重整会计的特点及会计处理方法
- 掌握破产会计的基本理论、掌握破产企业会计要素的确认标准、计量原则及其会计处理方法
- 掌握破产清算会计报告的框架、内容和编制方法

第一节 重整与破产会计概述

一、重整、破产与清算

企业因经营管理不善或受外部因素的影响发生财务困难而无法按期偿付债务时,除了债权人自愿与债务人进行债务重组外,一般有两种结果:其一,债权人依照破产法的有关规定,向人民法院申请债务人破产,法院受理申请并宣告债务人企业破产;其二,债权人或债务人依照破产法的有关规定,向人民法院申请对债务人进行重组,经人民法院审查后裁定债务人重整。

重整又称破产重整或破产保护,是指依照法定程序对可能或已经发生破产原因但有恢复希望的企业,由各债权人、债务人及其他利益相关人通过特定程序并在法院主导和监督下进行调整,使其摆脱困境的一种破产预防法律制度。企业重整的目的并不在于公平分配债务人的财产,而是在于清理企业债务,防止或避免企业遭受破产的厄运,维持企业的存在,使行将解体或破产的企业有重整旗鼓、恢复生机的机会,以调整投资者、债权人及其他利害关系人的利益关系。

破产是指经济活动的彻底失败,从法律意义上来看,则指债务人不能清偿到期债务时,为了维护债权人及债务人的利益,由法院强制执行其全部财产,公平清偿全体债权人的一种特定的法律程序。

清算是指企业因某种原因终止时，清理企业财产、收回债权、清偿债务并分配剩余财产的行为。清算按其产生原因可分为解散清算、撤销清算和破产清算。解散清算是指企业根据公司章程的规定或股东大会的决议，在企业解体时进行的清算；撤销清算是指由于企业违反有关法律法规规定，被依法撤销时进行的清算；破产清算是指企业被宣告破产后，根据破产法的规定进行的清算。

二、重整与破产的会计问题

企业重整和破产面临一系列的会计理论和会计实务问题。从理论上看，重整是对会计期间假定的局部修订，破产则对会计主体、持续经营、会计期间等会计假设产生冲击，提出了如何构建破产会计理论的问题；从会计实务看，重整期间的损益由正常经营损益和重整损益两部分构成，如何设计重整会计核算原则和重整会计信息揭示内容及方式是重整会计中必须解决的问题。破产会计中，则需要构建有别于持续经营会计的破产会计要素、破产核算原则和破产清算会计报告。

第二节 重整会计

一、重整的特点

重整制度是商品经济发展到一定阶段的产物，对经济具有积极的拯救功能和预防破产作用。破产重整制度首创于英国，1929 年英国《公司法》中创立的管理人制度被认为是重整制度的开端[①]。目前，世界各国的重整制度大体分为三种：第一种是在破产法中通过专门的章节作出规定，如美国《破产法》第 11 章；第二种是单独制定重整法规，如日本的《会社更生法》；第三种是在公司法中通过专门章节对重整制度作出规定。2006 年 8 月 27 日第十届全国人民代表大会常务委员会第二十三次会议通过的《中华人民共和国企业破产法》（以下简称《破产法》）第八章就重整申请和重整期间、重整计划的制订和批准及重整计划的执行作出了规定。

从重整法律制度规定的内容来看，其基本特点包括如下方面。

1. 重整申请主体和参与主体的多样性

有权提出重整申请的通常是企业的债务人、债权人和股东。而企业破产申请人只能是债权人或债务人；另外，在重整程序中参与主体除了债务人、债权人、管理人外，还规定了股东的法律地位。

2. 重整机构依法产生

重整机构一般包括重整管理人、重整监督人、债权人会议、股东委员会等。重整管理人由法院选任，其职责是接管债务人全部财产、账册等，行使企业经营管理权和营业范围内的财产处分权，拟订重整计划，执行重整计划。重整监督人亦由法院选任，执行职务受

---

① 李永军. 破产重整制度研究[M]. 北京：中国人民公安大学出版社，1996：9.

法院监督。其主要职责是监督重整人的活动及重整方案的执行。与重整企业或股东有利害关系的人，不得担任监督人。债权人会议是债权人参与重整程序的形式。其主要职责是听取企业经营状况和财务状况的报告及重整意见，审议及表决通过重整方案、决议及其他有关重整事项。股东委员会主要是参与讨论重整计划、提出咨询意见等。根据我国破产法的有关规定，重整管理人由人民法院指定。在重整期间，经债务人申请，人民法院批准，债务人可以在管理人的监督下自行管理财产和营业事务。已接管债务人财产和营业事务的管理人应当向债务人移交财产和营业事务，管理人的职权由债务人行使。管理人负责管理财产和营业事务的，可以聘任债务人的经营管理人员负责营业事务。《破产法》规定，债务人的出资人代表可以列席讨论重整计划草案的债权人会议。重整计划草案涉及出资人权益调整事项的，应当设出资人组，对该事项进行表决。

3. 重整原因宽松

重整原因不像破产原因那样单一、严格，通常有三种，即不能清偿到期债务、资不抵债和有可能不能清偿到期债务。

4. 重整程序优先化

重整程序开始后，对企业已开始的和解、破产以及民事执行程序必须中止，只有在重整失败且有破产原因时，法院才依法宣告企业破产。

5. 法院在企业重整中居于主导地位

重整程序从性质上讲属于司法程序，法院的主导地位自始至终贯穿在重整程序的全过程。如法院对重整申请，应做形式和实质上的审查，如果经审查不符合重整条件，应以裁定驳回重整申请；企业进入重整程序后，股东大会、董事会、监事会等均需停止行使职权，应当由法院选任或依法组织其他机构并在法院指挥和监督下管理企业并负责重整事务；重整人提出重整计划并经关系人会议通过后，法院有权就是否认可重整计划作出裁定，如果法院作出认可裁定，重整人就应当组织实施重整方案。

6. 担保物权的非优先化

在重整中重整程序的效力及于担保物权，即重整程序将社会利益放在首位，重整程序前成立的有财产担保的债权不经重整程序不得受偿，这一点不同于破产程序。《破产法》第七十五条规定，在重整期间，对债务人的特定财产享有的担保权暂停行使。但是，担保物有损坏或者价值明显减少的可能，足以危害担保权人权利的，担保权人可以向人民法院请求恢复行使担保权。

7. 对股东权利的约束

在重整期内，为了维护债权人的利益，为重整成功创造必要的条件，通常对股东的收益权等权利的行使有一定的限制。《破产法》第七十七条规定，在重整期间，债务人的出资人不得请求投资收益分配。同时规定，在重整期间，债务人的董事、监事、高级管理人员不得向第三人转让其持有的债务人的股权。但是，经人民法院同意的除外。

8. 重整一般有法定期限

国际视野

美国《破产法》的相关规定

美国《破产法》第 11 章提供了一种在法院监督下对债务人企业进行重组的形式，重组涉及部分债务的免除，将其他债权人的债权转换为股权，并重新确定债务人普通股的面值或账面价值。

关于重组计划，由管理者或受托人向破产法院提交的重组计划将被呈送给债权人和股东、美国财务部及证券交易委员会（SEC），计划必须包括改变或减少债权人和股东利益及权利的条款。在重组计划被破产法院批准前，计划必须被拥有 2/3 以上债权的债权人和拥有 2/3 以上流通在外股票的各类股东接受。如果一个或多个层次的股东或债权人没有接受计划，破产法院仍可以批准计划，只要认为计划对拒绝接受者是公正和公平的即可。被法院批准的重组计划对债务人企业、企业的所有债权人和所有者及按计划发行证券或获取财产的其他企业，都具有约束力。

二、重整的一般程序

1. 提出重整申请

企业面临财务困难，或经营混乱，面临停业危险时，应由符合法律规定的董事会、股东、债权人或其他机构向法院提出重整申请。《破产法》规定，债务人或者债权人可以直接向人民法院申请对债务人进行重整。债权人申请对债务人进行破产清算的，在人民法院受理破产申请后、宣告债务人破产前，债务人或者出资额占债务人注册资本 1/10 以上的出资人，可以向人民法院申请重整。人民法院经审查认为重整申请符合法律规定的，应当裁定债务人重整，并予以公告。

2. 法院调查和裁决

人民法院经审查认为重整申请符合法律规定的，裁定债务人重整，并予以公告。

3. 组成重整机构

在实施重整阶段，法院应选派重整监督人、重整管理人，召开重整关系人会议。

4. 制订重整计划

重整计划是指以维持债务人的继续经营，清理债权债务关系，制订挽救手段为内容的协议。重整计划一般由债务人或管理人制订，重整计划的制订必须坚持公正和可行原则。在重整计划中，首先应在分析企业陷入财务困境的原因基础上，提出股东、债权人认可的经营方案；其次就重整期间对资金的需求提出筹资方案，鉴于企业这个特定时期的特点，不可能以举借新债方式筹集资金，一般由原有投资人注资，同时，对现有负债进行重整，通过以非现金资产偿债、发行权益性债券及修改债务条件等方式进行债务重整。

《破产法》规定，重整计划草案应当包括下列内容。
（1）债务人的经营方案；
（2）债权分类；
（3）债权调整方案；
（4）债权受偿方案；
（5）重整计划的执行期限；
（6）重整计划执行的监督期限；
（7）有利于债务人重整的其他方案。

重整计划拟定后，应将企业业务情况及财务报告、重整计划一并提交人民法院，由人民法院召开债权人会议进行表决，出席会议的同一表决组的债权人过半数同意重整计划草案，并且其所代表的债权额占该组债权总额的 2/3 以上的，即为该组通过重整计划草案。

债权人会议通过重整计划草案时，重整计划即为通过。自重整计划通过之日起 10 日内，债务人或者管理人应当向人民法院提出批准重整计划的申请。由人民法院裁定批准，终止重整程序，并予以公告。法院批准后的重整计划对于债务人、债权人和股东等都具有约束力。

5. 完成重整

重整人必须在重整计划规定的期限内完成重整工作，召开重整后的股东大会，确认修改后的公司章程，选举新的董事和监事，由重整人向法院申请批准完成重整的裁决。

重整结果一般有以下几种情况。

（1）重整计划草案未能在债权人会议上表决通过或已通过的重整计划未获得批准，人民法院裁定终止重整程序并宣告债务人破产。

（2）在重整期间由于债务人的经营状况和财产状况继续恶化，缺乏挽救的可能性，或债务人有欺诈、恶意减少债务人财产或者其他显著不利于债权人的行为或由于债务人的行为致使管理人无法执行职务。经管理人或者利害关系人请求，人民法院应当裁定终止重整程序，并宣告债务人破产。

（3）重整期间，债务人不能执行或者不执行重整计划的，人民法院经管理人或者利害关系人请求，应当裁定终止重整计划的执行，并宣告债务人破产。

三、重整的会计核算

（一）重整会计的基本特点

破产重整既是一种法律程序，又是一种有别于正常经营活动的特殊经济活动。因此，作为反映和监督重整行为的重整会计，无论是在理论上还是在实务上，必然不同于传统的企业会计。

1. 特殊的会计核算期间

企业在重整期间其经营活动并不会停止。因此，重整会计仍是以持续经营假设为基础的。但是，企业重整的特点决定了重整期间是一个特殊的会计核算期间。尽管在重整期间内，企业的生产经营活动并未停止，但是，从重整会计信息的使用者——重整人、重整关系人会议、重整监督人的需要看,他们所特别关注的是企业重整期间重整计划的落实、执行情况以及重整结果,而这一过程和结果必须通过会计部门提供的重整会计信息才能得到比较充分的反映。因此,就要求企业在持续经营假设的基础上,划分重整期间和正常经营会计期间的界限,将重整期间作为一个特殊的会计期间,单独反映这一期间的重整事项和重整计划执行情况,并应在重整期结束后编制重整会计报告。

2. 重整期间重整损益与经营损益共存

企业在重整期间一方面要继续进行正常的生产经营活动;另一方面要实施重整计划,包括重新确认债务、处置财产、按比例减少资本等。这种经营活动与重整活动并存的情况,决定了企业重整期间的损益由正常经营损益和重整损益两部分构成。因此,需要将其分别核算、分别揭示。

ST 光明破产重整案

ST 光明成立于 1996 年 2 月 5 日,其股票于 1996 年 4 月 25 日在深交所挂牌上市交易。总股本为 185 711 078 股,其中非流通股票为 102 217 106 股,流通股票为 83 493 972 股。其控股股东为光明集团,占总股本的 32.1%,实质控制人为伊春市国资委。自 2002 年起光明家具逐步陷入严重的经营危机和财务危机,由于 2005 年、2006 年连续两年亏损,2007 年 5 月 8 日开始公司股票交易实施退市风险警示特别处理,面临着严峻的退市风险。因其无力偿还到期债务,债权人华丽木业公司向伊春中级人民法院申请对光明家具进行重整。伊春中级人民法院于 2009 年 11 月 9 日以(2009)伊商破字第 1 号《民事裁定书》裁定受理光明家具重整一案,并指定光明家具清算组担任管理人。

根据 ST 光明公告的资料,31 家债权人向管理人申报债权总额为 566 604 646.09 元。经管理人审查,确认债权总额为 478 877 520.34 元。同时,根据中企华评估公司出具的《资产评估报告》,以重整案件受理日为评估基准日,光明家具现有全部资产的评估值为 108 110 332.24 元。其中,抵押财产的评估价值为 56 423 247.20 元,非抵押财产的评估价值为 51 687 085.04 元,假定其全部现有资产能够按照评估价值 108 110 332.24 元处置变现,按照《破产法》规定的清偿顺序,资产变现所得在支付重整费用 25 000 000 元、清偿职工债权 1 472 465.4 元、其他社会保险费用 286 319 元以及税款债权 5637324.83 元后,则普通债权的清偿率为 8.58%。

根据 ST 光明的重整计划,其大股东光明集团(非流通股东)按照 16%的比例让渡其实际持有的非流通股票,其他非流通股东按照 10%的比例让渡其持有的非流通股票;持股 5 万股(含 5 万股)以上的流通股东按照 6%的比例进行让渡,持有的不足 5 万股部分的流通股票,免于让渡。按此方案,光明家具出资人共计让渡约 1 289.89 万股非流通股票及约 200.86 万股流通股票。上述股票由管理人处置变现(包括部分或全部由重组方有条件受让),变现所得全部用于按照重整计划的规定支付重整费用和清偿债权。

ST 光明的重整计划，将其债权分为优先债权组、职工债权组、税款债权组、普通债权组四类，其中，优先债权组债权金额 91 540 122.37 元，偿付比例 100%，职工债权组债权金额 1 472 465.40 元，偿付比例 100%，税款债权组债权金额 5 637 324.83 元，偿付比例 100%，大额普通债权组（3 万元以上）债权金额 381 631 802.10 元，30 000 元以下（含 30 000 元）的部分，偿付比例 100%，超过 30 000 元的部分偿付比例 18%，小额普通债权组（3 万元以下）债权金额 68 271 04 元，偿付比例 100%。

ST 光明《重整计划（草案）》在债权人会议优先债权组、大额普通债权组两次表决未通过的情况下，伊春中级人民法院裁定批准光明集团家具股份有限公司重整计划（六个月内执行完毕）并终止重整程序。

资料来源：根据 ST 光明发布的破产重整公告、破产重整计划等资料整理

3. 会计揭示内容的双重性

企业进行重整以后，在资产负债表中首先要揭示的应当是企业债务中有哪些债务是需要重整的，哪些债务是不需要重整的，而不是其债务的流动性，单纯将负债划分为流动负债和长期负债的方法，无法满足重整人、重整关系人会议、重整监督人的需要。因此，重整会计中的资产负债表要做需要重整债务和不需要重整债务、流动负债和长期负债的双重反映；利润表也要做正常经营损益和重整损益的双重反映。

4. 企业重整结束后，会计处理方法的选择具有不确定性

由于企业重整结束后存在两种结果，一种是重整成功，一种是重整失败。因此，重整结束后的会计处理方法的选择也存在不确定性，如果企业重整成功，则恢复正常的生产经营，以重整结束期期末作为企业一个新的起点，应采用持续经营基础上的各种会计处理程序和方法；如果重整失败，则企业进入破产状态，应采用终止经营基础上的破产清算会计处理程序和方法。

（二）重整会计核算方法

企业重整期间的会计核算包括重整业务和经营业务，两种业务应进行严格区分，重整业务主要是对重整支出、重整费用和重整损益的核算。对于重整期间进行的各种债务重整事项，应进行单独核算，以反映重整损益；经营业务则是重整计划实施中进行的经营业务，其核算方法与一般企业经营业务的核算相同。

 相关链接

债务人管理模式运行机制

我国企业破产法对进入重整程序的管理人规定了两种管理模式，其一是管理人管理模式；其二是债务人管理模式。两种管理模式的主要区别在于重整期间经营控制权的归属，前者经营控制权归属于管理人，使董事会与经营管理层的委托代理关系中断；后者则将经营控制权归属于债务人，由重整企业原有管理层继续享有对企业的经营控制权。

1. 债务人管理模式下债务人作为管理人的职责

《破产法》第七十三条规定,"在重整期间,经债务人申请,人民法院批准,债务人可以在管理人的监督下自行管理财产和营业事务。"这一规定意味着破产法明确了破产重整中债务人管理模式的应用空间,赋予了债务人作为管理人身份管理相关事务的职能。在该管理模式下,作为行使管理人职能的债务人的主要职责包括:制作重整计划草案,向人民法院和债权人会议提交重整计划草案;向债权人会议就重整计划草案作出说明;向人民法院提出批准重整计划的申请;未通过重整计划的,同未通过重整计划的表决组进行协商;执行重整计划,并在监督期内向管理人报告重整计划执行情况和债务人财产情况等,并接受管理人监督。我们看到,债务人管理模式下,债务人享有破产重整这一特殊期间的协调管理权和经营控制权,扮演了这一特殊期间的"经理"角色。

2. 债务人管理模式下公司治理机制的运行体系

在公司处于持续经营的正常状态时,股东大会是决定公司经营管理重大事项的最高权力机构,董事会是公司法人的经营决策和执行业务的常设机构,主要职责是对公司经营进行战略决策并对经理人员进行有效监督;监事会是公司专职监督机构,主要是对董事会及经理层实施监督。上述运行体系体现出的基本特征是股东享有公司最终控制权,董事会享有经营控制权,经理层享有实际经营管理权,而债权人与公司形成的是一种债权债务关系,被排除在公司治理结构之外。伴随着公司陷入财务困境进而进入破产重整程序,以积极拯救企业,维护社会利益和经济利益并重为宗旨的破产重整制度给正常状态中的公司治理结构带来了极大的冲击,在债务人管理模式下,重整期间的公司治理结构体现出其特殊性,重整企业需面临《公司法》《破产法》等多种法律的调整,在重整的特殊期间内,需优先适用于《破产法》,从而导致权力主体呈多元化,除了正常状态下的股东大会、董事会、监事会外,债权人会议代表债权人整体利益参与重大事项决策、管理人及人民法院作为第三方管理或监督重整过程,企业内部制衡关系更加复杂,董事会既要按照公司法确立的治理机制对股东大会负责,又要接受人民法院指定,按照《破产法》确立的规则制订和执行重整计划,对债权人会议负责,接受管理人监督,因此,其运行体系更加复杂。

资料来源:胡燕. 上市公司破产重整中债务人管理模式的运行机制研究——基于ST秦岭破产重整案的分析[J]. 财务与会计,2012(8).

对于重整企业来说,重整计划的执行和实施在会计上反映为三个方面的内容:第一,需要对其重组前的债务进行分类,包括立即清偿债务、延期清偿债务,并按照债务调整方案在会计上反映清偿过程。第二,企业进入重整期间后,往往采用多种包括注销股份、缩股后发行股票等措施,或是通过向债权人发行权益性证券进行重整,尽管重整企业的法律地位和形式没有发生变化,但实际上使得重整企业的权益结构发生了很大的变化。因此,需要在会计上反映上述发行股票、注销股份、缩股等调整情况,另外,为了公正地反映重整企业作为一个新的主体的经济资源状况和权益构成情况,避免由于企业的累计亏损影响向投资者分配股利。从而增强投资者及潜在的投资者对企业的信心,应以资本公积弥补累计亏损,将未分配利润账户余额调整为零,使重整企业确立新的权益结构。第三,需要将资产调整为公允价值。重整企业应当制订资产评估方案，经过债权人会议认可后，在重整监督人或法院的监督下，聘请资产评估机构，与债权人会议成员一起，对重整企业的资产进行评估，确定其公允价值，其公允价值与账面价值之间的差额应作为资本公积处理。同时，在进行各种形式的债务重整的基础上，确定负债的公允价值。这样，重整企业的资产、负债、所有者权益建立了新的基础，为重整后企业恢复正常经营活动提供了条件。

例 10-1 2020 年 6 月 30 日为甲企业重整日，重整前的资产负债表中有关资料为（单位：元）

存货	2 000 000	负债（均为无担保长期借款）	20 000 000
银行存款	3 000 000	股本	10 000 000
其他流动资产	1 000 000	资本公积	2 000 000
固定资产	10 000 000	未分配利润	−16 000 000
资产合计	16 000 000	负债和所有者权益合计	16 000 000

2020 年 7 月 30 日，债权人会议表决并经法院批准的重整计划草案内容如下：

（1）重整企业向债务人偿付 50%的债务，其中首付 1 000 000 元；余款将在未来 5 年内逐步分期偿还；其余 50%债务豁免。

（2）股东注资 8 000 000 元（发行 4 000 000 普通股，面值 1 元）。

（3）存货的公允价值为 1 600 000 元；固定资产的公允价值为 12 600 000 元。

（4）将累计亏损余额调整为零（以资本公积弥补亏损，不足弥补部分以股本补足）。

假设不考虑所得税影响。

根据上述批准的重整计划，应编制的会计分录如下。

（1）债务清偿和展延期限：

借：长期借款　　　　　　　　　　　　　　　　　　　　20 000 000
　　贷：银行存款　　　　　　　　　　　　　　　　　　　1 000 000
　　　　长期借款——重整债务　　　　　　　　　　　　　9 000 000
　　　　营业外收入——重组利得　　　　　　　　　　　　10 000 000

（2）将重组利得结转未分配利润：

借：营业外收入　　　　　　　　　　　　　　　　　　　10 000 000
　　贷：利润分配——未分配利润　　　　　　　　　　　　10 000 000

（3）接受股东出资：

借：银行存款　　　　　　　　　　　　　　　　　　　　8 000 000
　　贷：股本　　　　　　　　　　　　　　　　　　　　　4 000 000
　　　　资本公积　　　　　　　　　　　　　　　　　　　4 000 000

（4）对存货和固定资产按评估后的公允价值进行重新计价：

借：固定资产　　　　　　　　　　　　　　　　　　　　2 600 000
　　贷：存货　　　　　　　　　　　　　　　　　　　　　400 000
　　　　资本公积　　　　　　　　　　　　　　　　　　　2 200 000

（5）用资本公积 6 000 000 元弥补亏损：

　　　　借：资本公积　　　　　　　　　　　　　　　　　　　6 000 000
　　　　　　贷：利润分配——未分配利润　　　　　　　　　　　　　　6 000 000
　（6）减少股本 1 000 000 元，使未分配利润为 0：
　　　　借：股本　　　　　　　　　　　　　　　　　　　　1 000 000
　　　　　　贷：利润分配——未分配利润　　　　　　　　　　　　　　1 000 000
　甲企业重整后资产负债表见表 10-1：

表 10-1　重整后资产负债表

编制单位：甲企业　　　　　　　2020 年 6 月 30 日　　　　　　　　　单位：元

项目	金额	项目	金额
存货	1 600 000	负债	9 000 000
银行存款	10 000 000	股本	14 000 000
其他流动资产	1 000 000	资本公积	2 200 000
固定资产	12 600 000	未分配利润	0
资产合计	25 200 000	负债和所有者权益合计	25 200 000

四、重整会计报告

　　为了向重整企业的各个重整利益关系人报告其重整计划的实施情况，应采用表内揭示和表外揭示相结合的揭示方式揭示其会计信息。另外，应根据重整计划，在重整范围确定后，编制重整日资产负债表、重整期间利润表和重整结束日资产负债表。

　　重整日和重整结束日的资产负债表与一般传统的资产负债表相同。

　　在重整期间利润表中，为了反映重整企业的正常经营损益和重整损益，应对传统的利润表中的项目进行一定的改造，将这两种损益单独列示。其中，经营损益部分包括营业收入、营业成本、营业税金、营业费用、管理费用、营业外收支等；重整损益则包括重整计划实施过程中所发生的重整收益、重整损失和重整费用等。

　　重整企业应在编制基本会计报表的基础上，采用附注、附表等多种表外揭示的方式揭示重整信息。特别是在进行了权益结构的调整、未分配利润调整为零以后，应在表外以适当形式进行充分揭示，在重整后的若干年内，注明其未分配利润累计起始日期。同时，应以文字说明重整计划的执行情况，如管理机构的变动情况、股权结构情况等。另外，重整企业还应在附注中揭示变更债务条件及清偿债务的内容、重整净收益对所得税的影响以及转让资产清偿债务所发生的资产处置损益额等。

第三节　破　产　会　计

一、破产的特征及破产界限

　　如前所述，破产从经济意义上看是指经济活动的彻底失败，是债务人不能清偿到期债务的状态。从法律意义上来看，破产是指债务人不能清偿到期债务时，为了维护债权人及债务人的利益，由法院强制执行其全部财产，公平清偿全体债权人的一种特定的法律程序。

（一）破产的特征

破产作为一种特定的经济状态和法律程序，其基本特征表现为如下方面。

（1）债务人丧失了偿债能力，无论自愿与否均不能清偿到期债务。

（2）破产是一种由法律严格规范的经济状态，任何企业都不得自行宣布破产。

（3）破产的宗旨是为了保护全体债权人的合法权益，强调债务的履行在债权人之间的公平。

（4）破产是一种特殊的偿债手段，与一般偿债手段不同的是，破产是以债务人法律上的民事主体资格的丧失以及相应的行为能力和权利能力的消亡为最终结果，以全部资产作为偿债基础的，是一次性偿债。

（5）破产是一种特定的法律程序，从破产申请到宣告破产清算，均是在法院主持下按照法定程序进行的。

（二）破产界限

破产界限也称破产原因或破产条件，是指法院据以宣告债务人破产的法律标准。《破产法》规定：企业法人不能清偿到期债务，并且资产不足以清偿全部债务或明显丧失清偿能力的，可以向人民法院提出重整、和解或者破产清算申请。可以看出，我国破产法关于破产界限的实质性标准是不能清偿到期债务，简称为不能清偿或不能支付。

二、企业破产处理的基本程序

企业破产处理的基本程序从破产程序的开始到破产程序的终结经历了破产申请、和解整顿、破产宣告、破产清算等阶段。

（一）破产申请的提出和受理

破产申请的提出和受理标志着破产诉讼程序的开始。破产申请可以由债权人提出，也可以由债务人提出。受理破产申请的是债务人所在地人民法院。人民法院受理破产申请的，应同时指定管理人。管理人可以由有关部门、机构的人员组成的破产管理人或依法设立的律师事务所、会计师事务所等社会中介机构担任。应召开债权人会议，债权人会议由全体债权人组成，债权人会议成员享有表决权，但有财产担保的债权人未放弃优先受偿权利的除外。债权人会议的主要职权是核查债权；监督管理人；通过重整计划、和解协议草案；通过破产财产的变价方案和分配方案等。

（二）债权申报

人民法院受理破产申请后，对债务人享有债权的债权人有权依法申报债权。债权申报期限自人民法院发布受理破产申请公告之日起计算，最短不少于30日，最长不超过3个月。

（三）重整与和解

世界各国的企业破产制度中，大多实行了重整及和解制度。我国的企业破产法规定了重整与和解程序。重整的内容在第二节中已做了介绍，在此不再赘述。和解是指债务人和债权人会议之间就债务人延期清偿债务、减免债务数额等事项所达成的以中止破产程序，防止企业破产为目的的协议。我国破产法规定：债务人可以直接向人民法院申请和解，也可以在人民法院受理破产申请后、宣告债务人破产前，向人民法院申请和解。债权人会议通过和解协议的，由人民法院裁定认可，终止和解程序；和解协议未获债权人会议通过或未获人民法院认可的，人民法院裁定终止和解程序，并宣告债务人破产。

（四）破产宣告

破产宣告是指人民法院依据当事人的申请裁定宣布债务人破产，决定对债务人开始破产清算以清偿债务并予以公告的法律行为。人民法院宣告企业破产后，自破产宣告之日起，破产企业便丧失了法人资格，应停止生产经营活动，并丧失了对其财产的管理权和处分权，而应移交管理人行使。

（五）破产清算

破产清算的内容包括：①管理人接管破产企业；②通知或公告债权人并分类登记确认债务；③拟订破产财产变价方案并提交债权人会议讨论；④执行经人民法院裁定认可的破产财产分配方案。

（六）破产程序终结

破产财产分配完毕、破产清算工作结束后，破产程序即可终结。根据《破产法》的规定，如果破产财产不足以拨付破产费用，则破产程序终结；如果破产财产分配完毕，则破产程序终结。

三、破产会计的基本理论

（一）破产会计目标

破产清算会计中无论是会计信息的使用者，还是所提供的会计信息的内容、目的，都不同于传统的财务会计。企业进入破产状态后，破产过程主要涉及债务人、债权人及管理人，尽管三者会计工作的侧重点有所不同，但其共同目标集中体现在反映破产企业财产资源的处理状况和结果，增大债权人的债权受偿比例，维护债权人的合法权益方面。即破产清算会计的目标主要是及时、客观地向债权人、人民法院及其他信息使用者提供破产企业资产变现、破产债权偿付等破产会计信息，监督破产程序实施的合法性、有效性和公平性，维护债权人的合法权益。

（二）破产会计假设

会计假设是对会计领域存在的某些尚未确知的事物所做的合理判断。这些判断以有限的事实和观察为基础，是会计核算得以正常进行，并据以选择会计处理程序和方法的必要的前提条件。企业进入破产程序后，传统意义上的会计假设受到了很大的冲击。因此，必须根据破产清算的特点，建立破产清算会计的基本假设。

1. 破产主体假设

传统会计中的会计主体假设规定了会计核算的范围，是会计工作为其服务的特定单位或组织，它要求会计核算应当区分自身的经济活动与其他企业单位的经济活动，区分企业的经济活动与企业投资者的经济活动。企业被宣告破产后便丧失了法人主体的保管、清理、估价、处理和分配等。尽管仍需要从空间范围上区分破产企业与其他企业及投资者，以正确反映清算过程和结果，但维护债权人利益，向人民法院负责的破产管理人成为控制破产企业，进而控制会计主体的角色，实际上代替了破产前的会计主体。

 相关案例

闽发证券破产清算案

2012年12月13日，一起涉及6个破产企业和48个关联公司，衍生诉讼案件多达1 551件，各类清算标的总和超过300亿元，涉及债权人170多家的闽发证券有限责任公司（以下简称"闽发证券"）破产清算案件由福州中院审结，标志着闽发证券破产案件落下了帷幕。

闽发证券成立于1988年，是中国人民银行福建分行直属的独资企业。在之后的十多年中，闽发证券经历多次股权变更和增资扩股，逐渐转变为民营金融机构。1996年，中国凯利实业有限公司和福建协盛实业股份有限公司控股闽发证券，此后，福建协盛实业股份公司法人代表吴永红、中国凯利实业有限公司法人代表张晓伟虚假出资，账外经营，大肆挪用股民和委托理财机构资金，违规从事担保和融资等高风险投资业务，将闽发证券带上了"不归路"。2001年，闽发证券实际控制人吴永红因涉嫌刑事案件被公安机关通缉后出逃境外；2004年4月，张晓伟因涉嫌经济合同诈骗被警方抓获，闽发证券风险全面爆发。审计数据表明，截至2004年5月底，闽发证券亏损高达90个亿，债权人涉及全国大部分省区市。2004年10月，闽发证券由中国东方资产管理公司全面托管。2005年7月，证监会委托中国东方资产管理公司成立闽发证券公司清算组。闽发证券破产直接影响的上市公司有将近10家，涉及资产总额达10亿元。其中，金陵药业、茉织华、庆丰股份、片仔癀、振华科技分别有2 000万元、1亿元、15 047万元、6 000万元、4 000万元被托管；东方创业3 000万元国债被闽发证券擅自质押；中国人寿有4.46亿元国债托管在闽发证券。这些公司的资产能收回多少是一个未知数。闽发证券托管经营组相关负责人当时表示："闽发证券严重违规经营，严重资不抵债，债权人的清偿率可能只有15%至20%"。2008年7月18日，福州中院受理闽发证券破产案件。2009年10月28日，福州中院裁定宣告闽发证券破产。同年9月，福州中院指定闽发证券清算组担任破产管理人，依法督导管理人开展破产清算工作。闽发证券长期采取账外违规经营方式逃避监管，挪用客户交易结算资金、非法委托理财、违规自营等违法违规现象严重，而且其违法违规手段隐蔽、复杂多样，财务管理混乱，会计核算极不规范。形成了大量的"账外账",甚至账外无账,有些"账"充其量只是为了记忆而作出的原始书面记录。在闽发证券大量设立的壳公司,同样充斥着大量的账外经营及违规操作。这些壳公司被闽发公司利用,在经营中有意不记账,或从规避账务核查角度做假账。通过高效率的破产清算工作,清查出账外资产高达41亿元,高达60亿元的证券资产,全部于案件受理期间市场行情最好的时间节点处置,破产财产处置分配价值高出9亿元!闽发证券总额为73亿多元的破产财产,在扣除有财产担保债权优先受偿款、破产费用及共益债务、优先清偿职工债权后,普通债权清偿率达到63%,远远超过债权人在立案之前对本案清偿率20%以下的预期。

资料来源:根据2012年12月28日《经济参考报》《闽发证券破产八年终结案 清偿73亿元》整理

2. 终止经营假设

持续经营假设是指企业或会计主体的生产经营活动将无限期地延续下去,在可以预见的将来,不会进行清算、倒闭。它要求会计人员以企业持续、正常的经营活动为前提进行会计核算。在这一假定的基础上,产生了一系列的会计处理方法。但是,企业破产后,持续经营实际上被打破了,持续经营假设基础上一些公认的会计处理程序和方法失去了存在的基础。企业进入破产程序后,意味着企业已无法以现在的形式和目标连续地经营下去,最终终止企业的生产经营活动成为破产企业的必然结果,持续经营假设事实上已不复存在。因此,应确立终止经营假设,在这一假设的基础上,破产企业应采用一系列与持续经营假设下不同的会计处理程序和方法、不同的计量基础以及报告形式。可以说,破产清算会计应建立在终止经营假设的基础上,并在这一假设的基础上进行资产的估价、变现和债务的偿还等。

3. 不确定期间假设

会计期间假设是指将企业持续不断的生产经营活动分割为一定的期间,据以结算账目,编制会计报表,向有关各方及时提供反映企业经营情况的财务信息。在会计分期假定的基础上,产生了本期与非本期的区别,并由此产生了权责发生制和收付实现制,在会计处理上产生了预收、预付、应收、应付、预提、摊销等特殊方法。企业进入破产程序后,在终止经营假设的基础上,破产企业已无分期核算经营成果、分期编制会计报告的必要。自企业被宣告破产之日至破产程序终结,这个期间为破产会计期间,这一会计期间有了不确定性,它取决于破产宣告的时日、破产清算程序实施期间的长短以及破产管理人对破产企业的清算进度。因此,在这个不确定的期间内,破产会计核算是一次性的,不存在持续性和周期性的核算,建立在持续经营假设基础上的一系列会计处理方法和原则在不确定期间前提下也不能再适用。

(三)破产会计核算原则

企业进入破产程序后,在终止经营的前提下,资产的计价应全面采用公允价值,以真实反映资产的价值。同时,由于持续经营假设受到了冲击,会计分期已无必要,因此,权责发生制基础也失去了存在的必要。企业破产后，企业没有正常的经营活动，也就没有必要分期考核经营成果，只有清算期结束后的最终清算损益才有实际意义。因此，配比原则在破产企业不再适用。

根据破产企业的特点，破产会计核算原则既应符合客观性、及时性、明晰性、重要性等会计核算原则的要求，又形成了一些破产会计特有的原则，以规范破产会计行为，维护债权人、债务人及投资人的合法权益，保证破产清算会计核算的质量。

1. 合法性原则

破产会计应以法律规定为准绳，严格按《破产法》《公司法》《民法通则》《民事诉讼法》等规定组织破产会计核算，对破产财产进行合法处置。

2. 公正性原则

破产企业的清算不但涉及债权人、债务人、投资人的利益，而且关系到破产企业职工的切身利益。这就要求破产会计工作坚持公正性原则，不偏不倚地反映破产状况，正确处理经济问题和分配财产，以维护债权人、债务人和投资人的合法权益。

3. 收付实现制原则

终止经营假设决定了破产企业必须以收付实现制取代权责发生制对收入和费用进行确认，即以实际收到现金或实际付出现金为标准确认收入和费用。

4. 可变现净值原则

为了最大限度地保护债权人的利益，并兼顾债务人的利益，需要对破产企业的全部财产按可变现净值进行重新计价，而不论其破产清算前的账面价值是多少。对不具备偿债条件的财产如待摊费用等应一次转化为费用，根据变现后破产财产的数额偿付债务。

5. 划分破产费用与非破产费用原则

企业在破产清算过程中，也会发生各种费用，包括破产财产管理、变卖费用，破产案件诉讼费用，债权人申报债权费用等，这些费用的支付直接关系到债权人的切身利益。因此，应正确划分破产费用和非破产费用，凡是为破产债权人的共同利益而支付的费用，应属于破产费用，由破产财产中支付；凡是债权人为个人利益而支付的费用，应属于非破产费用，不应由破产财产中支付。

6. 对等偿债原则

在破产清算会计中，应依据《破产法》的有关规定，正确区分各种不同性质的债务，如担保债务、抵销债务、优先偿付债务、破产债务等，并分别按其债务与相应资产的对等关系、依据一定的顺序偿付各种债务，如以担保资产偿付担保债务，以抵销资产偿付抵销债务，以破产财产优先偿付债务后，再偿付破产债务。这一原则能够充分维护不同债权人的合法权益。

四、破产会计中的会计科目

破产企业的会计档案等财务资料经法院裁定由破产管理人接管的，应当在企业被法院宣告破产后，可以比照原有资产、负债类会计科目，根据实际情况设置相关科目，并增设相关负债类、清算净值类和清算损益类等会计科目。破产企业还可以根据实际需要，在一级科目下自行设置明细科目。

（一）负债类科目设置

（1）"应付破产费用"科目，本科目核算破产企业在破产清算期间发生的破产法规定的各类破产费用。

（2）"应付共益债务"科目，本科目核算破产企业在破产清算期间发生的《破产法》规定的各类共益债务。共益债务，是指在人民法院受理破产申请后，为全体债权人的共同利益而管理、变卖和分配破产财产而负担的债务，主要包括因管理人或者债务人（破产企业，下同）请求对方当事人履行双方均未履行完毕的合同所产生的债务、债务人财产受无因管理所产生的债务、因债务人不当得利所产生的债务、为债务人继续营业而应当支付的劳动报酬和社会保险费用以及由此产生的其他债务、管理人或者相关人员执行职务致人损害所产生的债务以及债务人财产致人损害所产生的债务。

（二）清算净值类科目设置

"清算净值"科目，本科目核算破产企业在破产报表日结转的清算净损益科目余额。破产企业资产与负债的差额，也在本科目核算。

（三）清算损益类科目设置

（1）"资产处置净损益"科目，本科目核算破产企业在破产清算期间处置破产资产产生的、扣除相关处置费用后的净损益。

（2）"债务清偿净损益"科目，本科目核算破产企业在破产清算期间清偿债务产生的净损益。

（3）"破产资产和负债净值变动净损益"科目，本科目核算破产企业在破产清算期间按照破产资产清算净值调整资产账面价值，以及按照破产债务清偿价值调整负债账面价值产生的净损益。

（4）"其他收益"科目，本科目核算除资产处置、债务清偿以外，在破产清算期间发生的其他收益。

（5）"破产费用"科目，本科目核算破产企业破产清算期间发生的《破产法》规定的各项破产费用，主要包括破产案件的诉讼费用，管理、变价和分配债务人资产的费用，管理人执行职务的费用、报酬和聘用工作人员的费用。本科目应按发生的费用项目设置明细账。

（6）"共益债务支出"科目，本科目核算破产企业破产清算期间发生的《破产法》规定的共益债务相关的各项支出。

（7）"其他费用"科目，本科目核算破产企业破产清算期间发生的除破产费用和共益债务支出之外的各项其他费用。

（8）"所得税费用"科目，本科目核算破产企业破产清算期间发生的企业所得税费用。

（9）"清算净损益"科目，本科目核算破产企业破产清算期间结转的上述各类清算损益科目余额。破产企业可根据具体情况增设、减少或合并某些会计科目。

五、破产会计的账务处理

（一）破产宣告日余额结转

法院宣告企业破产时，应当根据破产企业移交的科目余额表，将部分会计科目的相关余额转入以下新科目，并编制新的科目余额表。

（1）原"应付账款""其他应付款"等科目中属于《破产法》所规定的破产费用的余额，转入"应付破产费用"科目。

（2）原"应付账款""其他应付款"等科目中属于《破产法》所规定的共益债务的余额，转入"应付共益债务"科目。

（3）原"商誉""长期待摊费用""递延所得税资产""递延所得税负债""递延收益""股本""资本公积""盈余公积""其他综合收益""未分配利润"等科目的余额，转入"清算净值"科目。

（二）破产宣告日余额调整

（1）关于各类资产。破产企业应当对拥有的各类资产（包括原账面价值为零的已提足折旧的固定资产、已摊销完毕的无形资产等）登记造册，估计其破产资产清算净值，按照其破产资产清算净值对各资产科目余额进行调整，并相应调整"清算净值"科目。

（2）关于各类负债。破产企业应当对各类负债进行核查，按照规定对各负债科目余额进行调整，并相应调整"清算净值"科目。

（三）处置破产资产

（1）破产企业收回应收票据、应收款项类债权、应收款项类投资，按照收回的款项，借记"现金""银行存款"等科目，按照应收款项类债权或应收款项类投资的账面价值，贷记相关资产科目，按其差额，借记或贷记"资产处置净损益"科目。

（2）破产企业出售各类投资，按照收到的款项，借记"现金""银行存款"等科目，按照相关投资的账面价值，贷记相关资产科目，按其差额，借记或贷记"资产处置净损益"科目。

（3）破产企业出售存货、投资性房地产、固定资产及在建工程等实物资产，按照收到的款项，借记"现金""银行存款"等科目，按照实物资产的账面价值，贷记相关资产科目，按应当缴纳的税费贷记"应交税费"科目，按上述各科目发生额的差额，借记或贷记"资产处置净损益"科目。

（4）破产企业出售无形资产，按照收到的款项，借记"现金""银行存款"等科目，按照无形资产的账面价值，贷记"无形资产"科目，按应当缴纳的税费贷记"应交税费"科目，按上述各科目发生额的差额，借记或贷记"资产处置净损益"科目。

（5）破产企业的划拨土地使用权被国家收回，国家给予一定补偿的，按照收到的补偿金额，借记"现金""银行存款"等科目，贷记"其他收益"科目。

（6）破产企业处置破产资产发生的各类评估、变价、拍卖等费用，按照发生的金额，借记"破产费用"科目，贷记"现金""银行存款""应付破产费用"等科目。

（四）清偿债务

（1）破产企业清偿破产费用和共益债务，按照相关已确认负债的账面价值，借记"应付破产费用""应付共益债务"等科目，按照实际支付的金额，贷记"现金""银行存款"等科目，按其差额，借记或贷记"破产费用""共益债务支出"科目。

（2）破产企业按照经批准的职工安置方案，支付的所欠职工的工资和医疗、伤残补助、抚恤费用，应当划入职工个人账户的基本养老保险、基本医疗保险费用和其他社会保险费用，以及法律、行政法规规定应当支付给职工的补偿金，按照相关账面价值借记"应付职工薪酬"等科目，按照实际支付的金额，贷记"现金""银行存款"等科目，按其差额，借记或贷记"债务清偿净损益"科目。

（3）破产企业支付所欠税款，按照相关账面价值，借记"应交税费"等科目，按照实际支付的金额，贷记"现金""银行存款"等科目，按其差额，借记或贷记"债务清偿净损益"科目。

（4）破产企业清偿破产债务，按照实际支付的金额，借记相关债务科目，贷记"现金""银行存款"等科目。破产企业以非货币性资产清偿债务的，按照清偿的价值借记相关负债科目，按照非货币性资产的账面价值，贷记相关资产科目，按其差额，借记或贷记"债务清偿净损益"科目。债权人依法行使抵销权的，按照经法院确认的抵销金额，借记相关负债科目，贷记相关资产科目，按其差额，借记或贷记"债务清偿净损益"科目。

（五）其他账务处理

（1）在破产清算期间通过清查、盘点等方式取得的未入账资产，应当按照取得日的破产资产清算净值，借记相关资产科目，贷记"其他收益"科目。

（2）在破产清算期间通过债权人申报发现的未入账债务，应当按照破产债务清偿价值确定计量金额，借记"其他费用"科目，贷记相关负债科目。

（3）在编制破产清算期间的财务报表时，应当对所有资产项目按其于破产报表日的破产资产清算净值重新计量，借记或贷记相关资产科目，贷记或借记"破产资产和负债净值变动净损益"科目；应当对所有负债项目按照破产债务清偿价值重新计量，借记或贷记相关负债科目，贷记或借记"破产资产和负债净值变动净损益"科目。

（4）破产企业在破产清算期间，作为买入方继续履行尚未履行完毕的合同的，按照收到的资产的破产资产清算净值，借记相关资产科目，按照相应的增值税进项税额，借记"应交税费"科目，按照应支付或已支付的款项，贷记"现金""银行存款""应付共益债务"或"预付款项"等科目，按照上述各科目的差额，借记"其他费用"或贷记"其他收益"科目；企业作为卖出方继续履行尚未履行完毕的合同的，按照应收或已收的金额，借记"现金""银行存款""应收账款"等科目，按照转让的资产账面价值，贷记相关资产科目，按照应缴纳相关税费，贷记"应交税费"科目，按照上述各科目的差额，借记"其他费用"科目或贷记"其他收益"科目。

（5）破产企业发生《破产法》第四章相关事实，破产管理人依法追回相关破产资产的，按照追回资产的破产资产清算净值，借记相关资产科目，贷记"其他收益"科目。

（6）破产企业收到的利息、股利、租金等孳息，借记"现金""银行存款"等科目，贷记"其他收益"科目。

（7）破产企业在破产清算终结日，剩余破产债务不再清偿的，按照其账面价值，借记相关负债科目，贷记"其他收益"科目。

（8）在编制破产清算期间的财务报表时，有已实现的应纳税所得额的，考虑可以抵扣的金额后，应当据此提存应交所得税，借记"所得税费用"科目、贷记"应交税费"科目。

（9）在编制破产清算期间的财务报表时，应当将"资产处置净损益""债务清偿净损益""破产资产和负债净值变动净损益""其他收益""破产费用""共益债务支出""其他费用""所得税费用"科目结转至"清算净损益"科目，并将"清算净损益"科目余额转入"清算净值"科目。

> **国际视野**
>
> 美国 1978 年《破产法》第 7 章规定，除铁路、保险公司、银行、信贷互助会或信用合作社以外，任何人均可向联邦破产法院提交申请，申请自愿清算。债务人破产申请的正式表格中，必须附有申请者的债务与财产清单；债权人可以向联邦破产法院提交债权人强制性破产申请。债权人提出强制性破产申请必须符合以下两者之一：①债务人在债务到期时无法偿付；②在提出申请的前 120 天内，一个保管人被任命托管或已经拥有债务人的财产。
>
> 对于破产案件中债权的支付，美国《破产法》第 7 章规定的债权等级如下。
>
> i 担保债权，受有效抵押权所担保的债权。
>
> ii 无担保的优先债权。
>
> 1. 在保管及变卖财产过程中所发生的管理费用，包括受托人费用及法律与会计费用；
>
> 2. 在提出非自愿性申请日与指定临时受托人日二者之间所发生的债权；
>
> 3. 在提出申请后每一个人 90 天以内的工资、薪金及已赚得佣金的、不超过 4 000 美元的债权；
>
> 4. 在提出申请后每 180 天以内，每一个已提供劳务而需支付福利的职工的不超过 4 000 美元的债权；
>
> 5. 因进货、租赁或财产的租金而债务公司尚未交付此财产，或购进劳务而债务公司尚未提供此劳务，所产生的不超过 1 800 美元的个人债权；
>
> 6. 在提出申请前一至四年内产生的所得税或营业税、财产税、雇佣税、执照税及关税等政府部门的债权。债务人代收或扣缴的税金及有关上述税款的罚金，也包括在内。
>
> iii 无担保的非优先债权
>
> 1. 适时申报并经认可的债权；
>
> 2. 逾时申报而经认可的债权；
>
> 3. 经认可的债权（担保及无担保），包括任何罚款、罚金、没收财物或在进入补救程序或任命受托人以前发生的多重警告性或惩罚性费用；

4. 上述无担保优先债权或无担保非优先债权中利息的债权。

iv 股东要求权，剩余的资产归还债务公司或其股东。

六、破产会计报表

破产企业应当按照《企业破产清算有关会计处理规定》编制清算财务报表，向法院、债权人会议等报表使用者反映破产企业在破产清算过程中的财务状况、清算损益、现金流量变动和债务偿付状况。破产企业的财务报表包括清算资产负债表、清算损益表、清算现金流量表、债务清偿表及相关附注。

（一）清算资产负债表及其附注

清算资产负债表反映破产企业在破产报表日关于资产、负债、清算净值及其相互关系的信息（表10-2）。

表 10-2　清算资产负债表

编制单位：　　　　　　　　　　　年　月　日　　　　　　　　　　　单位：元

资产	期末数	负债及清算净值	期末数
货币资金		负债：	
应收票据		借款	
应收账款		应付票据	
其他应收款		应付账款	
预付款项		预收款项	
存货		其他应付款	
金融资产投资		应付债券	
长期股权投资		应付破产费用	
投资性房地产		应付共益债务	
固定资产		应付职工薪酬	
在建工程		应交税费	
无形资产		…	
…		负债合计	
资产总结		清算净值：	
		清算净值	
		负债及清算净值总计	

清算资产负债表列示的项目不区分流动和非流动，其中，"应收账款"或"其他应收款"项目，应分别根据"应收账款"或"其他应收款"的科目余额填列，同时，"长期应收款"科目余额也在上述两项目中分析填列；"借款"项目，应根据"短期借款"和"长期借款"科目余额合计数填列；"应付账款"或"其他应付款"项目，应分别根据"应付账款""其他应付款"科目余额填列，同时，"长期应付款"科目余额也在该项目中分析填列；"金融资产投资"项目，应根据"交易性金融资产""债权投资"和"其他债权投资"

科目余额合计数填列。

"清算净值"项目反映破产企业于破产报表日的清算净值。本项目应根据"清算净值"科目余额填列。

破产企业应当在清算资产负债表附注中，区分是否用作担保，分别披露破产资产明细信息。破产企业应当在清算资产负债表附注中，披露依法追回的账外资产、取回的质物和留置物等明细信息，如追回或取回有关资产的时间、有关资产的名称、破产资产清算净值等。破产企业应当在清算资产负债表附注中，分别披露经法院确认以及未经法院确认的债务的明细信息，如债务项目名称以及有关金额等。破产企业应当在清算资产负债表附注中，披露应付职工薪酬的明细信息，如所欠职工的工资和医疗、伤残补助、抚恤费用，所欠的应当划入职工个人账户的基本养老保险、基本医疗保险费用，以及法律、行政法规规定应当支付给职工的补偿金。

（二）清算损益表及其附注

清算损益表反映破产企业在破产清算期间发生的各项收益、费用。清算损益表至少应当单独列示反映下列信息的项目：资产处置净收益（损失）、资产清偿净收益（损失）、破产资产和负债净值变动净收益（损失）、破产费用、共益债务支出、所得税费用等（表10-3）。

表10-3 清算损益表

编制单位　　　　　　　　　年　月　日至　年　月　日　　　　　　　　　单位：元

项目	本期数	累计数
一、清算收益（清算损失以"-"号表示）		
（一）资产处置净收益（净损失以"-"号表示）		
（二）资产清偿净收益（净损失以"-"号表示）		
（三）破产资产和负债净值变动净收益（净损失以"-"号表示）		
（四）其他收益		
小计		
二、清算费用		
（一）破产费用（以"-"号表示）		
（二）共益债务支出（以"-"号表示）		
（三）其他费用（以"-"号表示）		
（四）所得税费用（以"-"号表示）		
小计		
三、清算净收益（清算损失以"-"号表示）		

清算损益表反映破产企业在清算期间发生的各项收益、费用。本期数反映破产企业从上一破产报表日至本破产报表日期间有关项目的发生额，累计数反映破产企业从被法院宣告破产之日至本破产报表日期间有关项目的发生额。

"资产处置净收益"项目，根据"资产处置净损益"科目的发生额填列，如为净损失以"-"号表示。

"债务清偿净收益"项目，根据"债务清偿净损益"科目的发生额填列，如为净损失以"-"号表示。

"破产资产和负债净值变动净收益"项目,根据"破产资产和负债净值变动净损益"科目的发生额填列,如为净损失以"-"号表示。

"清算净收益"项目,根据"清算净损益"科目的发生额填列,如为清算净损失以"-"号表示。"清算净收益"项目金额应当为"清算收益"与"清算费用"之和。

破产企业应当在清算损益表附注中,披露资产处置损益的明细信息,包括资产性质、处置收入、处置费用及处置净收益。破产企业应当在清算损益表附注中,披露破产费用的明细信息,包括费用性质、金额等。破产企业应当在清算损益表附注中,披露共益债务支出的明细信息,包括具体项目、金额等。

(三)清算现金流量表及其附注

清算现金流量表反映破产企业在破产清算期间货币资金余额的变动情况。清算现金流量表应当采用直接法编制,至少应当单独列示反映下列信息的项目:处置资产收到的现金净额、清偿债务支付的现金、支付破产费用的现金、支付共益债务支出的现金、支付所得税的现金等(表10-4)。

表 10-4 清算现金流量表

编制单位　　　　　　　　年　月　日至　年　月　日　　　　　　　单位:元

项目	本期数	累计数
一、期初货币资金余额		
二、清算现金流入		
(一)处置资产收到的现金净额		
(二)收到的其他现金		
清算现金流入小计		
三、清算现金流出		
(一)清偿债务支付的现金		
(二)支付破产费用的现金		
(三)支付共益债务的现金		
(四)支付所得税费用的现金		
(五)支付的其他现金		
清算现金流出小计		
四、期末货币资金余额		

清算现金流量表应当根据货币资金科目的变动额分析填列。

破产企业应当在清算现金流量表附注中,披露期末货币资金余额中已经提存用于向特定债权人分配或向国家缴纳税款的金额。

(四)债务清偿表

债务清偿表反映破产企业在破产清算期间发生的债务清偿情况。债务清偿表应当根据破产法规定的债务清偿顺序，按照各项债务的明细单独列示。债务清偿表中列示的各项债务至少应当反映其经法院确认债务的金额、清偿比例、实际需清偿金额、已清偿金额、尚未清偿金额等信息（表10-5）。

表10-5　债务清偿表

编制单位：　　　　　　　　　　　　年　月　日　　　　　　　　　　　　单位：元

债务项目	期末数	经法院确认债务的金额	清偿比例	实际需清偿金额	已清偿金额	尚未清偿金额
有担保的债务：						
××银行						
××企业						
…						
小计						
普通债务：						
第一顺序：劳动债务						
其中：应付职工薪酬						
…						
第二顺序：国家税款债务						
其中：应交税费						
…						
第三顺序：普通债务						
其中：借款						
——××银行						
…						
应付债务工具						
——××银行						
…						
应付票据						
应付款项						
——××银行						
…						
小计						
合计						

债务清偿表应按有担保的债务和普通债务分类设项。期末数为负债按照破产债务清偿价值确定的金额。经法院确认的债务金额为经债权人申报并由法院确认的金额；未经确认的债务，无须填写该金额。清偿比例为根据《破产法》的规定，当破产资产不足以清偿同一顺序的清偿要求时，按比例进行分配时所采用的比例。

相关链接

规范"三去一降一补"有关业务的会计处理规定

一、关于国有独资或全资企业之间无偿划拨子公司的会计处理

在"三去一降一补"工作中,有关企业集团出于深化国企改革或去产能、调结构等原因,按照国有资产监管部门(以下简称国资监管部门)有关规定,对所属的子公司的股权进行集团之间的无偿划拨。本规定所称的国有独资或全资企业,包括国有独资公司、非公司制国有独资企业、国有全资企业、事业单位投资设立的一人有限责任公司及其再投资设立的一人有限责任公司。国有独资或全资企业之间按有关规定无偿划拨子公司,导致对被划拨企业的控制权从划出企业转移到划入企业的,应当进行以下会计处理:

(一)划入企业的会计处理。

1. 个别财务报表。被划拨企业按照国有产权无偿划拨的有关规定开展审计等,上报国资监管部门作为无偿划拨依据的,划入企业在取得被划拨企业的控制权之日,编制个别财务报表时,应当根据国资监管部门批复的有关金额,借记"长期股权投资"科目,贷记"资本公积(资本溢价)"科目(若批复明确作为资本金投入的,记入"实收资本"科目,下同)。

2. 合并财务报表。划入企业在取得被划拨企业的控制权后编制合并财务报表,一般包括资产负债表、利润表、现金流量表和所有者权益变动表等:

(1)合并资产负债表。划入企业应当以被划拨企业经审计等确定并经国资监管部门批复的资产和负债的账面价值及其在被划拨企业控制权转移之前发生的变动为基础,对被划拨企业的资产负债表进行调整,调整后应享有的被划拨企业资产和负债之间的差额,计入资本公积(资本溢价)。

(2)合并利润表。划入企业编制取得被划拨企业的控制权当期的合并利润表时,应包含被划拨企业自国资监管部门批复的基准日起至控制权转移当期期末发生的净利润。

(3)合并现金流量表。划入企业编制取得被划拨企业的控制权当期的合并现金流量表时,应包含被划拨企业自国资监管部门批复的基准日起至控制权转移当期期末产生的现金流量。

(4)合并所有者权益变动表。划入企业编制当期的合并所有者权益变动表时,应包含被划拨企业自国资监管部门批复的基准日起至控制权转移当期期末的所有者权益变动情况。合并所有者权益变动表可以根据合并资产负债表和合并利润表编制。

(二)划出企业的会计处理。

1. 个别财务报表。划出企业在丧失对被划拨企业的控制权之日,编制个别财务报表时,应当按照对被划拨企业的长期股权投资的账面价值,借记"资本公积(资本溢价)"科目(若批复明确冲减资本金的,应借记"实收资本"科目,下同),贷记"长期股权投资(被划拨企业)"科目;资本公积(资本溢价)不足冲减的,依次冲减盈余公积和未分配利润。

2. 合并财务报表。划出企业在丧失对被划拨企业的控制权之日,编制合并财务报表时,不应再将被划拨企业纳入合并财务报表范围,终止确认原在合并财务报表中反映的被划拨企业相关资产、负债、少数股东权益以及其他权益项目，相关差额冲减资本公积（资本溢价），资本公积（资本溢价）不足冲减的，依次冲减盈余公积和未分配利润。同时，划出企业与被划拨企业之间在控制权转移之前发生的未实现内部损益，应转入资本公积（资本溢价），资本公积（资本溢价）不足冲减的，依次冲减盈余公积和未分配利润。

二、关于即将关闭出清的"僵尸企业"的会计处理

（一）即将关闭出清的"僵尸企业"自身的会计处理。

根据《国务院关于钢铁行业化解过剩产能实现脱困发展的意见》（国发〔2016〕6号）和《国务院关于煤炭行业化解过剩产能实现脱困发展的意见》（国发〔2016〕7号）等文件规定，地方可以综合运用兼并重组、债务重组和破产清算等方式，加快处置"僵尸企业"，实现市场出清。

企业按照政府推动化解过剩产能的有关规定界定为"僵尸企业"且列入即将关闭出清的"僵尸企业"名单的（以下简称此类"僵尸企业"），应自被列为此类"僵尸企业"的当期期初开始，对资产改按清算价值计量、负债改按预计的结算金额计量，有关差额计入营业外支出（收入）。此类"僵尸企业"不应再对固定资产和无形资产计提折旧或摊销。

此类"僵尸企业"应在附注中披露财务报表的编制基础及其原因、财务报表上有关资产和负债的状况、清理的进展情况、是否会因资产变现以及负债清偿等原因需预计大额的损失或额外负债等重要信息。

此类"僵尸企业"进入破产清算程序且被法院指定的破产管理人接管的，应改按有关破产清算的会计处理规定进行会计处理。

（二）即将关闭出清的"僵尸企业"的母公司的会计处理。

此类"僵尸企业"的母公司（以下简称母公司）应当区分个别财务报表和合并财务报表进行会计处理：

1. 母公司在编制个别财务报表时，对该子公司长期股权投资，应当按照资产负债表日的可收回金额与账面价值孰低进行计量，前者低于后者的，其差额计入资产减值损失。

2. 母公司在编制合并财务报表时，应当以该子公司按本条规定编制的财务报表为基础，按与该子公司相同的基础对该子公司的资产、负债进行计量，计量金额与原在合并财务报表中反映的相关资产、负债以及商誉的金额之间的差额，应计入当期损益。母公司因其所属子公司进入破产清算程序且被法院指定的破产管理人接管等，丧失了对该子公司控制权的，不应再将其纳入合并财务报表范围。

3. 母公司应当在合并财务报表附注中披露子公司财务报表的编制基础及其原因、母公司计量基础的有关变化对其当期财务状况、经营成果、现金流量等方面的影响、子公司清理的进展情况、是否会因资产变现以及负债清偿等原因需预计大额的损失或额外负债等重要信息。

（三）即将关闭出清的"僵尸企业"的母公司以外的其他权益性投资方的会计处理。

本规定所称的其他权益性投资方，是指对此类"僵尸企业"具有共同控制或能够施加重大影响的投资企业。这些投资企业对该"僵尸企业"的长期股权投资，应当按照可收回金额与账面价值孰低进行计量，前者低于后者的，其差额计入资产减值损失。

三、关于中央企业对工业企业结构调整专项奖补资金的会计处理

根据《财政部关于印发〈工业企业结构调整专项奖补资金管理办法〉的通知》（财建〔2016〕253号，以下简称253号文），中央财政将安排工业企业结构调整专项奖补资金（以下简称专项奖补资金），用于支持地方政府和中央企业推动钢铁、煤炭等行业化解过剩产能。

中央企业在收到预拨的专项奖补资金时，应当暂通过"专项应付款"科目核算，借记"银行存款"等科目，贷记"专项应付款"科目。中央企业按要求开展化解产能相关工作后，按照253号文规定的计算标准等，能够合理可靠地确定因完成任务所取得的专项奖补资金金额的，借记"专项应付款"科目，贷记有关损益科目；不能合理可靠地确定因完成任务所取得的专项奖补资金金额的，应当经财政部核查清算后，按照清算的有关金额，借记"专项应付款"科目，贷记有关损益科目；预拨的专项奖补资金小于企业估计应享有的金额的，不足部分的差额借记"其他应收款"；因未能完成有关任务而按规定向财政部缴回资金的，按缴回资金金额，借记"专项应付款"科目，贷记"银行存款"等科目。

四、本规定自发布之日起施行，不要求追溯调整。

本章小结

企业重整期间是特殊的会计核算期间，重整会计反映这一特殊期间的重整行为及其结果，并对会计期间假设进行了局部修订；企业破产对传统的会计理论在会计假设、会计原则、会计要素划分等方面产生了冲击，需要建立破产会计理论。破产企业应当按照本规定编制清算财务报表，向法院、债权人会议等报表使用者反映破产企业在破产清算过程中的财务状况、清算损益、现金流量变动和债务偿付状况。破产企业的财务报表包括清算资产负债表、清算损益表、清算现金流量表、债务清偿表及相关附注。

关键词汇

重整（reorganization）　　　　　　　　破产（bankruptcy）
担保资产（security assets）　　　　　　破产资产（bankruptcy assets）
破产债务（bankruptcy debt）　　　　　　担保债务（security debt）
优先清偿债务（preference debt）　　　　清算损益（liquidation profit and loss）
清算净资产（liquidation net assets）

小组讨论

GDGT 公司被人民法院宣告破产，在破产清算中发生了如下股权纠纷：GJ 公司属合作经营（港资）企业（GJ 大厦是 GDGT 公司的标志性建筑），其原有的工商登记记载，投

资中方为 XT 房产公司，投资外方为 GX 实业公司（正在破产清算中）；主管部门为 GDGT 公司。从工商登记看，GJ 公司与 GDGT 公司无股权投资关系，则 GDGT 公司对 GJ 公司的股权不能确认为破产资产。但 GDGT 公司提出，为了使 GJ 公司享受中外合作企业的政策优惠，GDGT 公司决定成立 GJ 公司负责经营管理 GJ 大厦，并安排其全资子公司 XT 房产公司和在香港注册成立的 GX 实业作为中外方股东。但 XT 房产公司和 GX 实业公司均没有履行股东最基本的出资义务（XT 房产公司没有出资，GX 实业公司的出资实际上也来源于 GDGT 公司）。法院经过审理查明属实。请问：

（1）依据有关法律规定，你认为 GDGT 公司是否应享有 GJ 公司股东的权益?为什么?

（2）根据破产资产确认标准，上述股权能够确认为 GDGT 公司破产资产吗?理由有哪些?

本章推荐阅读资料

1. 拉森. 现代高级会计[M]. 大连：东北财经大学出版社，1999：第 16 章.
2. 全国人大常委会. 中华人民共和国企业破产法. 2006-08-27（www.gov.cn）.
3. 帕勒. 高级会计学[M]. 杨有红，等译. 8 版. 北京：中国人民大学出版社，2006 年：第 23 章破产重组与清算.

名词解释

破产会计目标　　终止经营假设　　共益债务

参考文献

[1] 拉森. 现代高级会计[M]. 戴德明，主译. 9版. 北京：经济科学出版社，2006.

[2] 帕勒. 高级会计学[M]. 杨有红，等译. 8版. 北京：中国人民大学出版社，2006.

[3] 戴德明，毛新述，姚淑瑜. 合并报表与母公司报表的有用性：理论分析与经验检验[J]. 会计研究，2006（10）.

[4] 杜兴强，杜颖洁，周泽将. 商誉的内涵及其确认问题探讨[J]. 会计研究，2011（1）.

[5] 葛家澍，杜兴强等. 会计理论[M]. 上海：复旦大学出版社，2005.

[6] 何力军，戴德明，唐好. 合并报表集团内部资产交易未实现损益抵销与所得税处理[J]. 财务与会计，2013（3）.

[7] 李吉. 外币折算会计准则的国际比较及建议[J]. 商业会计，2012（5）.

[8] 陆建桥. 新国际财务报告概念框架的主要内容及其对会计准则制定和会计审计实务发展的影响[J]. 中国注册会计师，2018（8）.

[9] 美国证券交易委员会（SEC）. 市值会计研究[M]. 财政部会计准则委员会，译. 北京：中国财政经济出版社，2009.

[10] 王军法，外币报表折算方法选择之我见——简评时态法与现行汇率法[J]. 财务与会计（综合版），2011（2）.

[11] 王仲兵. 公允价值解析与应用[M]. 北京：经济科学出版社，2011.

[12] 先礼琼. 高级财务会计教材改革探讨[J]. 财会通讯（综合），2012（7）.

[13] 许家林. 商誉会计研究的八十年：扫描与思考[J]. 会计研究，2016（8）.

[14] 阎达五，耿建新，戴德明. 高级会计学[M]. 北京：中国人民大学出版社，2007.

[15] 杨绮. 论合并财务报表的合并范围界定[J]. 厦门大学学报(哲学社会科学版)，2012（5）.

[16] 杨有红，并购会计处理：购买法和权益结合法[J]. 新理财，2004（2）.

[17] 苑泽明，李萌. 并购商誉的后续计量：减值抑或摊销——基于股票市场"黑天鹅"事件的思考[J]. 财会月刊，2019（12）.

[18] 岳亮，刘翔云. 外币长期股权投资后续计量的汇率问题分析[J]. 财务与会计（综合版），2010(7）.

教学支持说明

▶▶ 课件申请

尊敬的老师：

您好！感谢您选用清华大学出版社的教材！为更好地服务教学，我们为采用本书作为教材的老师提供教学辅助资源。该部分资源仅提供给授课教师使用，请您直接用手机扫描下方二维码完成认证及申请。

任课教师扫描二维码
可获取教学辅助资源

▶▶ 样书申请

为方便教师选用教材，我们为您提供免费赠送样书服务。授课教师扫描下方二维码即可获取清华大学出版社教材电子书目。在线填写个人信息，经审核认证后即可获取所选教材。我们会第一时间为您寄送样书。

任课教师扫描二维码
可获取教材电子书目

 清华大学出版社

E-mail：tupfuwu@163.com　　　　　　　　　网址：http://www.tup.com.cn/
电话：010-83470332 / 83470142　　　　　　 传真：8610-83470107
地址：北京市海淀区双清路学研大厦B座509室　　邮编：100084